강적을 이기는 실전적 기본기

알파고시대 무적상수를 타파하려면 판을 지배하는 기본기에 충실하라!

강적을 이기는 실전적 기본기

김일환 · 이하림 공저

1
우뇌 감각편

BM 성안당

들어가는 말

바둑은 크게 초반, 중반, 종반으로 나눌 수 있지만 그 안에는 여러 다양한 분야들이 포함되어 있습니다. 이를테면 정석, 포석, 행마, 침투와 삭감, 공격과 타개, 맥과 사활, 끝내기와 같은 분야를 말하는 것이죠. 그런 정해진 분야 안에도 진행에 따라 포석 시기의 함정수, 정석 이후의 전술, 중반 무렵 사석작전과 국면 전환을 위한 응수타진, 다음 작전의 방향을 제시하는 격언과 같은 다이내믹한 요소들이 등장합니다.

인간의 뇌는 이런 실전적 요소들을 감지하고 계산하고 전략을 짜게 됩니다. 이런 인간의 뇌의 작용에 초점을 맞춘다면 바둑의 전체 분야는 크게 우뇌와 관련된 '감각', 좌뇌와 관련된 '계산', 종합적 성격의 '전략'으로 나눌 수 있다고 봅니다. 여기서 이 책의 기획은 출발합니다. 바둑을 인간의 뇌와 관련해 세 가지 영역으로 나눈 만큼 앞으로 각 영역별로 권을 달리해 3권의 책으로 발간할 예정입니다. 이렇게 구성하면 한 권에 바둑의 다양한 분야를 배우는 장점이 있습니다. 더불어 영역별로 통합적 안목을 키울 수 있지 않을까요?

우선 이번 책에서는 우뇌 감각이 작용하는 분야를 다룹니다. 우뇌는 창조적이고 감성적이며 직관과 시공간적인 기능을 담당한다고 합니다. 상상력이 풍부하며 감상적이라는 것이 우뇌의 특징인 만큼, 바둑에서 시각적 패턴의 이미지화와 공간 인식이라는 감각적인 측면은 바로 이 우뇌의 영역일 것입니다.

인간 바둑을 정복한 알파고에 대해 이제는 모르는 사람이 없을 정도입니다. 깜짝 놀란 것은 기계에 불과하다 여겼던 알파고가 화려한 발상과 유연한 사고를 선보였던 것입니다. 수읽기와 계산의 영역에 들어가기 전에 승부를 끝내버리려던 인간의 작전은 보기 좋게 무너지고 말았습니다. 이런 현상은 감각의 영역이 그만큼 중요하다는 사실을 반증하는 일입니다.

구체적으로 이 책은 바둑의 진행 과정에서 비교적 감각과 직관이 작용하는 정석, 포석, 행마, 삭감과 공격에 초점을 맞췄습니다. 한 권에 바둑의 다양한 분야를 배우는 만큼 깊이 있는 내용보다는 전체적인 흐름이 주요 포인트가 될 것입니다. 다시 말해 패턴별로 깊게 파고들지는 않더라도 되도록 전체적 관점에서 폭넓은 지식과 이에 따른 기본 기술을 연마하는 데

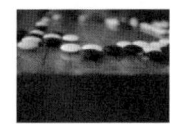

역점을 두었습니다.

구성과 내용에 대해 간략히 살펴보면, 1장과 2장의 정석 편에서는 쉬운 정석이지만 반드시 알아두어야 할 변화들을 시각적으로 익힐 수 있도록 했습니다. 3장 포석 편에서는 유형별로 문제를 제시하는 식으로 감각 훈련을 꾀할 수 있도록 했습니다. 4장 행마 편은 전반적인 돌의 움직임에 관한 고찰입니다. 한칸과 두칸, 쌍점과 마늘모, 날일자와 눈목자 등의 기본적인 행마를 어떤 장면에서 어떻게 써야 할 것인지 각각의 패턴의 이미지화에 힘썼습니다. 마지막 5장은 삭감과 공격이라는 상반된 주제를 하나로 묶어, 계산이 아니라 감각으로 풀어나가는 삭감과 공격의 패턴을 감성적으로 이해하도록 꾸몄습니다.

각 장마다 본문의 구성 방식은 주로 기본이 되는 장면을 제시하고, 흑이든 백이든 당면과제를 풀어가는 식으로 전개됩니다. 아울러 입체적 학습을 위해 본문의 중간 중간에 필요에 따라 보충 성격의 코너를 두고, 가벼운 내용은 '원포인트 예제', 심화된 내용은 '레벨업 예제'로 구분했습니다.

전반적으로 독자의 입장에서 어떤 기풍의 누구와 바둑을 두더라도 방향을 잡는 길잡이로 삼을 수 있도록 체계적이고 실전적이며 흥미롭게 꾸미고자 노력했습니다.

바둑TV의 인기 코너로 고교동문전과 대학동문전이 있습니다. 이 프로의 인기비결은 판이 끝날 때까지 역전에 역전을 거듭해 스릴만점이기 때문이죠. 한편으로 생각해보면 여러 장면에서 기회가 왔을 때 끝내지 못하는 아쉬움도 줍니다. 전반적인 기본기만 있어도 끝낼 수 있었을 텐데 말이죠.

이처럼 모든 일은 기본에서 출발합니다. 기본기가 충실하다면 어떤 일도 걱정하고 두려워할 필요 없습니다. 그래야 절호의 찬스나 절체절명의 위기에 판을 지배하고 돌파하는 힘을 발휘할 수 있습니다.

아무쪼록 이 책을 통해 우뇌의 작용을 촉발시키며 감각적인 성향을 계발하면서 그에 따른 기본기를 연마한다면 그동안 힘겨웠던 강한 적수도 이기는 지름길이 되지 않을까요?

김일환 · 이하림

추천하는 말

현대 과학은 모든 것을 규명한 듯 보여도 여전히 많은 미지의 세계들 틈에 묻혀 있다. 그 중의 하나가 인간의 뇌에 대한 신비다. 광대무변한 우주의 비밀을 상당부분 벗겨 나가면서도, 그보다 엄청나게 작은 세계인 뇌의 구조가 아직도 수수께끼에 머물러 있다는 것은 일종의 불가사의다. 뇌의 기능과 역할을 파악할 수 있다면 바둑의 실체 규명에 큰 도움이 될 것이다. 반대로 바둑을 통해 뇌의 신비를 규명하는 것도 가능한 명제라고 생각한다.

인간의 뇌에 대해 사람들은 그저 좌뇌와 우뇌로 대별하는 거친 이분법을 동원한다. 인간의 우뇌는 감성을 기반으로 직관과 형태(shape) 및 종합적 기능을 담당하고 좌뇌는 이성(理性)을 제어하면서 언어, 분석, 정리 등을 맡는 것으로 보고돼 있다. 어느 쪽 뇌가 더 발달했느냐에 따라 그 사람의 성향이나 재능이 결정된다는 것이다.

이 이론을 바둑에 대입하면 흥미로운 가설이 만들어진다. 우뇌는 풍부한 상상력을 가동해 초반 포석 구상을 맡아주게 된다. 형태에 대한 시각적 기억력, 패턴에 대한 인식, 그리고 그런 형태나 패턴을 보고 한눈에 어떤 영감을 얻어내는 것이 모두 우뇌의 몫이다. 바둑에서 가장 중요한 개념 중 하나로 꼽히는 감각 역시 우뇌의 영역이 된다.

반면 좌뇌는 중반전 이후 우뇌로부터 한 판 바둑의 통솔권을 이어받아 정밀한 득실 계산, 효율적 착점을 위한 경중(輕重) 판단, 끝내기 수순 등 보다 현실적이고 과학적인 쪽을 수행한다. 우뇌가 로맨티스트라면 좌뇌는 리얼리스트이고, 우뇌가 시인이라면 좌뇌는 과학자인 셈이다. 우뇌가 불이라면 좌뇌는 얼음이다. 모든 바둑 승부도 이 양대 기둥의 조화에서 벗어나지 않는다. 물론 기존의 뇌 과학설이 모두 '참'이라는 전제 아래 그렇다.

서울대 의대 이태영-권준수 박사 팀이 2017년 봄 발표한 내용에 따르면 프로기사들의 최대 강점은 복잡하게 얽힌 국면에서 최선의 수를 찾아내는 직관력이다. 프로들은 상황마다 일일이 계산하는 것이 아니고, 공간 패턴을 파악하고 상대 반응을 예측하는 잘 훈련된 능력으로 상황에 대처한다는 것이다.

알파고가 인간을 상대해 완승하는 과정은 어땠나? 좌뇌와 우뇌의 두 가지 기능에서 모두 인간에 비해 압도적으로 우월했다. 감정 없는 쇳덩이에

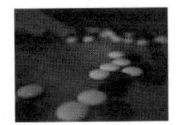

불과한 인공지능이므로 냉정한 계산 분야는 그렇다 치더라도 상상력과 예술의 영역으로 간주돼 온 포석부터 앞서 시종 판을 주도했다는 점이 무엇보다 놀라웠다. 알파고는 '현역 은퇴'를 선언했지만 숱한 인간 고수들은 알파고의 자체 대국 기보를 놓고 절세의 비급이라도 구한 양 매달려 연구하고 있다.

추세가 그렇다면 우리 아마추어들의 공부 방법도 달리 생각해볼 때가 되었다. 판 전체를 관통하는 다양한 수법에 대해 이른바 우뇌적 접근, 좌뇌적 접근과 함께 이 둘을 아우르는 종합적 전략으로 무장하는 것이다. 정석, 포석, 행마, 삭감, 공격 등 전통적 분류 방식을 알파고 식 뇌의 접근에 포인트를 두고 기본 패턴을 익히는 방식이 어찌 보면 전체적 안목을 기르는 능률적 학습의 지름길로 보인다.

김일환 9단은 이런 접근법에서 국내 어떤 프로기사보다 적임자로 보인다. 그의 착점은 빠르고 밝고 정확한 것으로 정평이 있다. 전투력이 발군이면서도 집과 두터움에 대한 감각이 남다르다. 그것이 이순(耳順)을 넘긴 지금에도 김일환을 여전히 날 선 승부사로 반상을 누비게 만드는 원동력이다. 뇌 기능과 나이와의 상관관계가 바둑계의 화두로 떠오르는 이 시대에, 시니어 그룹에 우뚝 선 김일환의 강의는 분명 남다른 가치로 어필해 온다.

이하림은 독특한 존재다. 프로 입단으로 방향을 잡지는 않았지만 바둑세계에서 문(文)과 무(武), 이론과 실제를 함께 갖춘 몇 안 되는 바둑인이다. 그는 아직도 상당한 수준의 실전력을 갖춘 선수이면서, 자신의 독자들에게 정제(精製)된 영양소만을 공급하는 노련한 감독이기도 하다. 그의 손을 거친 바둑책들은 간결하면서도 정곡을 찌르는 문장으로 이뤄졌다는 게 특징이다.

김일환과 이하림이 의기투합해 시작한 '강적을 이기는 실전적 기본기' 시리즈에 기대가 크다. 두 전문가의 안내에 따라 뇌 구석구석을 종단하며 바둑의 기본을 파헤치는 유쾌한 여행에 함께 나설 생각에 마음이 설렌다.

이홍렬(조선일보 바둑전문기자)

contents

PART 4 행마

PART 5 삭감과 공격

PART 1

정석
(화점 편)

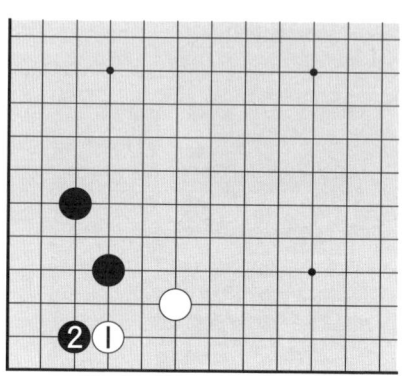

장면 1
무리한 수법

■ 흑의 화점, 날일자걸침에 흑의 날일자응수 다음, 백1의 날일자달림에 흑2의 붙임은 강력하다기보다는 무리한 수법이다.
　이런 곳은 백이 수읽기보다 느낌 한방이 필요한데, 그 대처 방안을 알아본다.

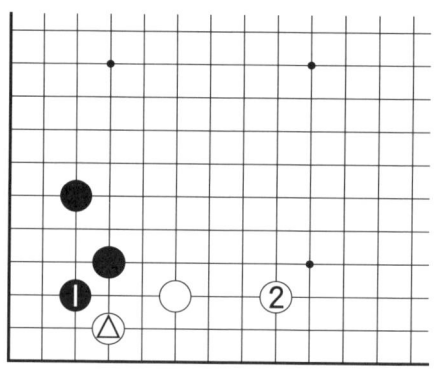

1도

1도(기본정석)
백△에 대해 귀를 받는다면 흑1로 3三의 곳을 두는 것이 올바르다.
　그러면 백도 2로 두칸을 벌리는 것이 상식적이며 널리 알려진 기본정석의 하나이기도 하다.

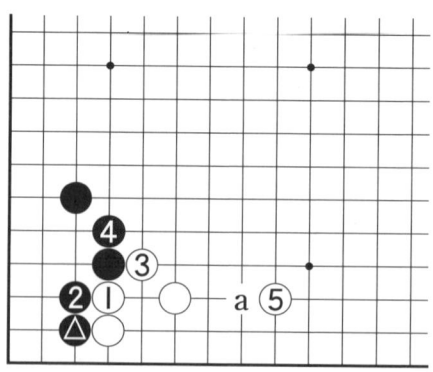

2도

2도(흑, 만족)
흑△의 붙임에 백1로 치받는 것은 마음 약한 수이다. 흑은 2로 받아 만족스런 모습이다.
　백은 3으로 호구치고 5가 또 필요하다. 안 두면 흑a의 협공이 통렬하다.

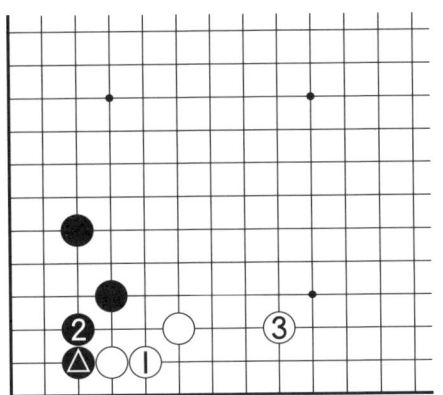

3도

3도(어정쩡하다)

백1로 늘어서는 것도 어정쩡하다. 흑은 당연히 2로 귀를 지킬 것이다. 백3으로 일단락된다면 1도의 기본정석에서 흑▲와 백1이 교환된 셈이니 백이 좋을 리 없다.

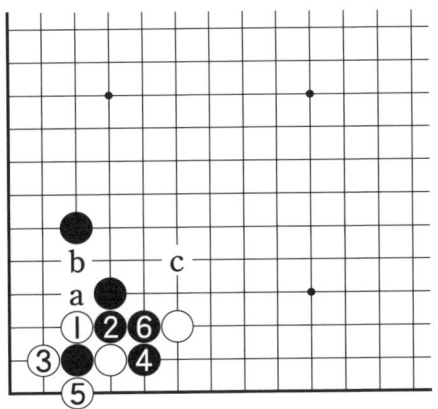

4도

4도(최선/ 강력한 젖힘)

백1로 젖혀나가는 것이 최선의 코스이자 강력한 대응이다.

흑2에 백3, 5로 흑 한점을 잡고 6까지 된 다음 백a, 흑b, 백c로 뛰어서 백이 나쁠 리 없는 진행이다.

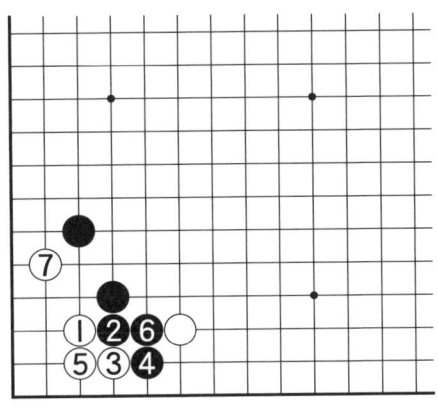

5도

5도(백의 귀살이)

이런 상황에서 백1로 3三에 뛰어들면 흑2 이하 백7의 진행이 상식이다.

단, 이른 시기에 백이 이렇게 귀살이를 하는 것은 후수이므로 권장할 수 없다. 백 선수인 앞 그림과 비교해보라.

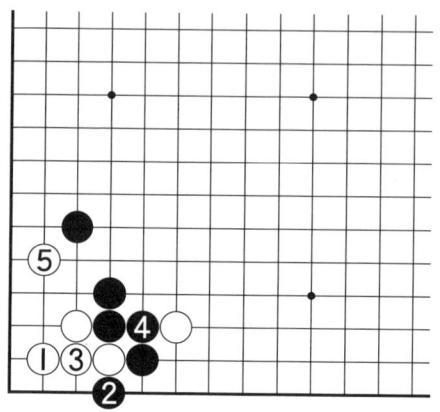

6도

6도(호구치면)

앞 그림 5로는 이 그림 1에 호구 치는 수도 있으며, 그러면 흑은 2로 하나 단수해 놓고 4에 잇는 것이 올바른 수순이다.

백5까지는 정형이지만, 흑이 강화된 모습이라 앞 그림보다 백이 나쁘다.

7도

7도(4도의 결과)

그런데 이 장면에서 흑a로 단수하지 않고 1로 집어넣어 잡혀줄 사람이 있을까?

백은 이게 웬떡이냐는 듯이 2로 잡을 것이다. 그리고 흑3에 이은 것이 바로 4도의 결과이다. 백이 유리한 이유이다.

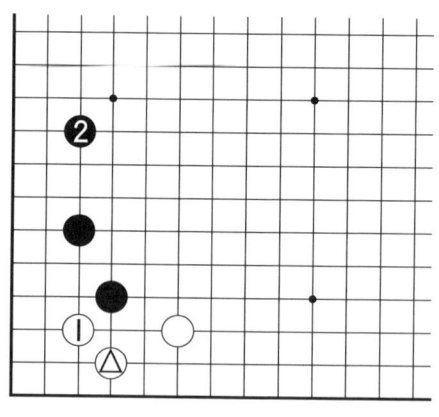

8도

8도(흑의 손빼기)

백△의 날일자달림에 대해 흑은 배석 관계나 취향에 따라 손을 빼는 것도 생각할 수 있다.

백1이 큰 수이지만 흑2로 두칸을 벌려서 안정할 여유가 있기 때문이다.

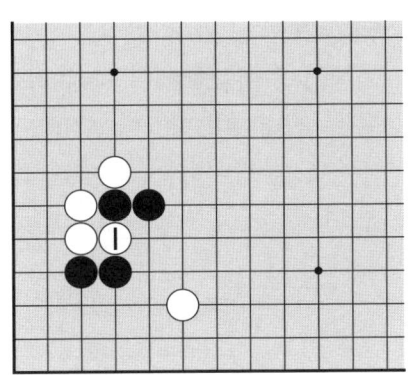

■ 화점/ 양걸침정석에서 파생된 형태인데, 백1로 살그머니 나왔다.

한눈에 보기에 좀 억지수 같지만 위험한 냄새가 난다. 흑은 감각적인 대응이 요구된다.

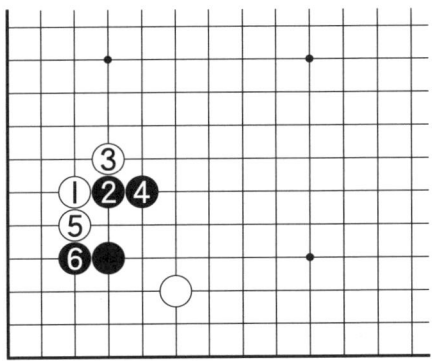

1도

1도(경과도)
장면이 나오기까지의 과정이다. 백1의 날일자 양걸침이 출발점이다. 흑2, 4의 붙여뻗음은 가장 알기 쉬운 응수법이며 백3, 5 때 흑6으로 막은 상황이었다.

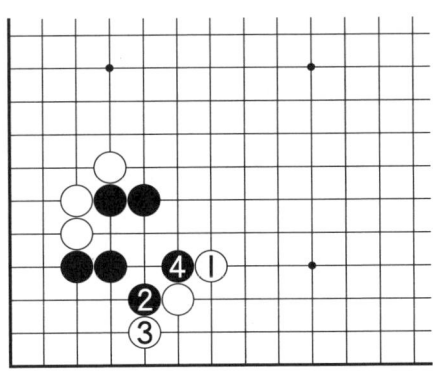

2도

2도(마늘모가 정수)
본래 백1의 마늘모가 정수이자 정석으로 가는 코스였다.

흑2의 마늘모붙임은 배워둘 만한 행마의 틀이며 백3으로 젖힐 때 흑4도 중요한 응수법이다.

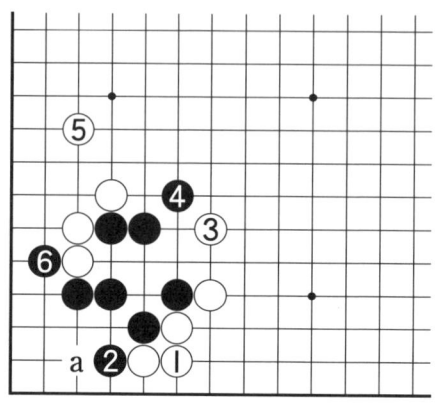

3도

3도(기본정석)

계속해서 백1로 잇고 흑2로 막을 때 백3으로 뛰어나간다.

흑4의 마늘모로 중앙에 진출한 수는 절대이며 백5 때 흑6의 젖힘은 백a를 방어하는 필수적인 한수이다.

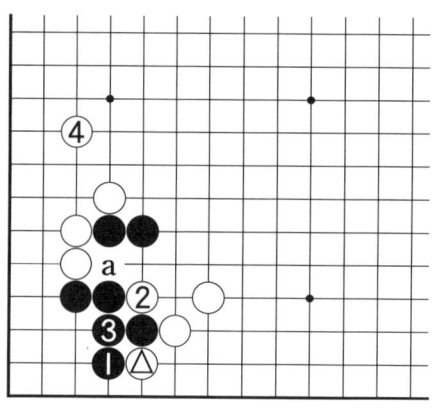

4도

4도(한방 얻어맞다)

백이 △로 젖혔을 때 흑1로 덥석 받는 것은 백2로 한방 얻어맞으므로 좋지 않다. 백4로 지켜두면 흑은 a로 공배를 두어 연결해야 하는 점이 아프다.

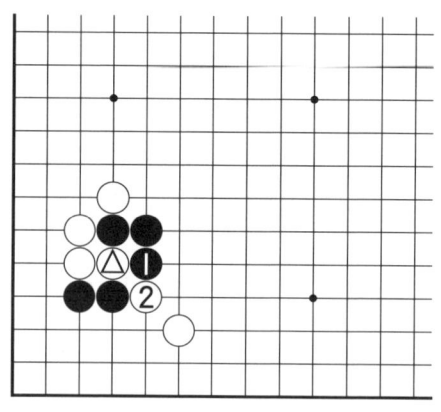

5도

5도(흑1, 무모한 행동)

본본으로 돌아가서, 흑은 백△에 대해 1로 막고 싶어진다.

그러나 이것이야말로 무모한 행동이다. 백2로 끊기면 흑에게 좋은 그림은 나오지 않는다.

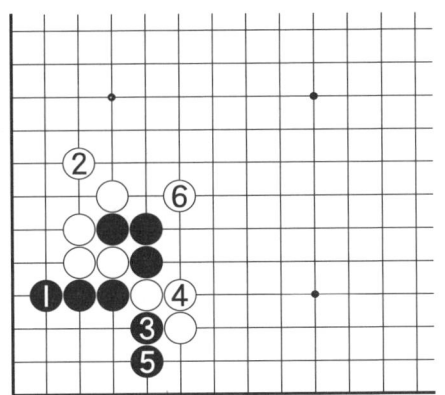

6도

6도(장문이 성립)

일단 흑은 귀를 돌보지 않을 수 없다. 1로 내려서고 3, 5면 안심이지만, 그 틈에 2와 4의 곳에 백돌이 놓여 백6의 장문이 성립한다. 백의 대성공이다.

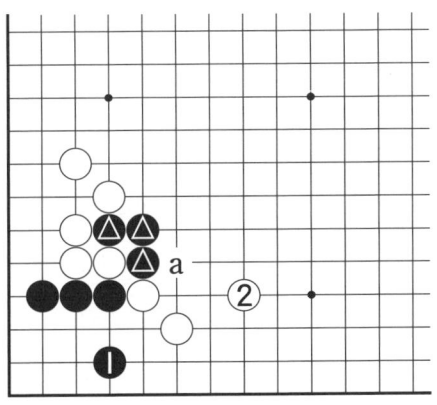

7도

7도(운신이 거북)

앞 그림 3으로는 흑1로 뛰는 것이 바깥쪽에 나쁜 영향을 안 주지만 백2(또는 a)로 갖춰서 싸움에 대비하는 정도로도 흑▲의 운신이 거북해질 것이다.

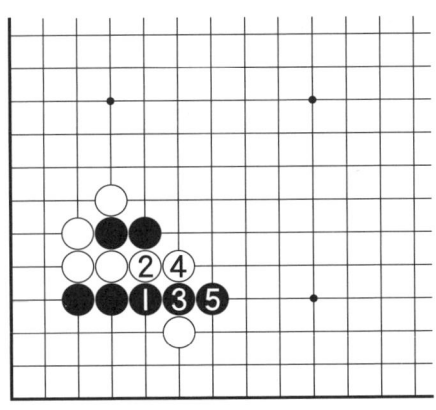

8도

8도(최선/ 비켜 받는다)

흑1로 비키는 것이 최선의 대응. 백2에는 흑3으로 나가고 5까지 늘어서 만족할 만한 갈림이다.

　흑 두점이 못쓰게 되었지만 백 한점도 힘을 잃고 있다.

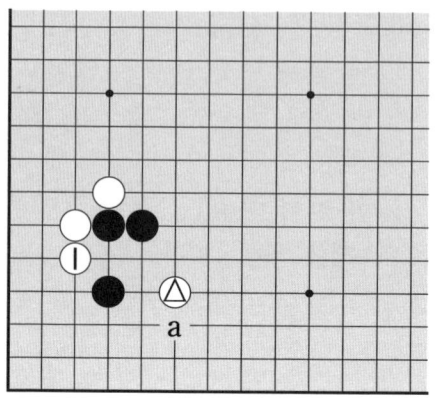

예제1

▦ 예제1 (흑 차례)
백△의 위치가 a의 날일자가 아닌 점에 주목할 것.

백1에 대한 흑의 응수를 묻는 다. 막느냐 그렇지 않으면?

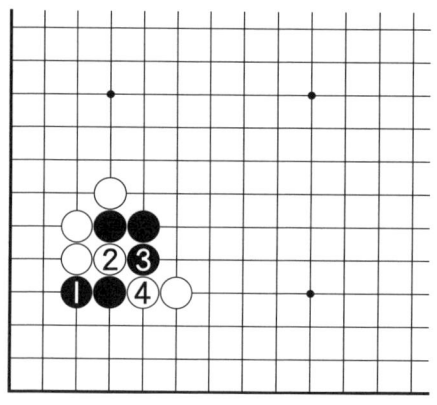

참고도 1

참고도 1(잘못)
흑1로 막는 것은 잘못이다. 앞서 나왔던 날일자 양걸침 때와는 상황이 다르다.

백2, 4로 끊기면 흑의 앞날은 먹구름이 낄 수밖에 없다.

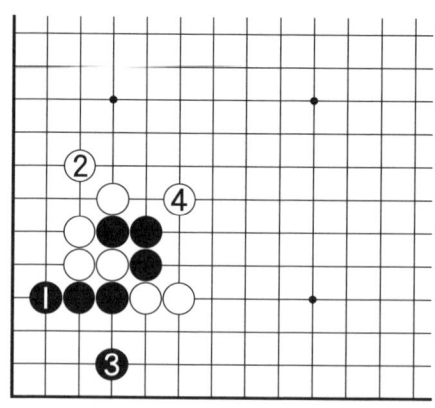

참고도 2

참고도 2(흑, 망하다)
흑1로 내려서고 3에 뛰어서 귀를 살리는 정도인데, 백은 자연스럽게 2로 보강하고 4의 장문에 손을 돌릴 수 있다. 흑이 망한 결과이다.

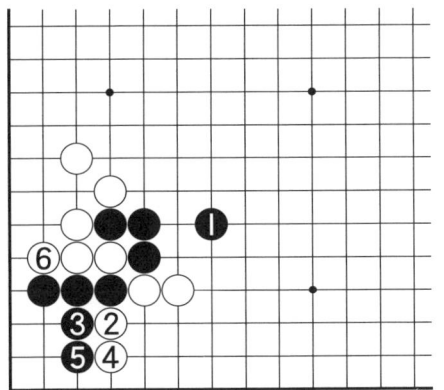

참고도 3

참고도 3(귀가 잡히다)

앞 그림 3으로 흑1에 뛰어 장문을 피하고 싶지만 그랬다가는 귀가 온전치 못하다.

백2 이하 6까지 되면 귀의 흑이 살 수 있는 궁도가 아니다.

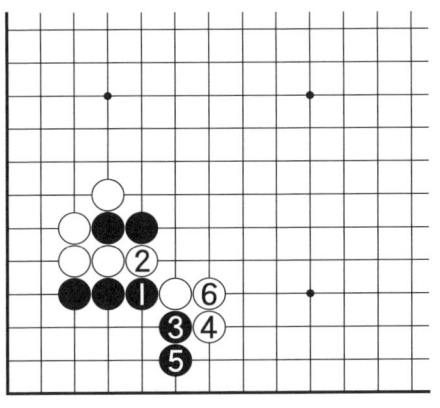

참고도 4

참고도 4(견딜 수 없다)

도중 흑1로 치받고 3에 젖히면 피해는 좀 줄일 수 있지만, 꼴이 말이 아니다.

중앙의 두점도 못쓰게 되고 백의 세력이 막강해져 흑이 견딜 수 없다.

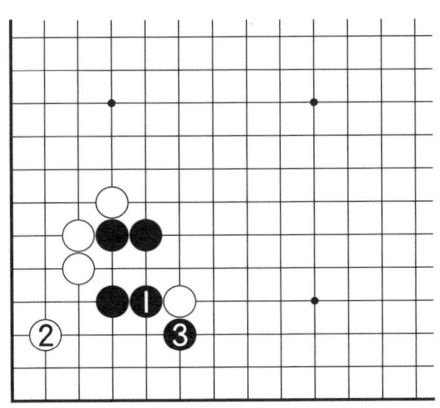

참고도 5

참고도 5(정해/ 쌍립)

날일자와 한칸의 조합인 양걸침의 경우는 흑1의 쌍립이 최선의 한수이다.

백2에 흑3으로 젖히기까지가 기본정석이다.

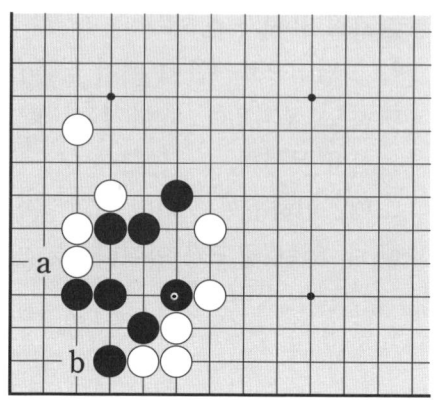

예제2

▦ 예제2 (젖힌 이유)

흑a의 젖힘까지가 기본정석으로
수순이다.

만약 a가 없으면 백b의 껴붙임
으로 탈이 난다. 이 붙임을 둘러싼
공방을 검토해 보기로 한다.

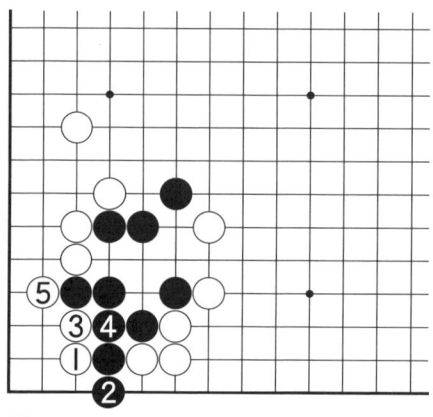

참고도 1

참고도 1(빈털터리)

백1의 껴붙임에 흑2로 내려서면
백3으로 올라서서 끊는 것과 건너
는 것이 맞보기가 된다.

5까지 깔끔하게 연락하고 보니
흑만 빈털터리가 되었다.

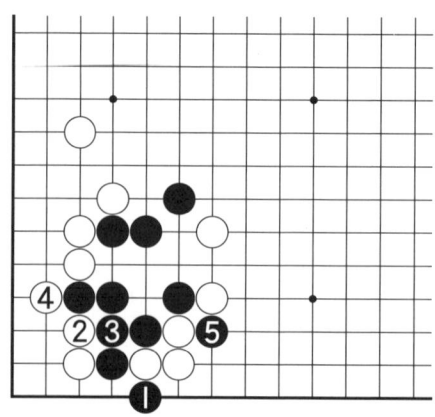

참고도 2

참고도 2(낫다)

앞 그림 2로는 흑1로 젖히는 것이
낫다.

백2, 4로 건너는 것은 마찬가지
이지만 흑은 5로 끊을 수가 있기
때문이다. 이다음~

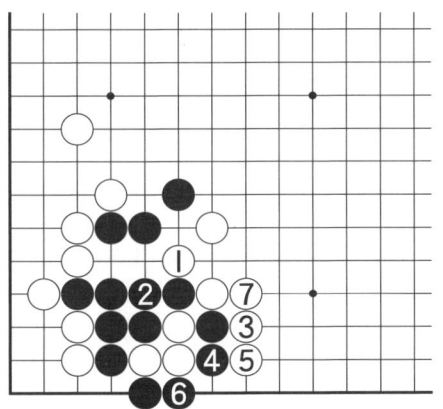

참고도 3

참고도 3(미생)

백에게는 1, 흑2를 선수하고 백3, 5로 기분 좋게 모는 수가 준비되어 있다.

7로 이어서 일단락인데 흑은 석점을 잡았어도 여전히 미생인 점이 아프다.

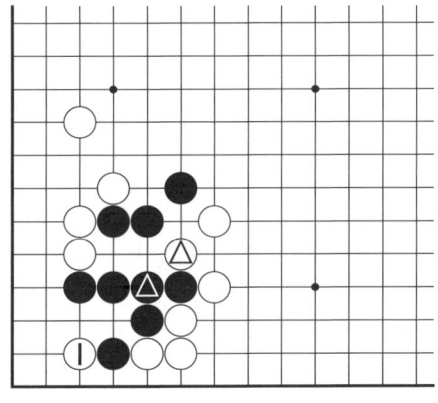

참고도 4

참고도 4(유제/ 흑 차례)

이번에는 백△와 흑▲의 문답이 있다.

이 형태에서 백1의 껴붙임에 대응하는 방법은 어떤 차이가 있을까?

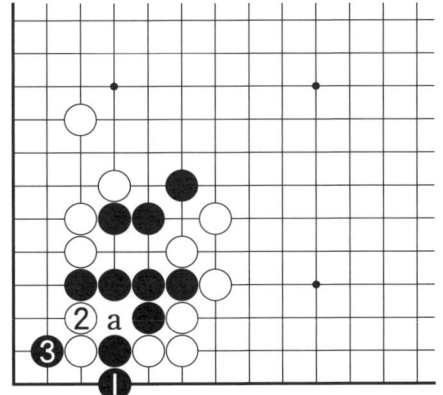

참고도 5

참고도 5(배붙임)

이 경우에는 흑1로 내려서는 것이 정확한 응수이다.

그리고 백2에는 흑3의 배붙임이라는 절묘한 맥점이 있다. 이로써 백은 a에 끊을 틈이 없다.

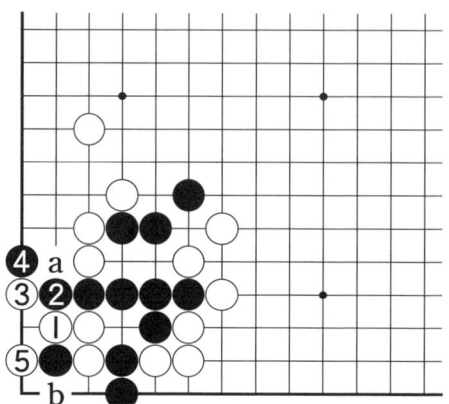

참고도 6

참고도 6(흑4, 실착)

백1에는 흑2로 따라막는 수가 좋다. 단, 백3의 젖힘에 대해서는 주의가 필요하다.

흑4는 실착으로 백5 다음 a의 패와 b의 삶이 맞보기여서 탈이 난다.

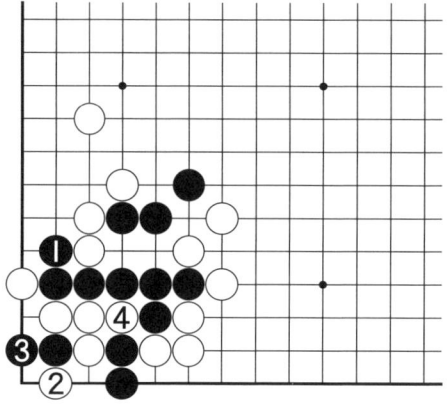

참고도 7

참고도 7(물러서면)

그렇다고 해서 앞 그림 4로 흑1로 물러서는 것은 백의 의도에 말리는 결과를 낳는다.

백2로 단수할 때 흑3으로 삶을 방해하면 백4의 끊음이 성립한다.

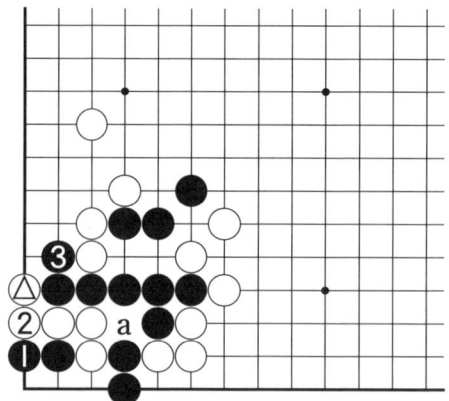

참고도 8

참고도 8(1선 맥점)

백이 ②로 젖히는 순간, 흑1로 1선을 내려서는 것이 백의 의도를 꺾는 맥점이다.

백2로 잇는다면 그때 흑3으로 두어서 백a의 틈을 주지 않는다.

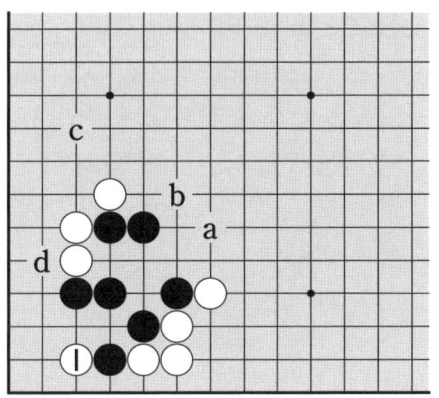

예제3

⊞ 예제3 (흑 차례)
양걸침 정석이 진행되고 있는 도중에 느닷없이 백1로 껴붙여왔다. 이때 흑의 현명한 대응은 무엇일까?

본래 여기는 백a, 흑b, 백c 흑d로 될 곳인데….

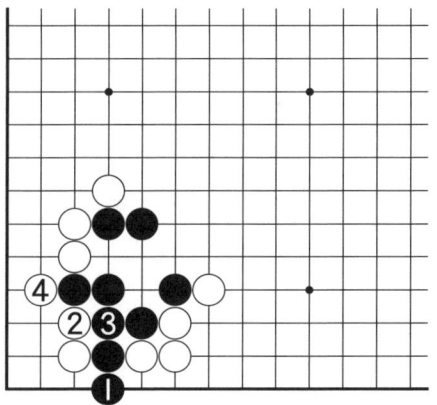

참고도 1

참고도 1(백의 주문)
흑1로 내려서는 것은 생각 없는 행동이다.

백2, 4로 건너 버리면 흑은 졸지에 근거를 잃고 방랑자 신세가 되고 만다. 이것이 바로 백의 주문이다.

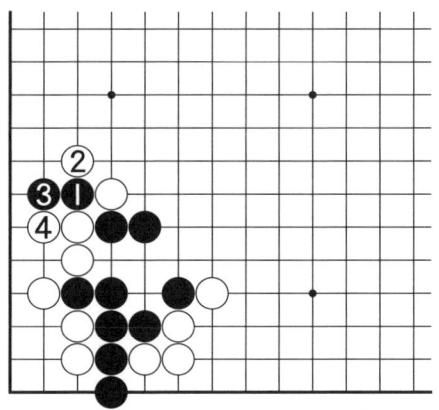

참고도 2

참고도 2(끊으면?)
앞 그림에 이어, 흑1에 끊어 보는 것은 어떨까?

백의 단점이 많은 점에 착안한 수이지만 아쉽게도 백2, 4가 좋은 대응이어서 신통치가 않다. 이다음~

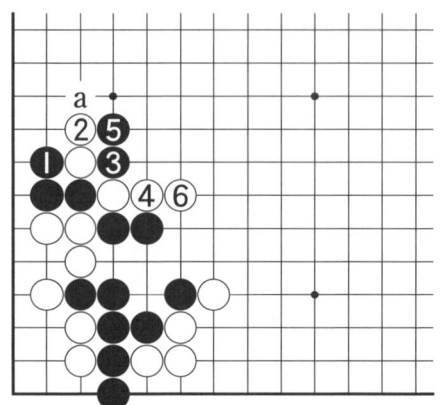

참고도 3

참고도 3(흑, 망하다)

흑1로 꼬부리고 백2에 흑3, 5로 양쪽을 맞보는 것이 상용수법이지만, 백6으로 서면 아래쪽 흑이 위험하므로 a에 둘 틈이 없다. 흑은 망해 버렸다.

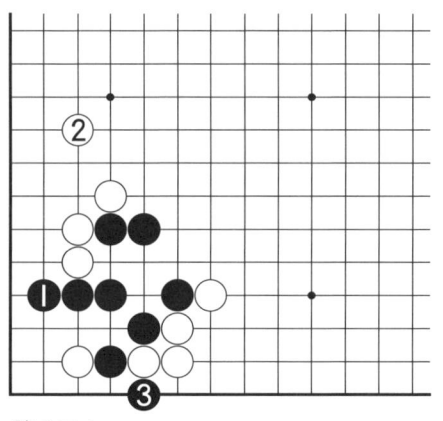

참고도 4

참고도 4(정해/ 맞보기)

흑1쪽을 내려서는 것이 냉정한 응수였다. 백2로 지킨다면 흑3으로 젖혀서 귀를 크게 확보한다.

　이렇게 된다면 백은 한 것이 전혀 없는 결과일 것이다.

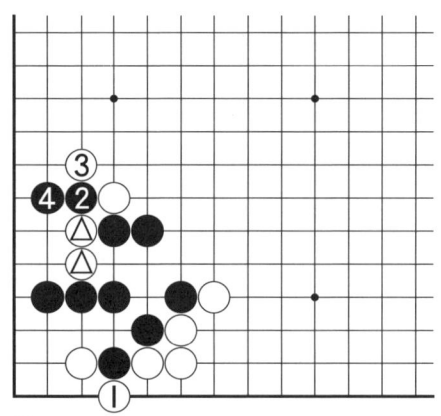

참고도 5

참고도 5(흑, 안정)

따라서 백은 껴붙인 수의 체면을 살리기 위해서라도 1로 건널 것이다. 그러면 흑은 이번에는 2로 끊고 4까지 백△ 두점을 잡아서 쉽게 안정한다.

장면 3
상수의 권도

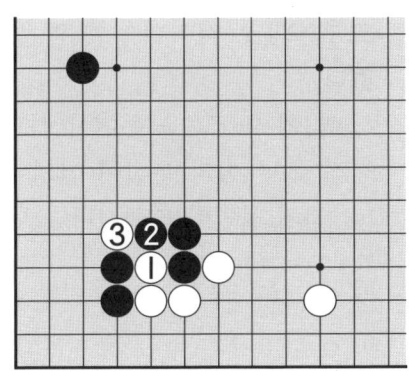

▨ 붙여뻗음 정석이 완료되고 나서 백이 1, 3으로 나와끊은 모습이다.

이 수법은 접바둑에서 흔히 볼 수 있는 상수의 권도(權道) 같은 것인데, 흑의 대책을 알아 두자.

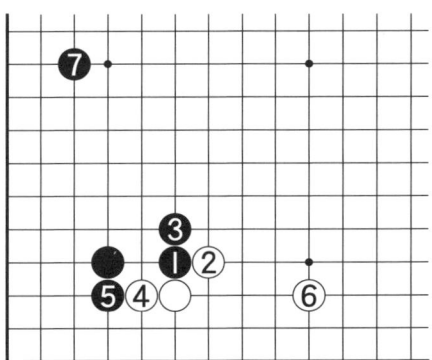

1도

1도(경과도)

장면이 나오기까지의 과정을 알아 본다. 화점/ 날일자걸침에 흑1, 3의 붙여뻗음이 출발점. 백4, 흑5 다음 백6에 벌리면 흑도 7로 멀리 벌리는 것이 상식이다.

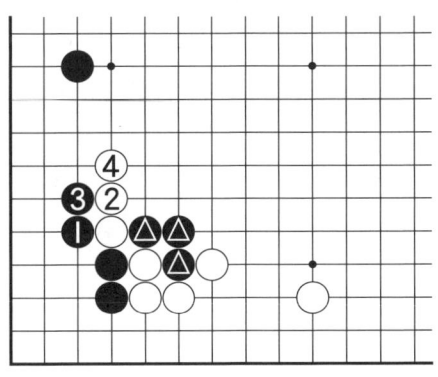

2도

2도(방향착오)

흑1쪽에서 단수하는 것은 방향착오이자 나약한 반응이다. 백2에 흑3으로 따라가는 정도인데 백은 4로 늘어서 만족스럽다. 흑은 ▲ 석점이 부담스러워졌다.

23

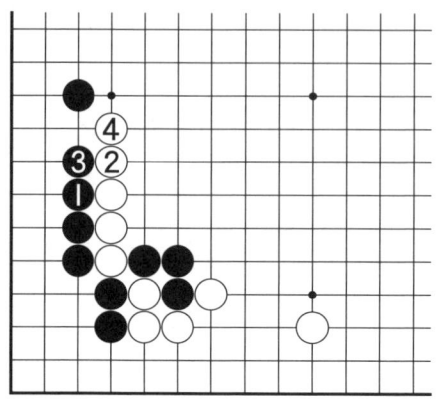

3도

3도(흑, 불만)

계속해서 백에게 막힐 수는 없으므로 흑1로 기어나가지 않을 수 없다.

백2에 또 흑3을 두어야 하므로 점점 흑 석점의 운신이 어려워진다. 흑의 불만이 명백하다.

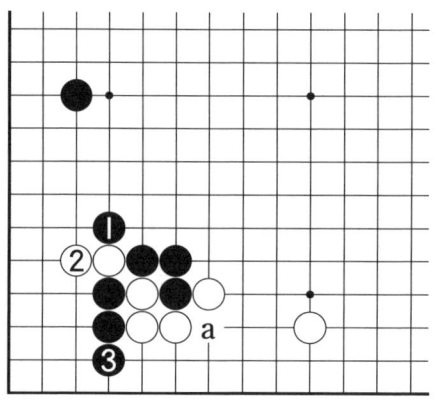

4도

4도(최선/ 옳은 방향)

마땅히 흑1쪽에서 단수해야 한다. 이것이 옳은 방향으로 백2를 기다려 흑3으로 내려선다.

다음 a의 단점을 엿보고 있다. 단, 1과 3은 순서를 바꿔도 무방하다.

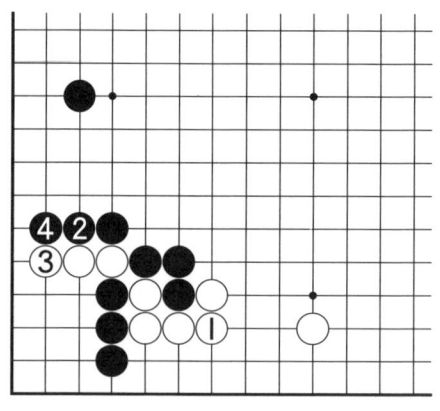

5도

5도(잇는 변화)

백1로 잇는 변화부터 본다. 이 코스는 변화의 여지가 거의 없다.

흑2로 막아가는 한수. 백3으로 내려서면 흑4로 막아서 이 싸움은 백이 이길 수 없다. 이다음~

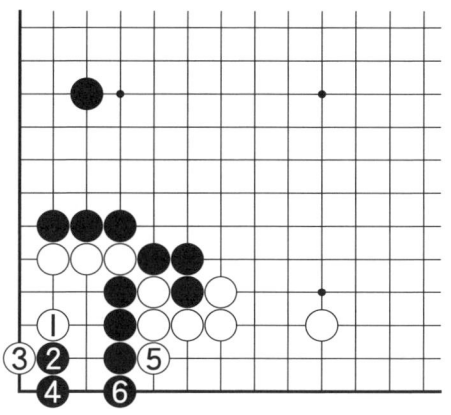

6도

6도(유가무가)

백1로 뛸 때 흑2로 응수해서 아무 탈이 없다.

백3에는 흑4, 백5에는 흑6으로 내려서, 이 수상전은 '유가무가' 이므로 흑의 승리가 결정된다. 확인해 보도록 하자.

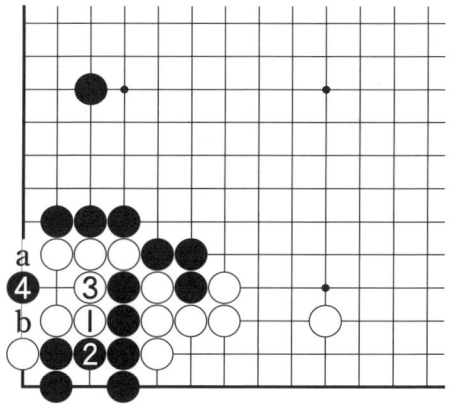

7도

7도(증명)

유가무가의 증명이다. 백1, 흑2로 흑은 집이 있고 백은 아무리 해도 집이 없다.

백3에는 흑4로 치중해서 파호 한다. 다음 a와 b를 맞봐 그만인 것이다.

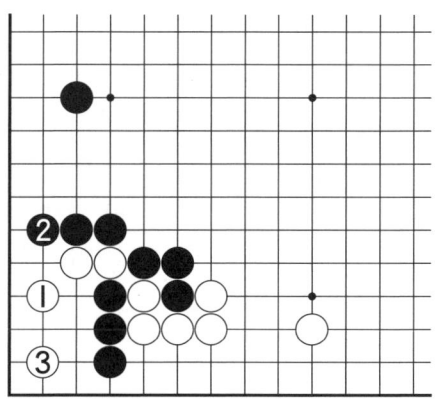

8도

8도(마늘모)

5도 3으로 백1에 마늘모하는 변화 이다.

이 경우도 역시 흑은 2로 내려 서는 것이 급소이다. 백3으로 뛰 어오더라도 흑은 별 걱정이 없다.

25

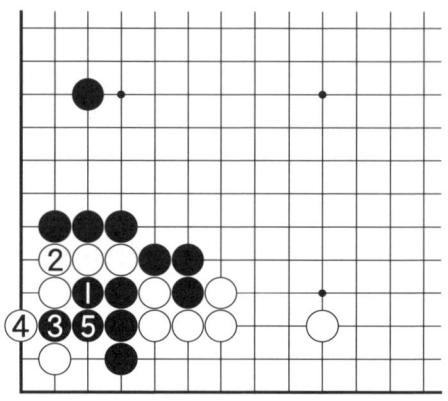

9도

9도(흑승)

별로 스마트한 수순은 아니지만 가장 알기 쉬운 방법을 소개한다.

흑1로 단수하고 3, 5로 끼워이어서 수상전은 흑의 승리가 명백하다. 이다음~

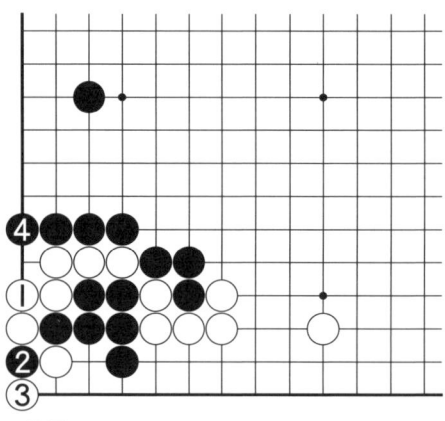

10도

10도(먹여침)

사족이지만 백1로 잇는다면?

흑2의 먹여침이 수상전의 요령이다. 흑4의 내려섬으로 그만이다. 백이 몸부림쳐도 소용없음을 확인하기 바란다.

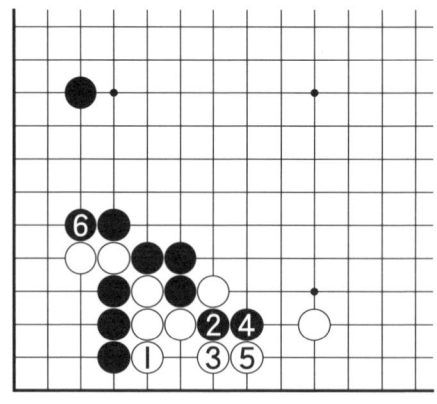

11도

11도(백1, 최강)

백은 고분고분 잇지 않고 1로 꽉 받아서 흑의 뒷공배를 채우는 것이 최강의 응수이다.

그러면 흑2로 끊어 백3, 5를 강요하고 흑6에 막아가는 것이 빈틈없는 수순이다.

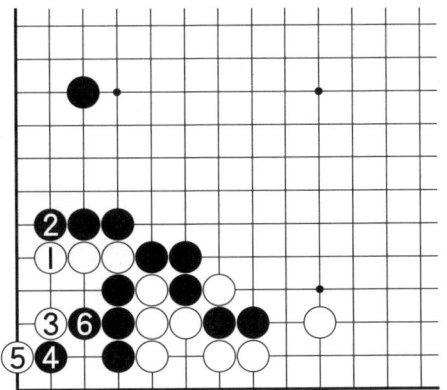

12도

12도(간명한 수법)

여기서도 백1에 내려서면 흑2로 따라 막아서 좋다.

백3으로 뛸 때 흑4로 붙여막고 백5의 젖힘에는 흑6으로 대응하는 것이 간명한 수법이다.

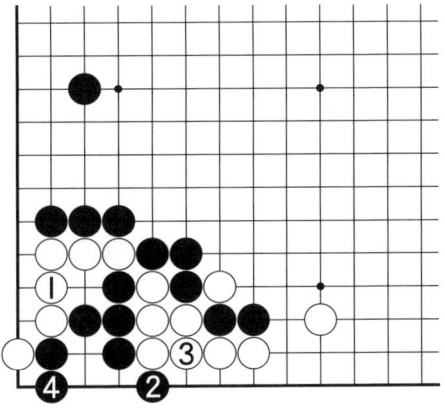

13도

13도(유가무가)

계속해서 백1로 잇는다면 흑2로 한방 단수하고 나서 4에 내려서는 수순이 준비되어 있다.

이것으로 귀의 수상전은 유가무가가 되어 흑승이다.

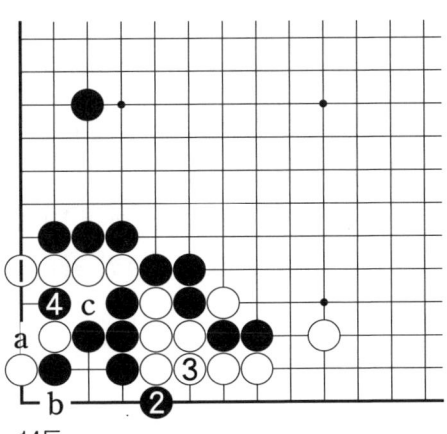

14도

14도(단수해서 그만)

앞 그림 1로 백1로 내려선다면 역시 흑2를 하나 선수하고 4로 단수해서 그만이다.

다음 백a면 흑b나 c로 두어 흑승이다.

27

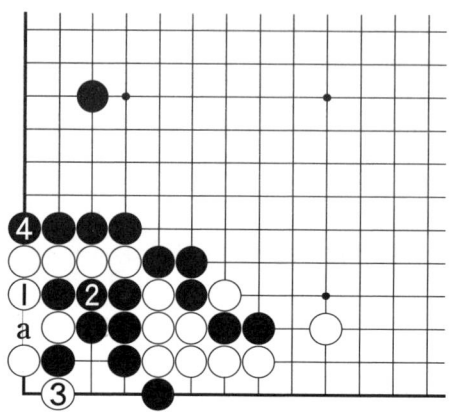

15도

15도(이을 수 없다)

그렇다고 백1로 단수한다면 흑은 가만히 2로 이어서 좋다.

백3의 단수에는 흑4로 뒤쪽에서 몰아서 그만이다. 백이 a에 이을 수 없음을 확인하도록 하자.

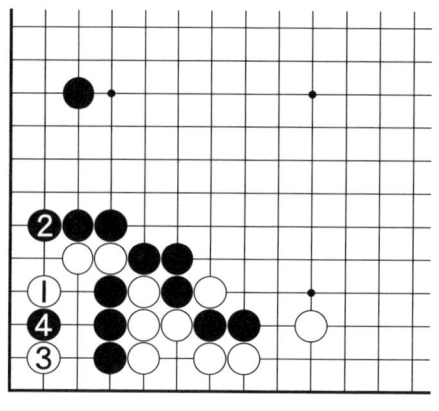

16도

16도(마늘모에 끼움)

가장 까다로운 변화는 백이 내려서지 않고 1로 마늘모하는 변화이다. 이번에도 흑은 2로 내려서는 한수이다. 백3으로 뛸 때 흑4의 끼움이 수상전의 맥점이다.

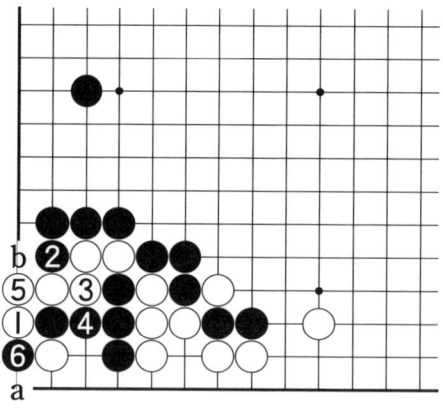

17도

17도(먹여친다)

앞 그림에 이어, 백1로 아래쪽에서 응수한다면 흑2, 4로 단수해서 거뜬하게 해결된다.

백5에 이어봤자 흑6에 먹여쳐서 끝장이다. 다음 백a면 흑b로 흑의 승리.

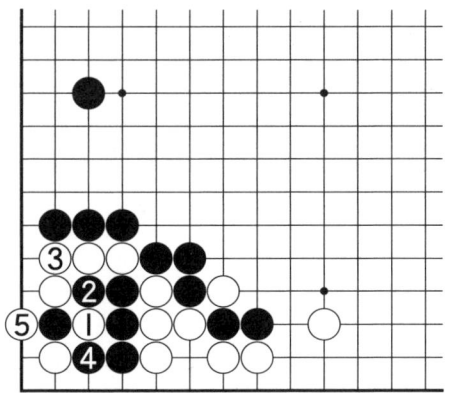

18도

18도(최강의 저항)

백1로 위쪽에서 받는 것이 최강의 저항이다.

그러면 이번에는 흑1쪽에서 단수해 백3을 강요하고 흑4로 따낸다. 백5로 건너며 단수해서 패가 불가피한데….

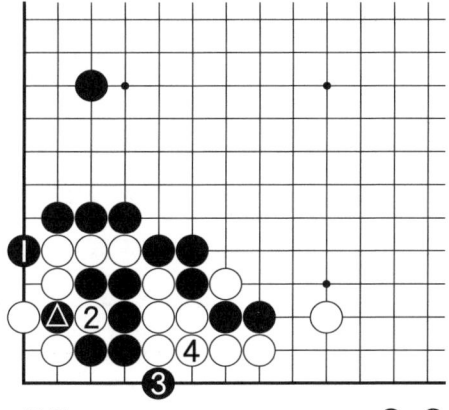

19도   **⑤**··**△**

19도(만패불청 흑승!)

계속해서 흑1로 단수해서 본격적으로 패가 시작된다. 백2에 흑3의 팻감이 하나 있는 것이 흑의 자랑이다. 다음 흑5(**△**의 곳)로 따내고 나서 만패불청한다.

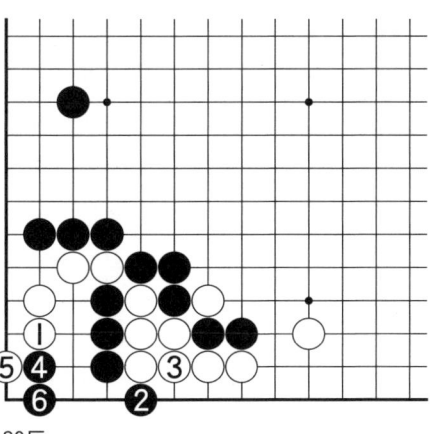

20도

20도(수상전은 흑승)

거슬러 올라가 이 상황에서 백이 1로 늘어서서 도전해 오면 흑2의 단수를 아낌없이 선수하고 4로 붙인다.

백5에는 흑6으로 받아서 수상전은 흑의 승리이다.

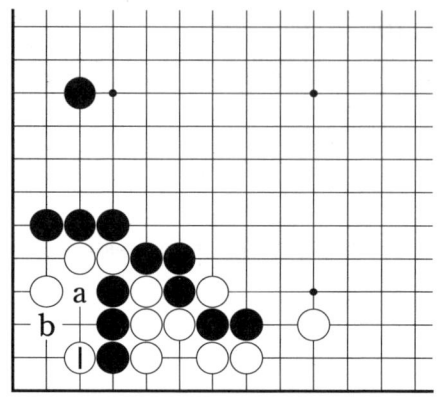

21도

21도(마지막 관문)

여기서 백1로 붙이면 어떻게 되는 것일까?

흑a로 단수해도 안되고 그렇다고 흑b로 건너붙이는 수도 성립하지 않는데….

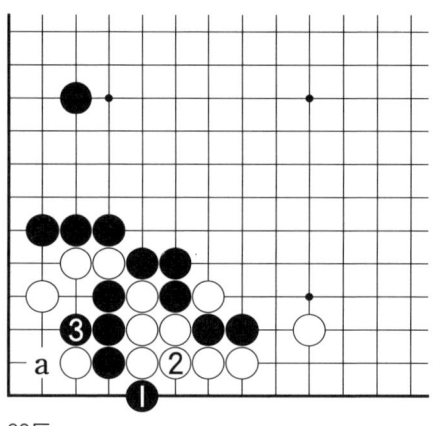

22도

22도(유일한 해결책)

어렵게 생각할 것이 없다. 흑1, 백2를 문답하고 나서, 우직하지만 흑3으로 나가는 것이 유일한 해결책이다. 백은 a에 늘 수가 없다.

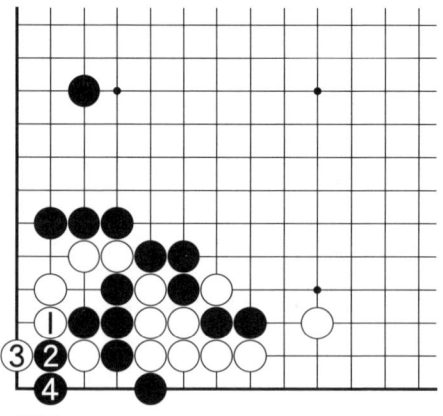

23도

23도(유가무가)

백1로 막을 수밖에 없는데 흑2로 끊고 백3에 흑4로 내려서면 수상전은 흑의 승리가 명백하다.

역시 유가무가임을 확인하도록 하자.

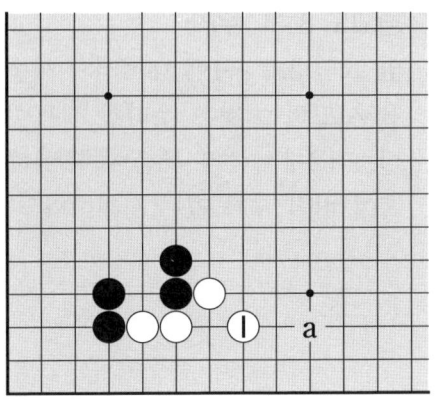

예제

예제 (흑 차례)

붙여뻗음 정석이 진행되고 있다.

여기서 백은 a로 멀리 벌리지 않
고 1로 단단하게 호구를 쳤다.

이 경우 흑의 올바른 응수는?

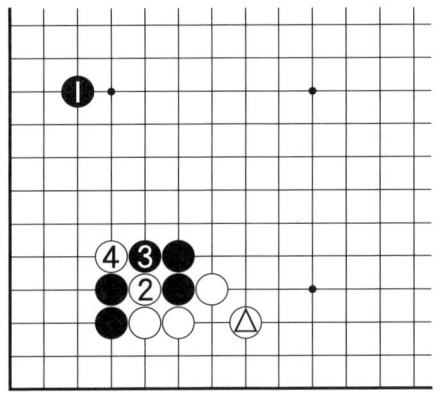

참고도 1

참고도 1(경솔한 벌림)

앞서와 같이 흑1로 널찍하게 벌리
는 것은 경솔한 행동이다.

백은 즉각 2에서 4로 나와끊을
것이다. 백△로 지켜 단점이 없는
만큼 상황이 전혀 다르다.

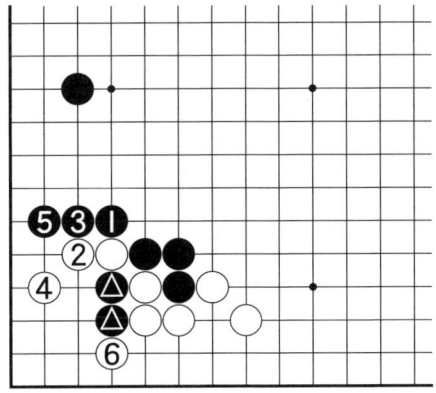

참고도 2

참고도 2(흑, 실패)

흑1로 단수하고 3에 막아도 백4
의 마늘모 때 더 이상 싸울 수가
없다.

흑5로 내려서고 백6까지 흑△
두점이 백의 수중에 들어가서는
흑의 실패이다.

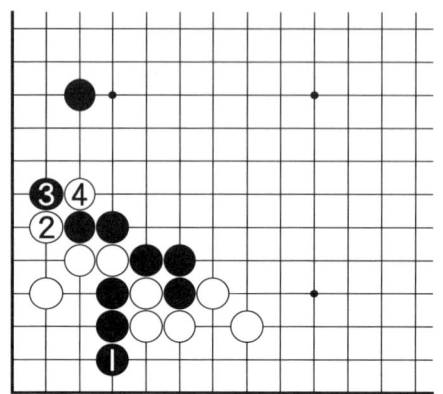

참고도 3

참고도 3(흑, 무리)

앞 그림 5로 흑1에 내려서서 싸움을 시도하는 것은 무리한 행동이다. 백2에서 4의 끊음이 통렬해 흑이 버틸 수가 없는 상황이다.

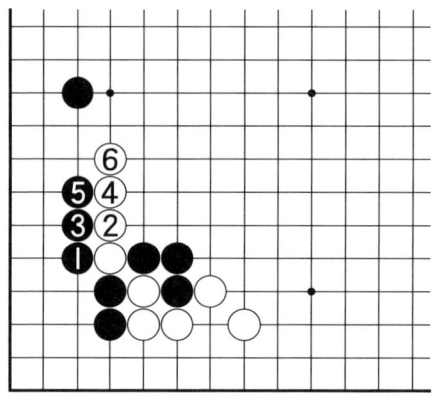

참고도 4

참고도 4(마찬가지)

흑1쪽에서 단수하고 3에서 5로 기어나가는 것은 앞서도 좋은 평가를 받지 못했다.

　여기서 마찬가지로, 흑 석점이 움직이기 어려워진다. 역시 흑의 실패!

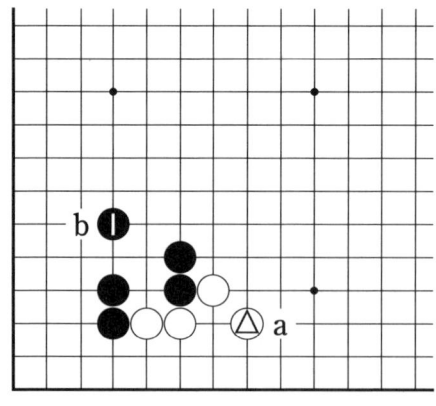

참고도 5

참고도 5(정해/ 한칸뜀)

백이 △ 또는 a로 흑이 끊을 여지가 없이 두었을 경우에는 흑1의 한칸뜀으로 견고하게 지키는 것이 정수임을 잊지 말도록 하자. 단, 흑1은 b도 가능하다.

패를 함축한 수단

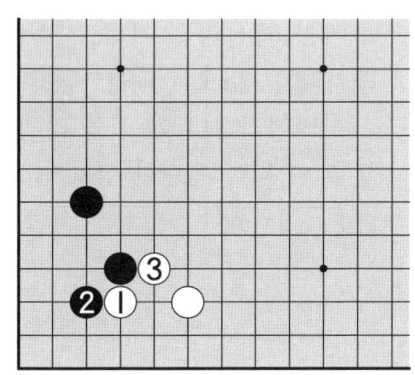

▨ 백1로 붙이면 흑2의 젖힘은 당연한 응수인데, 여기서 백이 3으로 호구쳐서 흑을 시험에 들게 한다.

　패를 함축한 수단인데, 흑의 올바른 대응을 알아본다.

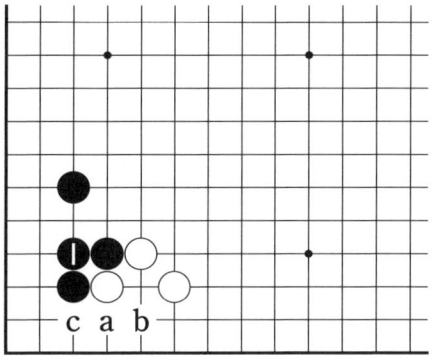

1도

1도(겁을 먹다)

흑1은 겁 먹은 행동. 흔히들 '패가 되면 골치 아프다'고 생각하고 이런 수를 둔다.

　백은 손을 뺄 것이다. 다음 흑a에 백b면 흑은 또 c로 물러설지도 모른다.

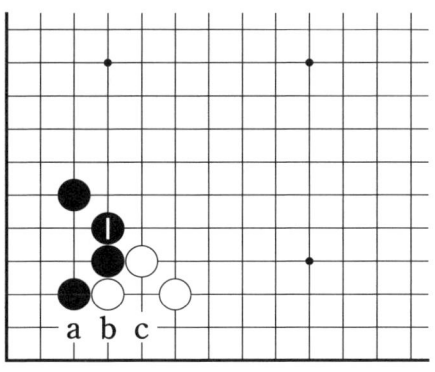

2도

2도(약간 느슨)

흑1로 느는 것은 앞 그림보다는 낫지만 약간 느슨하다.

　백은 탄력을 붙여놓은 데 만족하며 손을 빼고, 유사시 a로 젖히고 흑b, 백c의 패로 수습하게 될 것이다.

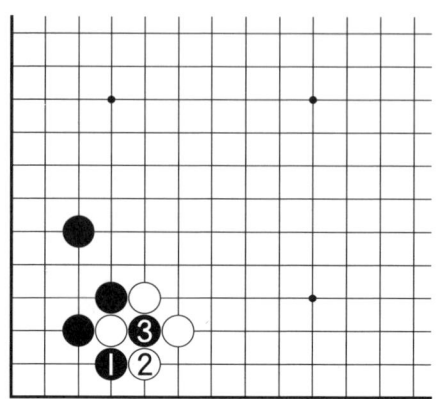

3도

3도(최선/ 단호하게 단수)

흑1로 단호하게 단수하는 것이 강수이자 최선의 수이다. 백2에는 가차없이 흑3으로 패를 따낸다.

초반이라 팻감이 있을 리 만무할 테니 백이 곤란한 상황이다.

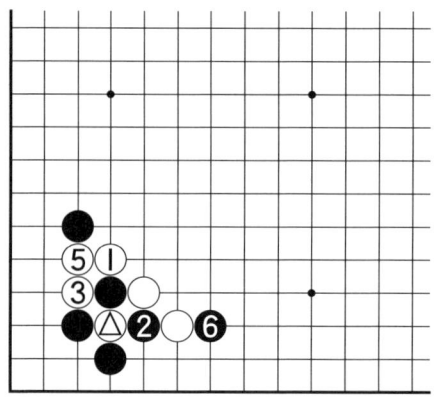

4도
❹‥⒜

4도(흑, 유리)

따라서 백은 1, 3으로 돌려치게 될 것이다. 그러면 흑은 4에 곱게 잇고 백5로 잇기를 기다린다.

흑6의 껴붙임까지, 이 갈림은 흑의 실리가 커서 유리하다.

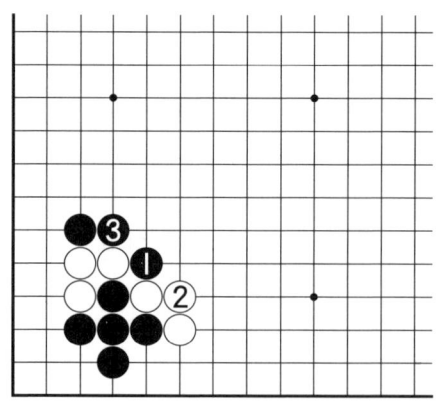

5도

5도(강력한 수단)

그런데 흑에게는 축이 유리할 경우, 더욱 강력한 수단이 있다.

즉, 흑1쪽을 끊어 백2를 강요하고 흑3으로 막아서 백 석점을 잡아 버리는 것이다.

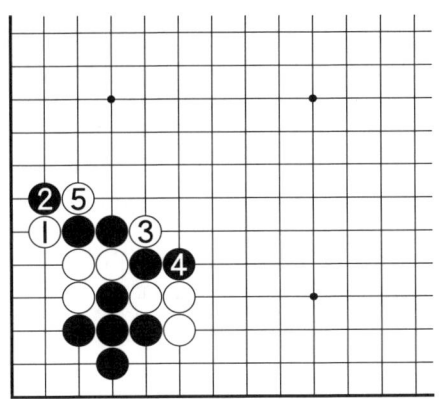

6도

6도(축 관계)

계속해서 백1의 젖힘에 흑2의 막음은 절대. 거기서 백3에 단수하고 흑4에 백5로 끊는다.

눈치 빠른 독자는 어떤 축 관계인지 벌써 알아차렸을 것이다.

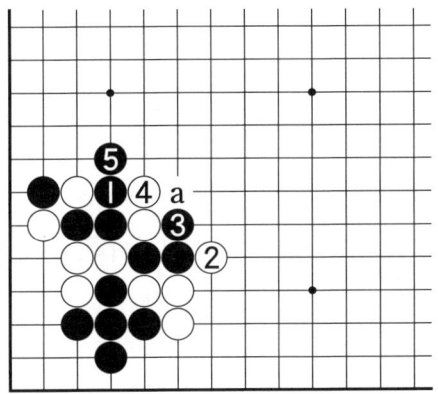

7도

7도(축이 유리해야만)

흑1에 백2로 단수하는 축이었다. 흑3으로 나가봤자 백4의 단수가 선수이다.

백a의 축이 흑에게 유리할 경우에만 5도 이하의 수단이 성립함을 기억하도록!

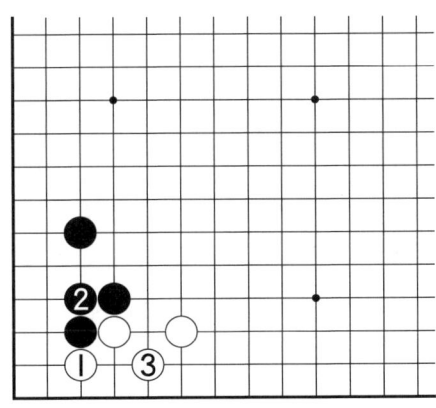

8도

8도(기본정석)

애초에 백은 호구칠 것이 아니라 1로 이단젖히는 것이 간명하다.

흑2로 잇는다면 백3으로 양호구를 쳐서 일단락된다. 널리 알려진 기본정석 가운데 하나이다.

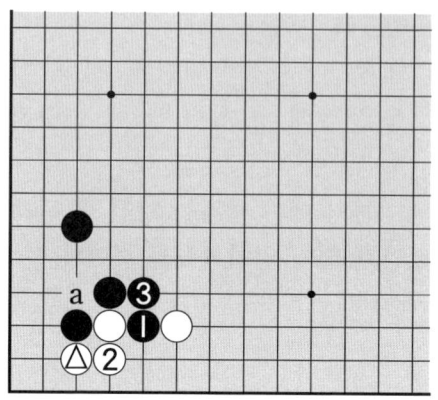

예제

▦ 예제 (백 차례)

백△의 이단젖힘에 흑a로 꽉 잇는 수는 알기 쉽지만, 최근에는 잘 두어지지 않고 흑1로 단수하고 3에 잇는 수법이 많이 쓰인다.

여기서 백의 대응은 어떤 것이 있는지 간략하게 알아두자.

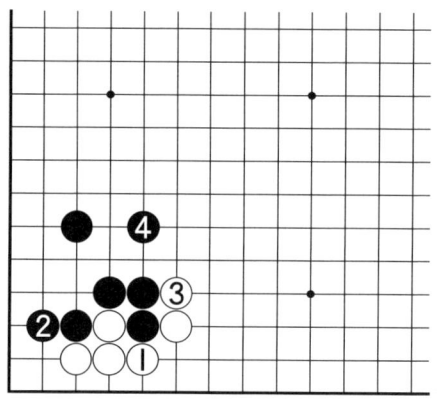

참고도 1

참고도 1(정형)

답은 하나만 있는 것이 아니다. 우선 첫 번째 코스는 백1로 건너는 수이다.

흑2로 내려설 때 백3으로 밀어 올리고 흑4까지가 정형이다.

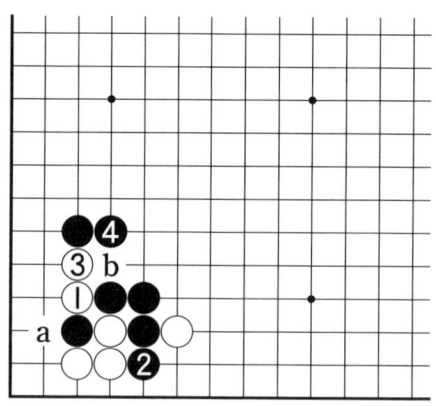

참고도 2

참고도 2(흑, 두텁다)

백1쪽을 끊는 수도 성립한다. 흑2로 즉각 뚫어막는 것은 이제는 옛 수법이다.

그런데 백3이면 선수는 뽑을 수 있지만 흑a가 있어 b의 단점은 없는 만큼 흑이 매우 두텁다.

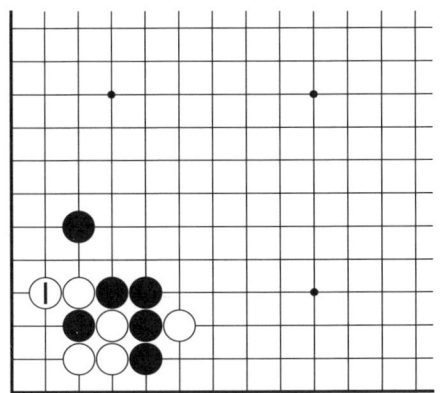

참고도 3

참고도 3(기본정석)

따라서 백은 비록 후수이지만 1로 가만히 늘어서서 흑의 약점을 엿보는 것이 바람직하다. 이 갈림도 기본정석의 하나이다.

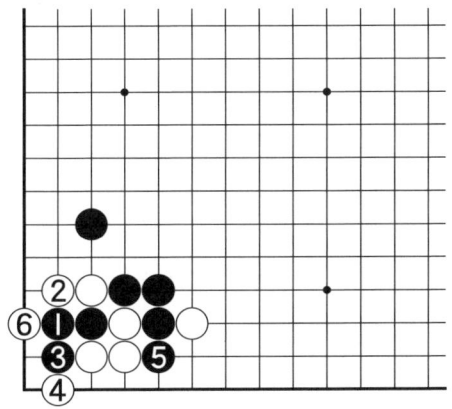

참고도 4

참고도 4(키워서 버린다)

흑1로 나가는 수가 일반화되고 있다. 백2에는 흑3으로 나가 석점으로 키워서 버리려는 뜻이다.

흑5, 백6으로 일단락되며 가장 많이 볼 수 있는 정석이다.

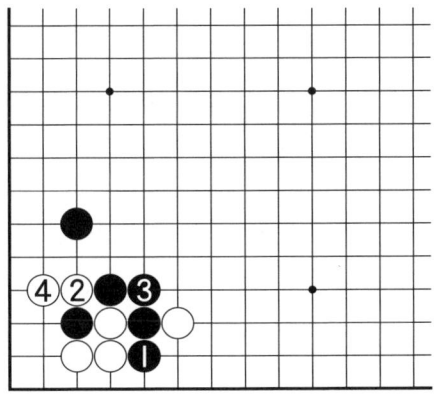

참고도 5

참고도 5(환원)

흑1로 뚫는 수도 있는데, 그러면 백2로 끊는 것이 간명하다. 흑3으로 꽉 잇고 백4로 늘어서서, 수순만 바뀌었을 뿐 앞서의 **참고도 3**으로 환원된다.

물론 백2로는 3에 끊고 싸우는 선택도 가능하지만 좀 번거로워질 것이다.

무리한 젖힘

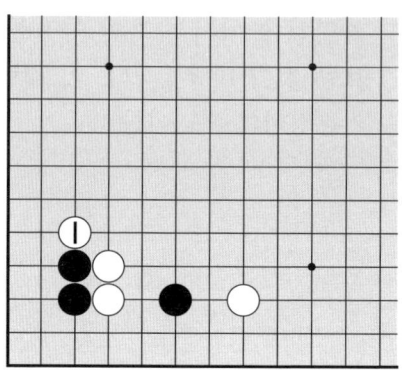

▨ 화점/ 한칸협공 정석이 진행 중이다.

백1은 두점머리를 두드리는 격이어서 두고 싶은 수이기는 하지만 실은 무리수이다.

이럴 때 흑은 어떻게 대처해야 할지 알아본다.

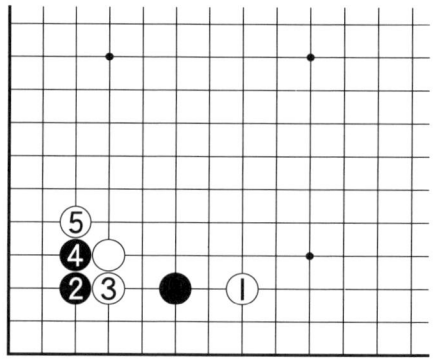

1도

1도(경과도)

장면이 나오기까지의 과정이다.

백1의 한칸협공에 흑2의 3三침입이면 변화가 비교적 적다. 백3은 당연하며 흑4 때 백5로 둔 것.

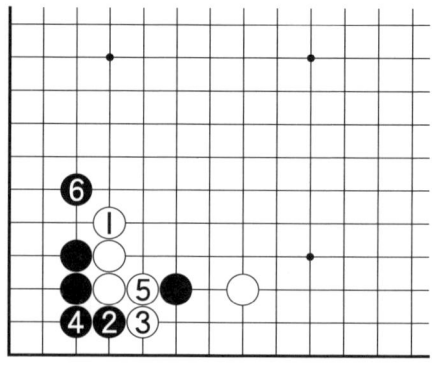

2도

2도(정석)

장면 1로는 이 그림처럼 백1로 느는 것이 정수이다.

그러면 흑2, 4의 젖혀이음은 필연이며 6으로 진출해서 일단락이다. 실리와 세력으로 갈리는 정석이다.

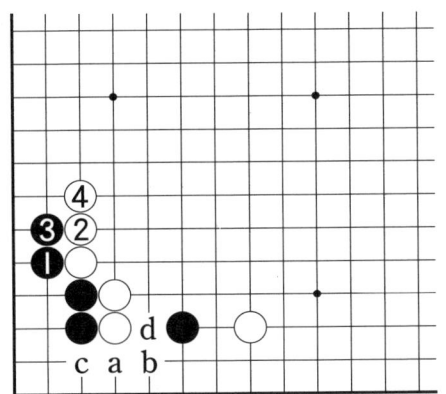

3도

3도(굴복)

흑1로 젖히는 것은 굴복이다. 백은 기분 좋게 2로 늘 것이다. 이러면 흑3도 안둘 수 없다.

흑a, 백b, 흑c, 백d까지는 흑의 권리이지만 크게 당한 꼴이다.

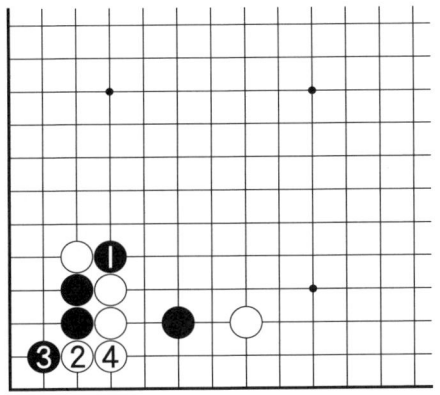

4도

4도(끊으면?)

그렇다면 즉각 흑1로 끊는 수는 어떨까?

당연하면서도 강력한 응징 같지만 백2, 4의 젖혀이음이 오면 간단하게 해결될 사안이 아님을 깨닫게 될 것이다.

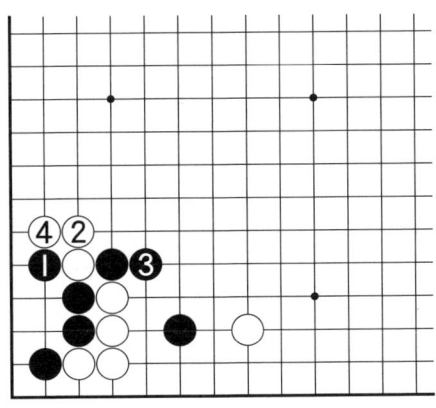

5도

5도(만만치 않다)

귀를 버릴 수는 없으니 흑1의 단수는 절대의 한수이다.

백2 때 흑3으로 뻗어 싸워야 하는데 백4로 막히면 만만치 않은 상황이다. 이다음~

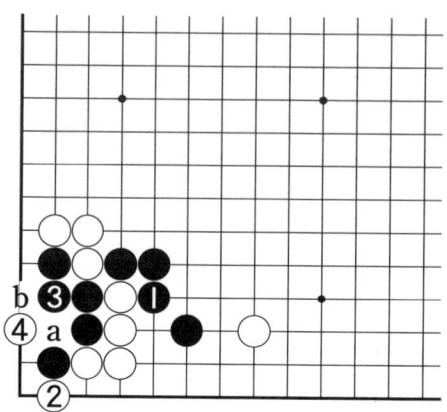

6도

6도(흑, 수부족)
흑1로 백의 수수를 줄여가는 것은 백2의 젖힘으로 수부족이 된다.
흑3에 이어도 백4의 치중이 통렬해 수상전은 백승! 흑3으로 a에 이으면 백b로 그만이다.

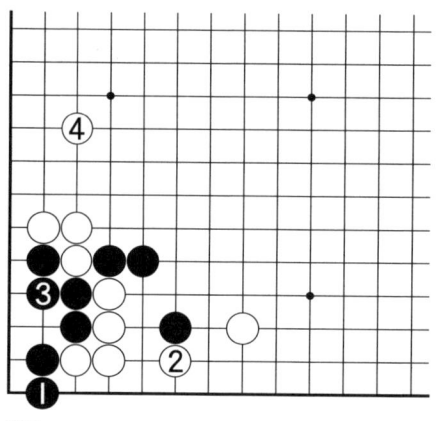

7도

7도(백2, 성급)
5도 다음, 흑1로 살자고 하는 것은 어떨까?
이때 백2로 건너는 것은 성급하다. 흑3, 백4로 진행된다면 흑도 그럭저럭 둘 만한 결과로 보이지만, 백2로는…

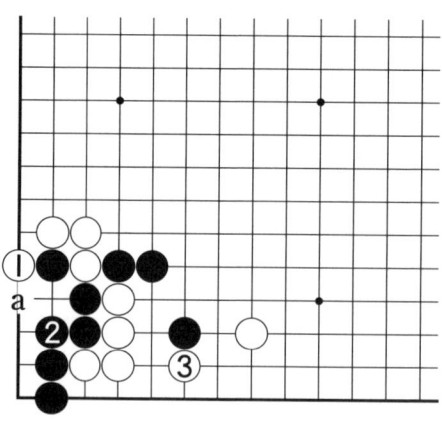

8도

8도(패로 살아야 한다)
백1로 1선에서 단수하는 것이 교묘하다.
흑은 2로 이을 수밖에 없으니 그때 백3으로 건너면 흑은 a의 패로 삶을 꾀해야 한다. 이것은 백의 대성공이다.

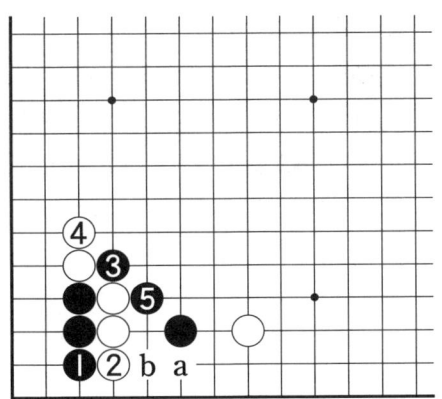

9도

9도(최선/ 내려섬)

애초에 흑1로 가만히 내려서서 건넘과 끊음을 맞보는 수가 최선이었다.

백2로 건넘을 방해한다면 이제 흑3에 끊고 5에 젖혀 백 석점을 접수한다. 다음 백a면 흑b가 있다.

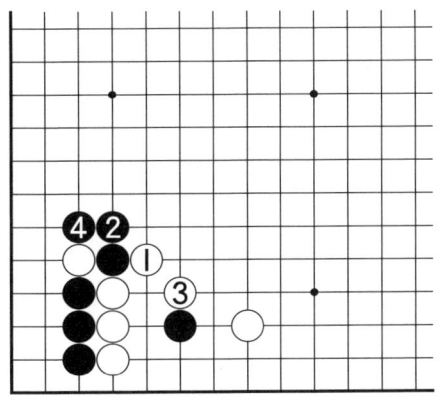

10도

10도(흑, 유리)

앞 그림 4로는 백1로 단수하고 3에 지키면 이쪽은 무사하지만, 흑4로 백 한점이 잡혀 귀의 실리가 제법 튼실하다. 이 결과는 흑이 단연 유리하다.

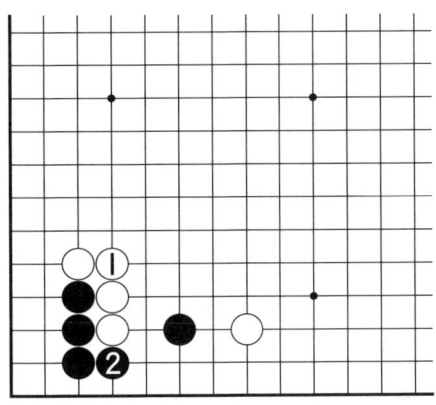

11도

11도(백의 타협)

따라서 백은 9도 2 대신 이 그림처럼 1로 단점을 잇고 흑2의 건넘을 허용하는 정도로 타협할 수밖에 없을 것이다.

이것 역시 흑이 나쁘지 않은 갈림이다.

41

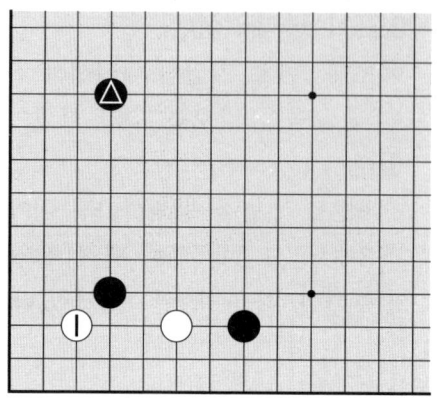

예제

▦ 예제 (흑 차례)

흑▲가 변의 화점에 자리잡고 있음에 주목하기 바란다. 흑의 한칸 협공에 백1로 3三침입해 왔다.

여기서 흑은 어떻게 대응해야 할까. 요컨대 막는 방향은?

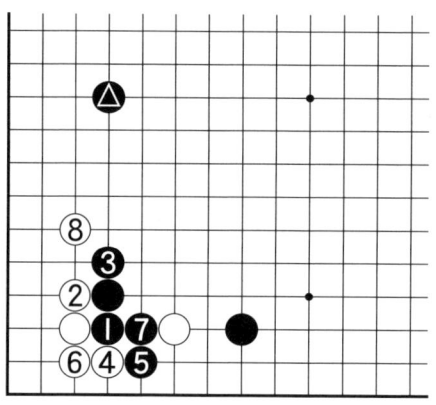

참고도 1

참고도 1(방향착오)

흑1쪽을 막는 것은 초중급자들이 흔히 범하기도 하는 방향착오이다. 백2 이하 8까지의 정석 진행이 필연인데, 이렇게 되면 흑▲가 뭘하고 있는지 알 수 없다.

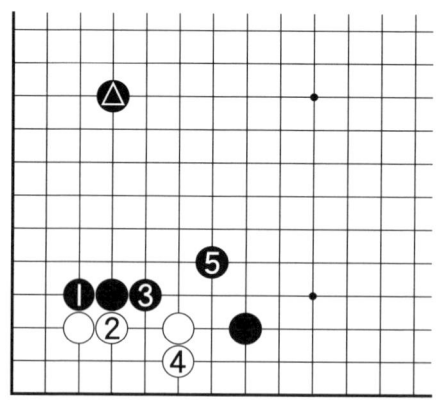

참고도 2

참고도 2(정해/ 기본정석)

흑▲가 있을 경우에는 흑1쪽을 막는 것이 올바른 방향이다.

백2에 흑3은 급소이며 백4는 이것이 행마의 틀. 흑5까지 실리와 세력의 갈림인 기본정석이다.

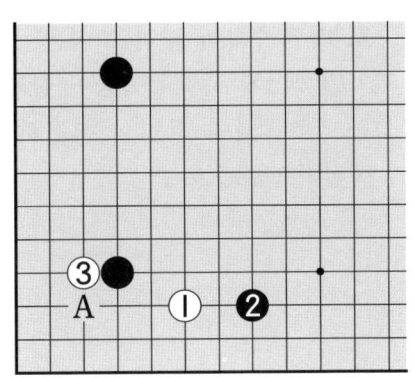

▨ 백1의 날일자걸침에 흑2의 한칸협공은 백A의 3三침입을 기대한 것이다.

그런데 백은 3으로 묘한 곳을 붙여왔다. 무슨 뜻일까?

백3은 주문을 건 수였다. 이에 대한 대책을 알아본다.

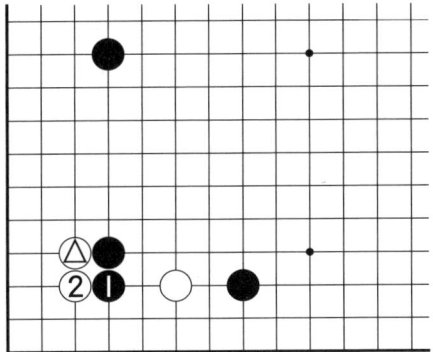

1도

1도 (무기력하다)

백△에 대해 흑1로 고분고분 느는 것은 침착하다기보다는 무기력한 태도이다.

왜 이런 비판을 면치 못하는 것일까. 백은 고맙다는 듯이 2로 둘 것이다.

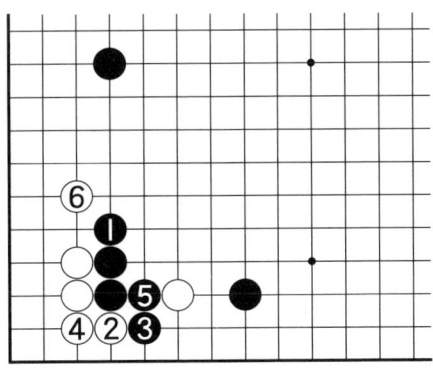

2도

2도 (똑같아졌다)

계속해서 흑1로 늘 때 백2 이하 6까지 되면, 이것은 흑의 방향착오에서 비롯된 앞쪽 [원포인트 예제] 참고도 1의 결과와 똑같아졌다. 결국 흑은 백에게 보기 좋게 당했다.

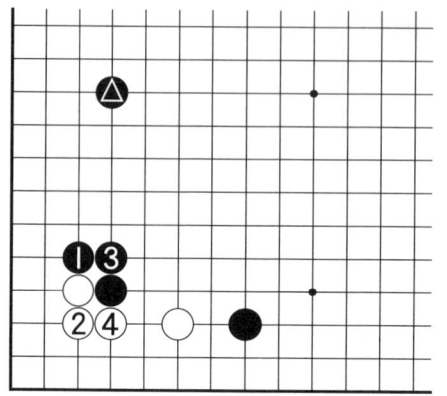

3도

3도(좀 싱겁다)

흑▲의 체면을 살리기 위해서 흑1 로 바깥쪽에서 젖히고 싶은 곳이 지만 백2에 흑3의 이음이 불가피 하므로 백4의 건넘을 허용해 좀 싱겁다. 흑3으로….

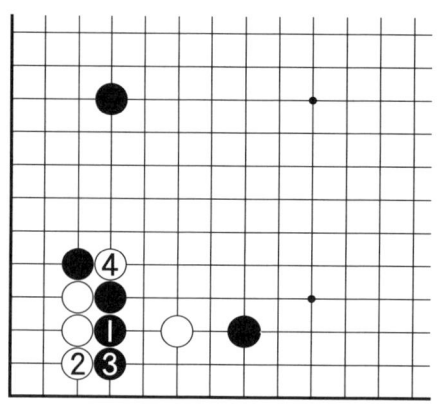

4도

4도(흑1, 3은 무리)

흑1로 막아서 차단하려는 것은 무 리한 행동이다. 백2의 내려섬이 준비되어 있어 뜻대로 되지 않는 다. 흑3으로 강행하는 것은 백4로 끊겨서 파탄이 날 뿐이다.

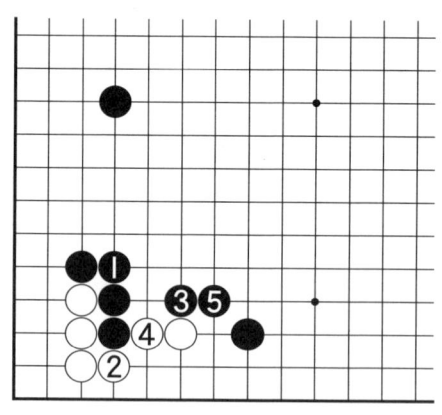

5도

5도(봉쇄)

뒤늦게나마 흑1로 꽉 잇고 백2로 건너게 하는 것은 생각해볼 수 있 다. 백2에 흑3, 5로 봉쇄해 어쨌 든 두터움을 얻어 소기의 성과를 올릴 수 있으니까.

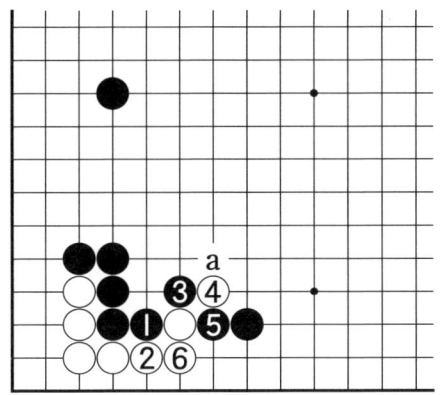

6도

6도(축이 유리해야)

앞 그림 3으로는 흑1, 3으로 강인하게 틀어막는 수가 성립한다면 그럴듯하다. 단, 백4로 젖혀나올 때 흑5, 백6 다음 흑a의 축이 유리해야만 한다.

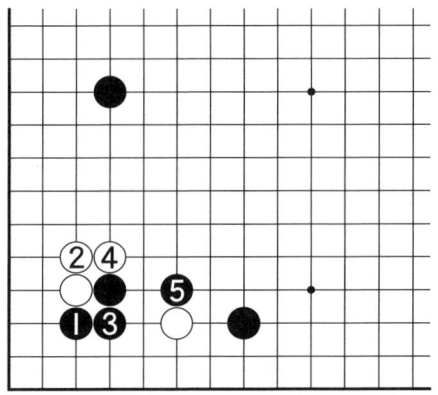

7도

7도(최선/ 안쪽젖힘)

흑1로 안쪽에서 젖히는 것이 최선이다.

백2에는 흑3으로 꽉 이어 분단에 성공한 만큼 백의 고전이다. 백4에 흑5로 백 한점을 제압해서 충분하다.

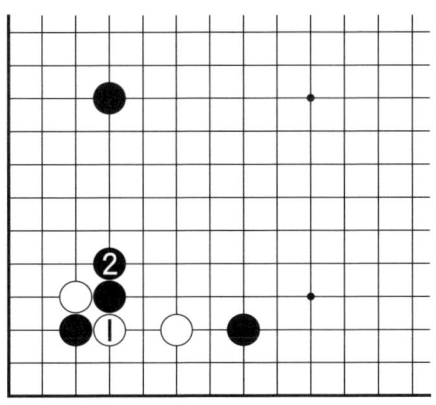

8도

8도(뻗는다)

문제는 백1로 맞끊어올 때 어떻게 대응하느냐이다.

사실 이 수가 두려워 1도처럼 후퇴했을지도 모르지만 흑2로 뻗으면 흑이 불리한 변화는 나오지 않는다.

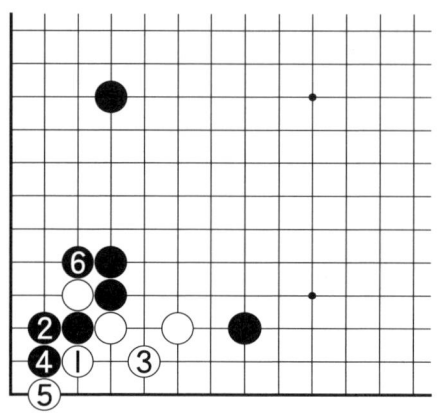

9도

9도(흑, 유리)

계속해서 백은 1로 단수하고 3으로 양호구쳐서 틀을 갖추는 것이 상식이다.

흑4, 백5를 문답하고 흑6까지 일단락되는데 이 갈림은 다소 흑이 유리하다.

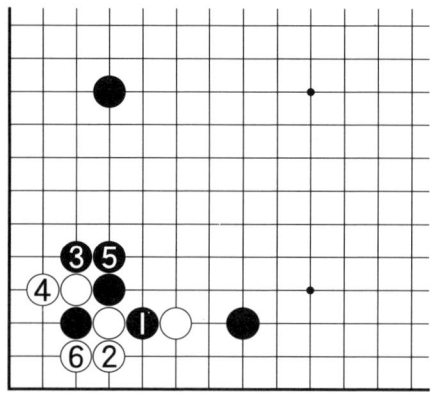

10도

10도(흑의 별책)

백의 맞끊음에 대해 흑1로 단수하고 또 3에 단수하고 5로 잇는 것도 생각할 수 있는 수법이다.

백은 6으로 잡는 한수이며 이다음~

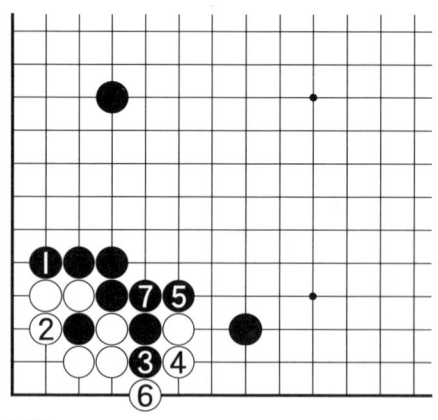

11도

11도(흑, 두텁다)

흑은 1을 선수하고 일단은 3으로 뚫는 제스처를 취한다.

백은 즉각 4에서 6으로 건너는 정도이므로 흑은 두터운 벽을 쌓는 데 성공했다.

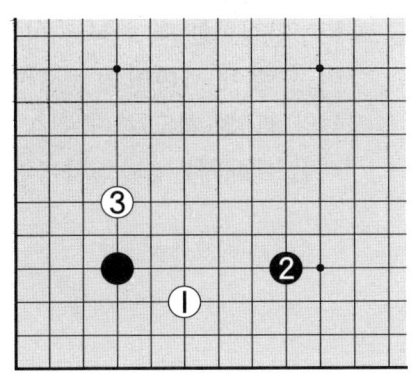

장면 7
두칸높은협공에 양걸침

▨ 백1의 날일자걸침에 흑2의 두칸높은협공은 예전이나 지금이나 두루 쓰인다.

여기서 백이 양걸침하면 흑의 대응은 무엇인지 기본 변화를 알아본다. 좀 위압적인 백3의 높은 양걸침을 예로 든다.

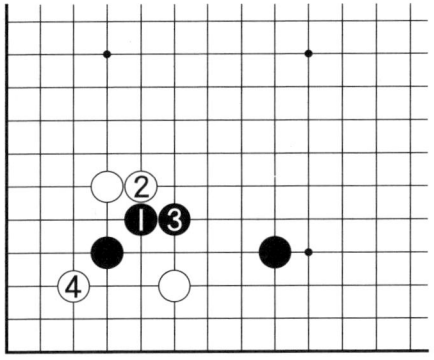

1도

1도(속수)
흑1의 마늘모는 초중급자가 가장 범하기 쉬운 속수라고 해도 지나치지 않다.

백은 2로 하나 밀어놓고 흑3을 기다려 백4로 3三에 들어올 것이 빤하다. 이다음~

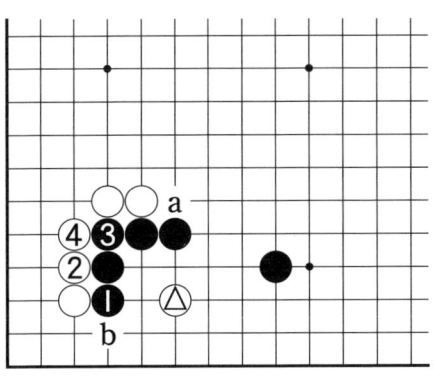

2도

2도(남는 게 없다)
흑1로 막을 때 백2, 4로 넘어가서 귀의 실리가 크다.

흑은 백△ 한점을 품에 안았지만 백에게 a로 밀리거나 b에 젖혀 잇는 수를 선수당하므로 남는 게 없다.

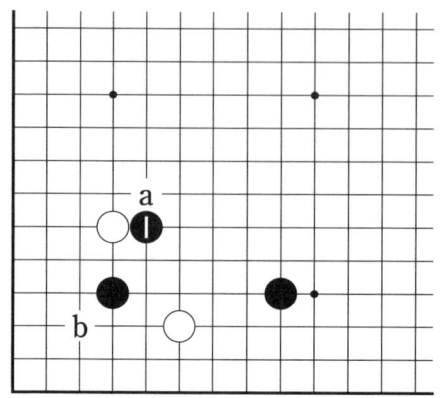

3도

3도(정석의 과정)

좀 허황하게 보일지도 모르지만 흑1로 양걸침한 백 한점의 머리에 붙이는 것이 재미있는 응수이자 정석의 과정이기도 하다.

다음 백에게는 a와 b의 선택이 있다.

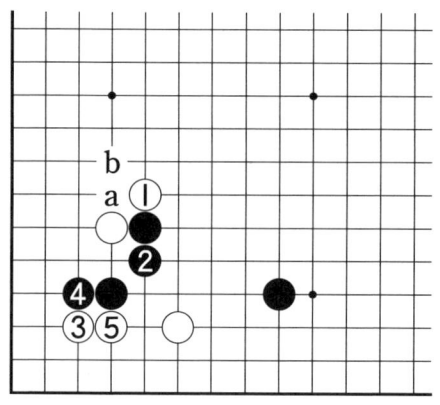

4도

4도(고지식하다)

백1로 젖히면 흑2로 끄는 수는 당연하다.

백3의 3三침입 때가 문제인데 여기서 흑4에 막는 것은 고지식하다. 백5로 건너서 흑의 불만. 다음 흑a에는 백b로 버릴 것이다.

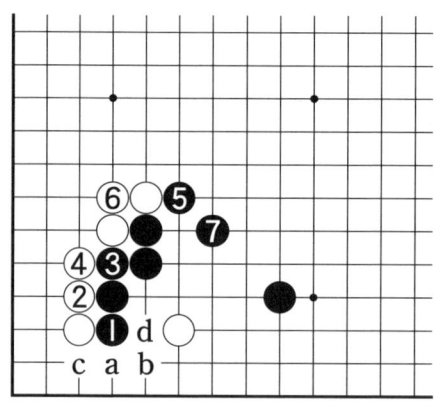

5도

5도(흑, 불만)

앞 그림 4로 반대쪽인 흑1에 막는 것은 어떨까?

이것 역시 백은 2에서 4로 넘는다. 흑7까지 일단락된 다음 백a, 흑b, 백c, 흑d가 백의 권리여서 흑이 약간 불만이다.

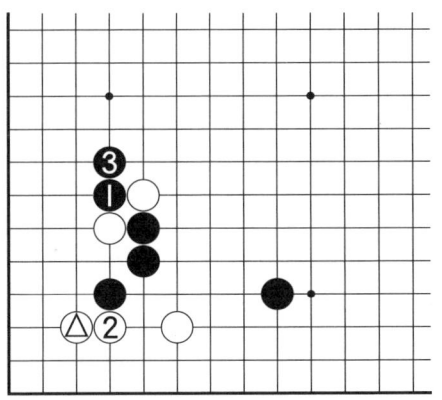

6도

6도(기본정석)

백△에 대해 흑은 직접 대꾸하지 않고 1로 끊어가는 것이 대범한 착상이다.

　백2로 건널 때 흑3으로 힘차게 뻗어서 두터운 모습이다. 기본정석의 하나이다.

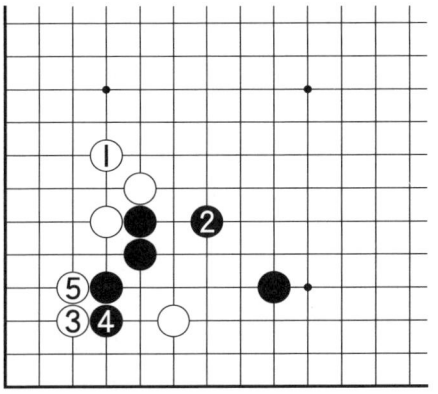

7도

7도(호구를 치고)

먼저 백1로 호구를 치고 흑의 태도를 관망하는 수법도 있다.

　흑2로 뛴다면 그때 백3으로 三三에 들어가려는 것이다. 흑4는 당연하며 백5 다음~

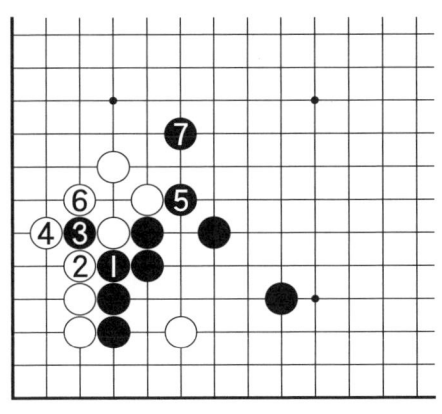

8도

8도(정형)

흑1에서 3으로 끊을 때가 백으로서 주의를 요한다.

　잇지 말고 4로 돌려치는 것이 좋은 수이다. 흑도 따내지 않고 5로 호구치고 7에 뛰는 것이 요령이다.

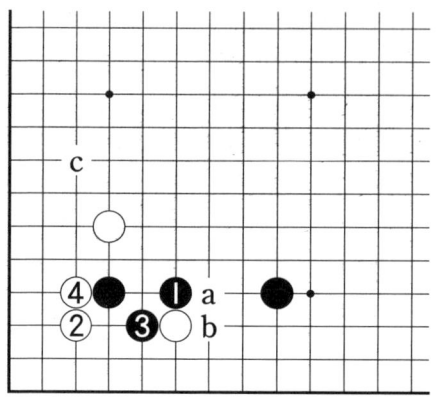

9도

9도(간명)

최근에 와서는 흑1쪽 붙임을 많이 둔다. 이때 백a의 젖힘은 흑을 두 텁게 해주는 의미가 있어 2의 3三 침입이 보통이다. 다음 흑3으로 막으면 간명하다. 백4로 귀의 실 리를 주지만 선수를 잡고 국면을 넓게 활용하려는 뜻이다. 차후 백 은 b를 노리고 흑은 c를 노린다.

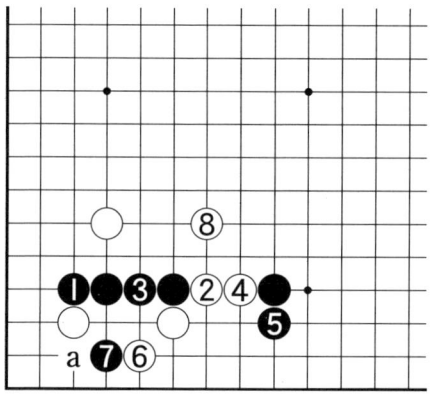

10도

10도(치받기 정석)

부분적 기세를 중시한다면 흑1로 차단하고 백2에 흑3의 이음이 적 절한 대응이다. 다음 백4로 치받 고 이하 8까지 정석이다.

수순 중 백6을 생략하고 8에 두 기도 하는데 그러면 흑이 6으로 지킨다. 또 흑7은 a에 껴붙여 귀 의 확실한 단속도 가능하다.

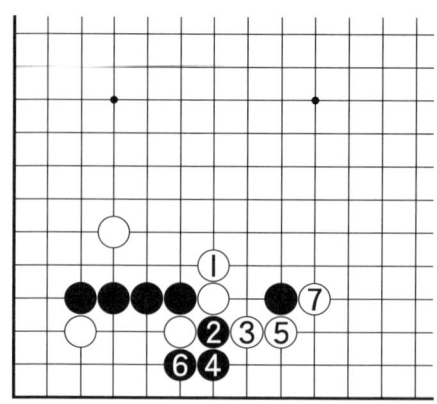

11도

11도(늘기 정석)

앞 그림 흑3 때 백1로 느는 수도 알기 쉽다.

흑2로 끊으면 백3으로 단수한 후 7까지가 정형이자 정석이다.

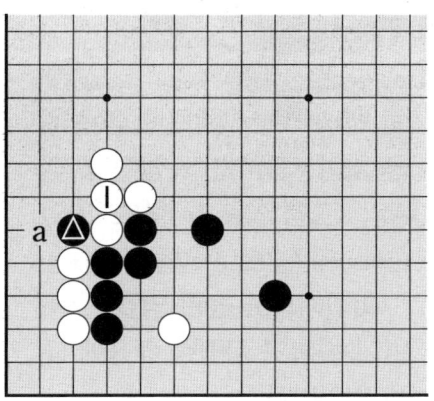

예제

예제 (흑 차례)

흑▲로 단수했을 때 백이 a로 물러서지 않고 1에 이었다.

　명백한 잘못인데, 이럴 때 흑은 어떤 식으로 두는 것일까?

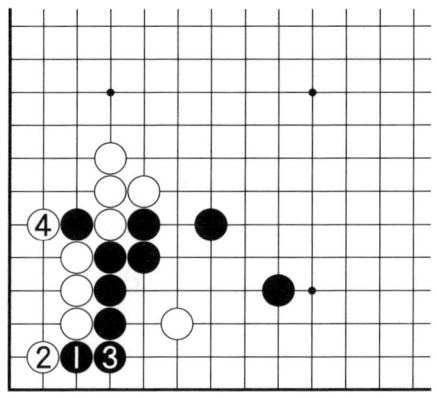

참고도 1

참고도 1(정해/ 젖혀이음)

흑1, 3으로 젖혀잇는 것이 큰 수이다. 백4가 불가피하므로 흑의 선수이다.

　본래 이곳은 백이 젖혀잇는 것이 선수였는데 거꾸로 흑이 선수로 두었다는 점이 크다.

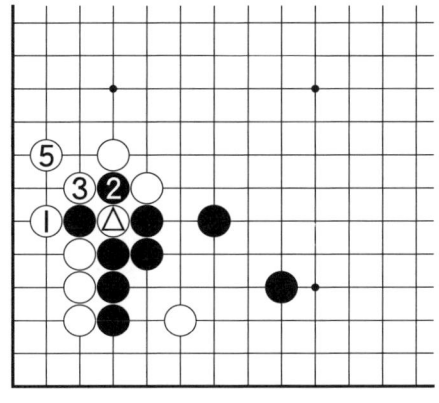

참고도 2　　　　　　❹···△

참고도 2(흑, 우형)

백1로 단수했을 때 흑2로 따내는 것은 백3의 단수를 허용해 본의 아니게 우형이 된다.

　백은 5로 양호구를 쳐서 산뜻한 모습이 됨에 주목하기 바란다.

51

두칸협공에 양걸침

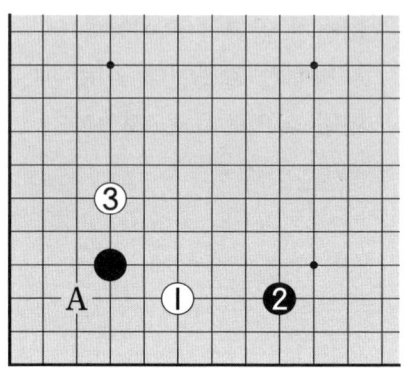

▨ 백1에 흑2의 두칸협공은 최근 많이 사용하는 수법이다. 백A의 3三침입을 기대하고 있었는데 백은 3으로 양걸침했다.

여기에서도 높은 양걸침. 이번에는 흑의 강력한 대응에 대해 알아본다.

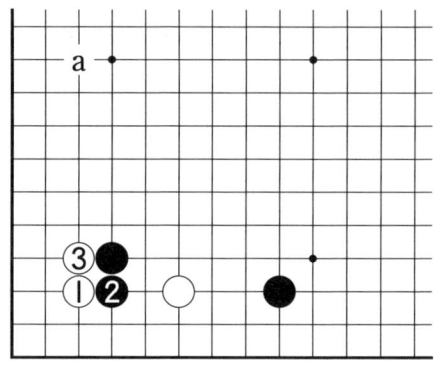

1도

1도(3三침입하면)

백1로 3三에 들어오면 흑은 2로 막는 것이 옳은 방향이다.

a 근방에 흑돌이 있다면 얘기가 달라지며 애초에 두칸협공을 하지도 않았을 것이다. 백3 다음~

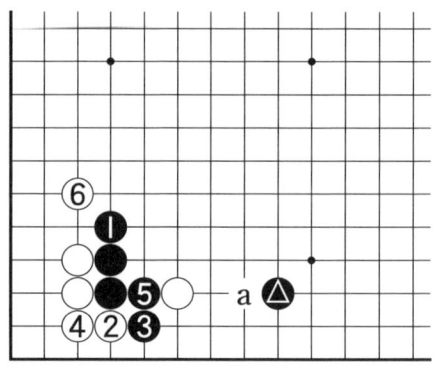

2도

2도(기본정석)

흑1로 늘고 백2, 4의 젖혀이음 이하 6까지는 기본정석이다.

흑△가 a의 한칸협공일 때와 비교하면 두칸협공한 이 그림 쪽이 폭이 넓어 부분적으로는 조금 낮다는 평가이다.

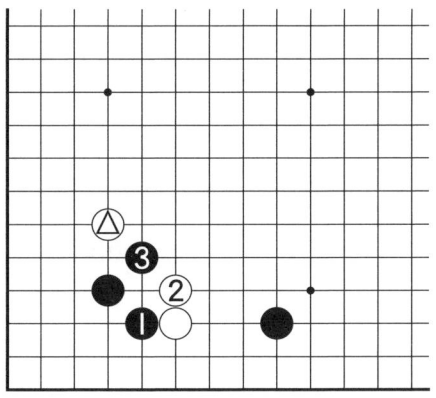

3도

3도(강력한 대응)

그래서 백은 ◬로 양걸침하는 수법을 들고나오는 경우가 더러 있다. 흑의 가장 대표적인 대응은 2의 붙임인데, 이에 대해서는 '3장 포석 편'을 참조하기 바란다.

흑의 강력한 대응은 1로 마늘모 붙이고 3의 마늘모로 째고 나가는 수법이다.

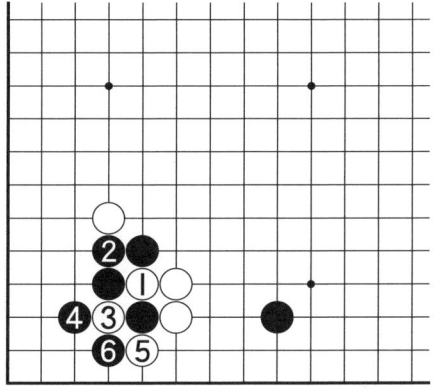

4도

4도(다친다)

백1로 찝는 것은 흑2로 잇게 해 백 한점이 다치므로 바람직하지 않다.

백3, 5에 끊어서 잡아봤자 흑4, 6으로 몰려서 여전히 근거가 박약하다. 계속해서~

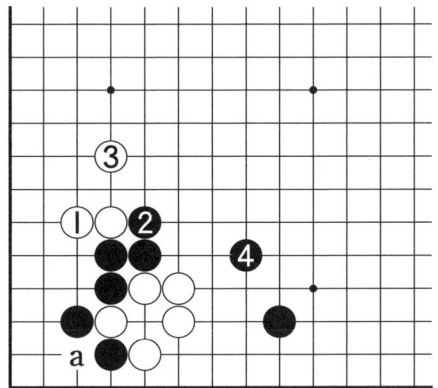

5도

5도(고달프다)

백1로 내려서는 정도인데 흑2의 꼬부림에서 4로 포위당하면 백 다섯점의 처리가 고달프다.

백은 a의 패에 목을 매야만 하는 상황이니까….

53

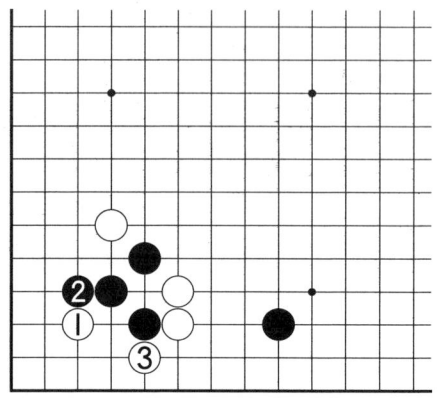

6도

6도(백1이 정수)

백1로 3三에 뛰어드는 것이 일단 정수이다.

흑2는 이 한수이며 백3으로 젖혔을 때 흑의 정확한 응수법을 알아야 한다. 물러서느냐 아니면?

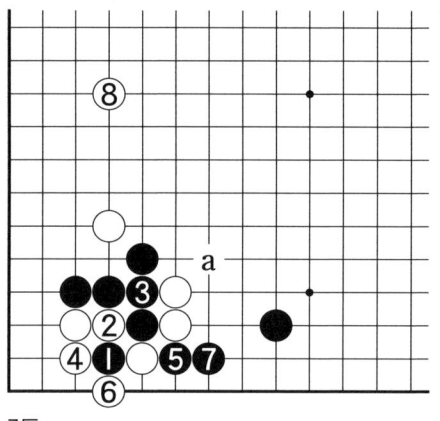

7도

7도(젖힘은 좋을 게 없다)

흑1로 젖혀나가는 것은 백2, 4로 잡혀 좋을 게 없다. 흑7에 백8이 유연한 수법이다.

다음 흑은 백 두점의 준동을 막기 위해 a의 가일수가 필요하다.

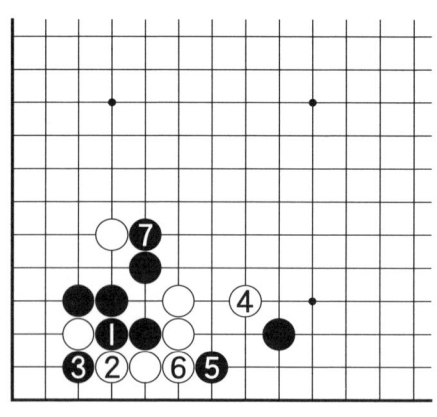

8도

8도(백, 피곤)

흑1로 물러서는 것이 올바른 응수이다.

백2에 흑3도 이 한수인데, 그다음 백4로 뛰는 것은 아무 생각이 없는 수이다. 흑5를 하나 활용하고 7에 눌러서 백이 피곤하다.

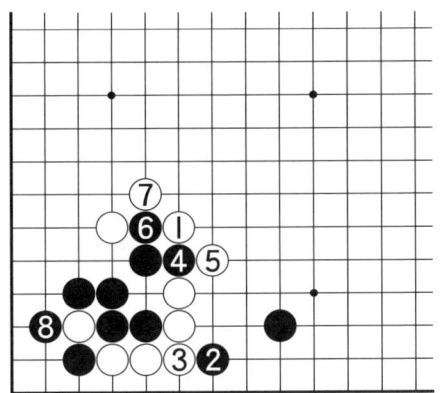

9도

9도(멋진 맥점)

앞 그림 4로는 백1에 씌우는 것이 멋진 맥점이다.

흑2, 백3을 문답하고 흑4에서 6으로 찌른 것은 단점을 남기려는 의도인데 백7이 경솔한 막음이다. 흑8로 따낸 다음~

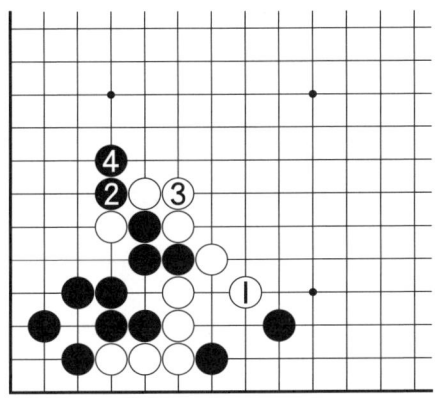

10도

10도(흑2, 통렬)

백은 지킬 곳이 너무 많다. 1쪽을 호구치는 정도인데 흑2의 끊음이 통렬하다. 백3에 잇고 흑4로 뻗는 자세가 좋아 이 갈림은 문제없이 흑이 좋다.

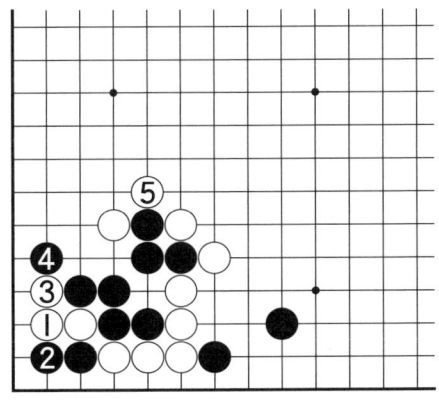

11도

11도(좋은 타이밍)

백은 막지 말고 1로 살그머니 나가는 것이 좋은 타이밍이다.

흑2는 어쩔 수 없는 응수인데 그때 또 백3으로 나가 흑4와 문답해 두고 나서 백5로 막는 것이 수순의 묘이다.

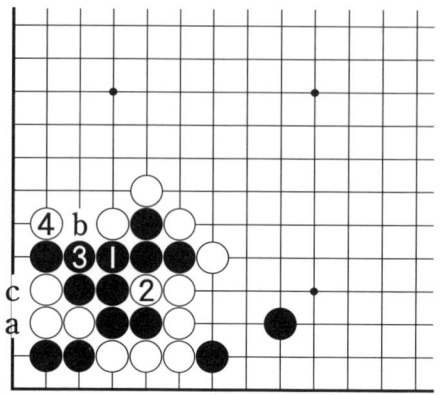

12도

12도(재미있는 붙임)

앞 그림에 이어, 흑1에 백2로 단수해 흑3에 잇게 하고 나서 백4로 붙이는 것이 죄어붙임을 본 재미있는 수법이다.

흑a는 백b, 흑c를 당하므로 견딜 수 없다.

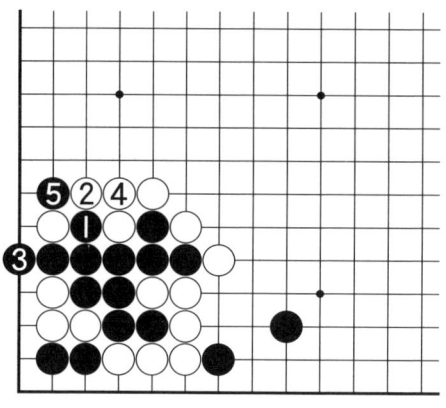

13도

13도(좋은 수순)

따라서 흑은 1로 하나 나가놓고 백2 때 흑3으로 내려서는 것이 당연하면서도 좋은 수순이다.

백4에는 흑5로 끊는 것이 절대수이다. 이다음~

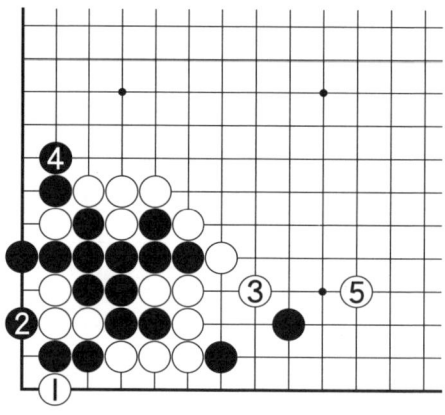

14도

14도(맥점 일발)

백1의 '2의 一' 붙임이 교묘한 맥점 일발이다.

지금이라면 흑은 2로 받을 수밖에 없다. 백3, 흑4에 백5로 씌워서 일단락이며 서로 둘 만한 갈림이다.

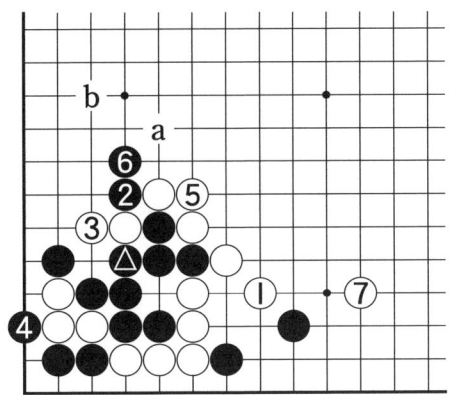

15도

15도(그냥 지키고 활용)

흑▲ 때 백1로 그냥 지키는 수도 있다. 그러면 흑2, 4에 백5로 잇고 7에 씌우는 것이 요령이다.

다음 백은 a의 씌움이나 b의 육박 등을 활용하게 되는데, 역시 서로 둘 만하다(10도와 비교).

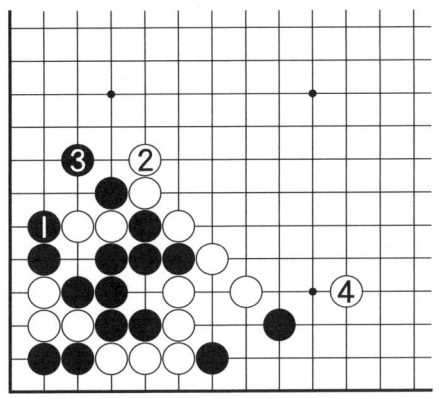

16도

16도(호각의 갈림)

앞 그림 4로는 흑1로 나가는 수도 있다.

그러면 백은 2로 늘게 되며 흑3의 마늘모는 이것이 행마의 틀이다. 백4까지 호각의 갈림이라고 볼 수 있다.

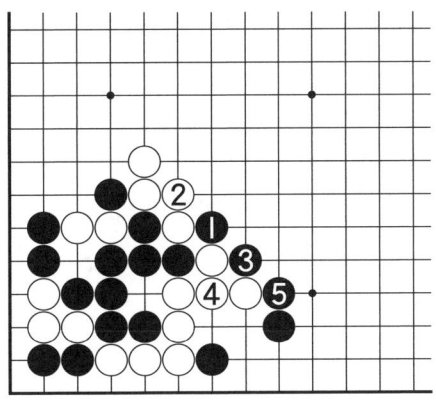

17도

17도(틀어막는다)

앞 그림 3으로는 이 그림처럼 즉각 흑1로 끊어가는 수도 있다.

백2의 우형을 강요하고 흑3에 몰고 5로 틀어막으려는 의도이다. 이다음~

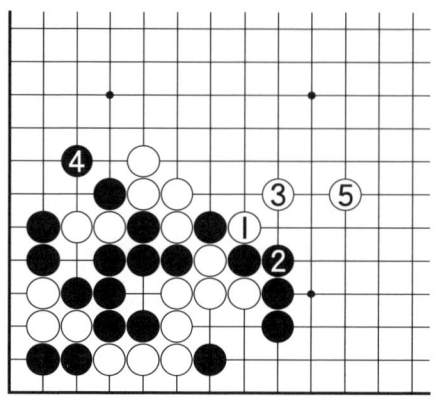

18도

18도(불만 없다)

백1의 양단수가 최선의 선택이다. 흑2에 백3의 마늘모는 배워둘 만 한 행마이며 흑4, 백5로 일단락된 다. 14도의 패턴과 더불어 서로가 불만 없는 갈림이다.

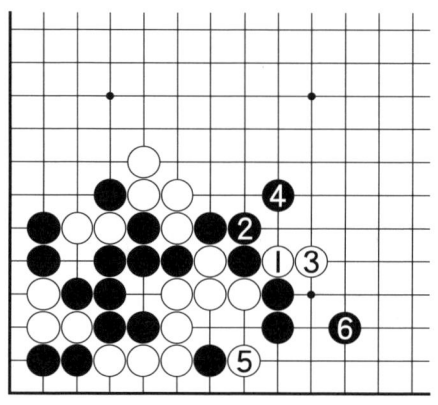

19도

19도(백1, 무리)

백1쪽으로 끊는 것은 무리. 흑2에 백3으로 뻗으면 흑은 장문을 피해 서 4로 마늘모한다.

　백5에 흑6으로 뛰어서 백의 고 전이다(아직 백은 한 수 더 두어야 살 수 있다).

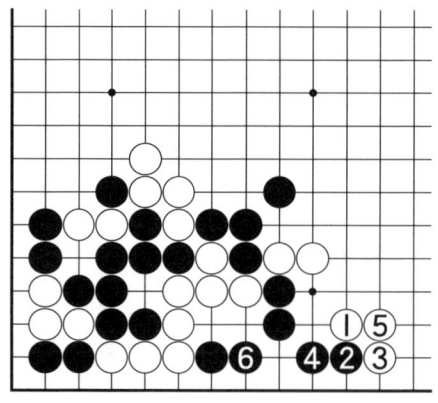

20도

20도(유가무가)

그렇다고 해서 앞 그림 5로 이 그 림처럼 백1로 역습을 꾀하는 것은 흑2 이하 6까지의 수단이 주효해 수상전이 되지 않는다. 얼른 봐도 유가무가!

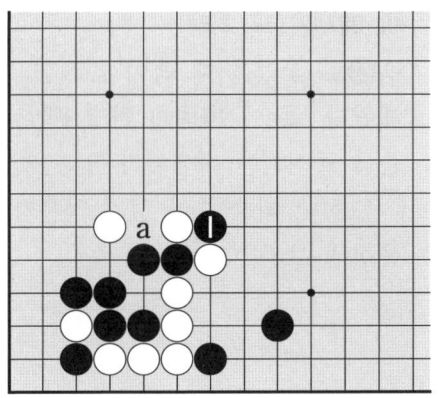

예제1

▦ 예제1 (백 차례)

흑이 a로 나가지 않고 더 강하게 1쪽을 끊어왔다.

자충을 피하려는 의도로 보여지는데, 그렇다면 백은 어떻게 대응해야 할까?

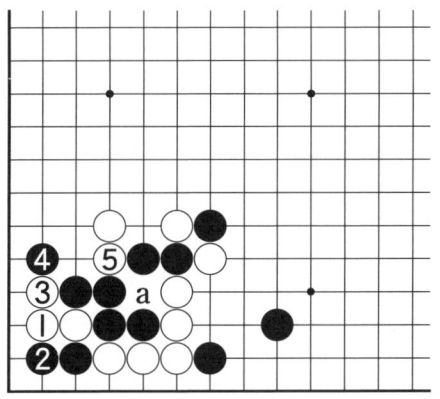

참고도 1

참고도 1(정해/ 흑, 망하다)

요령은 마찬가지. 백1로 나가서 응수를 살피고 흑2면 백3으로 또 나간다.

흑4를 기다려 백5의 찝음이 결정타! a에 이을 수 없으니 흑이 망한 꼴이다.

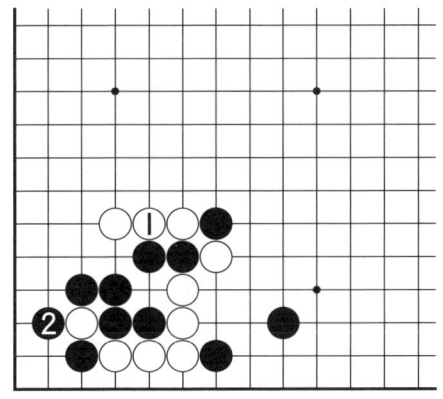

참고도 2

참고도 2(흑의 주문)

백1로 잇는 것은 고지식하다. 흑은 2로 백 한점을 따내어 화근을 없앨 것이다.

이렇게 되면 백은 아주 바쁜 상황을 맞이하게 된다. 흑의 주문이었다.

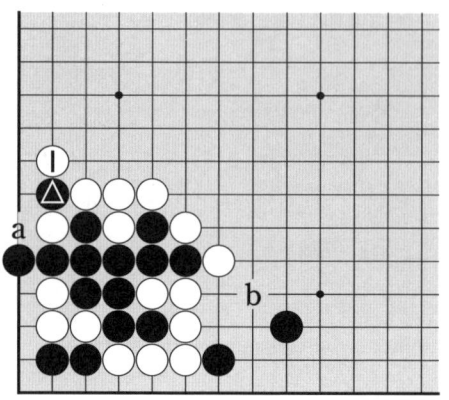

예제2

▦ 예제2 (흑 차례)

흑❹로 끊었을 때 백이 1로 단수해왔다. 흑a에 따내게 하고 백b로 손을 돌리려는 속셈이다.

　그렇게 해줄 수야 없지 않은가. 응징해 보자!

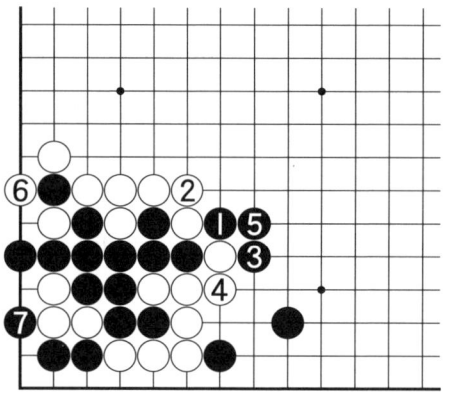

참고도 1

참고도 1(정해/ 흑1~5, 강력)

흑1로 끊으면서 단수하고 3으로 또 몰고 5에 꽉 잇는 것이 강력한 수법이다.

　이것으로 아래쪽 백은 무사하기 어렵다. 백6에 따내고 흑7로 잡은 다음~

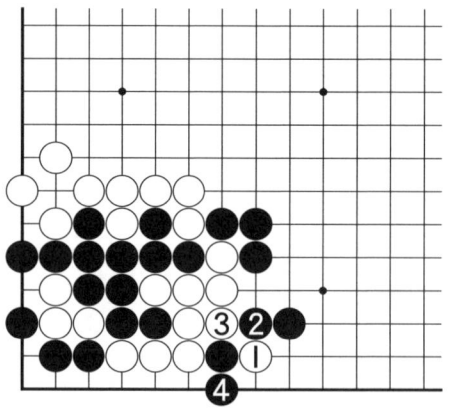

참고도 2

참고도 2(백, 죽음)

백1로 삶을 꾀해 봐도 흑2, 4로 공략당해서 이 백의 삶은 없다

　결과적으로 [예제2]의 백1은 대단한 무리수였던 것이다. [장면 8]의 14도처럼 두어야 했던 것이다.

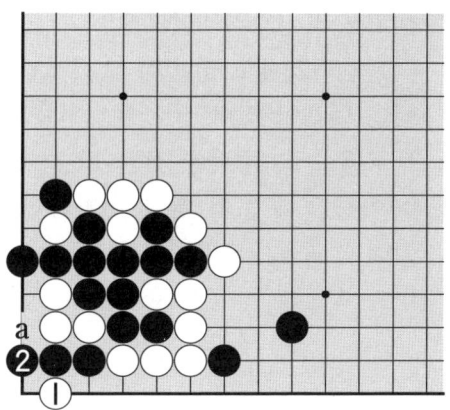

예제

예제 (백 차례)

백1의 붙임에 흑은 a로 받는 것이
정수라고 알고 있다. 그런데 흑2
로 내려섰다.

　백에게 찬스가 왔다. 자, 어떻게
두는 것이 좋을까?

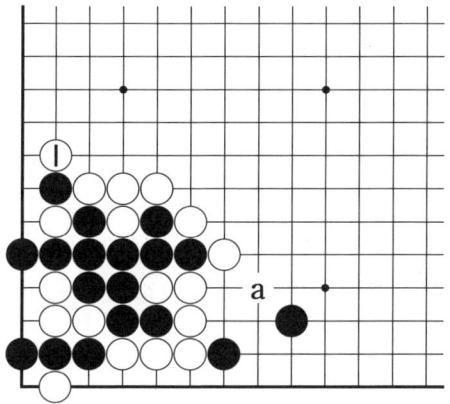

참고도 1

참고도 1(단수가 성립)

이제는 상황이 달라져 백1로 단수
하는 수가 성립한다.

　배운 대로 둔답시고 백a로 호구
친다면 그것은 굴러들어온 기회를
놓치는 셈이다.

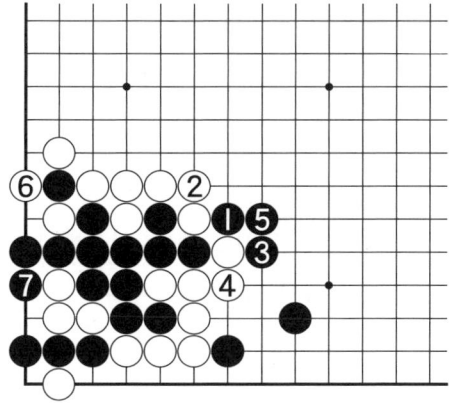

참고도 2

참고도 2(대응 방법은?)

단, 흑1 이하 5까지의 반격을 당
했을 때 백이 대응할 방법이 있느
냐가 관건이다.

　백은 일단 6으로 따내어 흑7과
문답해 놓는다. 이다음~

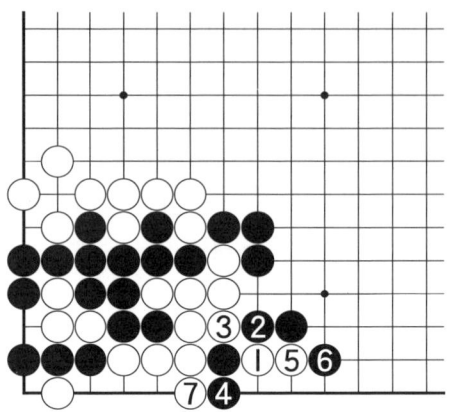

참고도 3

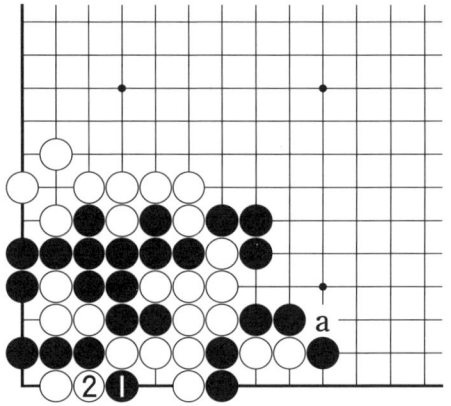

참고도 4

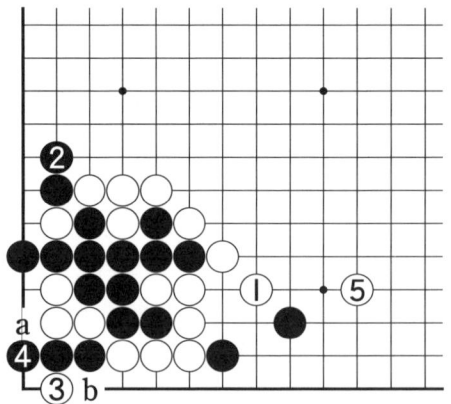

참고도 5

참고도 3(잡으러 오겠지만)

백1에 흑2, 4로 잡으러 오겠지만 백은 대책이 있다. 5로 하나 나가 두고 7로 흑 두점을 잡는다.

이쯤에서 눈치 빠른 독자라면 이미 결과를 알아챘을 것이다.

참고도 4(빅을 확보)

계속해서 흑1이 필살의 한수여서 백은 살길이 없지만 백2로 같이 파호하면 귀쪽 흑도 두 눈을 마련할 수 없다. 요컨대 백은 빅을 확보한 셈이다.

그러면 흑이 a의 단점을 지켜야 하는 만큼 백이 충분한 국면이다.

참고도 5(때가 늦다)

이 장면에서 백1로 먼저 지키고 흑2에 백3으로 붙이는 것은 때가 늦다. 흑은 4로 받는다.

a로 받게 해 백b의 선수끝내기를 남긴 것과 비교하면 백의 손해임이 명백하다.

PART 2

정석
(소목 편)

소목에서의 첫 과제

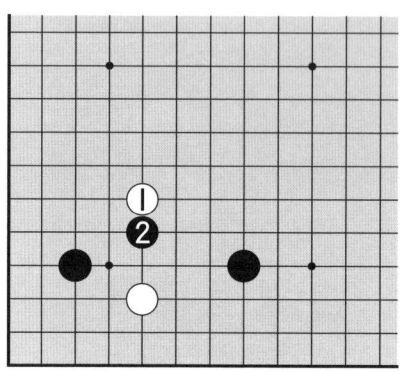

■ 백의 날일자걸침에 흑의 두 칸높은협공은 예나 지금이나 기력의 고하를 막론하고 사랑받고 있는 수법이다.

백1의 두칸뜀에 흑2의 붙임. 이때 백의 대응에 대해 알아본다. 소목에서의 첫 과제이다.

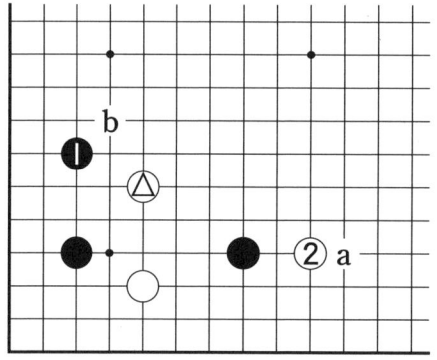

1도

1도(정석의 갈래)

백△에 대해 흑도 1로 두칸을 벌리는 것이 보편적이다.

백2로는 a도 있으며 b에 씌워 가는 수, 손을 빼는 수 모두 성립한다. 모두 정석의 갈래이다.

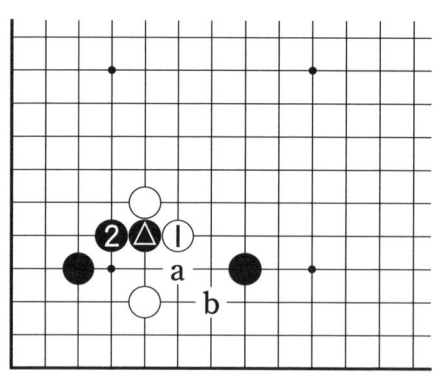

2도

2도(두 가지 선택)

흑△의 붙임에 백은 1로 젖히는 것이 상식적이다.

흑2로 끈 것은 당연한 행마이며, 여기서 백에게는 a와 b의 선택이 있다.

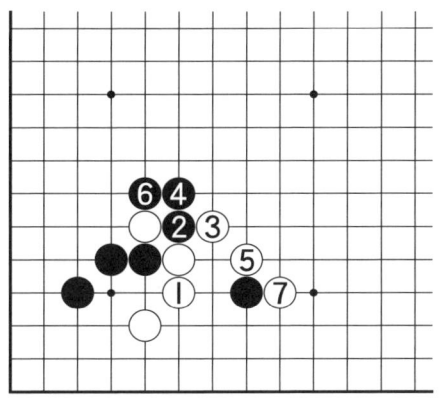

3도

3도(기본정석 1)

백1로 끄는 수가 가장 많이 쓰인다. 흑2의 끊음은 필연이며, 백은 속수 같지만 3으로 하나 단수하고 5로 호구친다.

흑6, 백7로 일단락이며 기본정석의 하나이기도 하다.

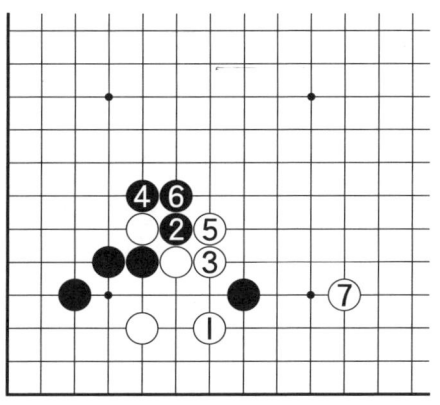

4도

4도(기본정석 2)

백1로 한칸을 뛰는 수법도 유력하다. 역시 흑은 2로 끊어야 하며 백3에 느는 것이 요령이다.

흑4로 잡을 때 백5를 활용하고 7에 벌려서 이것도 정석이다.

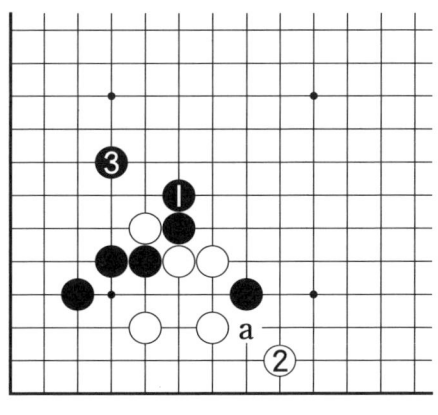

5도

5도(기본정석 3)

앞 그림 4로 이 그림처럼 흑1에 뻗는다면 백은 2의 날일자로 달리는 것이 좋다. 이곳을 흑a로 막혀서는 견딜 수 없다. 흑도 3으로 지켜서 정석이 완료된다.

65

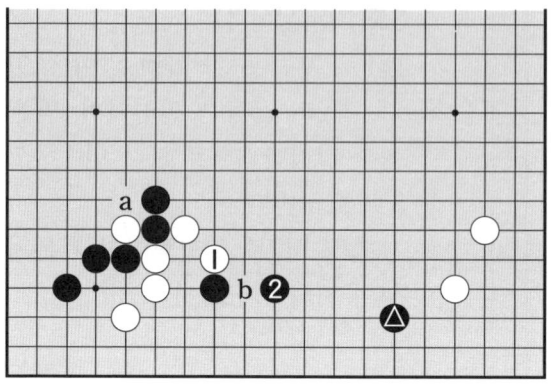

예제

예제 (백 차례)

백1 다음 흑a, 백b로 진행
되겠거니 생각하고 있었는
데 느닷없이 흑이 2로 뛰
었다. 흑은 ●와의 간격도
좋아 이렇게 두고 싶은 곳
이다. 백의 처리를 묻는다.

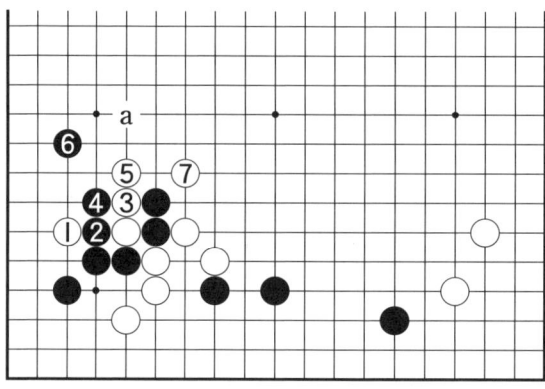

참고도 1

참고도 1(정해/ 백1, 맥점)

백1로 비키듯이 한칸을 뛰
는 것이 교묘한 맥점이다.

　흑은 2로, 4로 계속 단
수하고 6의 날일자로 달
리는 것이 상식이며 백7
의 장문까지가 정형이다.

　백7로는 a의 뜀도 폭넓
은 구상이다.

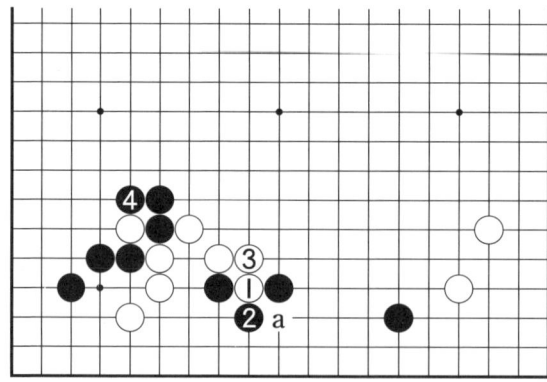

참고도 2

참고도 2(잽을 맞다)

경우에 따라서 백1, 3으로
끼워잇는 수법도 쓰여지
지만 흑은 a의 단점을 가
볍게 보고 4로 손을 돌릴
공산이 크다.

　백이 잽을 하나 맞은 느
낌이다.

날일자씌움에서

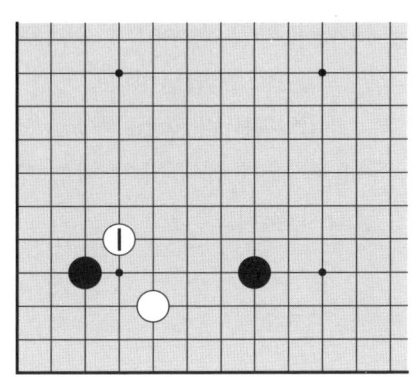

■ 흑의 두칸높은협공 2탄이다. 백에게는 여러 가지 수단이 있는데 1의 날일자씌움도 그 가운데 하나이다.

자, 흑은 여기서 어떻게 대응해야 할지 알아본다.

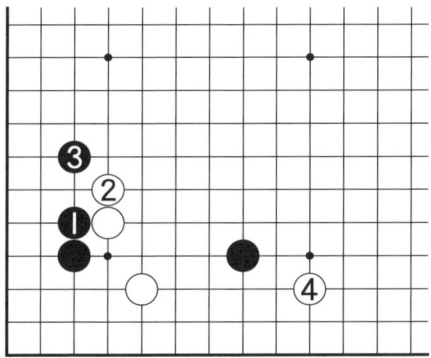

1도

1도(정석)

흑1로 하나 기어 놓고 백2에 흑3으로 한칸을 뛰어 변으로 진출하는 것이 좋은 행마법이다.

백은 4로 협공하게 되며 정석의 하나이다.

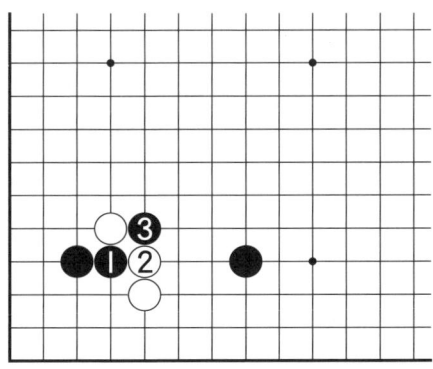

2도

2도(나가끊음)

백의 날일자씌움에 흑1, 3으로 나가끊는 것이 이 정석의 주된 변화이다.

여기서 백이 어떻게 두어야 하는지 모른다면 초반부터 바둑을 그르치기 십상이다.

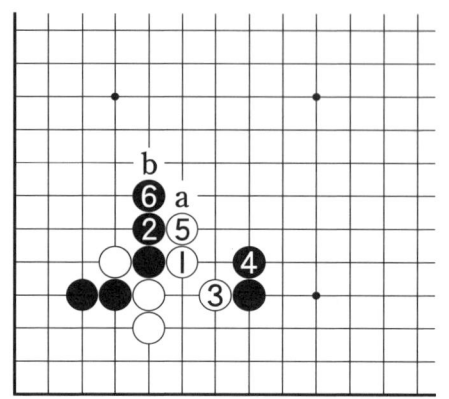

3도

3도(백1, 3은 속수)

백1로 단수하고 3에 호구치는 것
은 대표적인 속수이다. 흑4로 서
면 백은 아주 답답하다.

　백5, 흑6 다음 또 백a로 밀어
흑b로 늘게 해주어야 하는 만큼
달갑지 않다.

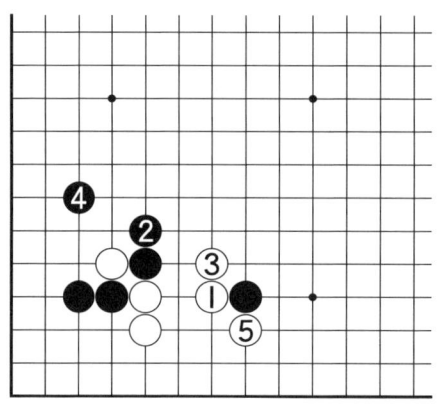

4도

4도(정석 1)

이런 형태에서는 백1로 붙이는 것
이 타개의 맥점이자 행마법이다.

　흑은 2로 서는 정도이므로 백도
3에 뻗는다. 흑4, 백5로 서로 지
키기까지가 정석이다.

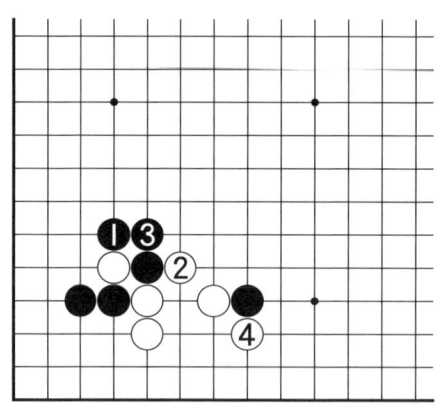

5도

5도(정석 2)

앞 그림 2로 이 그림 흑1에 잡는
다면 백2를 한방 선수하고 4에 젖
혀서 흑 한점을 못 쓰게 만드는
것이 대응하는 요령이다. 이것도
정석의 하나이다.

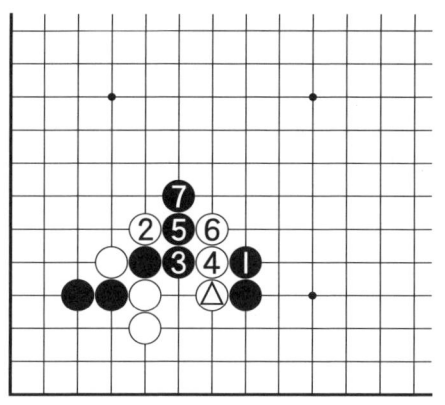

6도

6도(올라서는 수)

백△ 때 흑1로 올라서는 수도 생각할 수 있다.

백2 이하 4, 6으로 돌파당하지만 이것은 흑이 바라는 바이다. 7까지 백이 하자는 대로 따른다.

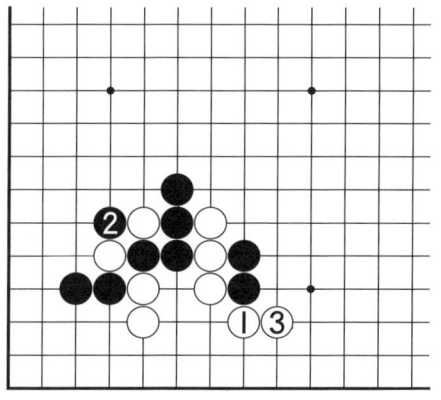

7도

7도(유력한 수법?)

계속해서 백1의 젖힘에 흑2로 둔다. 백3까지 오른쪽 흑 두점은 폐석이 되지만 왼쪽에서 큰 이득을 보고 있다.

이렇게만 진행되면 상당히 유력한 수법이다.

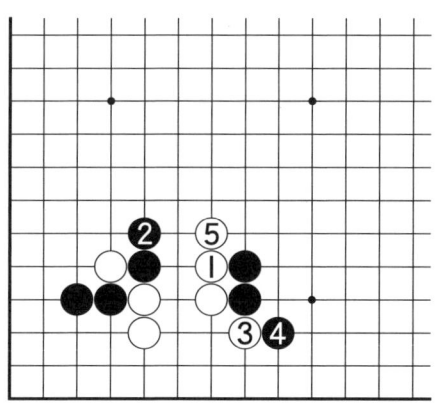

8도

8도(백, 두터움)

6도 흑1 때 백은 단순히 1로 밀고 흑2의 지킴에 대해 백3, 5의 수순으로 힘차게 올라서기만 해도 두터운 모습이다.

다음 흑은 좌변과 하변 모두 약점이 남아 불만이다.

견실한 마늘모

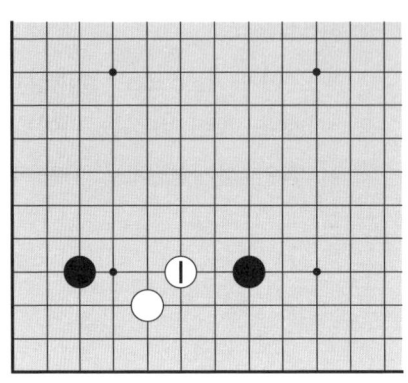

■ 이번에는 흑의 두칸높은협공에 대해 백이 1로 마늘모해 왔다. 이 수는 발은 느리지만 견실하며 고전적인 수법이다.

이에 대한 흑의 대응은 무엇인지 알아본다.

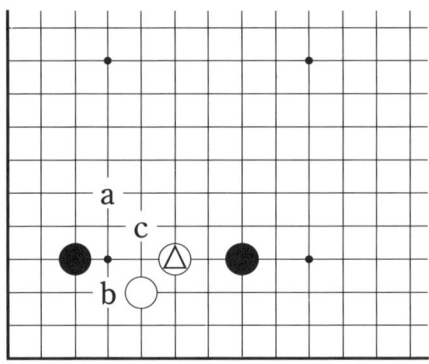

1도

1도(여러 가지 응수)

백△에 대한 흑의 응수는 여러 가지이다. 정답이 하나만 있는 것은 아니라는 얘기. 흑a의 날일자, b의 마늘모붙임, c의 어깨짚음 등이다.

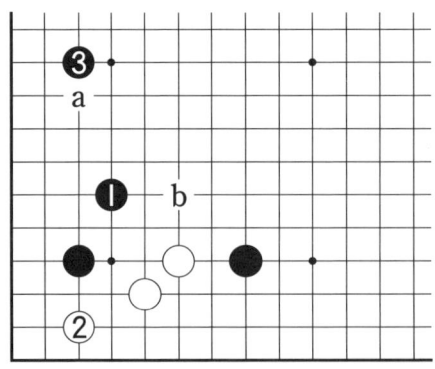

2도

2도(날일자 정석)

흑1의 날일자는 무난한 수법이다. 백2의 날일자달림에 흑3으로 벌려서 일단락이며 기본정석이기도 하다.

흑3은 a도 있으며 다음 b의 한칸뜀이 세력 확장의 요소이다.

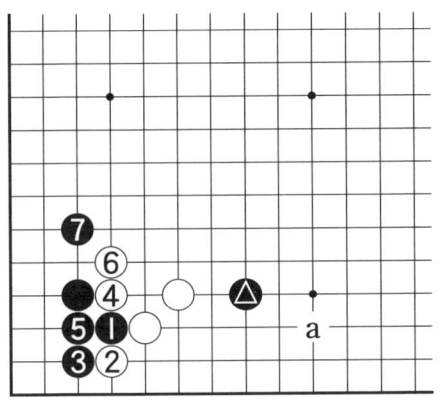

3도

3도(마늘모붙임 정석)
흑1의 마늘모붙임은 귀를 중시한 수법이다.

백은 2로 젖히고 4에서 6으로 형태를 정비하는 것이 요령이며 흑7까지가 정석이다. 다음 백a로 흑△를 협공하는 것이 보통이다.

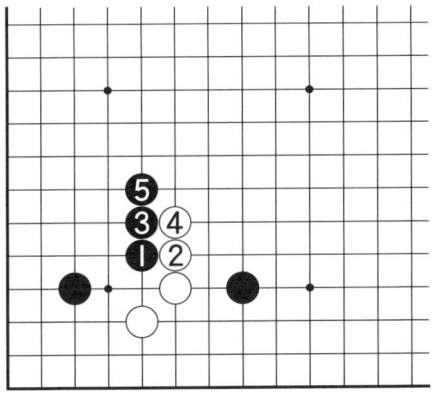

4도

4도(백의 속수)
흑1로 짚어가는 것도 유력한 수법이다. 백2로 밀어서 중앙 진출하는 것은 속수이다.

흑3에 또 백4로 밀지 않을 수 없으니 흑에게 5선을 늘도록 해주고 있다. 백의 불만이다.

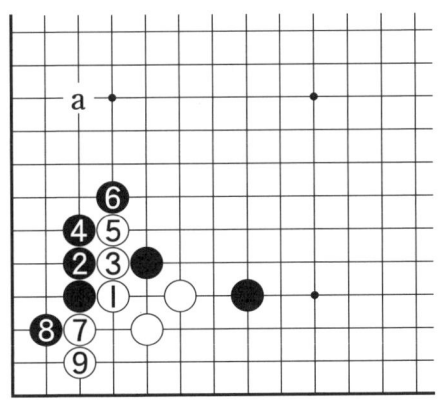

5도

5도(정석)
백1의 마늘모붙임이 재미있는 수법이다. 흑2면 백3, 5쪽을 먼저 처리하고 나서 7, 9로 정비하는 것이 요령이다.

다음 흑a에 벌리는 정도로 일단락이며 정석의 하나이다.

붙이고 호구치다

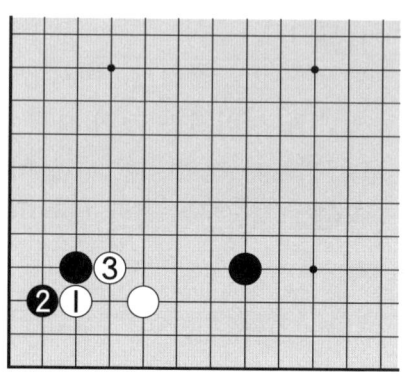

■ 백1의 붙임에 흑2의 젖힘은 당연한 응수이다.

여기서 백이 3으로 호구치는 것은 패를 내포하고 있는 수법인데, 흑은 어떻게 대응하는 것이 좋을지 알아본다.

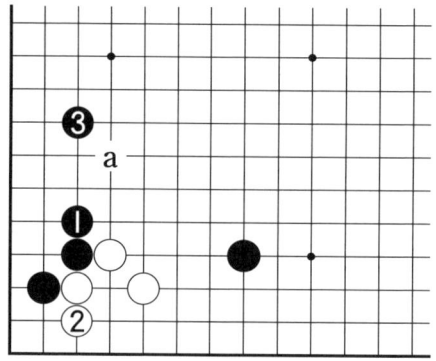

1도

1도(백의 주문)

흑1은 패가 두려워서 기피한 수로 안일한 태도이다. 이것이야말로 백의 주문이다.

백은 2로 내려서서 가볍게 안정해서 만족스럽다. 흑3은 a도 있을 것이다.

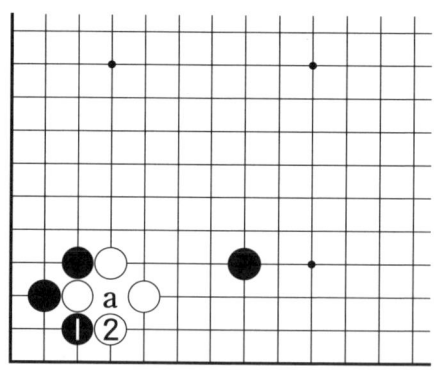

2도

2도(단호하게 단수)

단호하게 흑1로 단수할 곳이다. 겁을 먹을 필요는 전혀 없다.

백2의 패로 버텨 온다면 흑은 가차 없이 a로 따낸 다음 이어 버려서 그만이다.

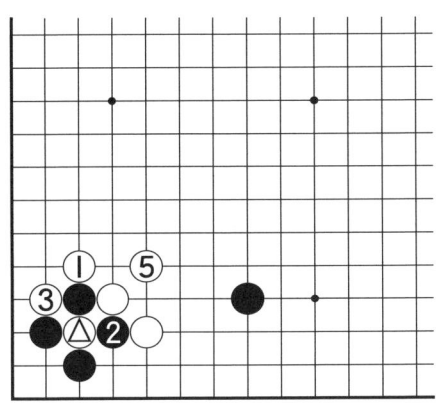

3도

④…⊿

3도(백의 돌려치기)

따라서 백은 1로 단수하고 3으로 돌려치는 수밖에 없다.

그러면 흑4로 꽉 잇는 것이 좋다. 백은 5로 양호구를 쳐서 형태를 정비하게 된다.

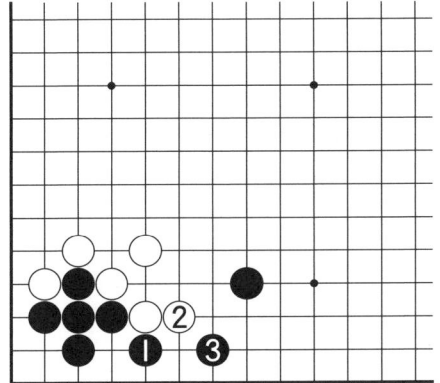

4도

4도(실리 상 크다)

앞 그림에 이어 흑은 1로 젖히고 3으로 건너는 것이 실리 상으로 크다.

2선을 두는 만큼 내키지 않지만 현실적으로는 후환도 없고 보기보다도 두텁다.

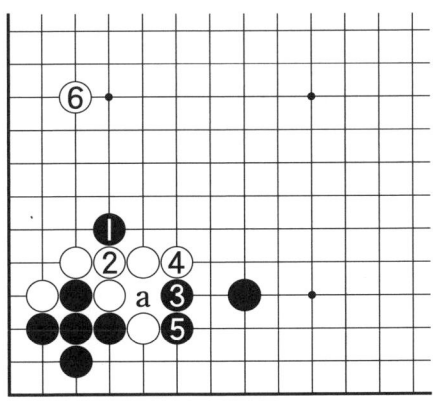

5도

5도(들여다보기)

흑1, 3으로 양쪽에서 들여다보는 수법도 가능하다.

백4로 a에 잇는 것은 우형의 극치이므로 이렇게 비키는 것이 옳다. 6까지의 갈림은 흑이 나쁘지 않다.

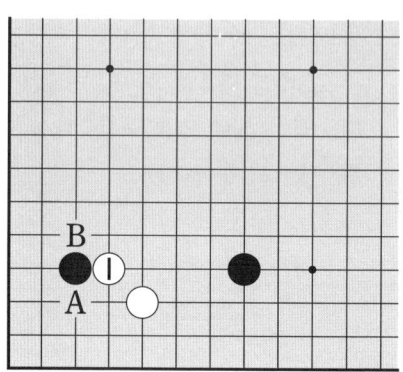

■ 흑의 두칸높은협공에 대해 백이 1로 마늘모 붙였다.

여기서 흑은 A와 B 가운데 어느 수를 선택하는 것이 좋을 지 생각해보자.

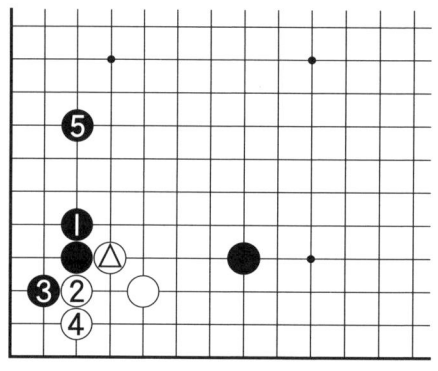

1도

1도(바깥쪽은 흑 불만)

백△에 흑1로 바깥쪽을 느는 것은 백2, 4로 쉽게 안정하므로 흑의 불만이 아닐 수 없다.

[장면 4]의 1도와 똑같은 결과가 됨에 주목하기 바란다.

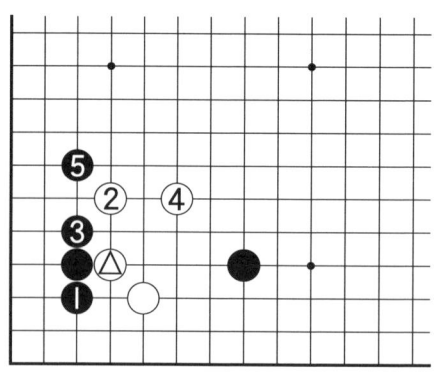

2도

2도(최선/ 안쪽 늘기)

백△에 대해서는 흑1로 안쪽을 늘 곳이다.

백2로 뛰면 흑3으로 급소를 두고, 백4로 형태를 정비할 때 흑5로 뛰어나가서 흑이 유리한 갈림이다.

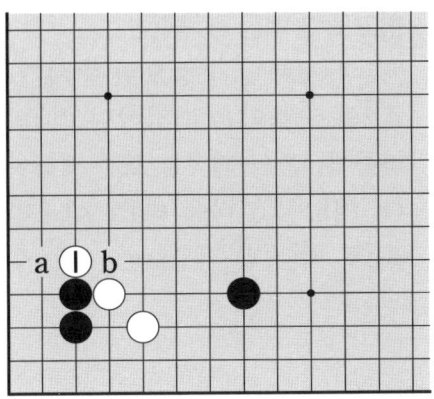

예제

예제 (흑 차례)

이 상황에서 백이 1로 젖혀 왔다. 이 수는 축 관계가 내포되어 있는 만큼 서로 유의해야 한다.

a와 b 가운데 흑의 선택은 어디가 좋을까?

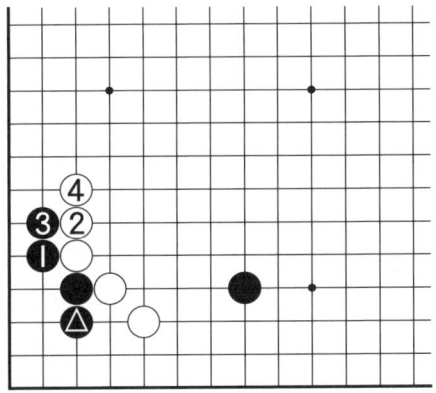

참고도 1

참고도 1(소극적)

흑1로 젖히는 것은 소극적인 태도이다. 백2로 슬슬 늘기만 해도 흑3을 또 안둘 수 없으니 괴롭다.

4까지 되면 강력한 태도를 보였던 흑▲가 울고 있다.

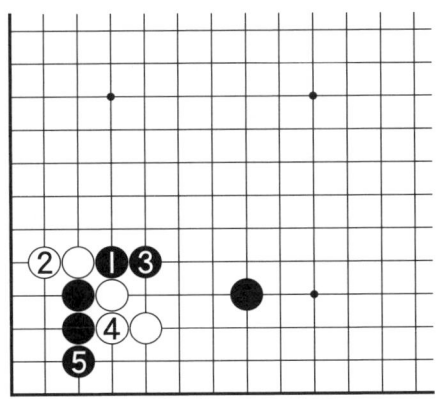

참고도 2

참고도 2(정해/ 끊는다)

여기서는 단호하게 흑1로 끊어야 할 곳이다.

백2의 내려섬에는 흑3으로 뻗어서 충분히 싸울 수 있다. 백4, 흑5 다음~

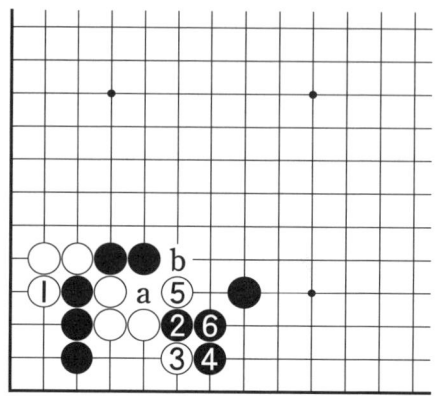

참고도 3

참고도 3(맥점 또 맥점)

백1의 꼬부림이 중요한 수이다. 흑2의 코붙임은 맥점이며 백3의 젖힘에 흑4의 되젖힘 또한 맥점이다. 백5, 흑6 다음 백a로 이으면 흑b로 백이 안 되므로….

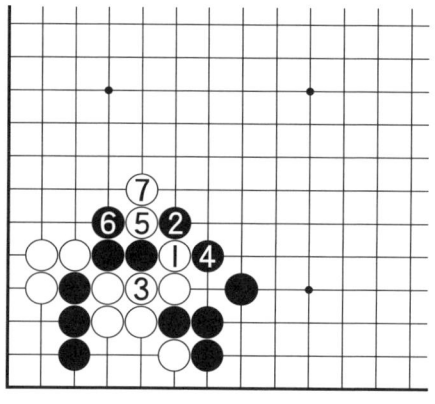

참고도 4

참고도 4(축 관계가 있다)

백1, 흑2를 문답하고 백3에 잇는 수순뿐이다. 흑4는 축이 불리할 경우에는 둘 수 없음을 명심해야 한다.

　백은 이대로는 수상전이 안 되므로 5로 끊어야 한다. 백7 다음~

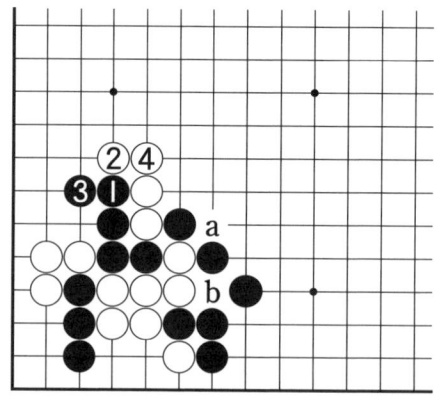

참고도 5

참고도 5(필사의 한수)

흑1에 백2는 필사의 한수이며 흑3 때 백4로 잇는 것이 좋은 수이다. 단, 백a의 축이 흑에게 유리하다면 흑b로 두어서 백이 망한다.

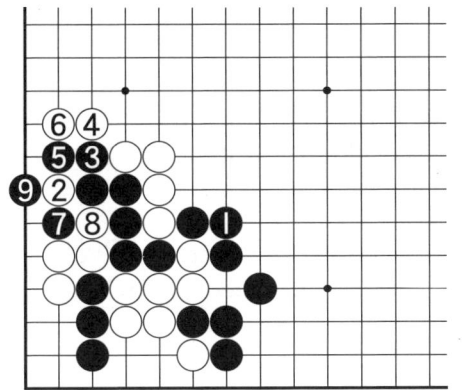

참고도 6

참고도 6(축은 백 유리로 가정)
축이 백에게 유리한 것으로 가정
하면 흑1로 잇지 않을 수 없다.

여기서 백2의 코붙임이 절묘한
맥점이다. 그다음 흑3에 백4 이하
8로 흑9까지를 강요한다.

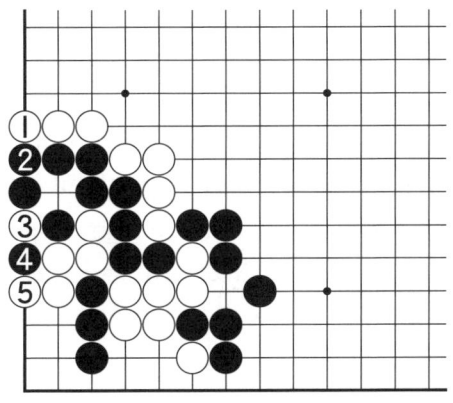

참고도 7

참고도 7(패는 백승)
계속해서 백1, 흑2를 선수하고 백
3으로 집어넣는 맥점이 주효해 결
국 5까지 패가 된다.

초반이므로 팻감이 있을 리 없
으니 이 패는 백이 이긴다.

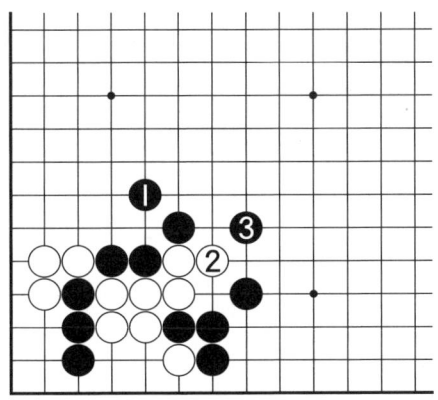

참고도 8

참고도 8(흑의 대응책)
거슬러 올라가 흑은 축이 불리할
경우, 1로 호구치고 백2에 흑3으
로 봉쇄하는 정도로 만족할 수밖
에 없다.

수상전에 여유가 생긴 백은 손
을 빼게 된다.

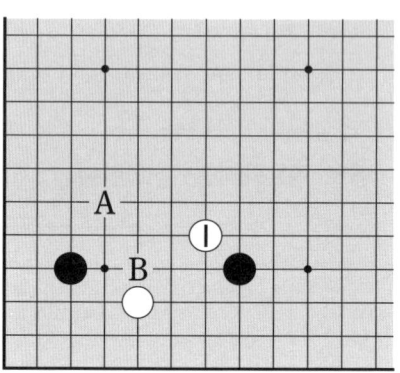

▨ 이번에는 흑의 두칸높은협공에서 백1의 밭전자 행마에 대한 흑의 대응을 알아본다.

가장 무난한 수는 A, 가장 많이 쓰이는 수는 B가 아닌가 싶다.

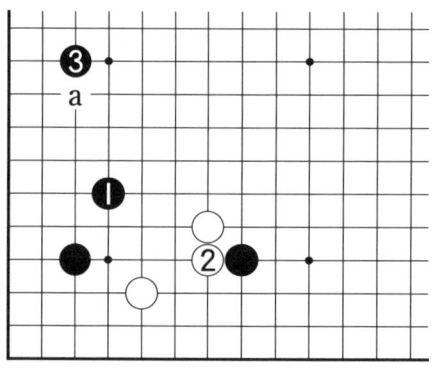

1도

1도(견실한 날일자)

흑1의 날일자는 견실한 응수이다. 백은 2로 밭전자의 허점을 방비하는 정도이므로 그때 흑3으로 전개한다. 흑3은 a도 있으며, 둘 다 정석이다.

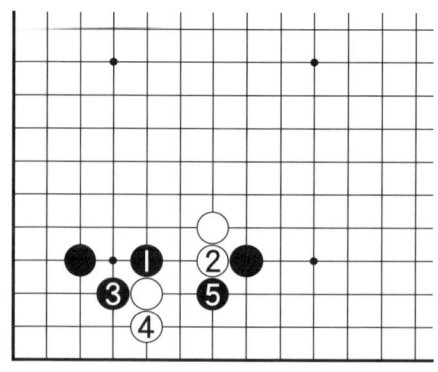

2도

2도(붙임)

흑1의 붙임은 치열한 수법이다. 백2에는 흑3으로 호구치는 것이 요령이다.

백4의 내려섬에 흑5의 젖힘은 행마의 리듬을 구하는 수순이다. 이다음~

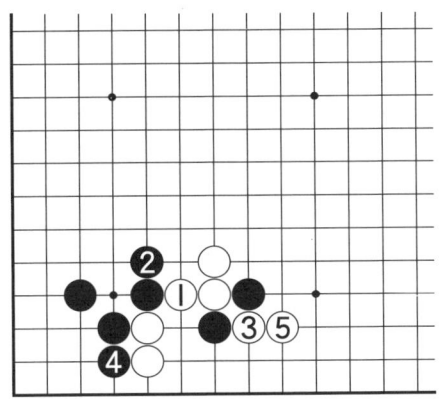

3도

3도(기본정석)

백1을 기다려 흑2로 서는 것이 기분 좋다.

백3의 끊음은 절대이며 흑4에 막는 것은 큰 수이다. 백5까지가 기본정석이다.

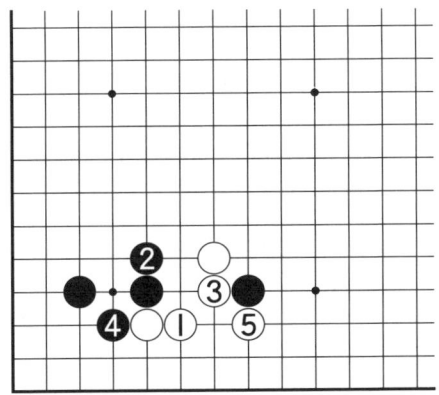

4도

4도(정석)

2도의 2로는 이 그림 백1에 끄는 수도 있다.

이때는 흑2로 늘어서는 것이 좋은 수이며, 백3에는 흑4로 막고 백5까지가 간명한 정석이다.

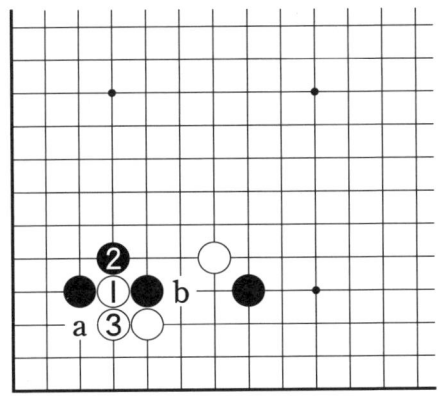

5도

5도(까다로운 코스)

흑이 붙였을 때 백1로 끼우는 것은 변화가 까다로운 코스로 간다. 흑2, 백3 때 흑은 a와 b의 선택이 있다.

수순 중 흑2로 3쪽에서 몰면 백2로 달아난 다음 흑의 응수가 없다.

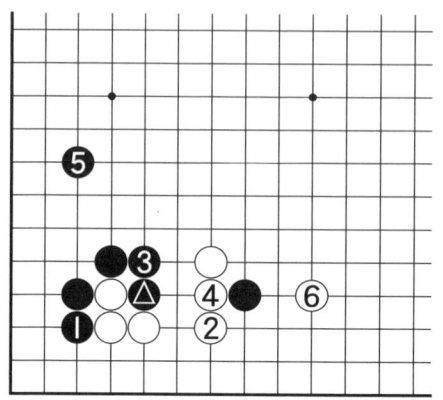

6도

6도(기본정석)

흑1로 막으면 백은 흑❷ 한점을 몰거나 하지 말고 2로 한칸을 뛰는 것이 좋은 행마법이다.

백3의 이음에는 흑도 4쪽을 잇는다. 6까지가 기본정석이다.

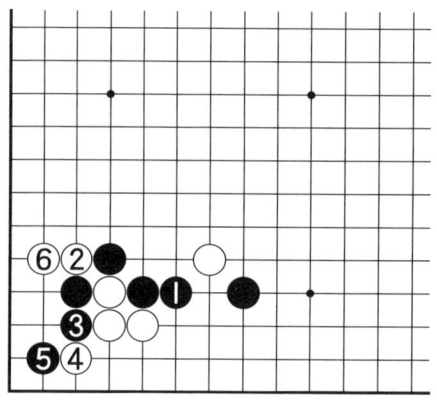

7도

7도(긴요한 수순)

흑1쪽을 느는 것은 다소 어려운 변화로 돌입하게 된다.

백2의 끊음은 필연이며 흑은 3에 막아간다. 백4로 젖혀 흑5 때 백6으로 내려서는 것이 긴요한 수순이다.

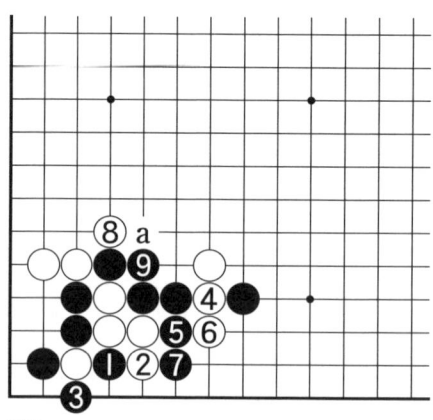

8도

8도(정석)

흑1의 끊음은 절대. 백은 2로 단수하고 4, 6에 돌파하고 나서 8로 한방 선수한다.

이다음 백이 또 둔다면 a로 밀어올리면서 봉쇄하는 것이 유력한 수단이다.

한칸협공에 날일자씌움

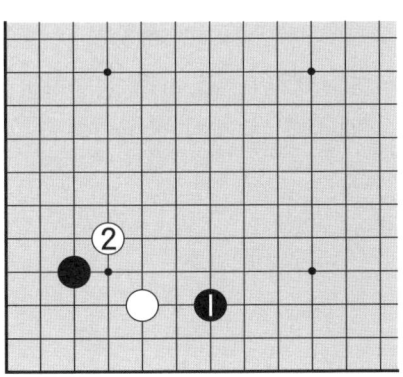

■ 소목/ 흑1의 한칸협공에 백 2의 날일자씌움은 예나 지금이나 흔히 쓰이는 수법 가운데 하나이다.

이때 흑은 어떤 식으로 대응하는 것이 좋을지 알아본다.

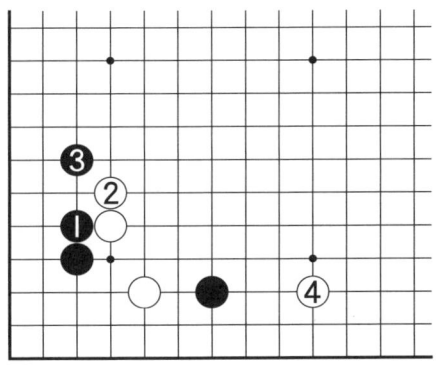

1도

1도(정석 1)

흑1로 하나 기고 나서 3에 뛰어서 진출하는 것이 간명한 진행이다. 백은 4쯤에 협공하기까지가 정석이다.

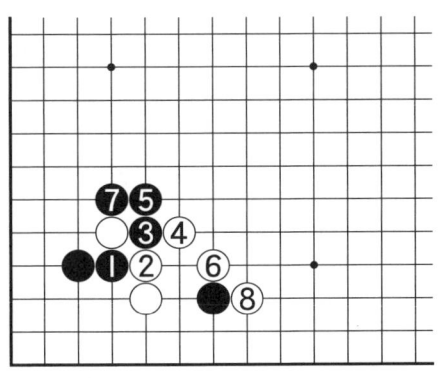

2도

2도(정석 2)

흑1, 3으로 나가끊는 것도 있다. 백은 4로 하나 몰아 놓고 6에 호구치는 것이 상용수법이며 흑7, 백8로 서로 정비해서 일단락이다. 이것도 정석이다.

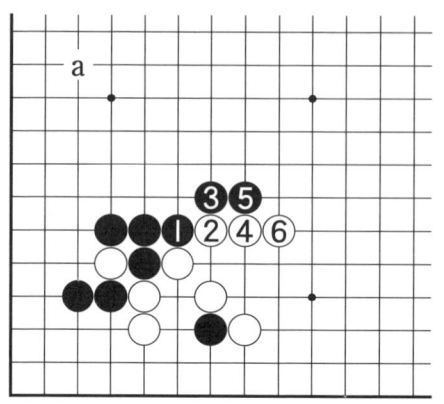

3도

3도(호점)

앞 그림에 이어, 흑1로 밀어올리는 것이 세력을 확장하는 호점이다. 백2면 흑3, 5를 선수하고 a쯤에 벌리는 것이 상식이다.

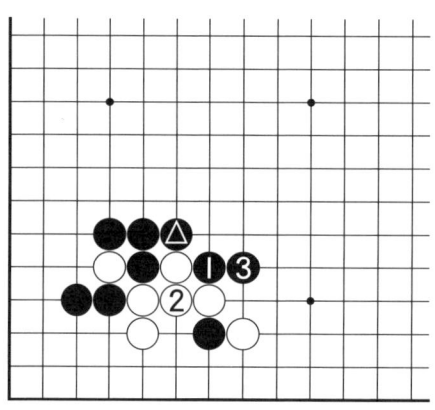

4도

4도(손을 빼면)

흑▲에 대해 백이 손을 뺄 경우는 흑1로 단수해서 백2의 이음을 강요하고 흑3에 느는 것이 좋은 수순이다.

이로써 흑은 철벽인 반면, 백은 많이 위축되었다.

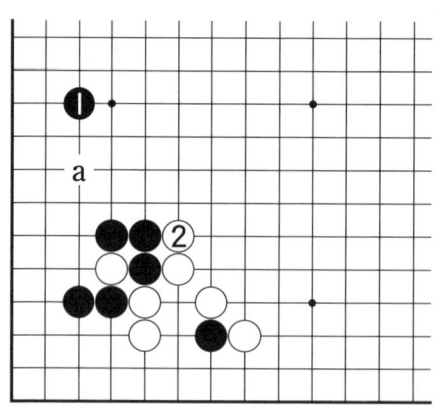

5도

5도(적의 급소)

흑1로 변쪽 전개를 서두르는 것은 잘못이다. 백2로 밀어올리는 것이 '적의 급소는 나의 급소'에 해당하는 호점이다. 이러면 백a의 침공이 노림이 된다.

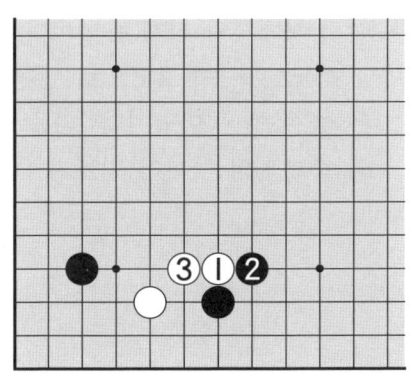

▨ 흑의 한칸협공에 백이 1로 붙이고 3에 끌었다.

흑은 여기서 단점을 보강하는 방법과 외면하는 방법, 두 가지의 길이 있다. 이에 대해 알아본다.

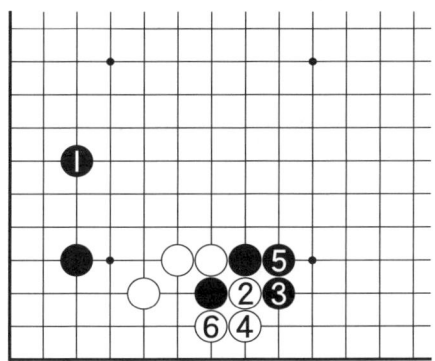

1도

1도(기본정석)

흑1로 두칸을 벌리는 것은 변화가 적어 알기 쉽다. 백은 2로 끊는 한 수이다.

그러면 흑은 3에 몰고 5로 꽉 잇는 수를 선수한다. 6까지는 기본정석이다.

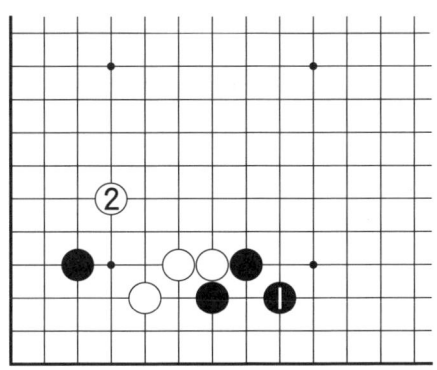

2도

2도(단점 방비)

흑1로 호구를 쳐서 단점을 방비하는 것은 백에게 왼쪽 귀의 흑 한 점을 공략해 보라고 하는 수이다.

백2의 씌움은 가장 많이 쓰이는 수법이다.

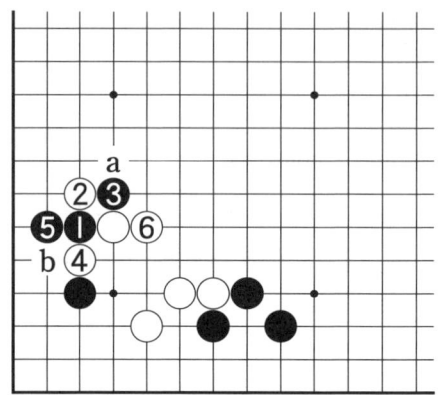

3도

3도(상용 수법들)

흑1로 붙이고 3으로 끊는 것이 이런 상황에서의 타개 수법이다.

백4로 단수하고 6으로 뻗는 것은 늘 쓰는 행마법이다. 다음 백a의 축과 b의 돌파가 맞보기.

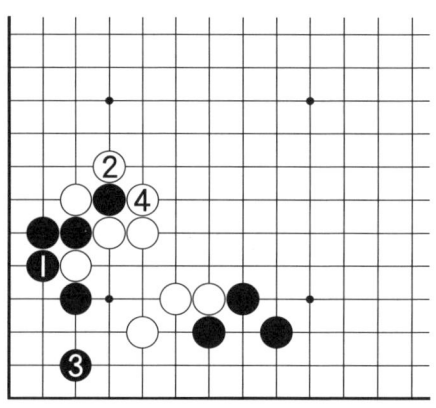

4도

4도(정석)

흑1로 건너면 백2의 축으로 한점을 몬다. 흑3으로 뛰고 백4로 한점을 따내어서 일단락된다. 실리와 세력의 갈림인 정석이다.

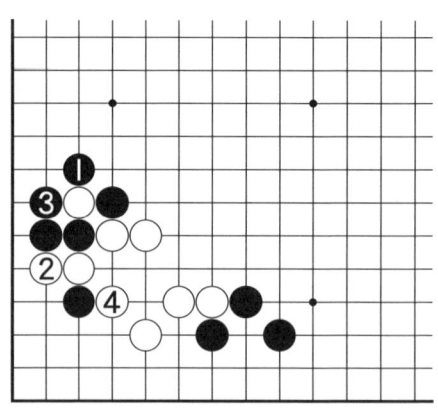

5도

5도(실리가 크다)

흑1쪽을 두어 온다면 백2로 돌파하고 4로 흑 한점을 제압하는 것이 좋다.

귀의 실리가 커서 백의 불만이 있을 리 없다.

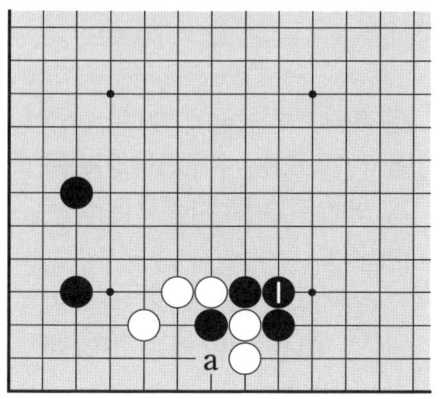

예제

⊞ 예제 (백 차례)

흑1로 이었을 때 백은 a로 잡는 것이 정석의 수순이지만, 늘 그렇게 둘 필요는 없다.

축이 유리할 때 쓰는 수법이 있다. 그것은 어떤 수순인가?

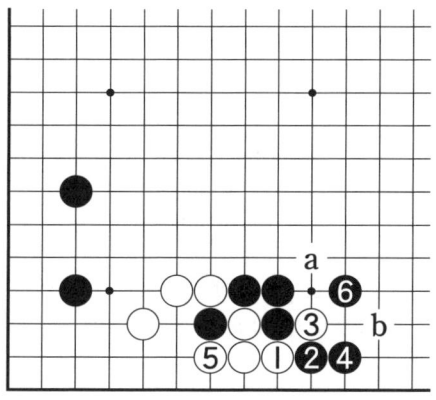

참고도 1

참고도 1(정해/ 활용)

백1로 꼬부리고 흑2에 막을 때 백3으로 끊는다. 이 한점이 축으로 잡히지 않아야 이렇게 둘 수 있다.

흑4, 6 다음 a와 b의 활용이 있는 만큼 백이 재미있다.

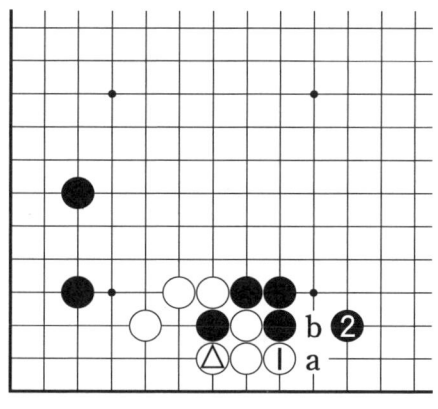

참고도 2

참고도 2(때가 늦다)

백△로 두고 난 후 백1로 나가는 것은 때가 늦다.

이제는 흑이 a로 막아 백b로 끊길 이유가 없다. 흑은 당연히 2로 늦출 것이다.

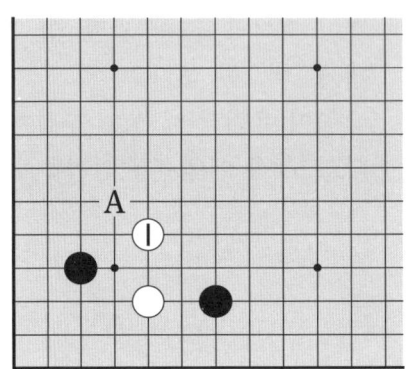

■ 흑의 한칸협공에 백1로 한칸을 뛰어나가는 수도 날일자씌움과 쌍벽을 이룰 만큼 사랑받는 수법이다.

흑은 A의 날일자가 상식인데, 그 다음의 변화는 어떻게 될지 알아본다.

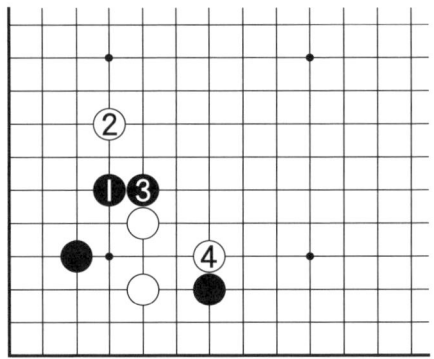

1도

1도(리듬)

흑1의 날일자응수에 대해서는 백2로 배후에서 압박하는 수가 많이 쓰인다.

흑3을 유도해서 백4로 붙이는 리듬을 구하려는 뜻이다. 이다음~

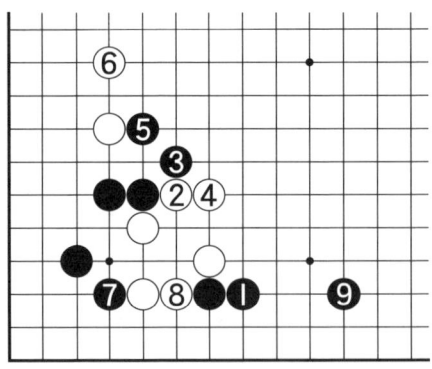

2도

2도(정석 1)

흑1로 늘 때 백2, 4로 젖히고 늘어둔다.

흑5를 기다려 백6으로 뛰고 흑7의 마늘모붙임에 백8로 치받고 흑9의 벌림까지가 정석으로, 모든 수가 다 이유가 있다.

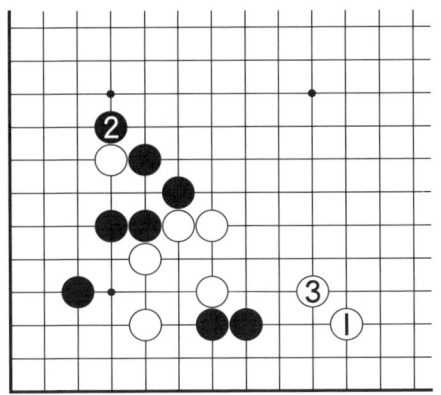

3도

3도(정석 2)

앞 그림의 6으로 이 그림 백1로 아래쪽 흑 두점을 협공하는 수도 성립한다.

흑이 2로 백 한점을 제압하면 백도 3으로 흑 두점을 품에 안아서 호각의 갈림이다.

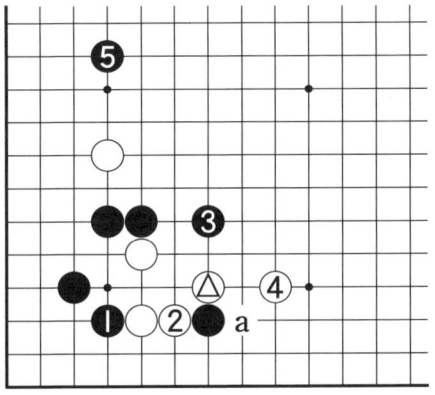

4도

4도(정석 3)

백△의 붙임에 흑1로 마늘모 붙이는 것은 간명을 기한 수이다.

백2를 기다려 흑3으로 뛰어서 백4(또는 a)를 강요한다. 그런 다음 흑5로 협공해서 이것도 정석이다.

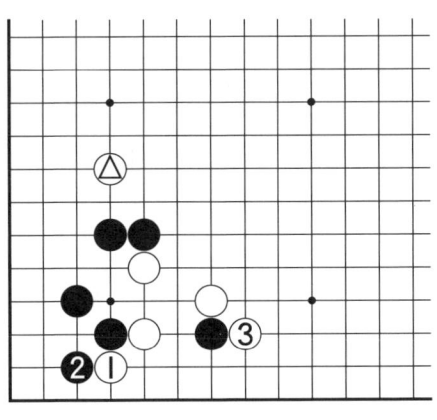

5도

5도(백의 별책)

앞 그림 2로는 이 그림처럼 백1을 선수하고 3에 젖히는 진행도 생각할 수 있다.

앞 그림과는 달리 백△ 한점에 약간 여유가 생겼다는 장점이 있다.

한칸높은협공에 한칸뜀

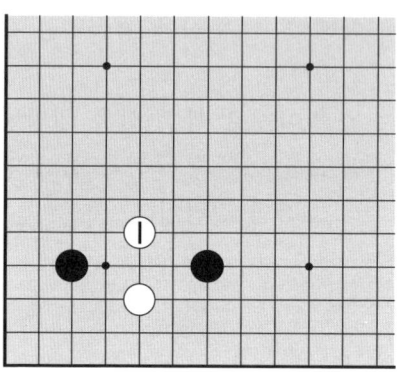

■ 백의 날일자걸침에 흑의 한
칸높은협공은 한칸협공과 더불
어 백에게 틈을 주지 않는 준엄
한 협공이다.

　백1의 한칸뜀에 대한 흑의
알기 쉬운 응수는 무엇인지 생
각해보자.

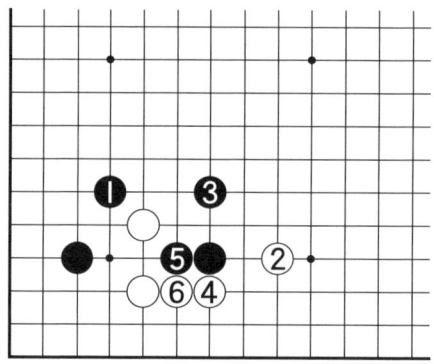

1도

1도(날일자가 상식)

한칸협공 때와 마찬가지로 백의
한칸뜀에는 흑1의 날일자응수가
상식적이다.

　백2에는 흑3으로 뛰고 백은 4
로 붙여서 건너자고 한다. 흑5, 백
6 다음~

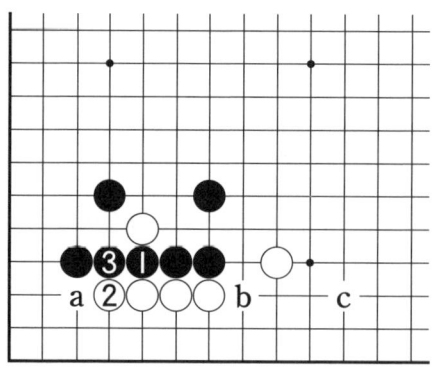

2도

2도(정석)

흑1로 돌파하고 백2에 흑3으로
잇는 것이 두터운 수여서 철벽이
완성된다.

　대신 백은 선수. 다음 흑a(큰
수!)가 오면 b의 젖힘이 통렬하므
로 백은 c쯤에 지킨다.

한칸높은협공에 날일자

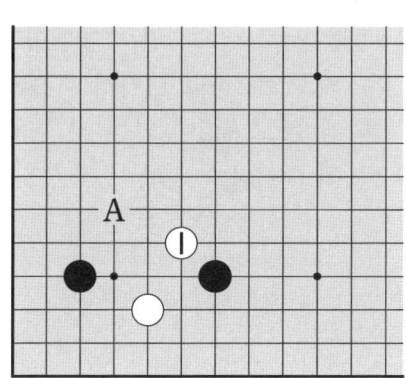

▨ 한칸높은협공 시리즈 2탄이다. 백1의 날일자로 협공한 흑 돌에 기대듯이 짚어가는 것도 한때 대유행했던 수법이다.

흑의 대응책은 무엇인지 A의 응수를 중심으로 알아본다.

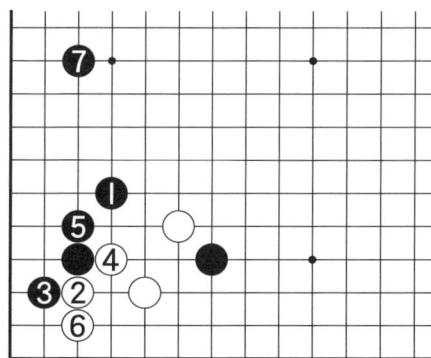

1도

1도(기본정석)

흑도 1로 날일자하는 수가 가장 많이 쓰인다.

백2로 붙여올 때 흑에게는 두 가지의 선택이 있는데, 그 가운데 하나가 3에 젖히는 것이다. 그러면 7까지가 기본정석이다.

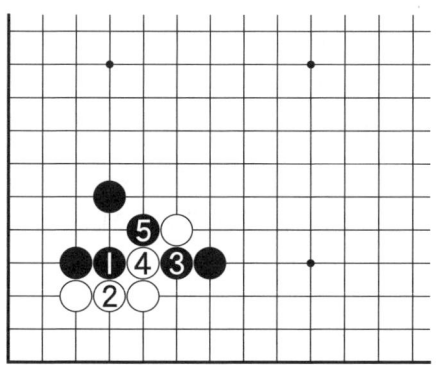

2도

2도(분단한다)

또 하나의 코스는 흑1로 백2의 이음을 강요하고 흑3에서 5로 불문곡직하고 분단하는 것이다.

약간 속된 느낌이 들기는 하지만 정형화된 수순이다.

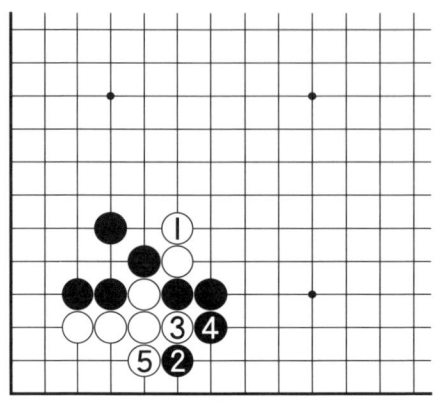

3도

3도(중요한 수순)

계속해서 백1로 서고 흑2로 뛰는 것은 서로 필수적인 수들이다.

백3으로 하나 나가서 흑4와 문답해 두고 백5에 막는 것이 중요한 수순이다.

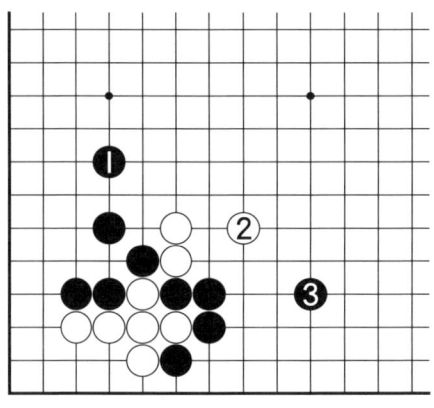

4도

4도(중앙전)

흑1에 뛰고 백도 2로 이쪽으로 한 칸을 뛰고 흑3으로 정비하기까지가 정석이다.

이다음 중앙전은 피할 수 없기에 이후의 운용이 쉽지 않다고 할 수 있다.

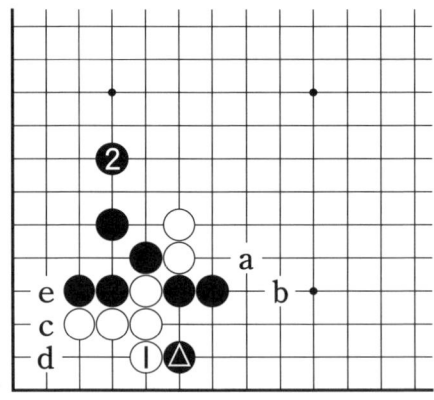

5도

5도(의문)

흑이 ▲로 뛰었을 때 백1로 그냥 받는 것은 약간 의문이다.

흑2 다음 a나 b에 흑돌이 오면 귀쪽 흑c, 백d, 흑e로 젖혀이음이 선수이다. 그냥 흑e에 내려서는 것도 선수.

견실한 마늘모 수비

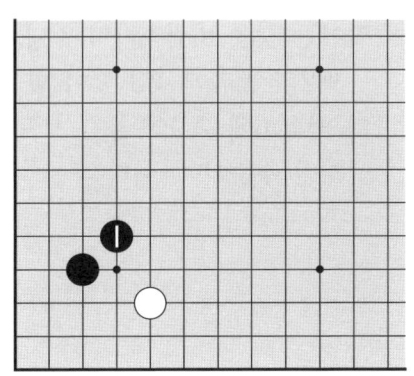

▨ 흑1의 마늘모 수비는 오랜 역사를 지닌 견실함의 대명사이기도 하다. 발이 느린 단점은 있지만 여전히 좋은 평가를 받고 있다.

이에 대한 백의 대응으로 가장 기본이 되는 것은 무엇인지 알아본다.

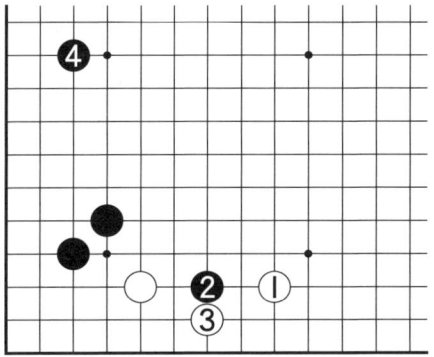

1도

1도(정석 1)

여러 가지 수가 있지만 백1로 세 칸을 벌리는 것이 가장 널리 쓰인다. 흑은 2로 뛰어들어 응수를 살피고 백3에 흑4로 변에 전개하는 것이 정석이다.

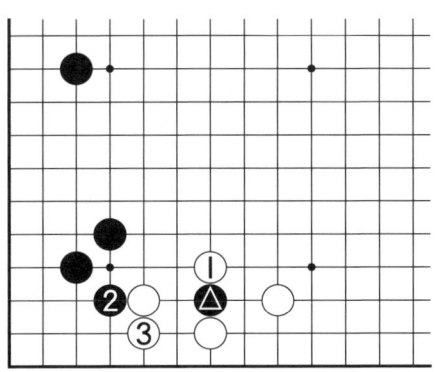

2도

2도(두터운 수법)

정석 다음 백1로 흑△를 제압하는 것이 두터운 수법이다.

그러면 흑은 2로 하나 마늘모 붙여서 선수활용하는 것이 상식이다.

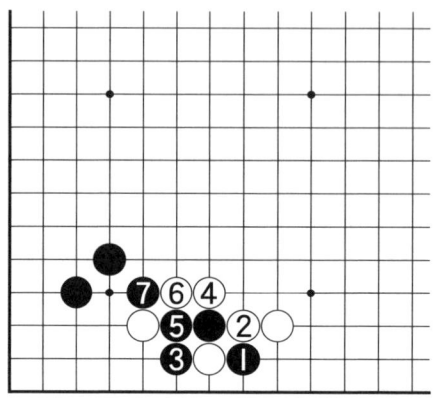

3도

3도(즉각 움직이면?)

1도의 4로 이 그림 흑1로 즉각 움직이는 것은 바람직하지 않다.

백2의 끊음에 흑3은 이 한수이며 백4, 6에 흑7의 끊음 모두 필연적인 수순이다. 이다음~

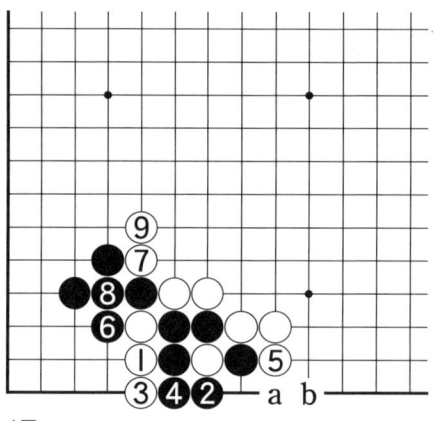

4도

4도(백의 자랑)

백1, 3을 선수하고 5로 막아 두는 것이 좋은 수순이다.

백7의 선수도 기분 좋으며, 9 다음 백은 a나 b가 선수로 작용한다는 것이 자랑이다.

이 갈림은 흑의 실리에 비해 백이 두터워 유리하다.

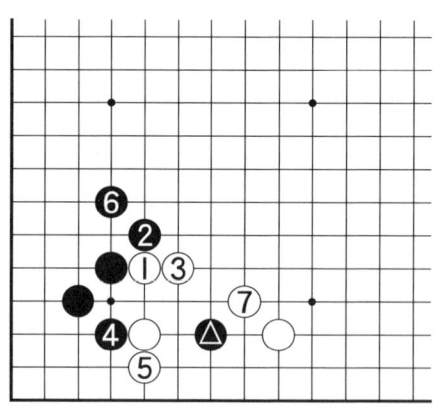

5도

5도(정석 2)

흑▲에 대해 백1로 붙이는 수도 있다. 흑2를 기다려 백3으로 자연스럽게 는다.

흑은 4를 하나 선수활용하고 6에 지키고 백도 7로 한점을 제압해 정석이 완료된다.

한칸걸침에 아래쪽 붙임

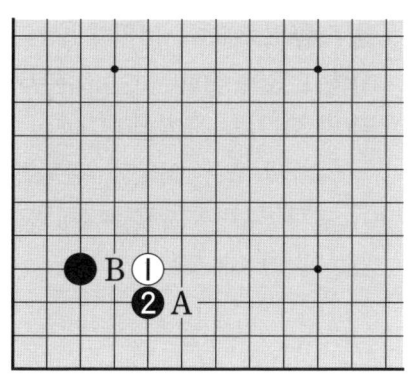

■ 백1의 한칸걸침에 흑2의 아래쪽 붙임은 실리를 중시하는 수법이다.

백은 A의 젖힘과 B의 치받음, 이렇게 두 가지 선택이 있는데 여기서는 A의 변화만 살펴본다.

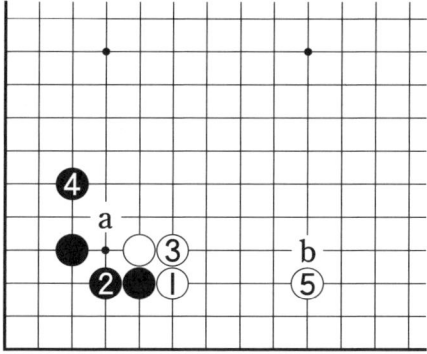

1도

1도(기본정석 1)

백1로 젖히면 흑2로 끄는 것이 상식이다. 백3에 이으면 흑4로 한칸을 뛰고 백은 5로 벌리는 것이 기본정석이다.

흑4는 a의 마늘모도 있고 백5는 b로 높게 둘 수도 있다.

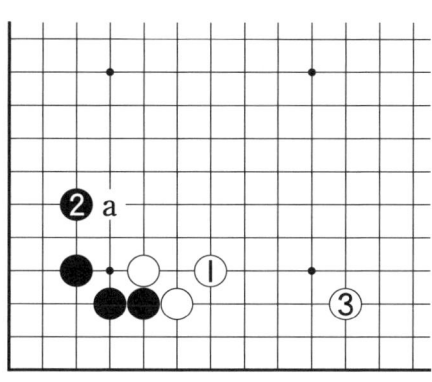

2도

2도(기본정석 2)

배석관계에 따라, 꼭 잇지 않고 백1로 호구치는 수도 있다.

그러면 흑2(또는 a)에 백은 3까지 한발 더 벌릴 수가 있다.

아래쪽 붙임에 밀어붙이기

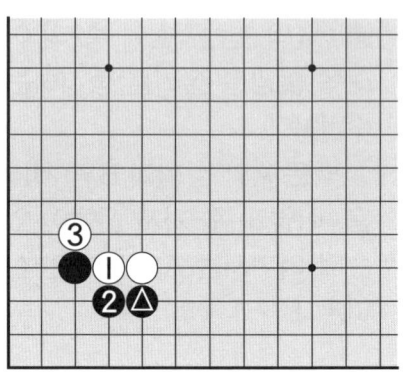

■ 흑▲의 아래쪽 붙임에 백1로 치받고 3에 젖힌 것은 이른바 밀어붙이기의 출발점이다.

여기서 흑은 어떻게 대응해야 할지 알아본다. 길은 하나만 있는 것이 아니다.

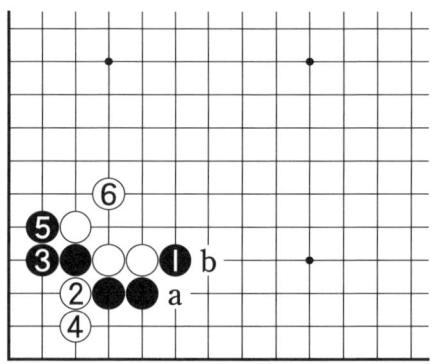

1도

1도(작은 밀어붙이기)
흑1로 두점머리를 두드리면 이른바 작은 밀어붙이기이다. 흑1로 a, 백1, 흑b의 코스는 큰 밀어붙이기인데 매우 난해하다.

백2, 4는 정해진 수순이며 흑5는 절대이다. 백6 다음~

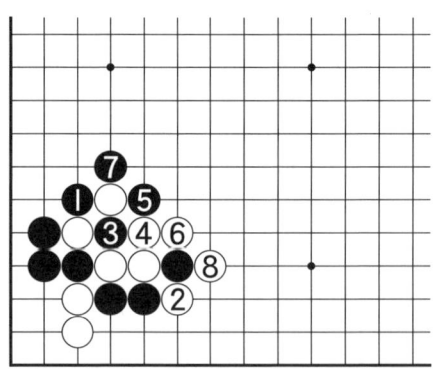

2도

2도(정석)
흑1로 단수하고 백2의 끊음에 흑3, 5에서 7로 백 두점을 연거푸 따내고 백도 8로 흑 한점을 따내어서 정석이 완료된다.

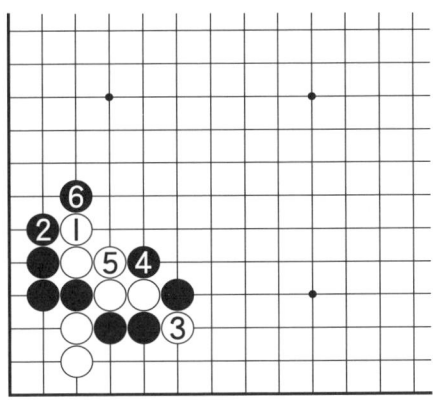

3도

3도(축 관계)

호구치지 않고 백1로 느는 수는 축 관계가 있다.

흑2로 따라 나가고 백3으로 끊었을 때 흑4, 6의 축이 백에게 유리해야 둘 수 있다. 그렇지 않으면 백이 망하는 그림.

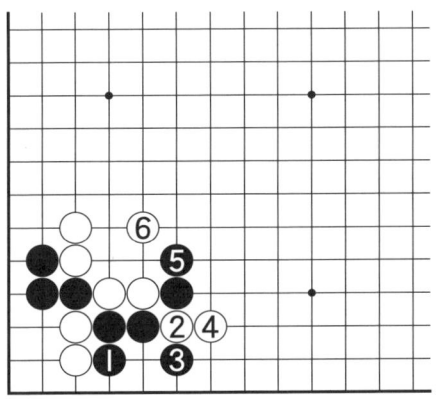

4도

4도(축이 흑 불리면)

흑은 앞 그림의 축이 불리할 경우, 이 그림 1로 둘 수밖에 없다.

백2의 끊음에는 흑3으로 하나 단수해 놓고 5로 선다. 백6 다음~

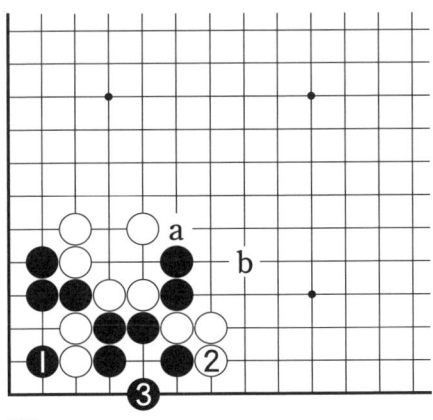

5도

5도(정형)

흑1로 백 두점을 잡는 것이 상식이다. 백2, 흑3 다음 백은 a에 밀거나 하게 된다.

수순 중 백2는 a, 흑b를 선수하고 둘 수도 있다.

95

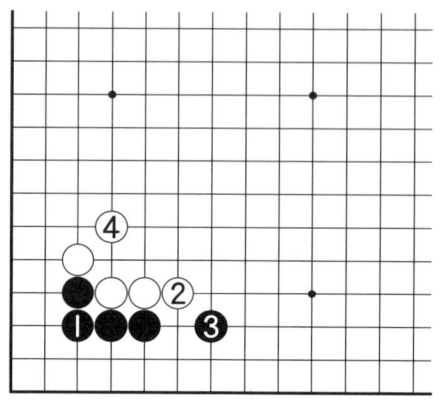

6도

6도(잇는 정석)

애초에 흑은 1로 꽉 잇는 것도 성립하며 변화가 거의 없어 알기 쉽다. 백2로 늘고 흑3으로 진출할 때 백4로 호구쳐서 정비하기까지가 정석이다.

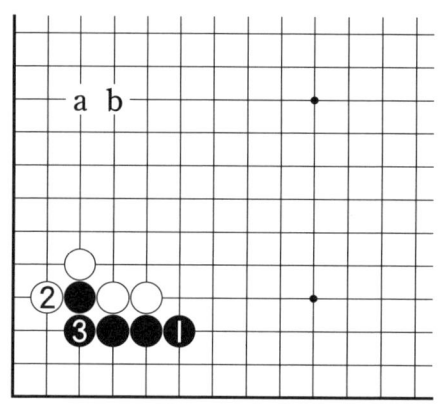

7도

7도(늘면)

흑1로 느는 것도 있다. 그러면 백은 2로 한방 단수해서 흑3으로 잇게 하고, 다음 배석관계에 따라 a나 b로 전개하는 진행도 생각할 수 있다.

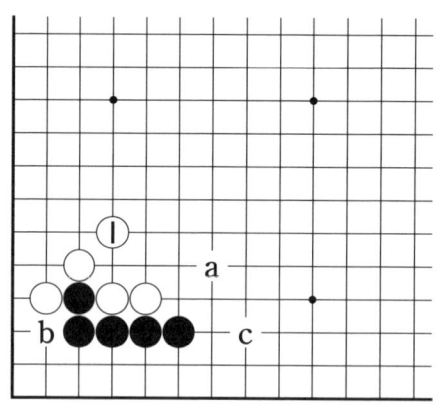

8도

8도(느는 정석)

앞 그림에 이어, 백1로 호구치는 것이 최근 각광 받고 있는 수법이다. 다음 백은 a로 세력을 확장하거나, b로 기어들거나 c로 육박하는 수 등을 보고 있다.

장면 15
위쪽 붙임에 대해

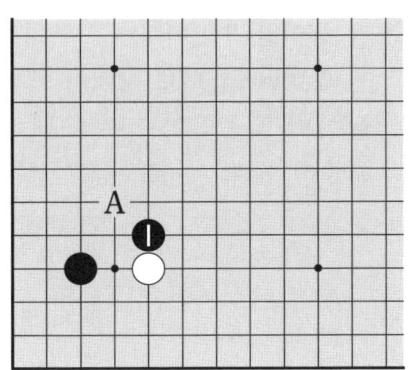

■ 백의 한칸걸침에 흑1로 위쪽에 붙이는 것은 세력을 중시하는 수법이다. 이 수가 없을 때 백A의 날일자씌움이 올 경우와 비교하면 그 차이가 크다.

이때 백의 기본적 대응은 무엇이 있는지 알아본다.

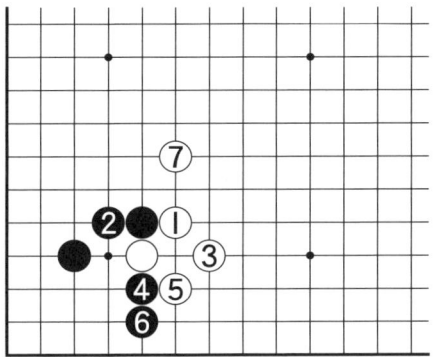

1도

1도(정석 1)

백1로 젖히는 것이 가장 무난한 수법이며, 가장 많이 쓰이기도 한다. 흑2에 백3으로 호구치면 흑은 4, 6으로 귀를 확보한다. 백7까지 실리와 세력의 갈림이다.

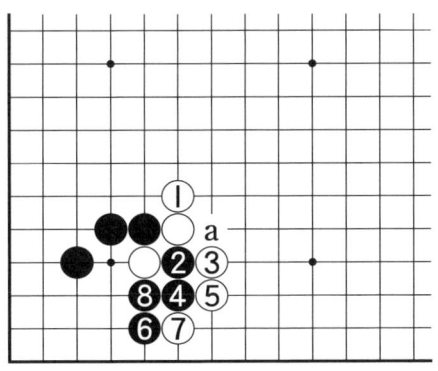

2도

2도(실리가 크다)

백1로 뻗는 것은 흑2의 끊음을 유도해서 세력을 보다 확실하게 쌓으려는 의도이지만 흑의 실리가 너무 크다. a의 단점도 신경 써야 한다. 극히 드문 경우에 사용한다.

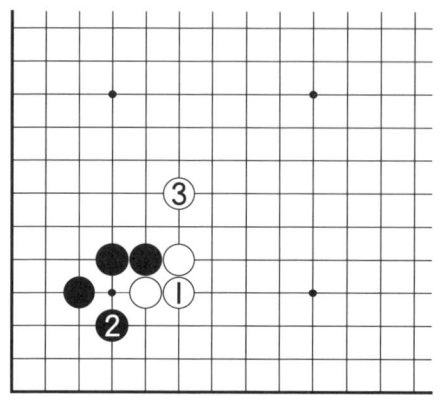

3도

3도(정석 2)

호구치지 않고 백1로 꽉 잇는 것은 궁리한 수법이다.

흑2의 마늘모는 이것이 행마의 틀이며 백은 3으로 뛰어 세력을 소중히 한다. 이것도 정석이다.

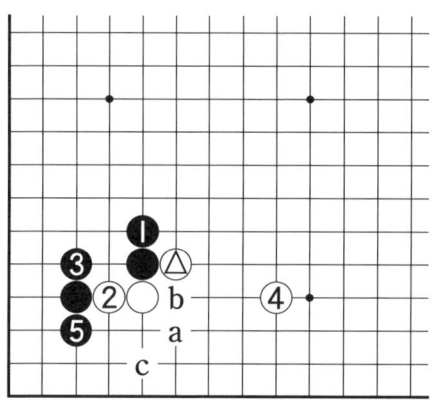

4도

4도(가벼운 구상)

백△로 젖혔을 때 흑1로 뻗는 수도 있다. 백은 2로 하나 치받고 4로 벌리면 선수를 잡는 정석인데, 가벼운 구상을 할 때 유력하다.

하지만 흑a, 백b, 흑c가 남아 백은 빈털터리가 될지도 모른다. 백4로는….

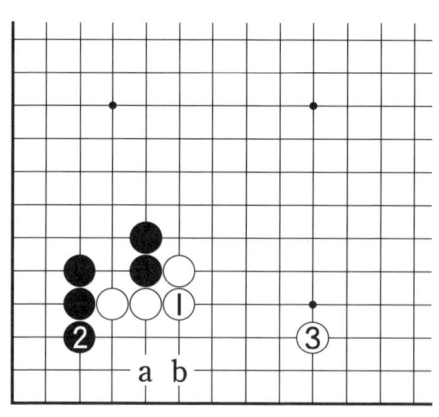

5도

5도(선후수 차이)

백1로 꽉 잇는 것도 유력하다. 흑2의 내려섬에 백3으로 벌리면 이제는 흑a에 백b로 저지할 수 있어 깔끔하다. 물론 앞 그림과 선후수의 차이는 있다.

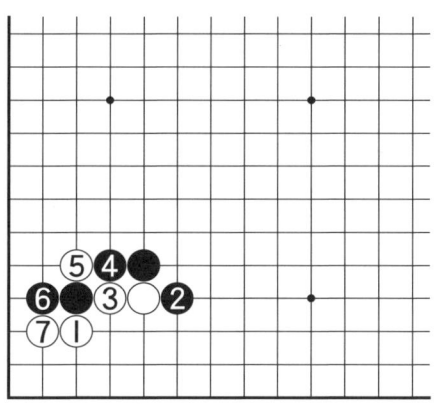

6도

6도(3三붙임)

애초에 백1로 3三의 곳에 붙여가는 수가 있다. 흑2면 백3으로 치받고 5에 끊는다.

두점머리를 자청해서 얻어맞지만 이것도 정해진 코스이다. 흑6, 백7 다음~

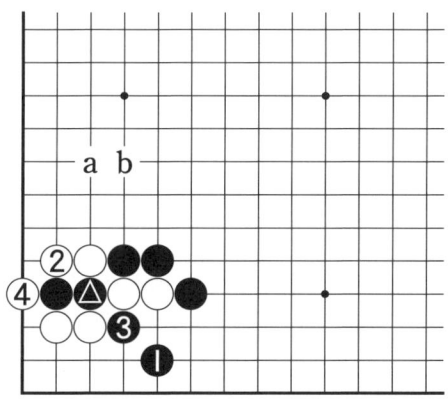

7도   ⑤…△

7도(젖히는 정석)

흑1이 급소. 백2에 흑3으로 끊으면서 단수하고 백4에 흑5로 먹여치는 것이 좋은 수순이다.

다음 백a 또는 b에 갖추기까지가 정석이다.

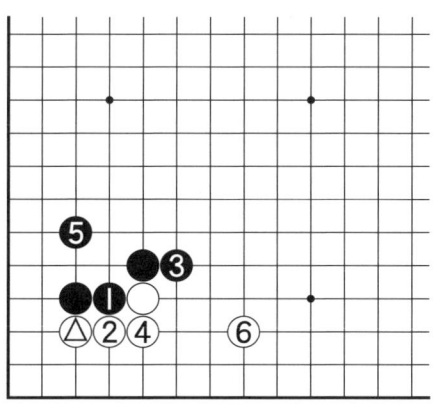

8도

8도(치받는 정석)

백△의 붙임에 흑1로 치받고 3에 뻗는 것도 유력한 수법이다.

백4로 잇고 흑5로 지키기를 기다려 백6으로 벌려서 일단락된다. 이 변화 가운데서는 기본형이다.

날일자응수와 한칸응수

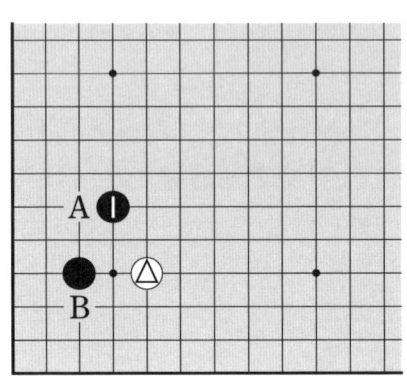

■ 백△의 한칸걸침에 흑1의 날일자응수는 가장 견실한 수법이다. 이 수 대신 A의 한칸응수도 함께 살펴본다.

여기서 백은 B의 붙임이 기본적인 대응인데, 이후의 변화를 알아본다.

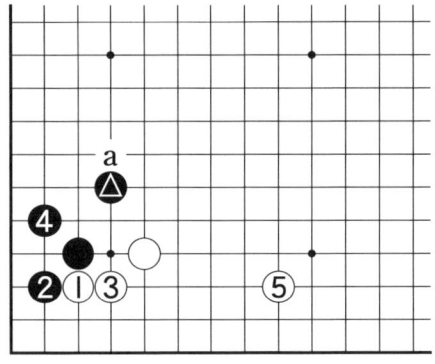

1도

1도(정석 1)

백1로 3三의 곳에 붙이는 것이 가장 일반적인 수법이다. 흑2에 백3으로 끌고 흑4로 지키기를 기다려 백5로 벌리기까지가 정석이다.

흑△ 대신 a로 받았을 때도 마찬가지이다.

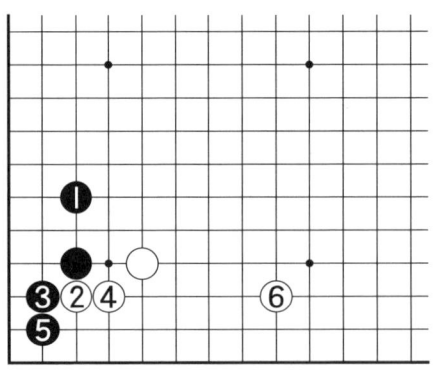

2도

2도(정석 2)

흑1의 한칸응수일 경우에도 같은 요령으로 백2로 붙인다.

흑3에 백4로 끌 때 이번에는 흑5로 쭉 빠지는 것이 실리에 짠 수법이다. 백6까지가 기본정석이다.

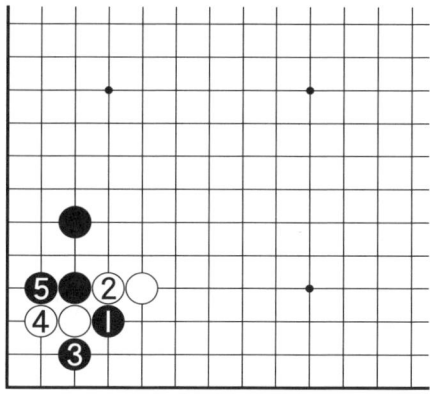

3도

3도(대응 방법은?)

백의 붙임에 흑1로 젖혀나가는 수가 있다. 백2에 흑3으로 단수하고 5에 따라붙는다.

백도 이럴 때 대응하는 방법을 알아 두지 않으면 안 된다.

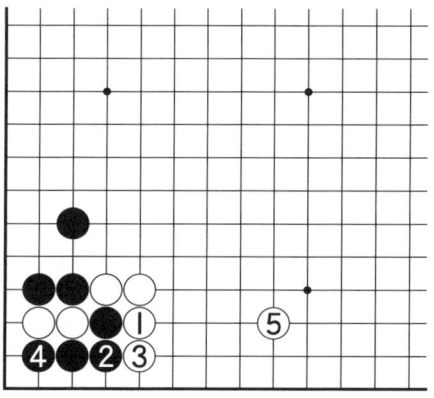

4도

4도(정석 3)

간단하다. 백1로 단수하고 3에 막아서 백 두점을 싹싹하게 버리는 것이 최선의 대응이다.

흑4를 기다려 백5로 벌려서 일단락이다. 이것도 훌륭한 정석이다.

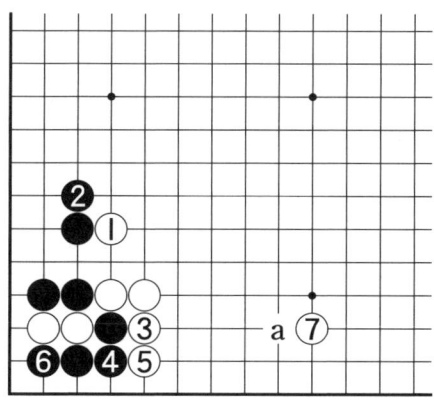

5도

5도(재미있는 착상)

앞 그림 1로는 이 그림 백1로 붙여 보는 것도 재미있는 착상이다.

흑2를 강요하고 백3, 5를 선수 활용하면 이번에는 a가 아니라 7까지 벌릴 수 있다.

두칸높은협공에 눈목자씌움

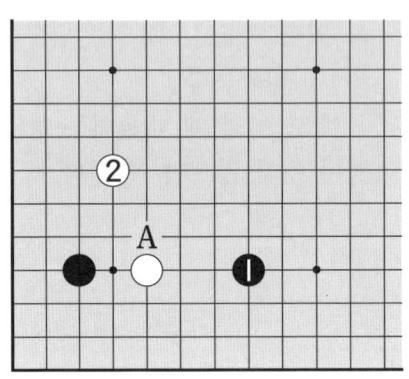

■ 흑1의 두칸높은협공은 어려운 변화를 내포하고 있다. 여기서 백이 2의 눈목자씌움을 들고 나오면 한층 더 그렇다.

흑의 기본적 대응은 무엇인지 많이 사용되는 A의 붙임 이후의 변화를 통해 알아본다.

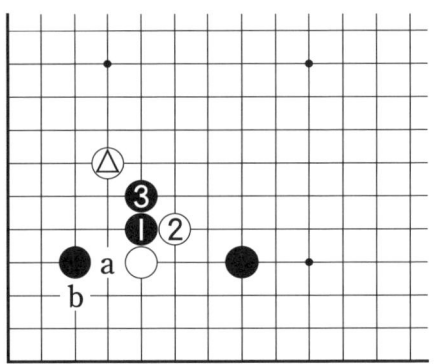

1도

1도(가르고 나간다)

백△에 대해 흑1로 붙여서 가르고 나가는 것이 가장 많이 쓰이는 수법이다.

백2, 흑3 다음 백은 a의 치받음과 b의 붙임이라는 선택이 있다.

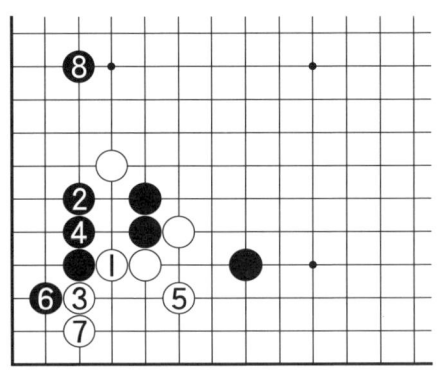

2도

2도(초기 정석)

백1로 치받으면 흑은 2로 뛰는 것이 행마의 틀이다.

백3에는 흑4로 잇는 것이 무난하며 백도 5에 호구쳐서 정비한다. 흑8까지가 초기의 정석이었다.

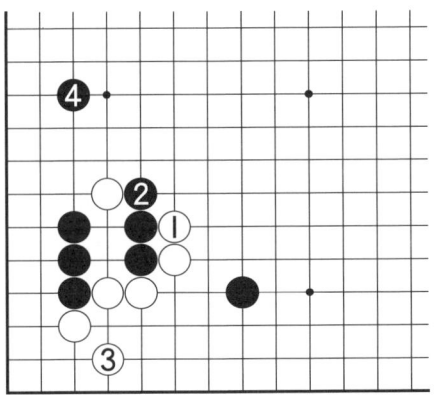

3도

3도(귀를 중시한 정석)

앞 그림 5로는 이 그림처럼 백1에 하나 밀어서 흑2와 문답하고 백3에 호구치는 것이 유력한 수법이다. 흑도 4로 지켜서 일단락이며 널리 알려져 있는 정석이다.

앞 그림에 비해 귀를 중시한 정석이다.

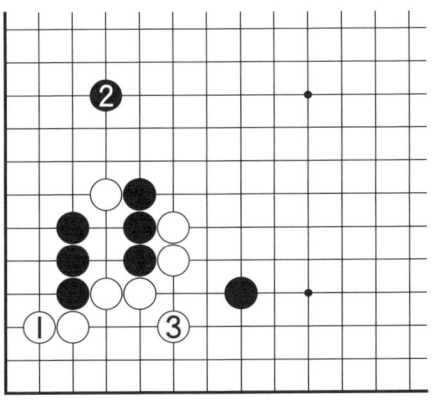

4도

4도(축 관계)

앞 그림 3으로는 이 그림 백1에 내려서는 강수가 있다.

축 관계가 있으며 흑이 2로 물러선다면 백3으로 지켜서 만족스러운 결과를 얻는다.

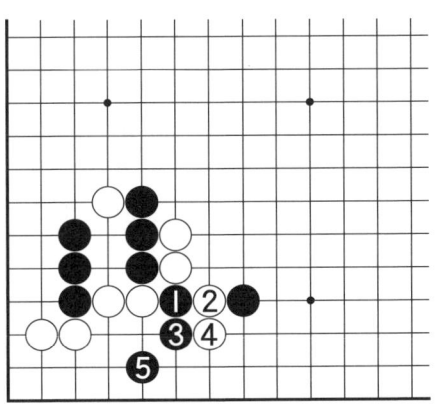

5도

5도(흑5, 맥점)

따라서 흑은 축이 불리하더라도 1로 끊는다.

백2, 4로 몰고 내려가는 것은 예정된 행동이며 여기서 흑5의 마늘모가 교묘한 맥점이다. 이다음~

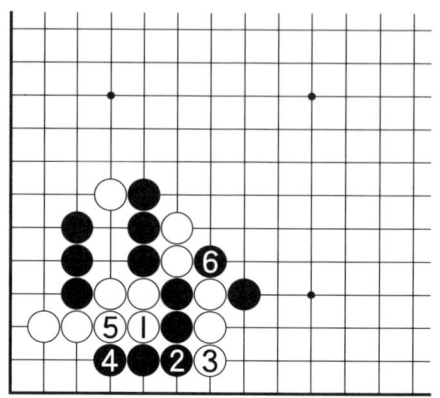

6도

6도(최강 최선)

백은 1로 단수하고 3에 막는 것이 최강이자 최선의 수순이다.

흑4에는 백5로 이어 귀의 백과 흑 다섯점의 수상전은 백이 이긴다. 다음 흑6의 끊음에 백의 대응이 중요하다.

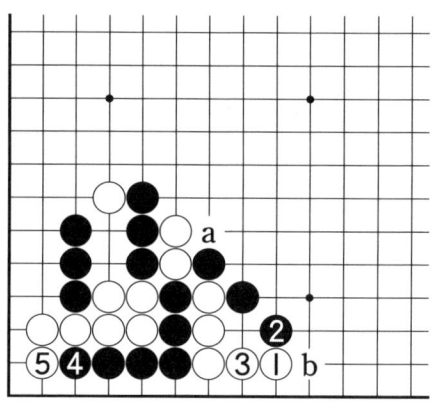

7도

7도(정확한 2선 대응)

계속해서 백1로 2선을 뛰는 것이 정확한 대응이다. 흑2에는 백3으로 잇고 흑4에는 백5로 받아서 이상 없음!

다음 흑은 a의 축과 b의 젖힘을 엿보게 된다. 백1로….

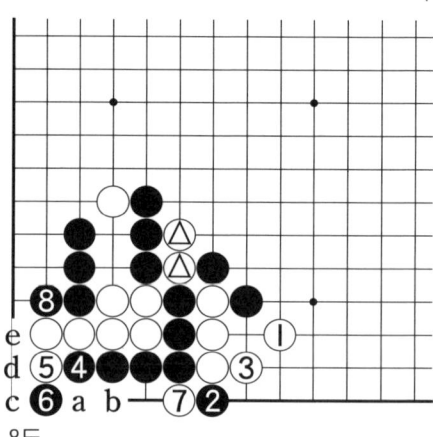

8도

8도(3선은 백의 패배)

백1에 뛰다가는 흑2가 선수가 되어 4~8의 수단이 성립한다.

백a, 흑b, 백c, 흑d, 백e의 패는 흑에게 △ 두점을 잡자는 팻감이 많아 백이 이길 수 없다.

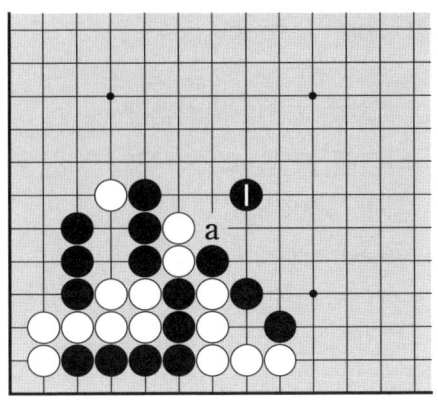

예제

예제 (백 차례)

이 상황에서 백은 흑a의 축이 안 되므로 안심하고 있었다. 그런데 느닷없이 흑이 1로 포위했다. 앗! 장문인가?

과연 백에게는 어떤 수가 있는 것일까?

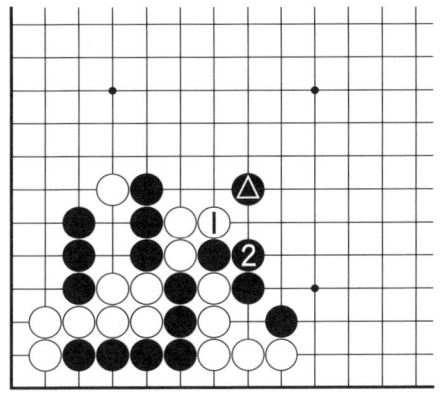

참고도 1

참고도 1(백, 망하다)

백1로 단수한다면 흑2로 이어서 이것이야말로 흑의 의도에 넘어간 셈이다.

흑▲가 안성맞춤으로 장문을 치는 자리에 놓여 있다. 백은 속절없이 망했다.

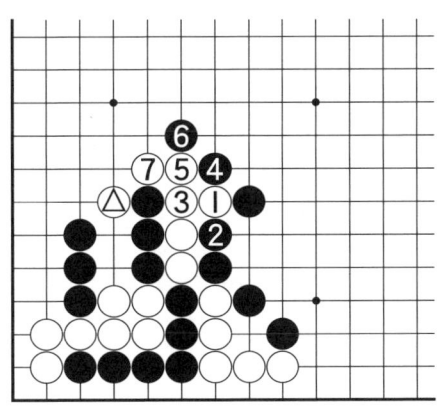

참고도 2

참고도 2(정해/ 마늘모 맥점)

백1의 마늘모붙임이 교묘한 맥점이자 유일한 타개책이다.

흑2, 4 이하의 축은 백△ 때문에 성립하지 않는다. 백은 흑의 의도를 보기 좋게 분쇄했다.

두칸높은협공에 바깥쪽 붙임

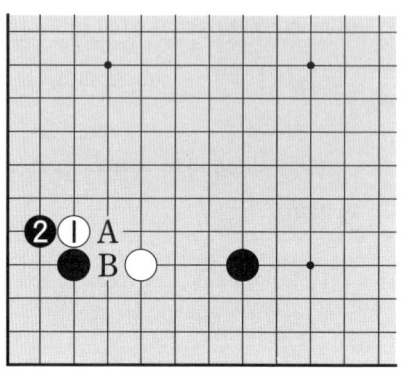

■ 흑의 두칸높은협공에 백1의 바깥쪽 붙임. 흑2의 젖힘은 간명한 수법이다. 이외에 A나 B 등은 난해한 코스이기에 여기서는 다루지 않는다.

이때 백의 기본적 대응은 무엇인지 알아본다.

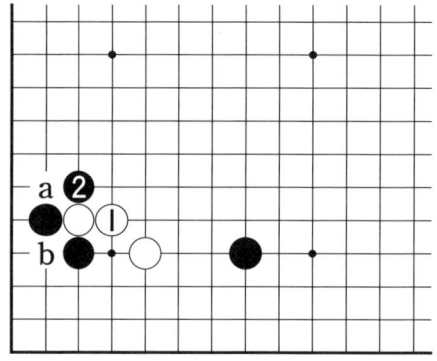

1도

1도(끊는 원칙)

백1로 끄는 한수이다. 그러면 흑은 2로 젖히는 것이 정형화된 수법이다.

여기서 백은 잡고 싶은 반대쪽을 끊는 것이 원칙이다. a, b 가운데 당신의 선택은?

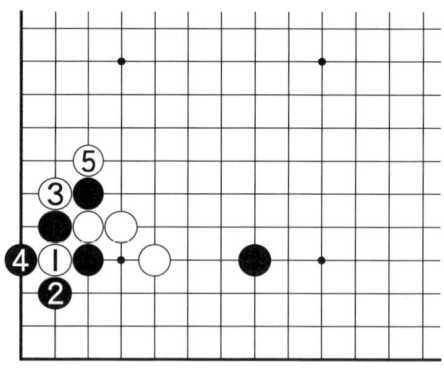

2도

2도(정석 1)

백1로 안쪽을 끊으면 흑도 2로 두어 끊어온 돌을 잡는 것이 원칙이다. 단, 백3에서 5의 축이 성립하지 않으면 안 되는 점에 유의하도록 하자. 실리와 세력의 갈림이다.

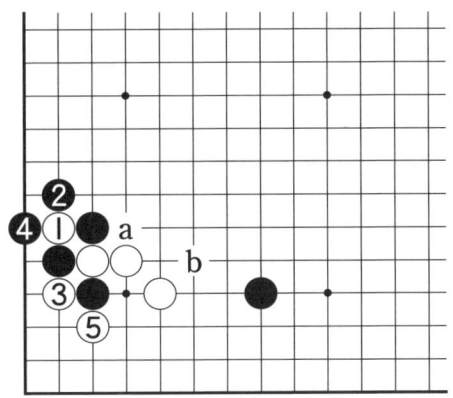

3도

3도(정석 2)

백은 실리를 얻고 싶다면 1쪽을 끊는다. 흑2에 백3, 5로 귀를 확보할 수 있다.

다음 흑a로 미는 것이 요소이며, 백은 b로 응수하는 것이 행마의 틀이다.

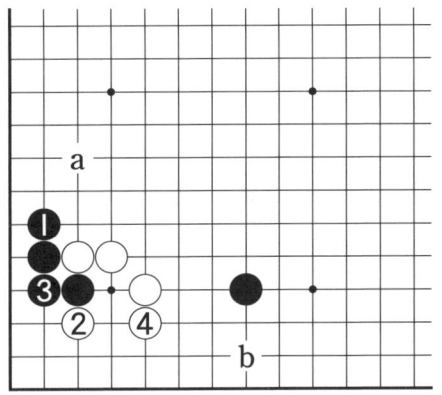

4도

4도(맞보기)

젖히지 않고 흑1로 빠지는 수도 있다. 그러면 백2의 붙임이 급소.

흑3은 약간 느슨하다. 백4가 호수여서 다음 a의 씌움과 b의 달림이 맞보기가 되어 흑이 좋지 않다.

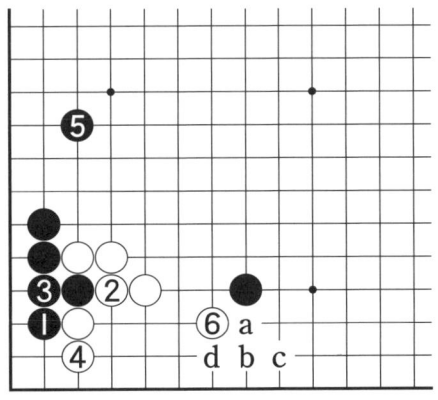

5도

5도(흑의 정수)

앞 그림 3으로는 이 그림 흑1로 응수하는 것이 올바르다. 그러면 백은 2를 선수하고 4에 내려서야 한다.

흑5에 백6은 시급한 수. 다음 흑a, 백b, 흑c, 백d로 안정한다.

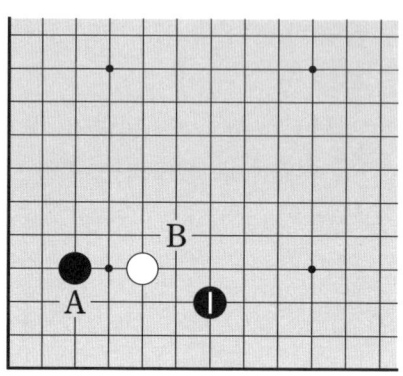

장면 19
준엄한 한칸낮은협공

■ 백의 한칸걸침에 흑1의 한칸 낮은협공은 협공의 거리가 가까운 만큼 꽤 준엄한 수법이다.

백은 A의 붙임 또는 B의 마늘모가 대표적이다. 이에 대해 알아본다.

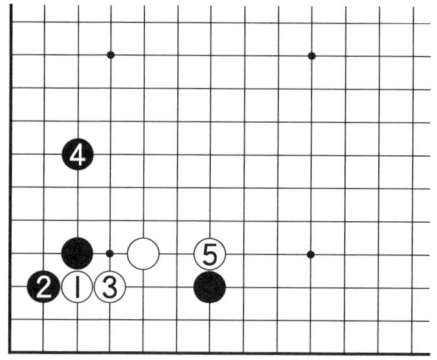

1도

1도(유행수법)

백1의 붙임에 흑은 여러 가지 응수가 있지만 2의 젖힘부터 본다.

백3으로 끌 때 흑4로 두칸을 벌리는 것은 유행수법이다. 백5로 붙이고 나서~

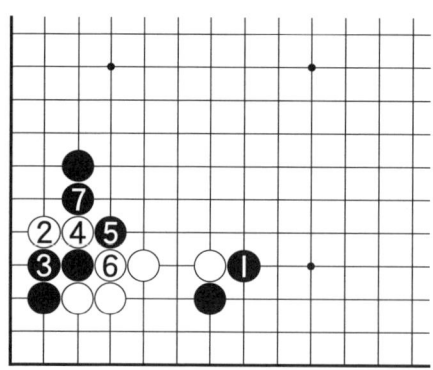

2도

2도(치중)

흑1의 젖힘을 기다려 백2로 치중하는 것이 수순이다.

흑3에 이으면 백4로 올라가고 흑5에 백6으로 끊어 둔다. 흑7 다음~

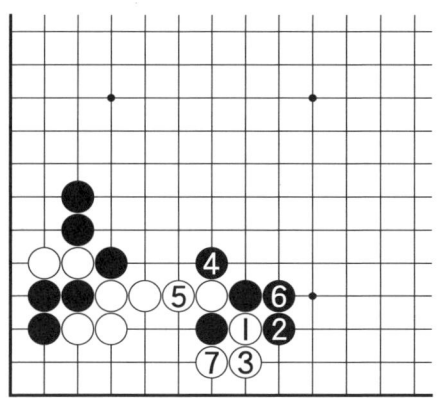

3도

3도(정석)

백1로 끊는다. 여기서 흑2쪽을 먼저 단수하고 4쪽을 또 단수하는 것이 정확한 수순이다.

흑6, 백7로 일단락이며 정석이다. 흑2로….

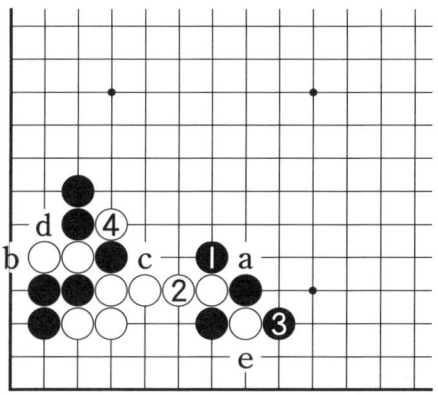

4도

4도(수순착오)

흑1쪽을 먼저 두고 3에 모는 것은 수순착오이다. 백4 때 흑은 백a의 선수 때문에 곤란하다.

천상 흑b, 백c, 흑d로 건너야 하는데 백은 유유히 e에 손을 돌려 미소 짓는다.

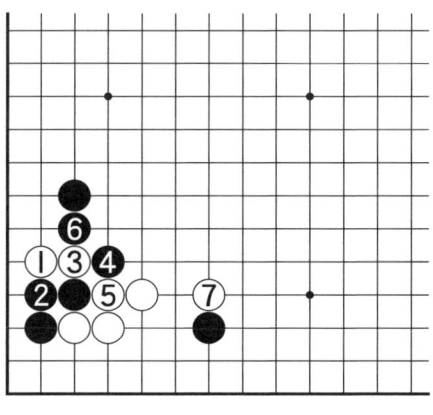

5도

5도(수순을 바꿔도)

이 상황에서 백1로 먼저 들여다보고 3, 5마저 결정해 흑4, 6을 두게 만든 다음 백7로 붙여도 수순만 바뀔 뿐 2도와 다를 바 없다.

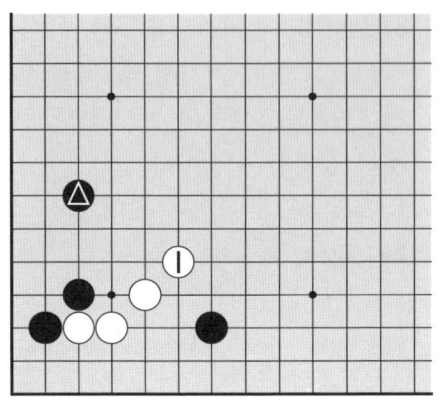

예제

⊞ 예제 (흑 차례)

흑이 ▲로 두칸을 벌리자, 백은 침착(?)하게 1로 마늘모했다.

자, 여기서 흑은 어떻게 대응하는 것이 좋을까?

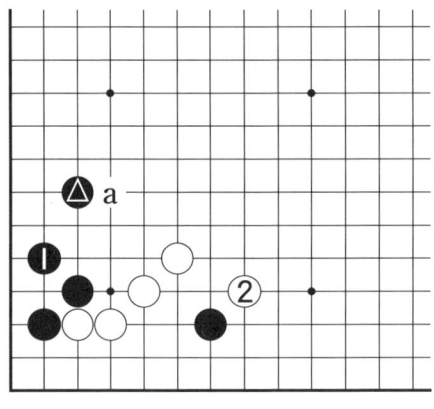

참고도 1

참고도 1(견실하지만)

흑1로 호구치는 것은 견실한 수법이다.

그러나 백은 기다렸다는 듯이 2의 날일자로 씌워올 것이다. 이렇게 두려면 흑▲가 a에 있어야 한다.

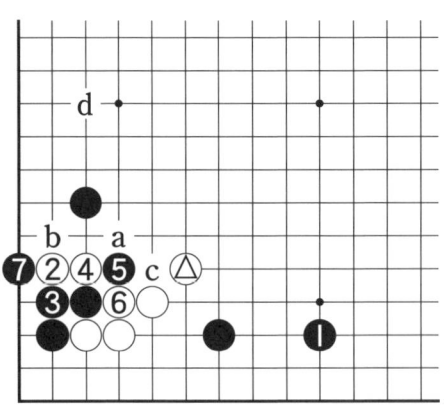

참고도 2

참고도 2(정해/ 유력한 두칸벌림)

그냥 흑1로 두칸을 벌리는 것이 유력한 응수이다. 백2 이하 6에는 흑7로 1선을 젖혀서 탈이 없다.

다음 백a, 흑b, 백c, 흑d로 처리하면 백▲가 불필요한 수가 된다.

붙임에 두칸벌림

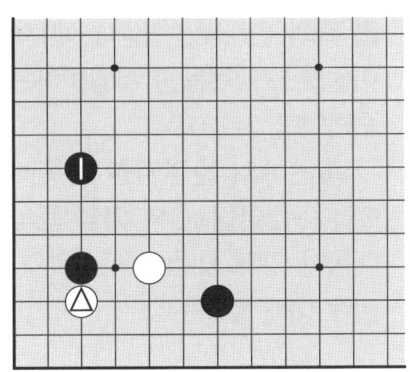

▨ 흑의 한칸낮은협공에 백이 △로 붙이자 흑은 대꾸를 하지 않고 그냥 1로 두칸을 벌렸다. 무슨 뜻일까?

백의 대응이 궁금하다. 가장 알기 쉬운 수를 생각해보자.

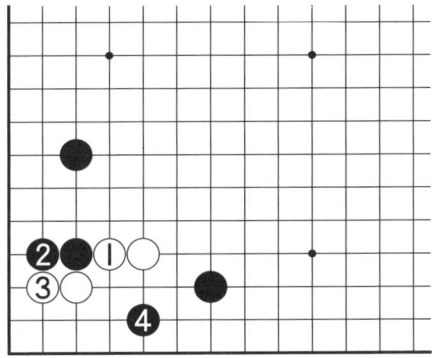

1도

1도(흑4, 통렬)

백1로 치받는 것은 당연한데 흑2의 내려섬에 백3으로 따라 막는 것은 경솔한 수이다.

흑4의 날일자로 들여다보는 것이 통렬해 백이 견딜 수 없다.

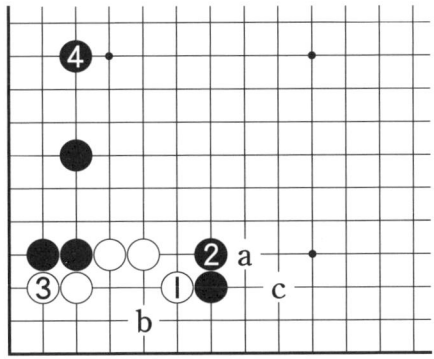

2도

2도(정석)

백1로 마늘모 붙이는 것이 올바르다. 흑2(또는 a)를 기다려 비로소 백3에 막는 것이 빈틈없는 수순이다. 흑4의 두칸벌림까지가 정석이다.

애초 백1로는 b의 급소에 지킨 다음 3과 c를 맞보는 수법도 간명하다.

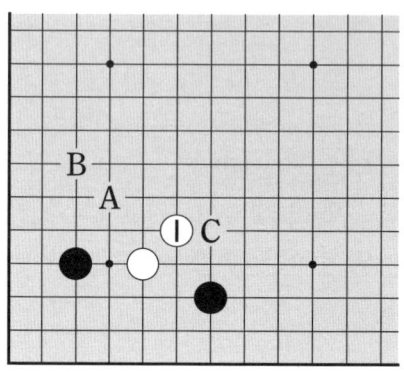

장면 21
마늘모 행마에 대한 대응법

■ 흑의 한칸낮은협공에 백1의 마늘모도 오랫동안 사랑받아온 수법이다.

흑은 A의 날일자를 비롯해 B의 두칸벌림, C의 붙임 등의 대응이 있다. 이들 대응수의 기본에 대해 알아본다.

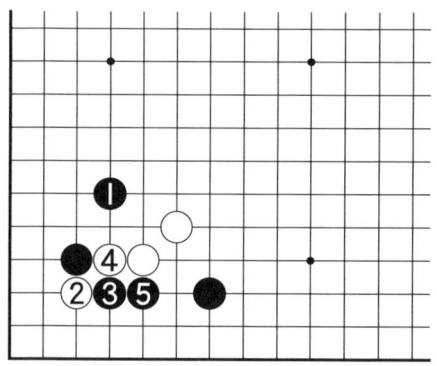

1도

1도(날일자응수)

흑1의 날일자는 대표적인 응수 가운데 하나이다.

백2의 붙임은 상식적인 수법이며, 흑3으로 젖혀나가는 수가 많이 쓰인다. 백4, 흑5 다음~

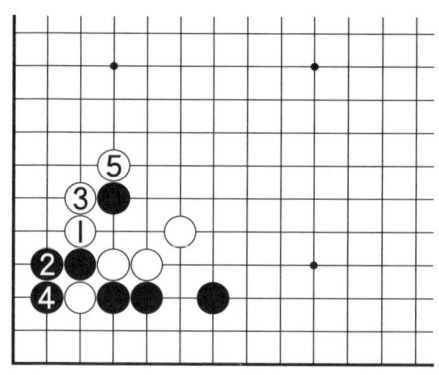

2도

2도(정석 1)

백1로 단수하고 3에 늘어서는 것이 멋진 맥점이다.

흑4로 백 한점을 잡은 것은 절대이며 백5로 젖혀 흑 한점을 못 쓰게 만드는 데까지가 정석이다.

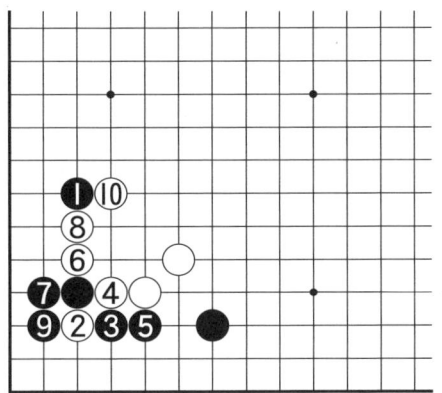

3도

3도(정석 2)

흑1로 두칸을 벌리는 것도 비슷하
다. 백2의 붙임에 흑3, 5와 백6,
흑7도 같은 수순이며 백8의 치반
음도 같은 요령으로 10까지가 정
석이다. 백8로….

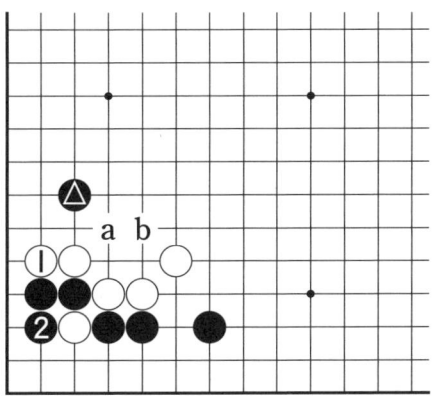

4도

4도(백1, 속수)

백1로 그냥 막는 것은 속수이다.
흑2 다음 백의 자세가 좋지 않다.

　다음 흑a나 b로 들여다볼 때 백
은 영 기분이 나쁘다. 흑▲가 피고
가 아닌 원고로 바뀌어 있다.

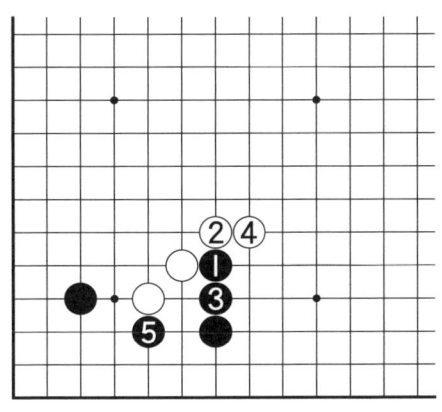

5도

5도(정석 3)

흑1의 붙임도 한때 유행했던 수법
이다.

　백2에 흑3으로 빳빳하게 잇고
백4에는 흑5로 건너서 일단은 정
석이 완료된다.

113

3드붙임에 젖혀나감

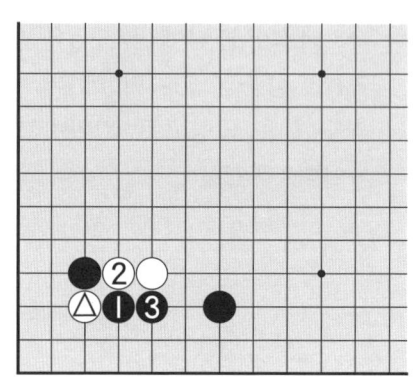

▨ 어느덧 소목 정석 편의 마지막 테마이다.

흑의 한칸낮은협공, 백△의 붙임에 흑1로 젖혀나가고 백2에 흑3으로 기어나가며 연락하는 수법이다.

여기서 백의 기본적 대응은 무엇인지 알아본다.

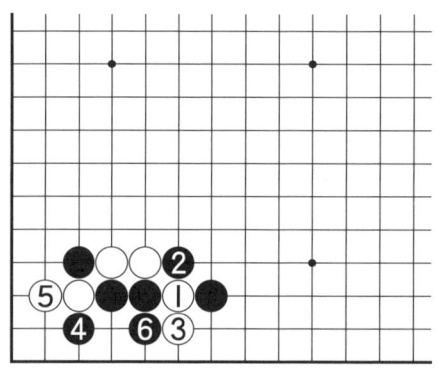

1도

1도(끼움이 맥점)

백1의 끼움이 맥점이다. 흑2에는 백3으로 나가서 두점으로 키우는 수법이 좋다.

흑4로 단수하고 6에 막은 것은 필연적인 수순이다. 이다음~

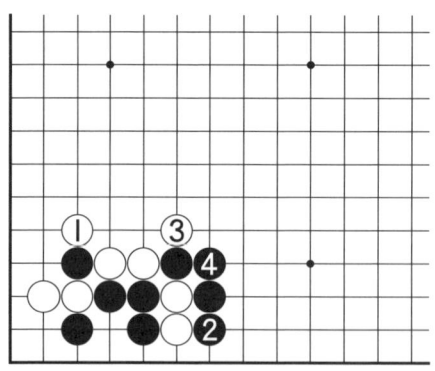

2도

2도(정석 1)

백1로 잠자코 흑 한점을 잡는 것이 침착하다.

흑은 2로 백 두점을 잡는 것이 정수이며 백3의 선수 한방은 백의 권리이다. 여기까지가 대표정석이다.

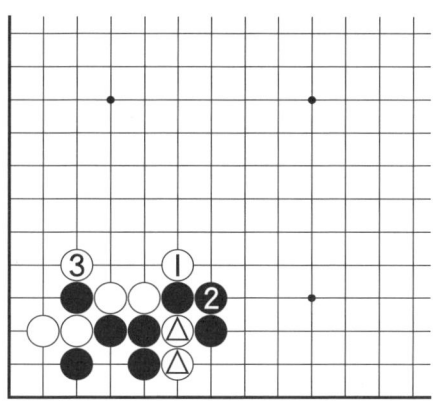

3도

3도(큰 잘못)

앞 그림 1로 이 그림처럼 백1로 단수하는 것은 큰 잘못이다. 흑2로 잇게 하면 이제는 백△ 두점이 그대로 잡혀 버린다.

요컨대 정석은 백의 선수, 이 그림은 흑의 선수이다.

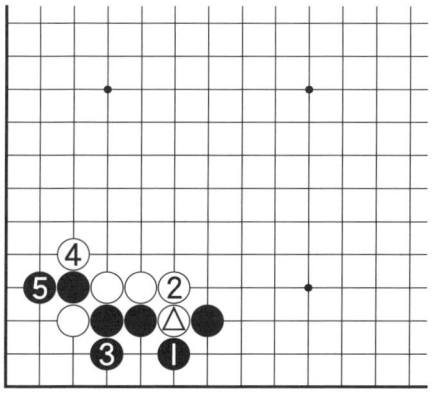

4도

4도(아래쪽에서 단수)

백△로 끼웠을 때 흑1로 아래쪽에서 단수하는 수도 있다.

백2로 이을 때 흑3의 꼬부림이 중요한 수이다. 백4의 단수는 당연하며 흑5 다음~

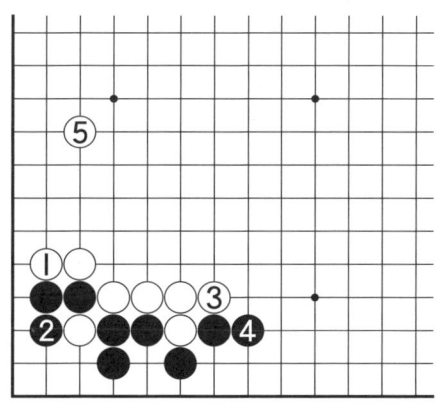

5도

5도(정석 2)

백1을 아낌없이 선수하고 3으로 밀어두는 것도 빠뜨릴 수 없는 수순이다.

흑4를 강요하고 백5로 벌려서 일단락이며 이것도 정석이다.

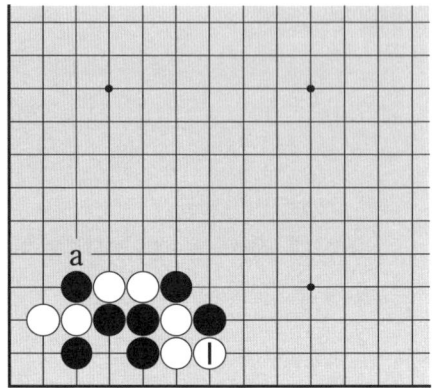

예제

▦ 예제 (흑 차례)

이 상황에서 백이 a로 두는 것이 정석인데 느닷없이 1로 꼬부렸다.

무슨 뜻일까? 흑의 대응책을 궁리해 보자.

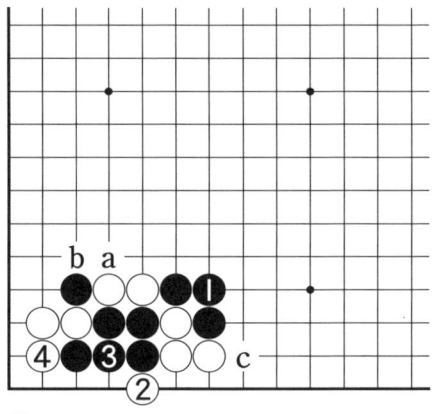

참고도 1

참고도 1(축 관계)

흑1로 이을 수 있다면, 요컨대 백 2, 4로 흑 다섯점을 잡자고 할 때 흑a의 축이 성립한다면 백은 망한다. 천상 백은 2 대신 b에 두고 흑 c를 허용해야 하므로 손해가 크다.

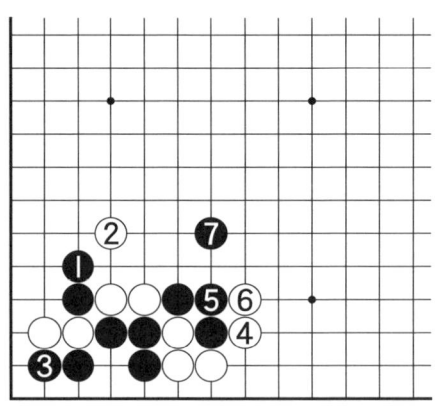

참고도 2

참고도 2(행마의 틀)

축은 백이 유리한 것으로 가정한다. 그러면 흑1로 뻗고 백2로 뻗을 때 흑3으로 손을 돌려야 한다.

다음 백에서 4, 6으로 밀어올릴 때 흑7로 한칸을 뛰는 것이 행마의 틀이다.

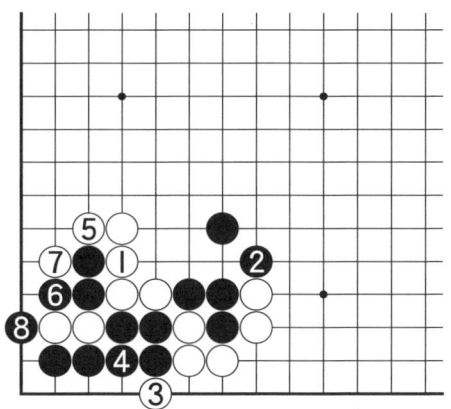

참고도 3

참고도 3(선수활용)

백1의 이음에 흑2는 급소, 백은 3 으로 단수하고 5에서 7마저 아낌 없이 선수활용한다. 이다음~

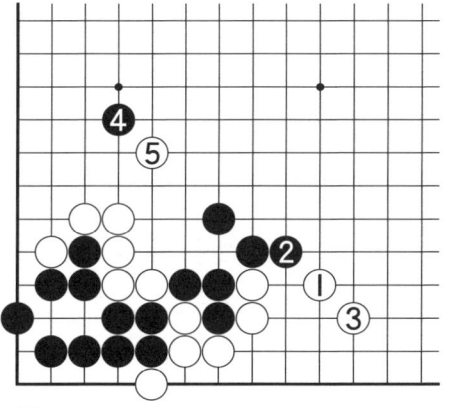

참고도 4

참고도 4(정석 1)

백1은 시급한 한칸뜀이다. 이곳을 거꾸로 흑에게 당한다면 견딜 수 없다.

흑은 2를 선수하고 4로 공격한 다. 백5로 어깨 짚어 진출하면서 싸움이 불가피하다.

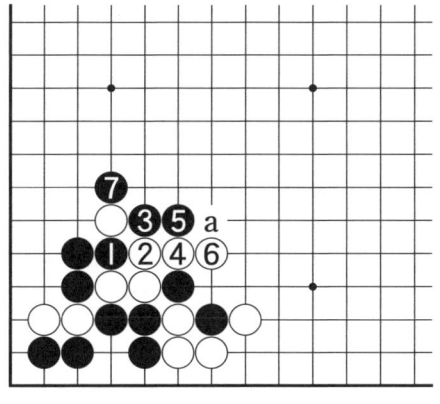

참고도 5

참고도 5(정석 2)

흑이 실리를 중시한다면 여기서 (참고도 2의 백4 때) 1로 나가 3, 5로 단수 단수하고 7로 백 한점을 안을 수도 있다. 다음 a의 곳이 쟁 탈의 요소이다.

PART 3

포석

흑의 양화점/ 백의 양화점

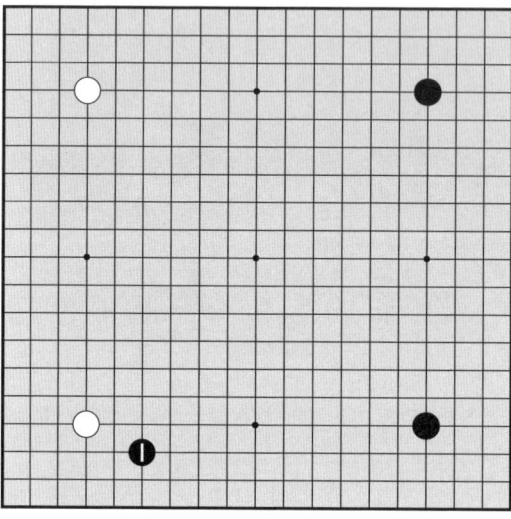

▨ 흑의 양화점은 이른바 2연성 포진으로 널리 알려져 있는데, 백도 양화점으로 대항하고 있다.

흑1의 날일자는 상식적인 걸침. 백의 대응과 흑의 여러 가지 구상을 알아본다.

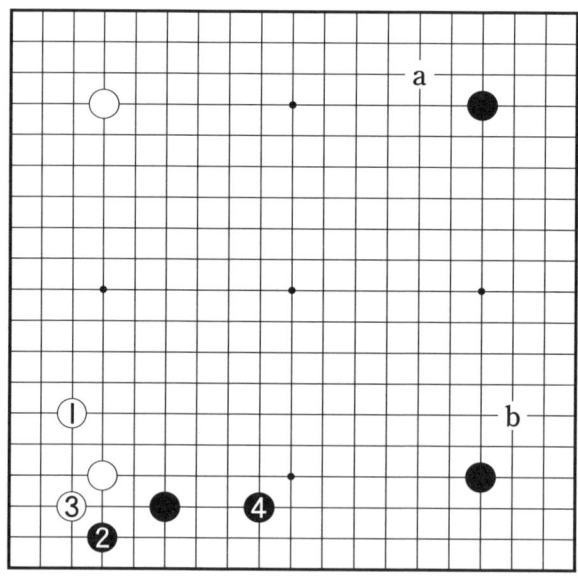

1도

1도(날일자응수)
고분고분 받는다면 백1의 날일자응수가 가장 일반적이다. 흑2, 백3, 흑4까지는 기본정석.

이다음 백은 a나 b로 걸쳐가는 바둑이 예상된다.

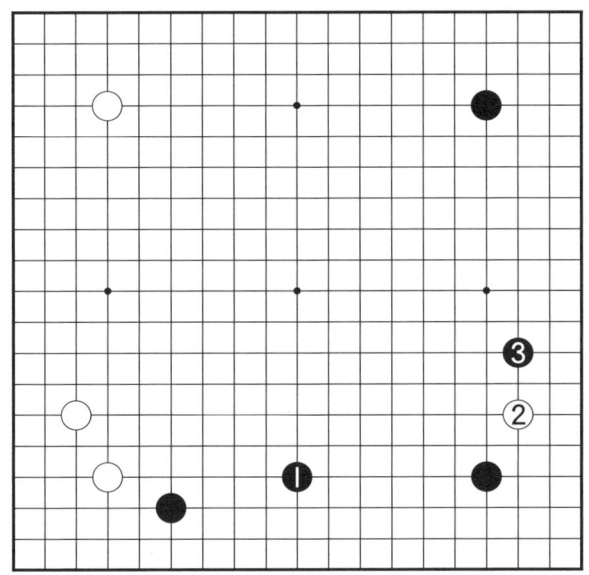

2도

2도(변 쪽에 전개)

앞 그림 2로는 그냥 흑 1로 변 쪽에 전개하는 수법도 가능하다.

이러면 백2로 걸쳐올 때 흑3이라는 식의 협공이 안성맞춤이다.

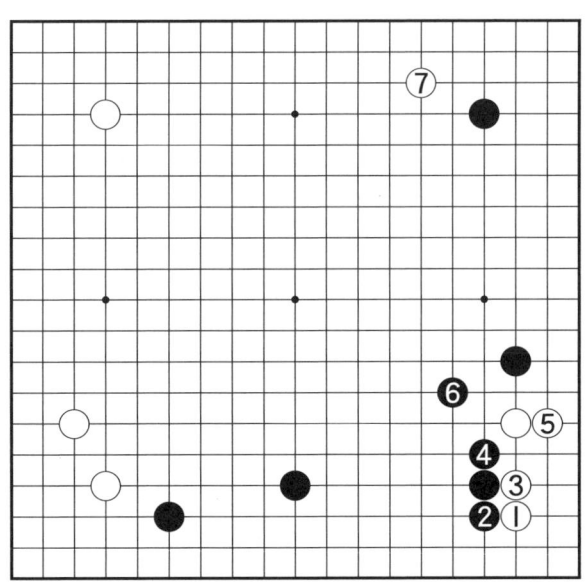

3도

3도(실리와 세력)

계속해서 백1로 3三에 뛰어드는 것이 상식적이며 흑2는 이것이 옳은 방향이다.

백3 이하 흑6까지는 기본정석의 하나. 실리와 세력의 갈림이다.

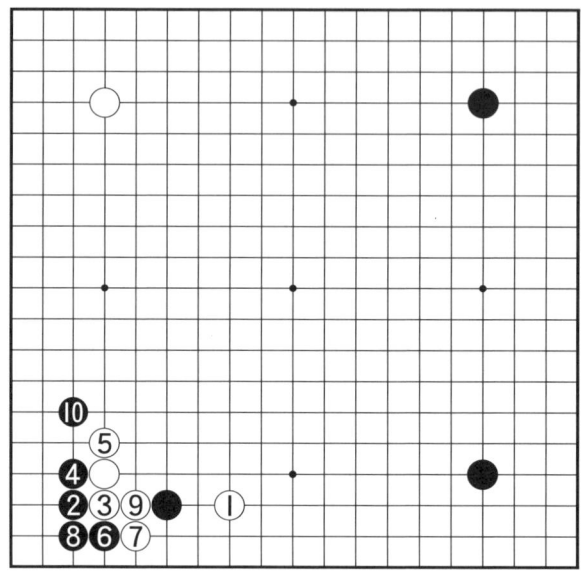

4도

4도(기본 중 기본)
거슬러 올라가 애초에 흑이 날일자로 걸쳤을 때 백은 협공하는 수도 있다.

예를 들어 백1로 한 칸협공하면 흑2 이하 10까지는 기본 중 기본 정석이다.

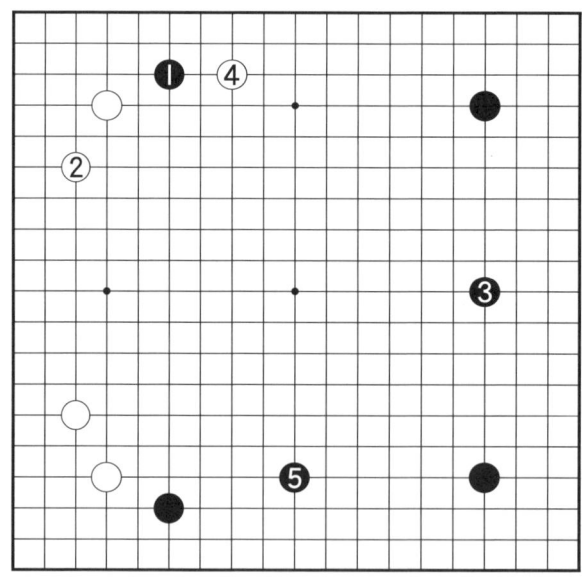

5도

5도(발빠른 구상)
또 흑은 이 상황에서 좌하귀에서 손을 빼어 좌상귀를 1로 걸치고 또 방치한 채 발빠르게 3으로 3연성을 펴는 구상도 유력하다.

백4에는 흑5가 하나의 요령이다.

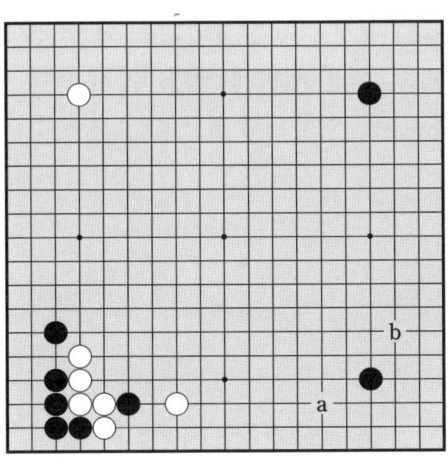

▦ 예제1 (백 차례)

[장면 1] 4도의 결과를 그대로 옮긴 그림이다.

이 상황에서 백이 우하귀에 걸친다면, a와 b 가운데 어느 방향이 옳을까?

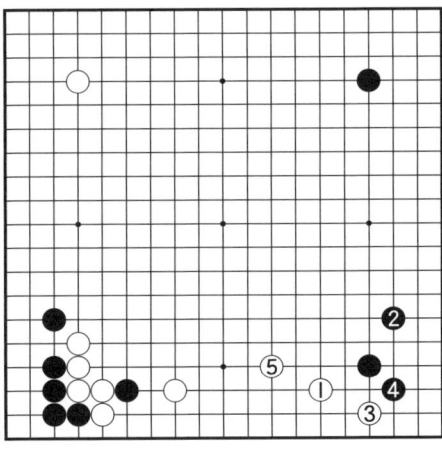

참고도 1(중대한 결함)

예전에는 백1쪽에서 걸치는 수가 많이 쓰였다.

흑2에 백3으로 날일자하고 5로 지켜서 그럴듯하다. 그러나 이형태에는 중대한 결함이 있었다. 그것은….

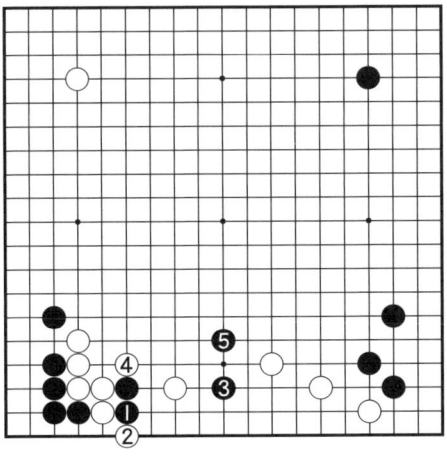

참고도 2(흑의 침입 수단)

흑1로 넘자고 해 놓고 백2를 기다려 흑3으로 침입하는 수단에 백의 대응이 마땅치 않은 것이다.

가령 백4로 화근을 없애면 흑은 유유히 5로 뛰어나간다.

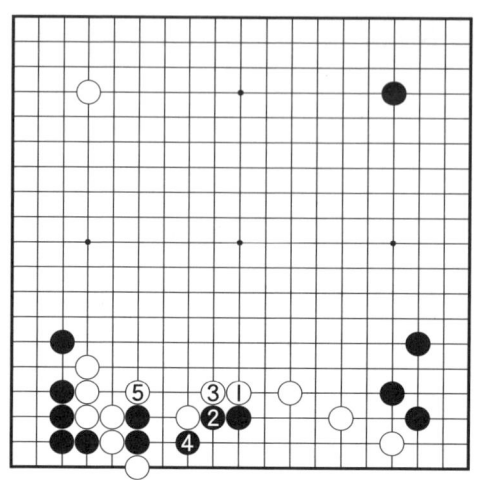

참고도 3(봉쇄하면)

앞 그림 4로 백1에 봉쇄하면 흑 2로 치받고 4에 건너서 안에서 삶을 꾀하게 된다.

백5 다음~

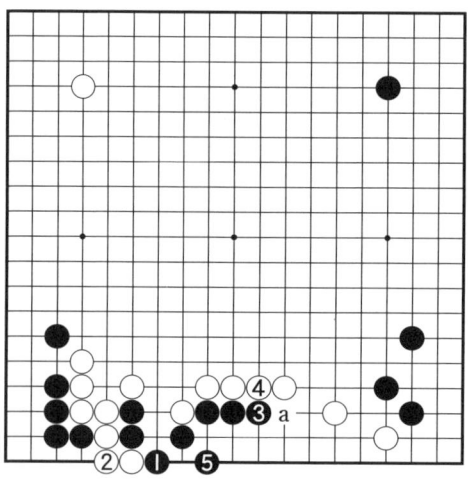

참고도 4(간단히 산다)

흑1, 백2를 선수하고 흑3도 선수하는 것이 중요하다.

그다음 흑5가 삶의 급소여서 간단히 살 수 있다. 백a도 선수가 안 됨에 주목할 것.

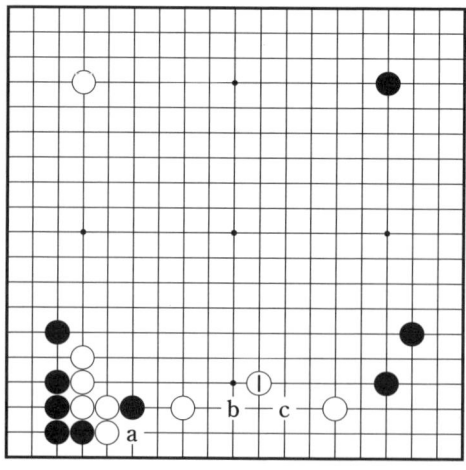

참고도 5(궁리해서 지켜도)

애초에 백1로 궁리해서 지키는 수도 있기는 하다.

그러나 이렇게 돼도 흑a에서 b로 뛰어드는 수, 또 흑c쪽에서 침입하는 수 등이 남는다.

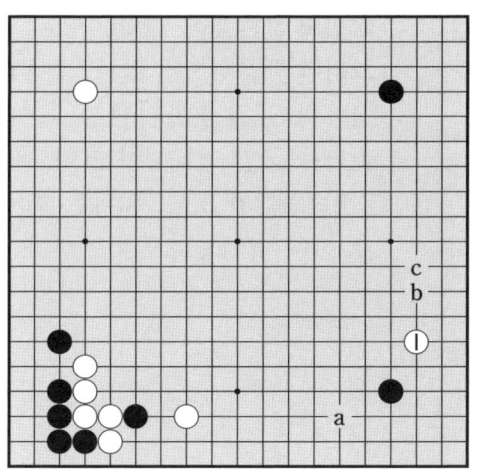

▦ 예제2 (흑 차례)

따라서 백은 1쪽에서 걸치는 것이 올바른 수로 보인다.

이때 흑은 a로 곱게 받아야 할지, 아니면 b나 c로 협공해야 할지, 이후의 진행을 예상하며 선택해보자.

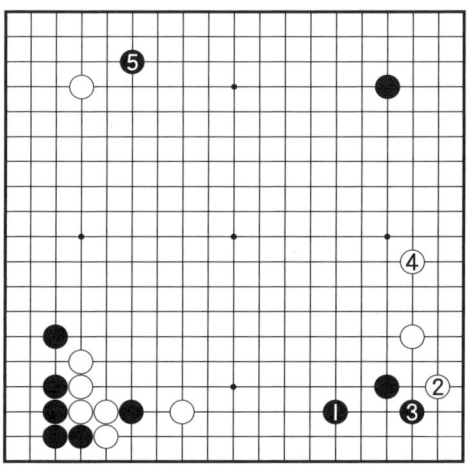

참고도 1(추천/ 견실한 응수)

결론부터 말하자면 흑1의 날일 자응수를 추천한다.

견실한 수이기도 하고 백2, 4 다음 선수를 잡아 흑5로 걸쳐서 훌륭한 한판의 바둑이다.

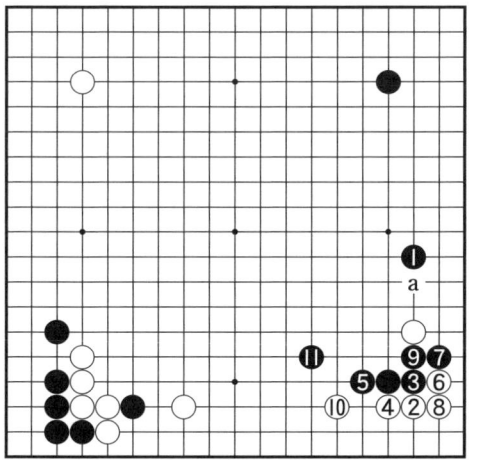

참고도 2(흑의 협공은?)

흑1(또는 a)로 협공하는 것은 어떨까?

백2로 3三에 들어온다면 흑3 이하 백10 다음 흑11이 호점이어서 멋지지만 이것은 혼자만의 생각이다.

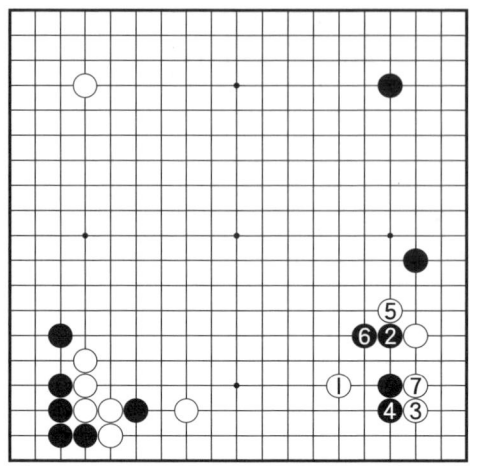

참고도 3(양걸침 변화)

그러나 백은 3三에 뛰어드는 대
신 1로 양걸침한다든지 해서
변화를 구할 가능성이 크다. 흑
2에는 백3의 3三, 흑4에는 백5
로 하나 젖혀놓고 7에 건넌다.

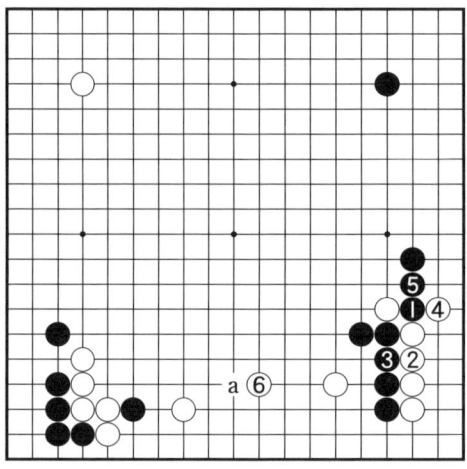

참고도 4(백, 만족)

앞 그림에 이어, 흑1의 끊음은
필연이며 백은 2에서 4를 선수
활용하고 6쯤에 벌려서 만족스
럽다.

　정석은 a이지만 배석 상 6이
합당하다.

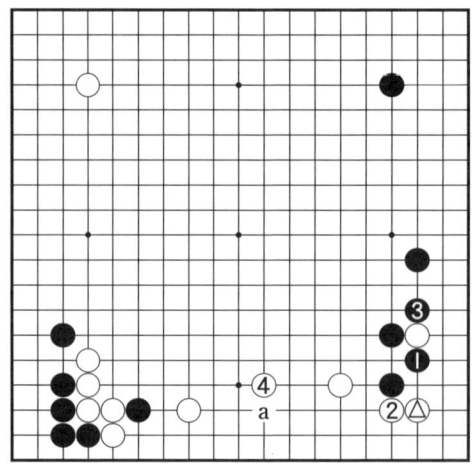

참고도 5(흑1, 3은 미흡)

백△에 대해 흑1, 3으로 대응하
는 것도 약간 미흡하다.

　백은 2로 건너고 4로 지켜서
하변의 진영이 근사하다. 백4는
a로 낮게 둘 수도 있을 것이다.

흑의 양화점/ 백의 우상귀 걸침

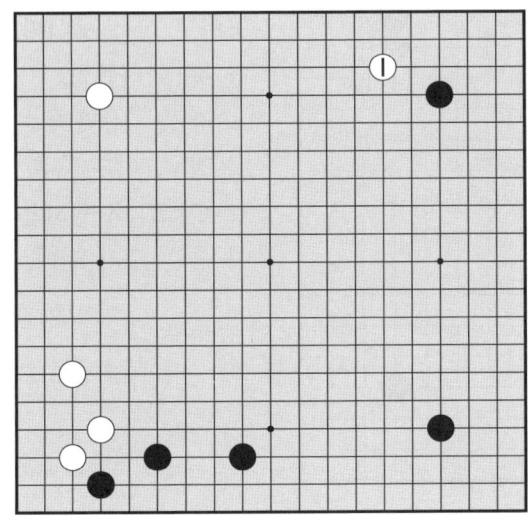

▨ 이 상황에서 백1로 우상귀를 걸쳐가는 수에 대한 흑의 능동적인 대응법을 묻는다.

좌하 방면의 배치는 [장면 1]의 1도를 옮긴 것이다.

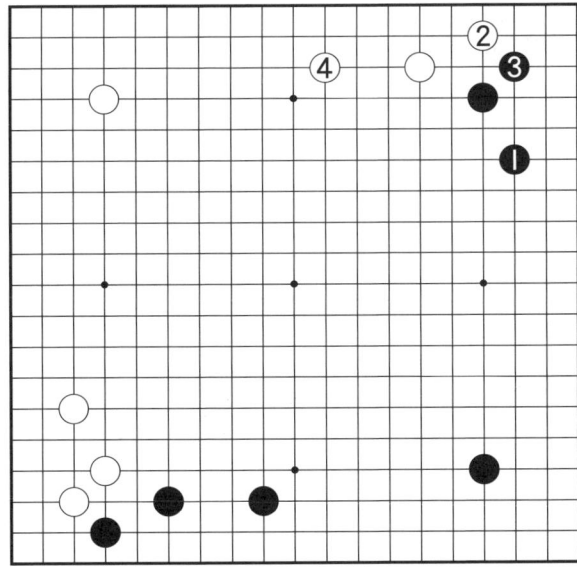

1도

1도(큰 덤이 부담)

이 경우 흑1의 날일자 응수는 바람직하지 않다. 부분적으로는 백4까지 정석의 진행이지만 이런 식은 큰 덤이 부담스러운 포석이다. 따라서…

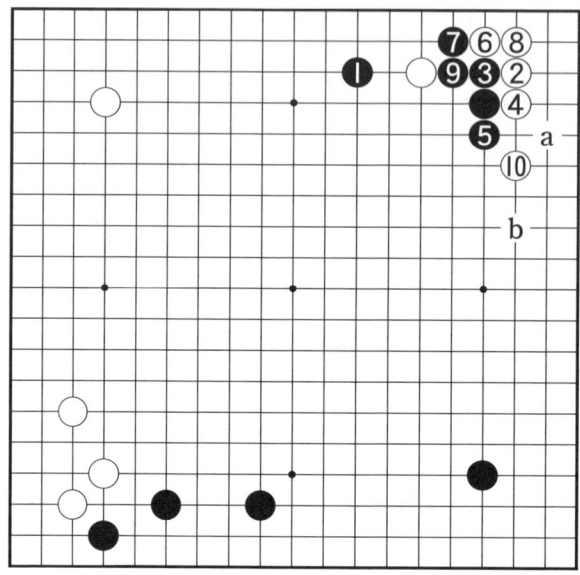

2도

2도(협공하고 싶다)

능동적이라면 어쨌든 협공하고 싶은 곳이다. 가령 흑1이라든가.

백2면 10까지는 역시 정석. 이후 흑은 a를 보며 b로 육박하는 것이 좋은 수가 된다.

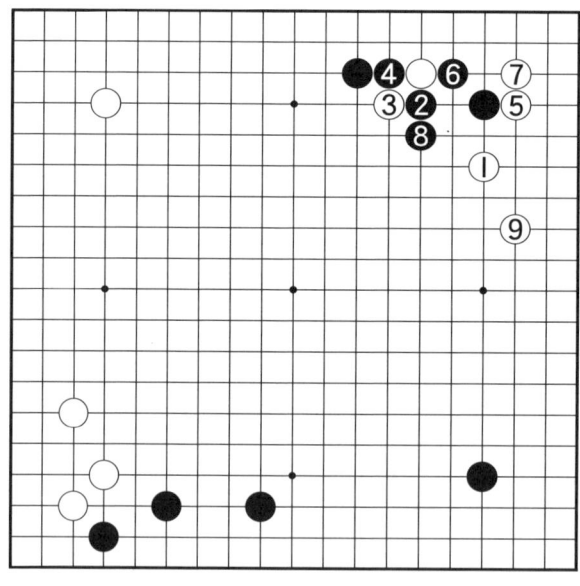

3도

3도(양걸침)

앞 그림 2로는 백1로 양걸침할지도 모른다. 그러면 흑2 이하 8로 대응해서 두텁다.

백도 9까지 실리를 얻어 불만은 없다. 이것도 한판의 바둑이다.

흑의 양화점/ 백의 우하귀 걸침

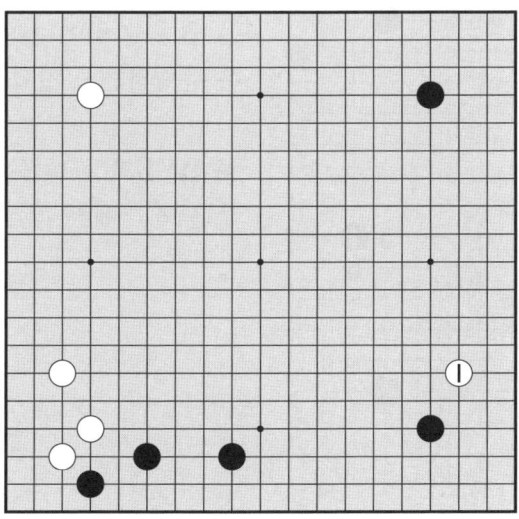

▨ 앞의 [장면 2]와 같은 상황에서 이번에는 백이 우하귀를 날일자로 걸쳤다.

넓은 쪽에서 걸치라는 기리에 합당한 방향인데, 이에 대한 흑의 능동적 대응은 무엇인지 알아본다.

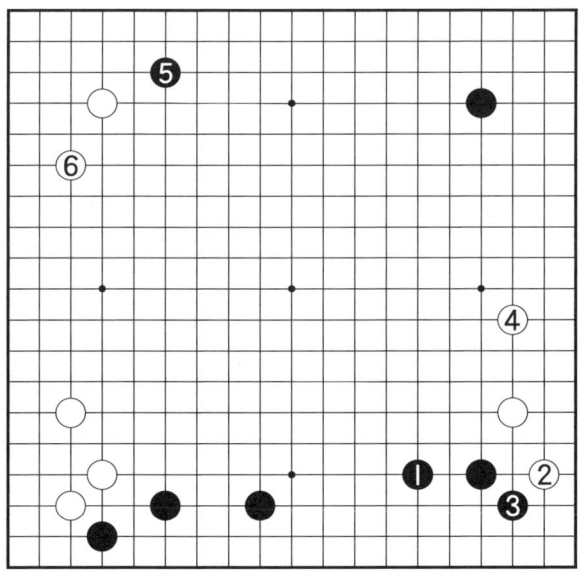

1도

1도(단조롭다)

흑1의 한칸응수는 좌하쪽 배석을 고려한 것. 그러나 백2, 4의 기본정석이 두어지면 국면이 단조로워진다.

이런 포석은 덤을 내기가 만만치 않다는 것이 다수설이다.

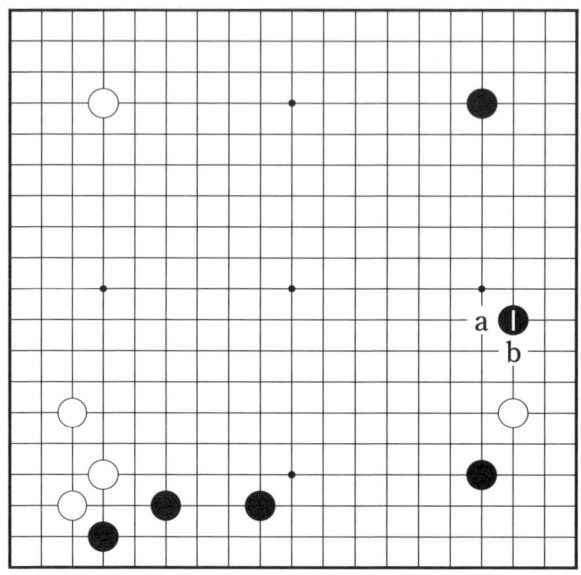

2도

2도(협공할 곳)

따라서 흑은 어떤 식이
든 협공할 곳이다. 흑1
은 유행하는 두칸협공!

달리 a의 두칸높은협
공이나 b의 한칸협공도
같은 맥락에서 찬성할
만하다.

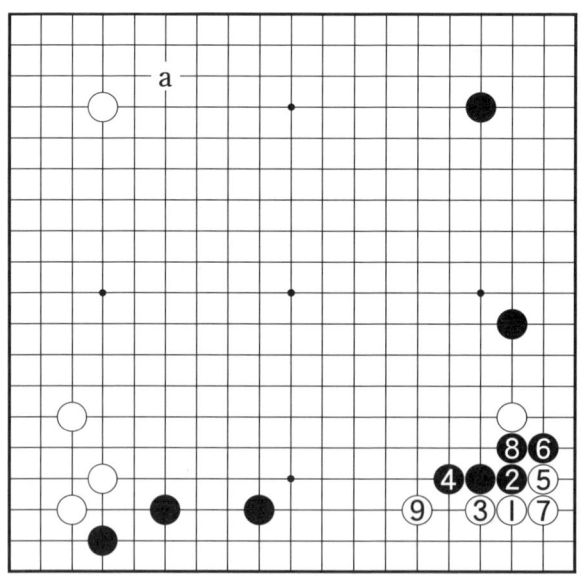

3도

3도(3三침입)

계속해서 백1의 3三침
입이 보통일 것이다.

그러면 흑2 이하 백9
까지는 필연적인 진행
이다. 이다음 흑은 a로
걸쳐가는 바둑이 된다.

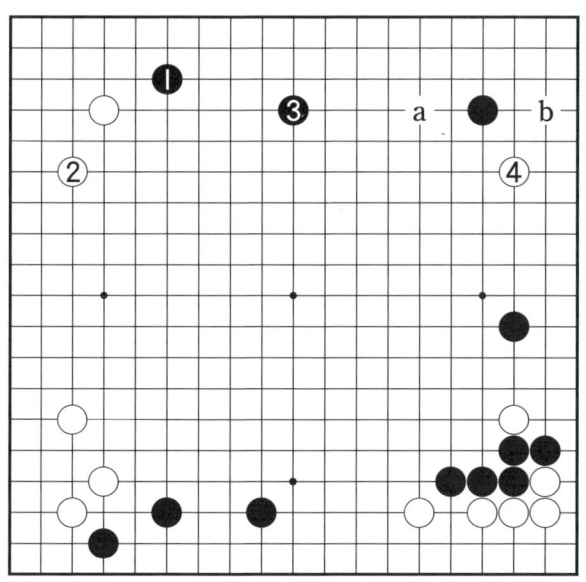

4도

4도(흑, 모양 형성)

흑은 1로 걸치고 3으로 전개해 우상귀를 중심으로 모양을 형성한다.

백4의 걸침은 시급한데 여기서 흑a, 백b라는 진행은 흑이 미흡하므로….

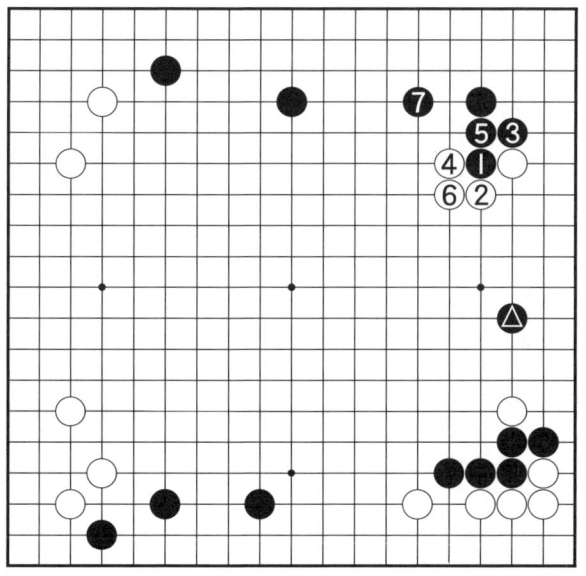

5도

5도(호각의 포석)

흑1로 붙이고 3에 호구쳐서 막는 것이 적절하다. 백4의 한방은 약간 아프지만 참을 수 있다. 흑▲도 빛나고 있다.

백도 아직 중앙이 넓으므로 서로 둘 만한 포석으로 평가된다.

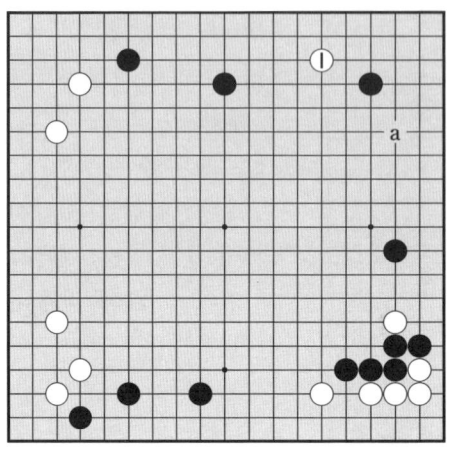

▦ 예제 (흑 차례)

이 상황에서 백은 a가 아니라 1쪽으로 걸쳐왔다.

아니 걸쳤다기보다는 뛰어든 느낌으로 이상감각이기도 한데, 흑의 올바른 대응은?

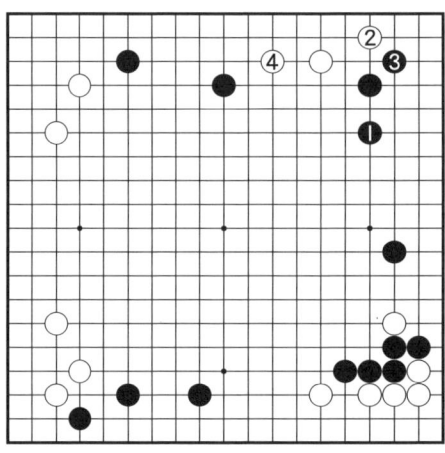

참고도 1(흑, 안이하다)

흑1의 한칸은 안이한 응수. 백은 2로 달리고 나서 좁지만 4에 벌려서 안정할 것이니 너무도 싱거운 결말이다. 흑은 강력한 태도를 취해야 한다.

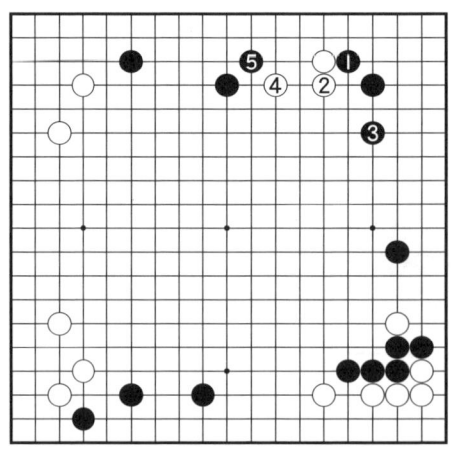

참고도 2(정해/ 마늘모붙임)

흑1로 마늘모 붙여서 백2를 강요하고 흑3에 뛰는 것이 정해이다.

백4에는 흑5로 마늘모해서 근거를 빼앗고 공세를 취하는 것이 올바른 태도였다.

흑의 양화점/ 백의 화점+소목

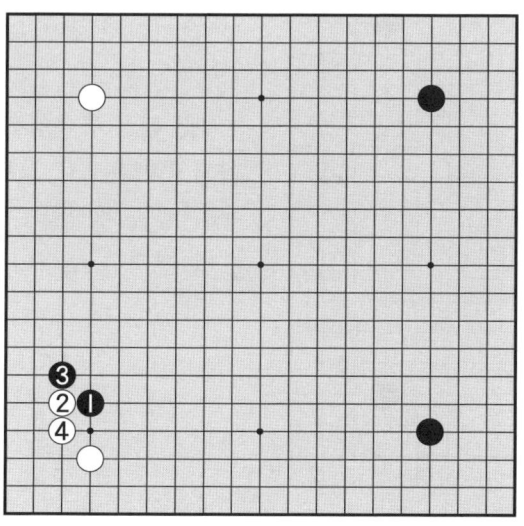

■ 흑의 양화점에 백은 화점과 소목을 배합한 포진으로 대항했다.

흑1의 한칸걸침은 제일감이다. 백2, 4로 붙여끈 것은 간명한 수법이다.

여기서 흑의 작전에 대해 알아본다.

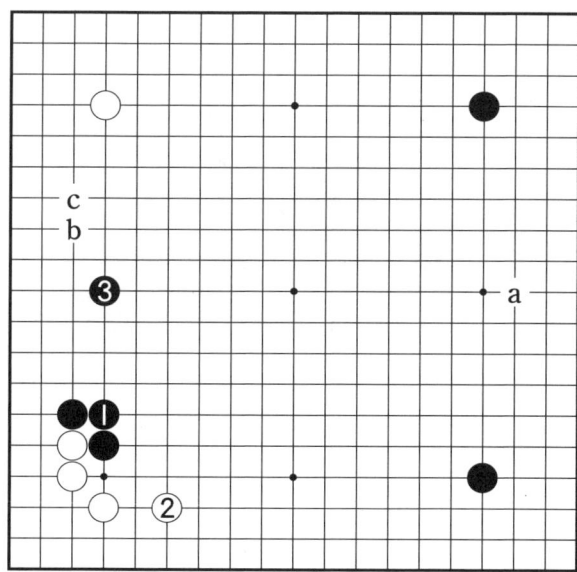

1도

1도(높게 구축한다)
흑1로 꽉 잇는 수는 백2를 기다려 흑3으로 높게 구축하려는 구상이다. 다음 백에게는 a의 갈라침과 b, c 등의 선택이 있다.

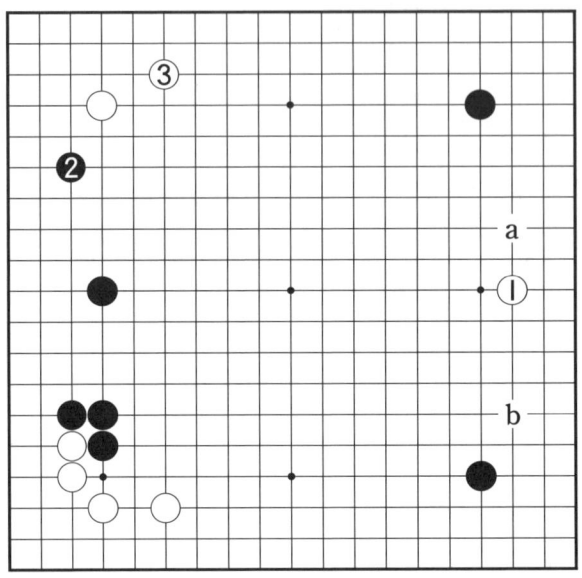

2도

2도(팽팽한 포석)

백1로 갈라친다면 흑2로 걸치면서 좌변을 건설할 수 있다.

백3 다음 흑은 a로 다가서고 백은 b로 걸쳐가는 진행을 예상할 수 있으며 팽팽한 포석이다.

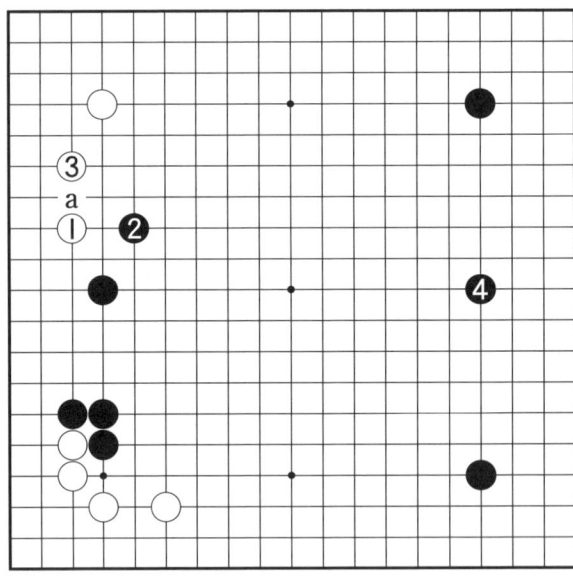

3도

3도(흑, 3연성)

백1로 육박한다면 흑2의 날일자를 하나 선수 활용할 수 있다는 점이 자랑이다. 백3에 흑4로 3연성을 펼친다.

백은 2가 싫으면 1로 a(또는 3)에 좁힐 수도 있다.

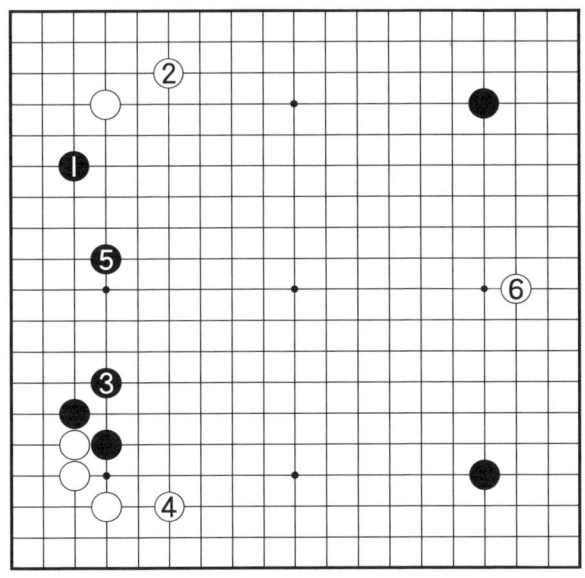

4도

4도(먼저 걸친다)

흑은 좌하 쪽을 결정하기 전에 1로 먼저 걸치는 것도 생각할 수 있다.

백2 때 이번에는 흑3에 호구치고 5로 좌변을 구축한다. 백6의 갈라침은 필연이며 호각의 포석이다.

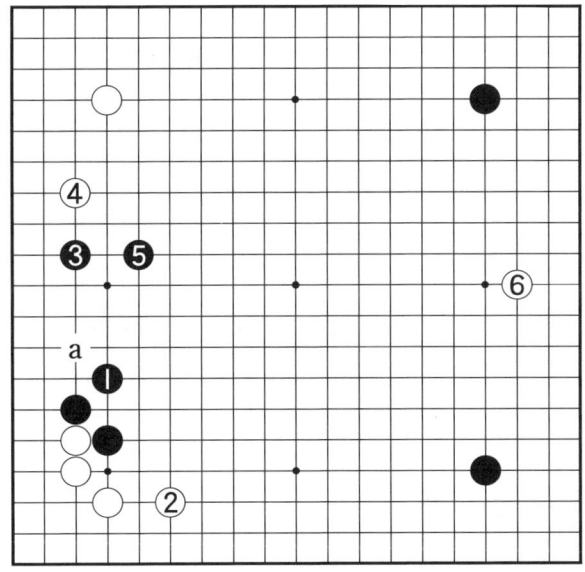

5도

5도(보강이 필요)

흑1로 호구치고 3에 벌리는 것도 한때 유행했던 수법이다. 단, 백4에 흑5의 보강이 필요한 점이 좀 아프다.

흑5가 없으면 백a의 침입이 통렬하다. 백6에 갈라쳐 한판의 바둑.

흑의 양화점/ 백의 향소목

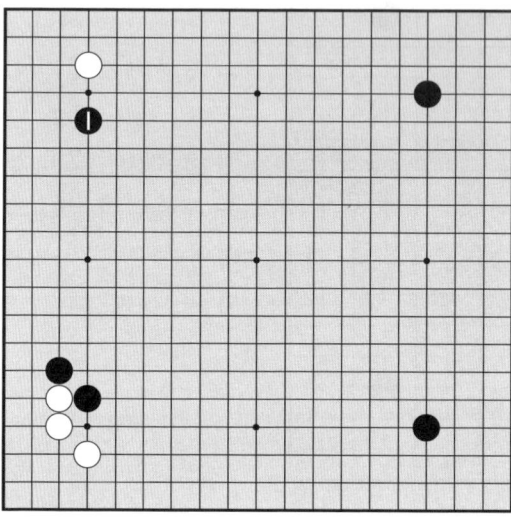

▨ 흑의 양화점 포진에 백은 마주보는 소목 두 개로 대항했다. 이른바 향소목의 포진이다. 좌하 쪽은 [장면 4]의 출발점과 같다.

여기서 흑1의 걸침 이후의 변화에 대해 알아본다.

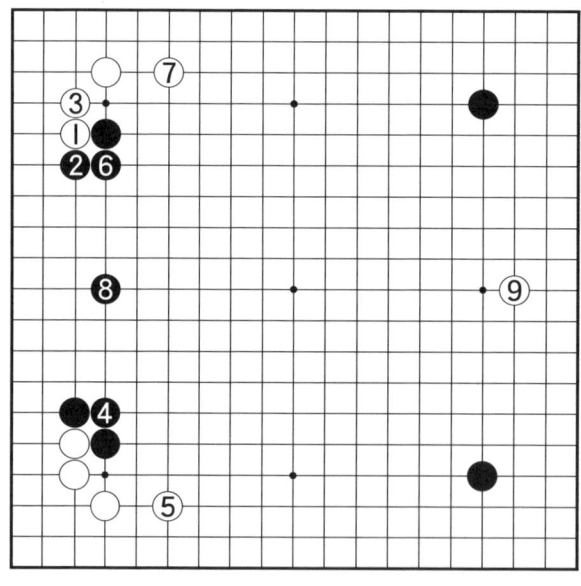

1도(붙여끈다)

좌하귀에서와 마찬가지로 백1, 3으로 붙여끄는 것이 무난하다.

이하 8까지 흑은 좌변을 구축했고 백은 두 귀에서 적지 않은 실리를 얻어서 만족한다.

백9로 갈라쳐서 호각의 포석이다.

1도

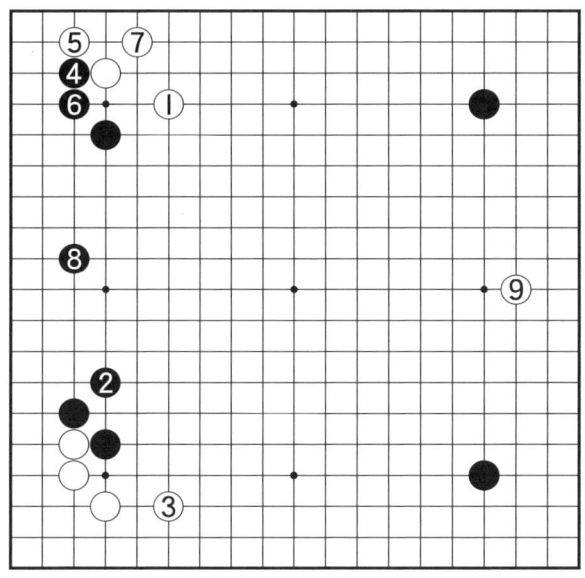

2도

2도(날일자응수)

백1의 날일자는 견실하기로는 으뜸가는 수법이다.

흑은 2, 백3을 교환하고 흑4, 6으로 붙이고 끈 다음 8로 전개해서 좌변을 구축한다.

백9의 갈라침까지 서로 불만이 있을 리 없는 포석이다.

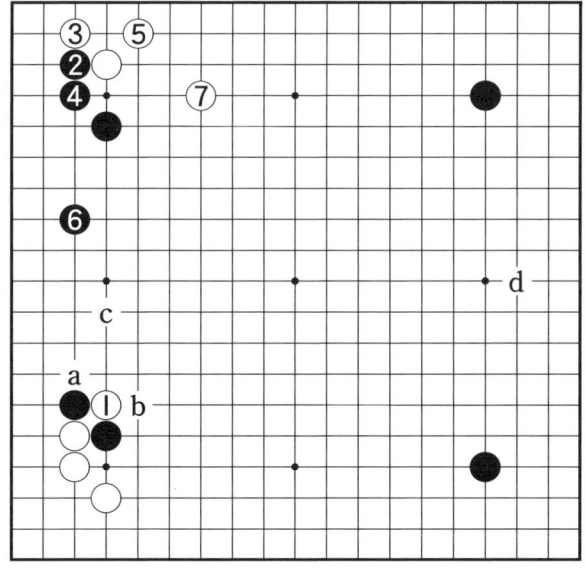

3도

3도(기세의 끊음)

좌상귀를 외면하고 백1로 끊는 것은 기세의 한수. 흑은 2 이하 6으로 갖추고 백은 7에 지키는 정도이다.

다음 흑a, 백b, 흑c가 상형이며 백d에 갈라쳐서 이것 역시 한판의 바둑이다.

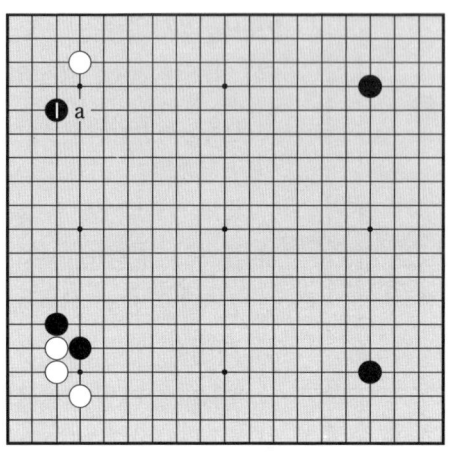

▥ 예제 (백 차례)

[장면 5]의 상황을 옮긴 그림. 흑이 a의 한칸걸침 대신 1의 날일자로 걸쳤다.

이 상황에서 백은 어떻게 대응하는 것이 좋을까?

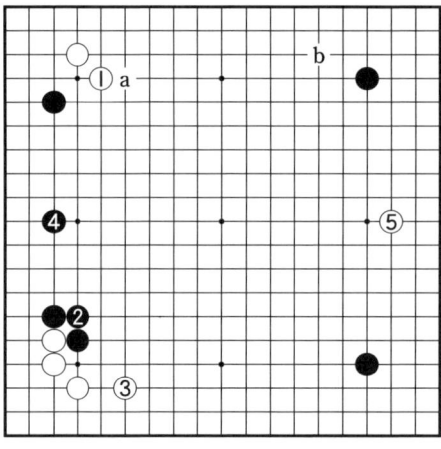

참고도 1(추천/ 마늘모)

백1의 마늘모가 흑의 씌움을 방어하면서 상변으로의 발전을 꾀하는 좋은 착상이다. a의 날일자도 비슷한 의미로 추천한다.

그러면 흑은 2로 잇고 4에 벌리는 정도일 것이다. 다음 백5로 갈라치든가 b에 걸치든가 진행이 예상된다.

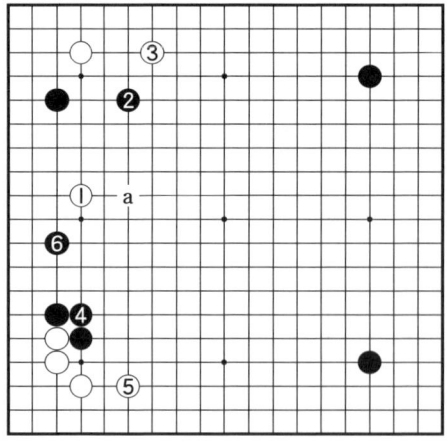

참고도 2(급전이 될 공산이 크다)

백1로 협공하는 수는 흑의 좌변 건설을 방해하려는 뜻이다.

흑은 2로 두칸을 뛰어 백3을 강요하고 흑6으로 벌리는 것이 적절하다. 다음 백a의 한칸뜀이 시급한 곳이며 급전이 될 공산이 크다.

장면 6

흑의 3연성/ 백의 2연성

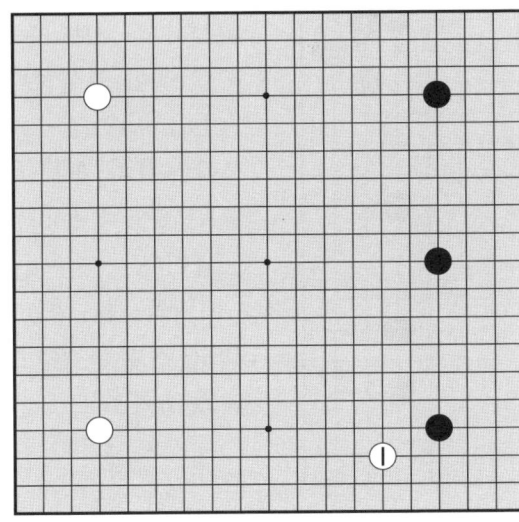

██ 흑의 3연성 대 백의 2연성(양화점)이다.

이 상황에서 가장 먼저 떠오르는 수는 백1의 날일지걸침이다. 물론 우상귀 쪽을 걸쳐도 마찬가지.

흑은 어떤 작전으로 나가야 할지 알아본다.

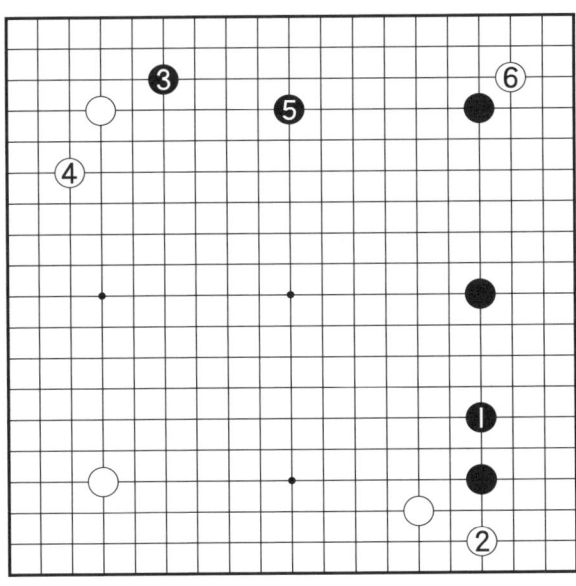

1도

1도(한칸응수)

협공하지 않고 점잖게 받는다면 흑1의 한칸이 상식적이다.

백2로 미끄러지기를 기다려 흑3의 걸침에 손을 돌린다. 백4에 흑5로 구축하고, 백6의 3三침입이라는 진행을 예상할 수 있다.

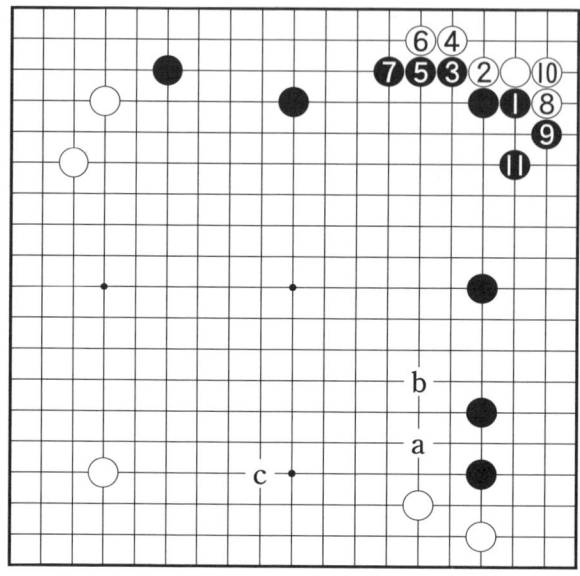

2도

2도(막는 방향)

막는 방향은 흑1쪽이 올바르다. 좌상보다는 우하 쪽 흑이 튼실하다는 것이 그 이유.

백2 이하 흑11까지의 수순은 하나의 정해진 틀이다.

이다음 백a, 흑b, 백c라는 진행을 흔히 볼 수 있다.

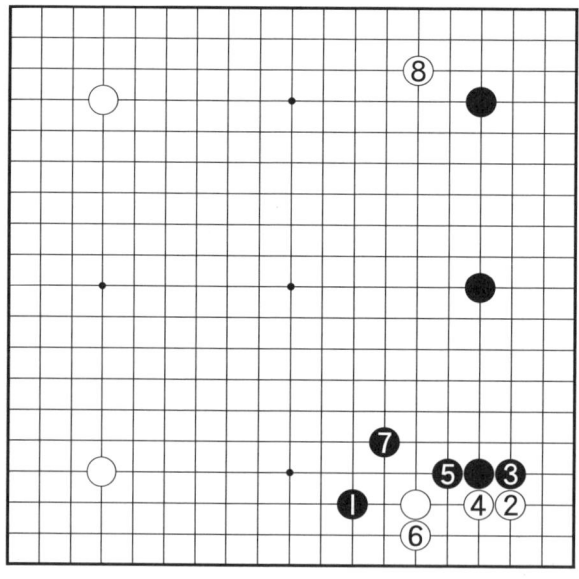

3도

3도(한칸협공)

백의 날일자걸침에 대해 가장 많이 쓰이는 수는 뭐니뭐니 해도 흑1의 한칸협공일 것이다.

백2의 3三침입에 흑3 이하 7까지는 기본정석. 백8의 걸침에 이르기까지 모범적인 포석이다.

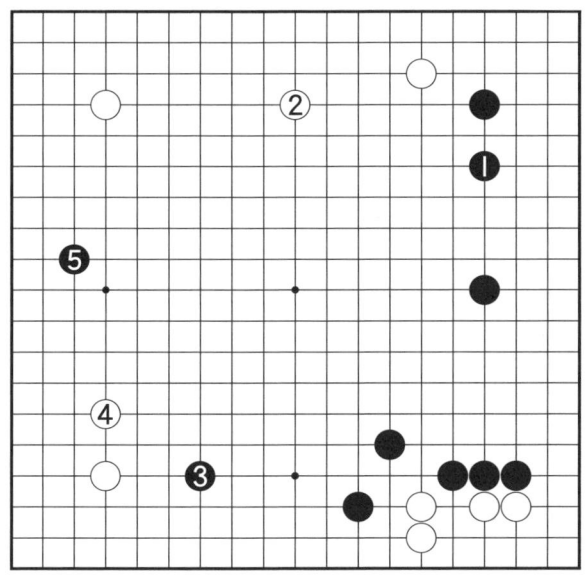

4도

4도(호각의 포석)

계속해서 흑1로 한칸 뛰어서 받는 것도 나쁘지 않다.

백2로 구축할 때 흑3으로 하나 걸쳐 놓고 5에 갈라치는 타이밍이 자연스럽다. 호각의 포석이라고 볼 수 있다.

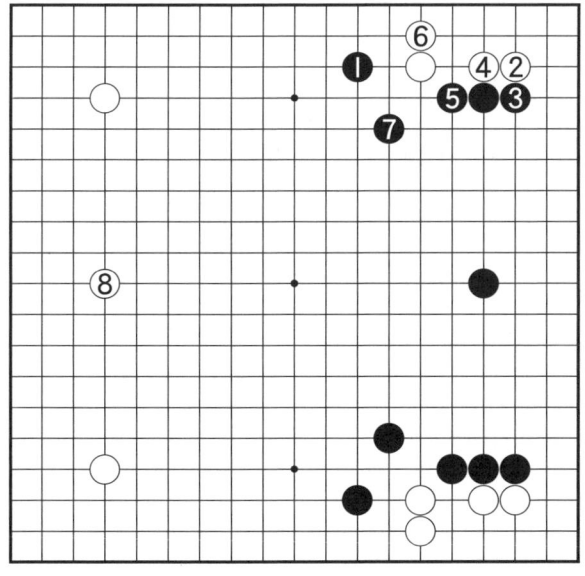

5도

5도(상하동형)

우하귀에서와 같이 흑1로 한칸협공하는 것도 유력한 수법이다.

백2 이하 6에는 흑7로 상하동형의 웅장한 세력을 형성한다.

백은 8로 3연성을 펴며 삭감의 시기를 엿보게 된다.

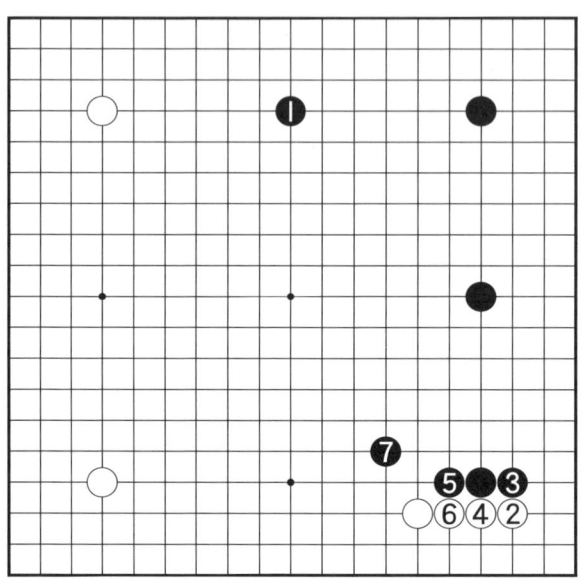

6도

6도(손을 돌린다)

우하귀에서 백이 날일 자로 걸쳤을 때 응수하지 않고 상변 흑1로 손을 돌리는 것도 간혹 쓰이는 구상이다.

백2의 3三침입에는 흑3으로 막고 5에서 7로 세력을 확장하는 것이 요령이다.

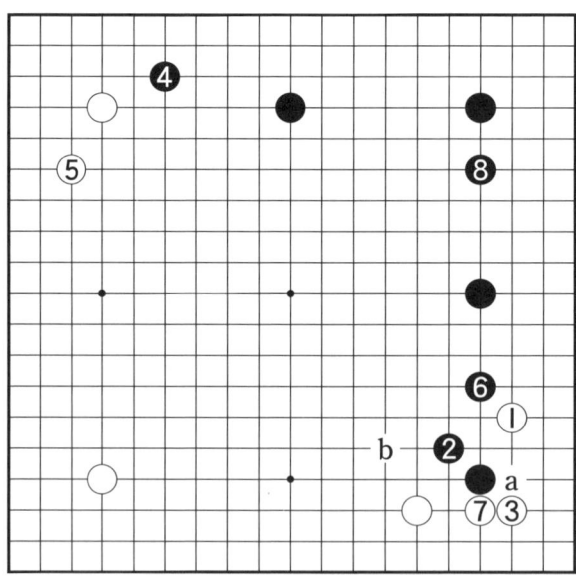

7도

7도(둘 만한 포석)

앞 그림 2로 백1로 양걸침하면 흑2로 마늘모해 백3의 3三침입을 유도하고 흑4로 걸친다.

백5를 기다려 흑6에서 8로 우상귀를 구축해서 멋지다.

서로 둘 만한 포석이다. 수순 중 흑6은 a, 백7, 흑b도 있다.

화점+소목 날일자굳힘/ 백의 양화점+갈라침

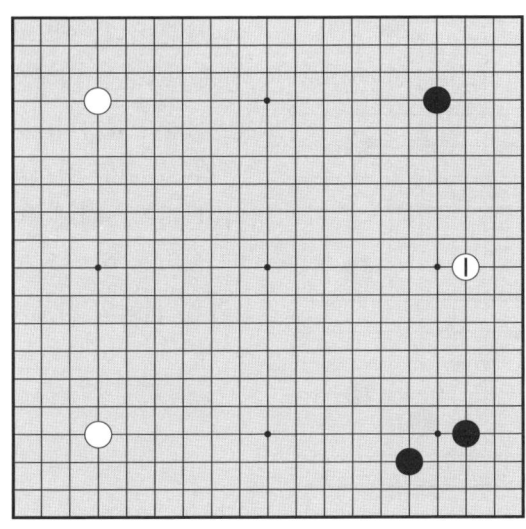

▨ 흑은 화점과 소목의 날일자굳힘, 백은 양화점의 포진으로 현대바둑에서 가장 빈도가 높은 그것이다.

　여기서 백은 한가운데를 갈라치는 1이 상식적이다. 이후 우변에서의 기본 변화를 알아본다.

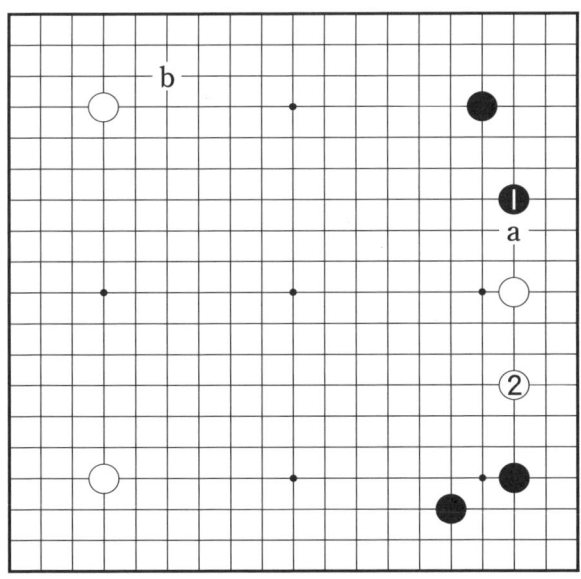

1도

1도(백, 두칸 벌릴 여유)
흑1로 굳히면서 백 한 점을 압박해도 백은 2로 두칸을 벌릴 여유가 있다.

　이로써 거의 안정형이므로 만족스럽다. 흑1로 a여도 대동소이한 결과로 보인다.

　물론 흑이 b로 걸치면서 상변을 건설할 때는 유력한 작전이기도 하다.

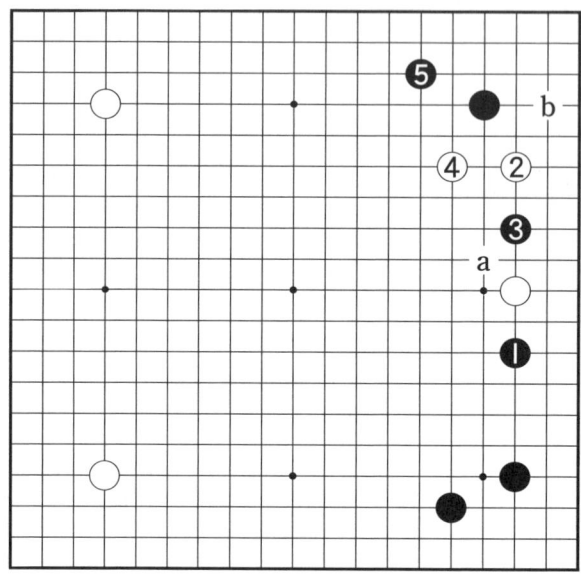

2도

2도(상용수법)

흑1쪽에서 육박하는 것
이 보통이다. 백2의 걸
침에 흑3으로 뛰어든 것
은 상용수법이다.

백4로 한칸 뛰기를 기
다려 자연스럽게 흑5로
받아둔다. 이다음 백은
a와 b, 선택의 기로에 놓
인다.

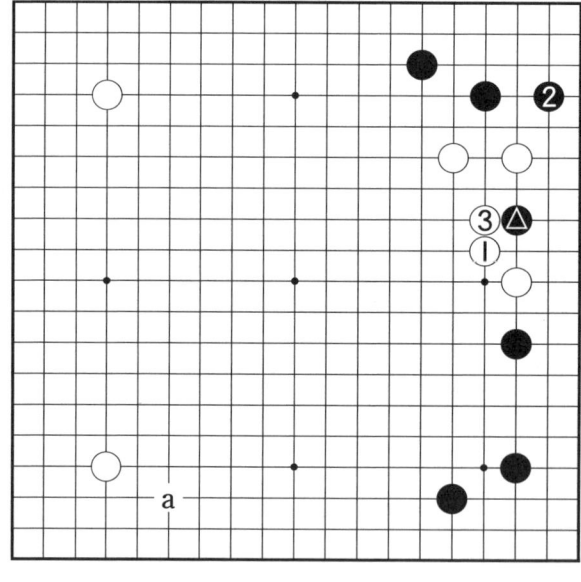

3도

3도(무난하다)

백1로 흑▲ 한점을 잡
아두면 무난하다. 단,
흑2에 백3의 보강이 필
요한 점은 어쩔 수 없는
일이다.

다음 흑a로 걸쳐가는
바둑을 예상할 수 있다.

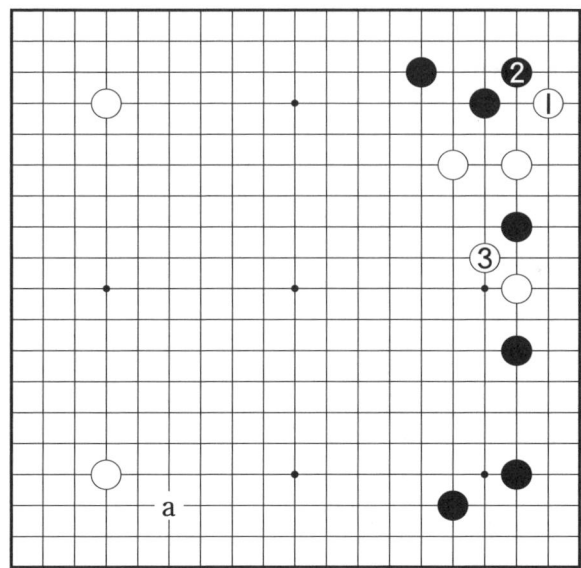

4도

4도(두고 싶은 날일자)

백1의 날일자달림은 두고 싶은 수이다. 만약 흑이 2로 받아만 준다면 백3으로 흑 한점을 안아서 기분 좋게 마무리할 수 있으니까.

따라서 흑은 이렇게 두어주지 않는다.

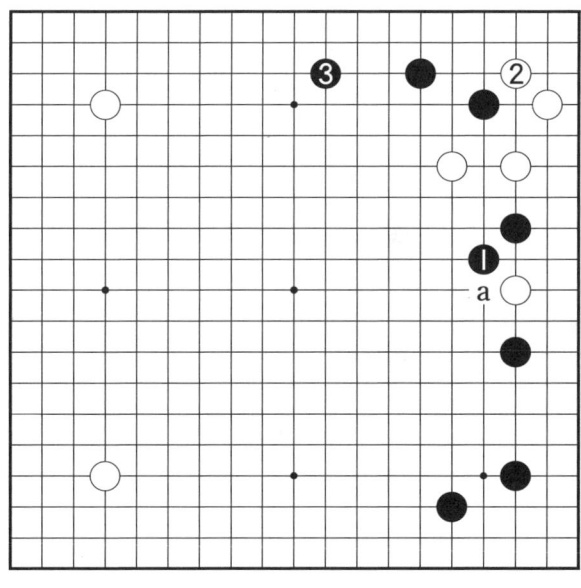

5도

5도(흑의 반발)

흑은 1로 마늘모해서 반발한다. 백2에는 흑3으로 벌려서 충분하다.

이다음 백은 a로 밀고나올 수밖에 없는데, 그 경우 복잡한 싸움을 피할 수 없다.

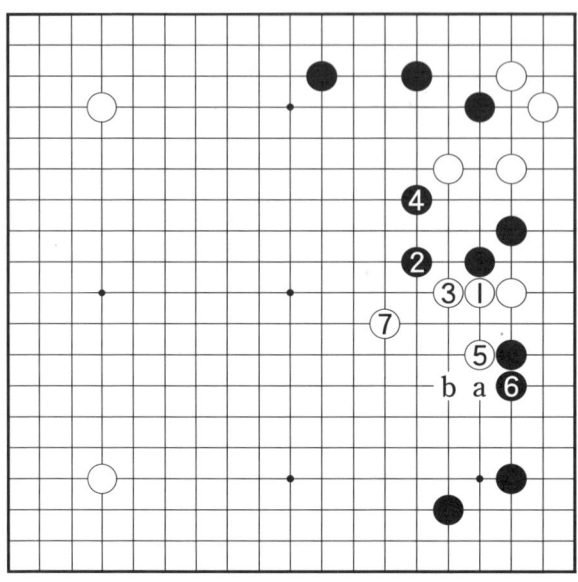

6도

6도(행마의 틀)

백1에는 흑2로 뛰는 것이 적절한 행마법이다. 백3에는 흑4로 뛰어 단점을 지키며 위쪽 봉쇄를 노린다. 백5, 7도 행마의 틀이다.

흑6으로 a에 젖히면 백b로 되젖히는 것이 요령이다.

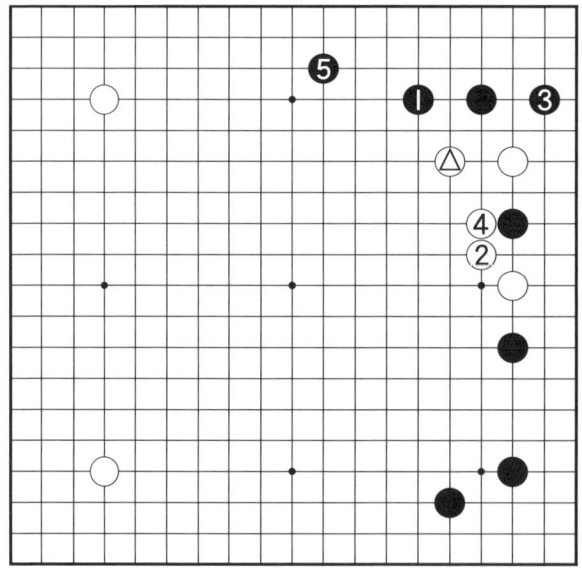

7도

7도(흑, 잘된 결말)

백이 △로 뛰었을 때 흑1로 같이 한칸을 뛰는 것도 생각할 수 있다. 백2를 기다려서 흑3으로 뛰려는 의도이다.

백4로 지키고 흑5로 벌려서 일단락된다면 이것은 흑이 너무도 잘된 결말이다.

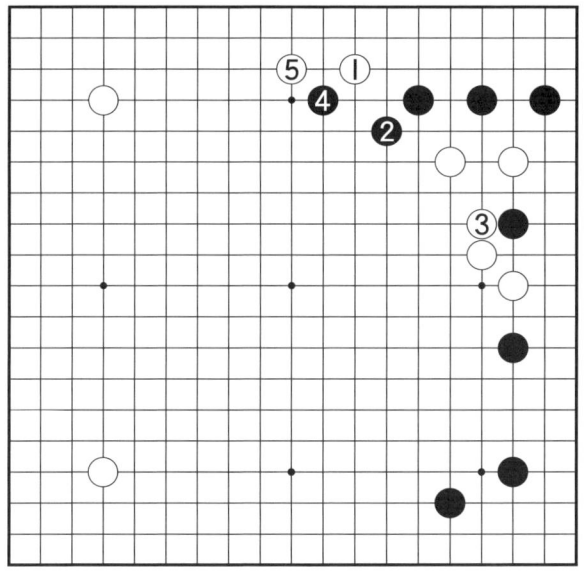

8도

8도(백1, 호수)

따라서 앞 그림 백4로
는 달리 두는 수를 궁리
해야 한다.

백1로 잽을 날리는
것이 좋은 수. 흑2의 마
늘모 진출을 기다려 백3
으로 보강하는 것이 효
과적인 수순이다. 흑4에
는 백5로 비킨다.

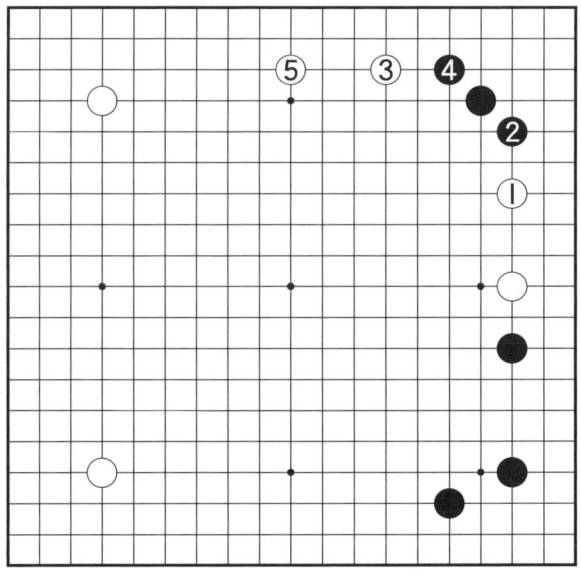

9도

9도(약간 엷지만)

거슬러 올라가 백1로 두
칸만 벌리는 것도 한때
많이 쓰인 수법이다.

흑2의 마늘모로 받을
때 백3으로 손을 돌리고
흑4에 백5로 두칸을 벌
려서 발빠르게 둔다. 약
간 엷지만 일책이다.

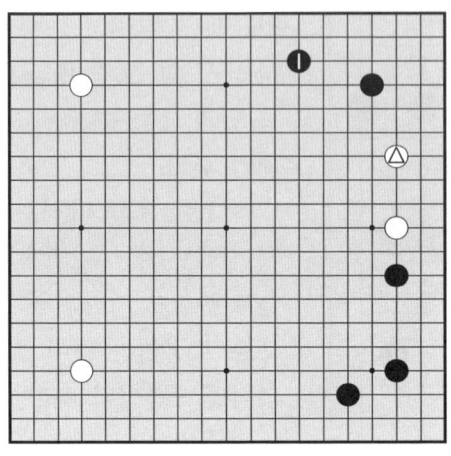

예제 (백 차례)

백이 △로 두칸을 벌렸을 때 흑이 마늘모로 받지 않고 1의 눈목자로 변화를 꾀했다.

이럴 때 백은 어떻게 두는 것이 좋을까?

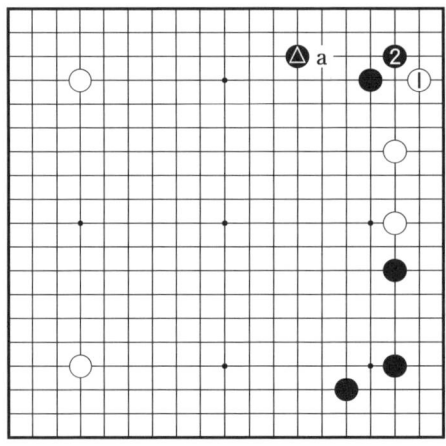

참고도 1(흑, 이득)

백1의 눈목자로 달리는 것은 정석이라고 보기 어렵다.

흑2로 받으면 흑△가 a에 있는 것보다 이득임이 분명하다. 이것은 흑이 바라는 바였다.

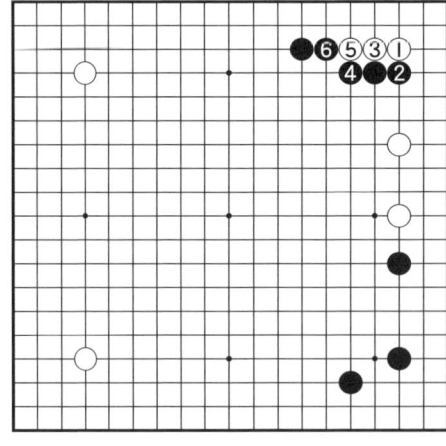

참고도 2(3三에 뛰어든다)

당연히 백1로 3三에 뛰어들어야 한다. 흑2면 백3, 5로 밀어간다.

흑6으로 꽉 받은 것은 필연이며 이다음~

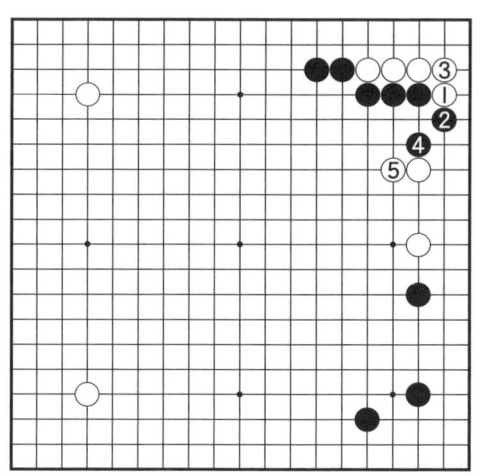

참고도 3 (문제없다)

백1, 3으로 젖혀이어서 귀는 안심이다. 흑4로 바깥쪽 백 한점이 다치는 것이 아닌가 싶겠지만 백5로 서면 별로 문제될 것이 없다.

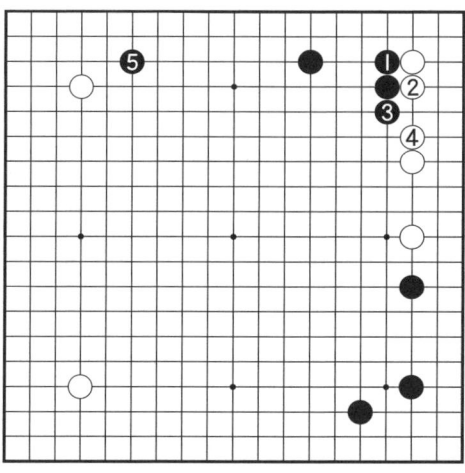

참고도 4 (흑의 별책)

백이 3三에 들어왔을 때 흑1로 양보하는 것도 생각해 봄직한 수이다.

백2에 흑3은 중요한 수이며, 백4 다음 흑5로 걸쳐가는 호흡도 나쁘지 않다.

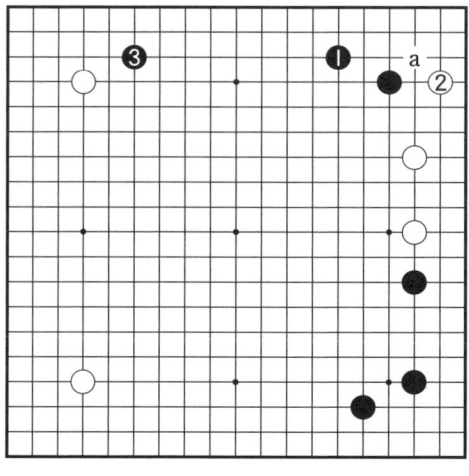

참고도 5 (날일자도 유력)

주제와는 별개이지만 애초에 흑은 1의 날일자로 응수하는 것도 유력하다.

백2에 흑3으로 걸쳐가려는 속셈이다. 백2로 a에 뛰어들기는 거북할 테니까….

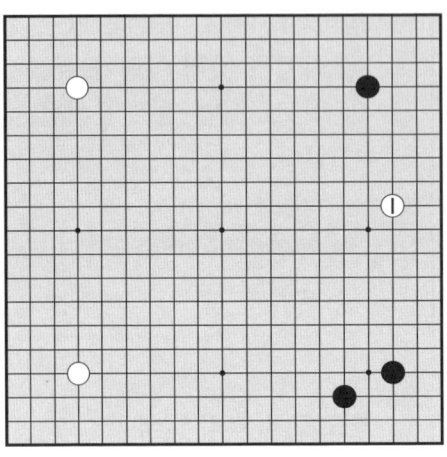

⊞ 예제 (흑 차례)

이 상황에서 백1로 한 줄 위에 갈라치는 것은 우하 흑의 굳힘으로부터 좀 떨어지는 편이 유리하지 않겠느냐는 뜻이다. 이때 흑의 대응은?

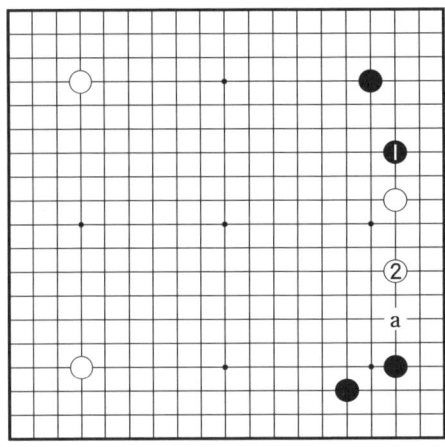

참고도 1(싱겁다)

흑1로 굳히면서 백 한점을 압박하는 것은 백2로 두칸을 벌리게 해 싱거워진다. 다음 흑a가 짭짤한 수이지만 지금 두는 것은 시기상조일 것이다.

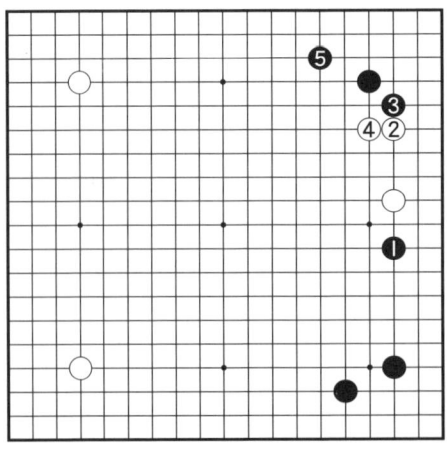

참고도 2(정해/ 굳힘에서의 벌림)

여기서는 흑1쪽에서 육박할 곳이다. 우하 흑의 굳힘에서의 벌림으로도 만족스럽다.

백2에 흑3, 5로 귀를 지키면서 백을 2립2전으로 만들었다.

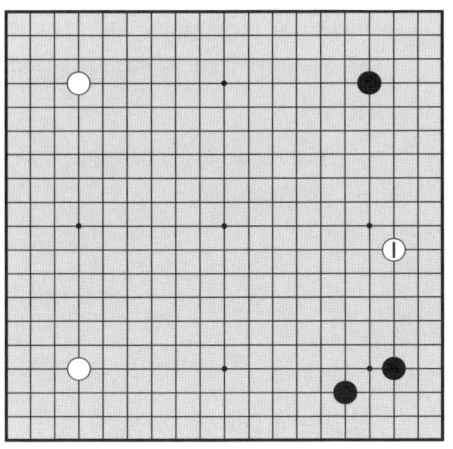

▦ 예제 (흑 차례)

이번에는 아래쪽으로 한 줄을 옮긴 백1의 갈라침이다.

이 시리즈의 마지막 관문인 셈으로 갈라침에 대해서는 대략 통달할 수 있을 것이다. 이때 흑의 대응은?

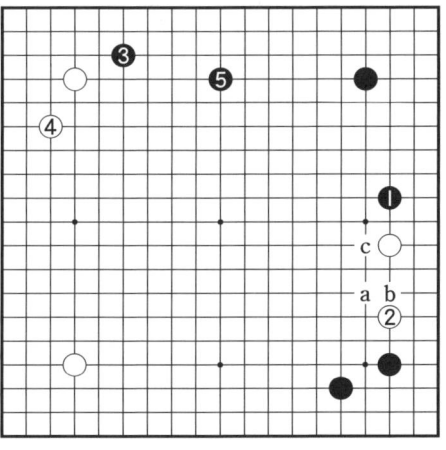

참고도 1(비교적 간명)

흑1쪽에서 다가서는 것이 비교적 간명하다. 백2를 강요하고 흑3으로 걸치고 5로 구축한다.

이다음 흑은 a, 백b, 흑c의 봉쇄를 엿본다.

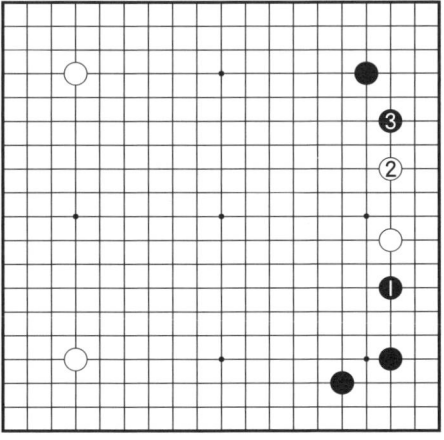

참고도 2(치열한 수법)

흑1은 실리를 중시하는 치열한 수법이다. 백2에 흑3의 날일자로 굳히면서 백을 압박하는 것이 호점이 된다.

백은 이 진행이 마음에 들지 않으면….

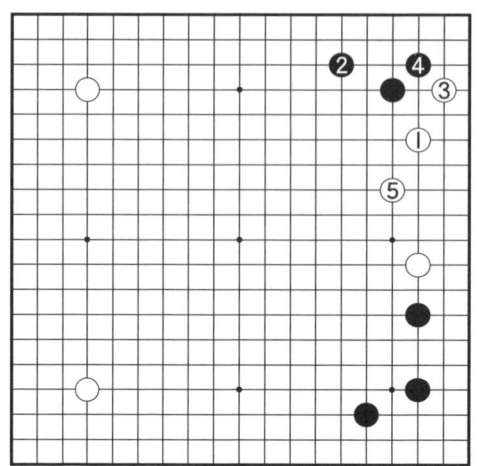

참고도 3(백, 멋지다)

백1로 걸칠 수도 있다. 흑2에 백3의 날일자로 미끄러지고 5에 지켜서 백의 모습이 상당히 멋지다.

그러므로 흑은 이렇게 두어 줄 리가 없다.

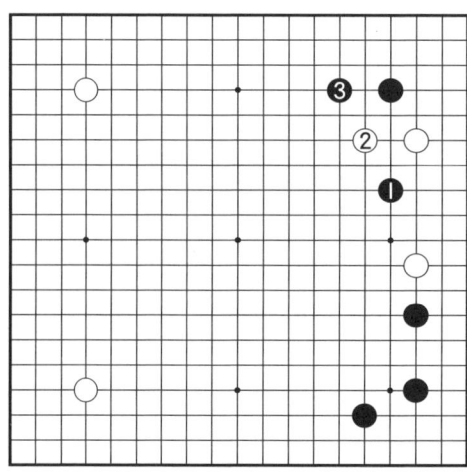

참고도 4(어려운 싸움)

흑은 귀쪽을 순순히 받지 않고 1로 가르며 공세를 취할 것이다. 백2에는 흑3으로 뛰어 앞길이 순탄치 않을 것 같다.

서로 어려운 싸움이 될 것으로 예상된다.

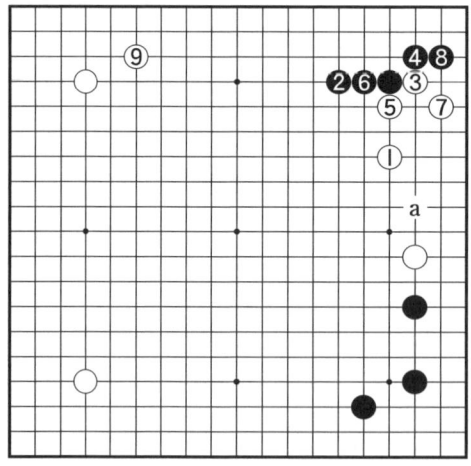

참고도 5(자중)

백도 1쯤으로 자중히는 것이 좋을지 모른다. 흑2면 백3에서 7로 우변을 강화시키고 나서 9로 굳히는 것도 있겠다.

하지만 흑2로 a에 뛰어드는 강수도 있어 복잡해진다.

화점+소목 날일자굳힘/ 백의 양화점+걸침

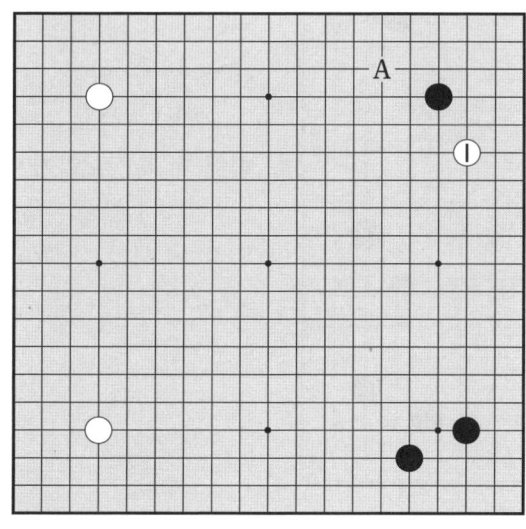

▨ 화점과 소목 날일 자굳힘 포진에 대해 백 1로 우변에서 걸쳐왔 다. 이것이 옳은 방향 으로 반대쪽인 A의 걸 침은 재미가 적다는 것 이 다수설이다.

이때 흑은 어떤 사고 로 임해야 할지 A의 날 일자받음을 배경으로 알아본다.

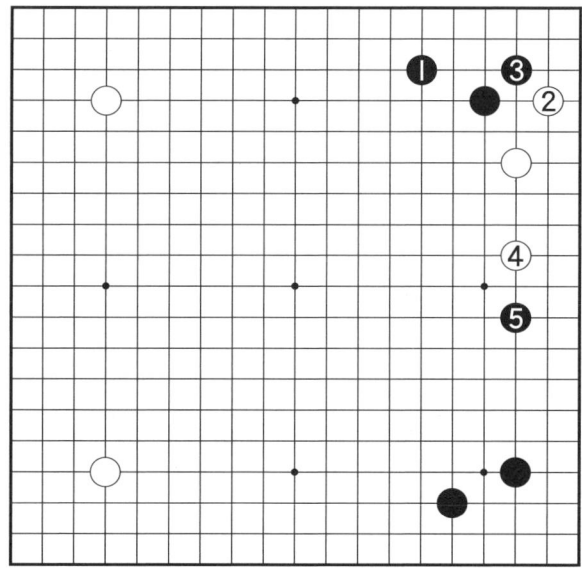

1도

1도(침착?)

흑1, 3으로 침착(?)하 게 받는 이가 있다면 별 로 칭찬하고 싶은 마음 이 없다.

왜냐하면 백4로 두칸 을 벌린 자세가 정석이 라고는 해도 너무 좋기 때문이다.

흑5로 다가서 봤자 별 영향이 없음에 주목 하자.

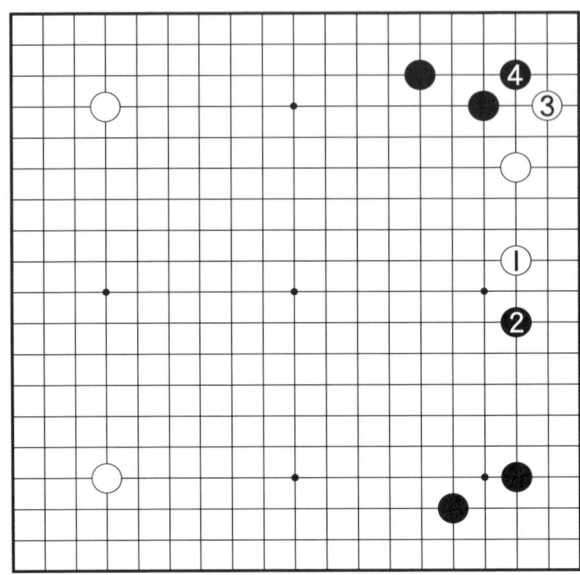

2도

앞 그림의 수순을 뒤바꾸어 보면 왜 잘못 두었는지 알 수 있다.

요컨대 백1로 두칸을 벌릴 때 흑2로 다가서고 백3에 흑4로 받은 것과 똑같다. 이것은 백이 하자는 대로 두어준 셈이 아닌가.

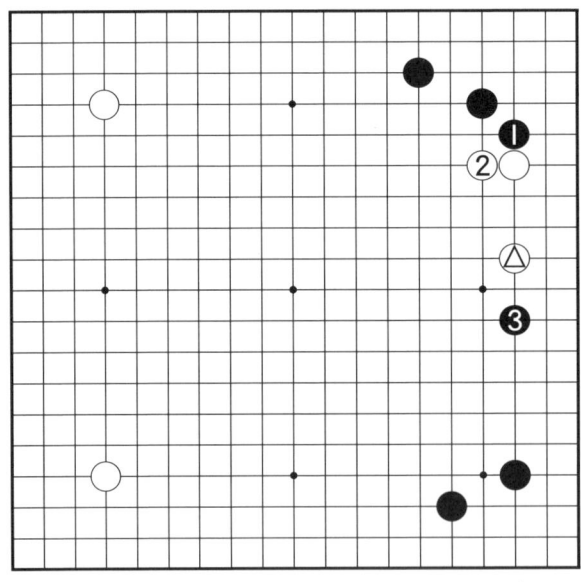

3도

3도(마늘모붙임)

백△에 대해 적어도 흑은 1로 마늘모 붙여야 한다. 백2로 선다면 그 때 흑3으로 육박해서 백 석점을 압박하는 것이 옳다.

이 정도면 흑도 체면이 선다. 물론 백도 이렇게 두어주지는 않을 것이다.

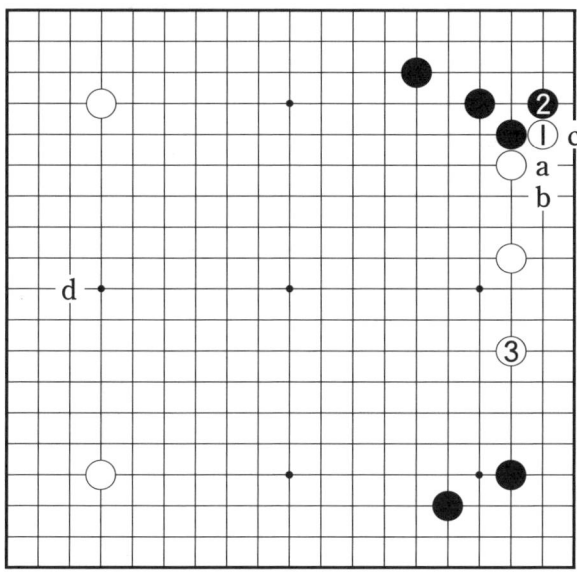

4도

4도(백의 변화)

앞 그림 백2로는 이 그림처럼 변화할 공산이 크다.

요컨대 백1로 하나 젖혀서 흑2와 교환해 놓고 백3에 벌리는 것이 그것이다.

다음 흑a에는 백b, 흑c를 선수하고 백d로 손을 돌려서 나쁘지 않다.

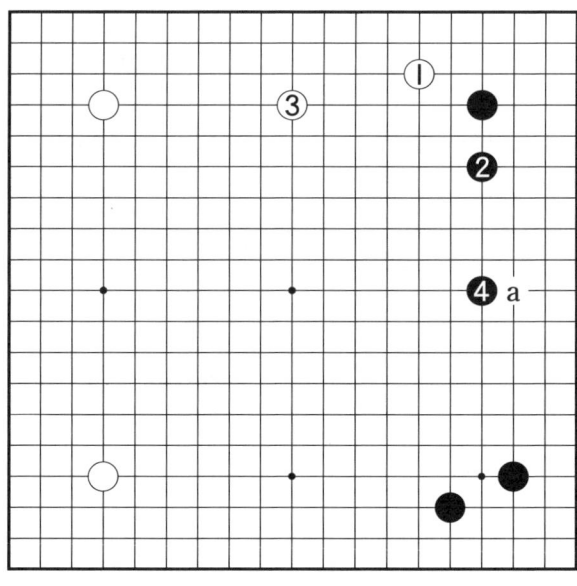

5도

5도(흑, 이상적)

애초에 백1로 반대쪽에서 걸치고 3에 구축하는 것은 흑4까지 우변 흑 모양이 이상적이므로 바람직하지 않다.

흑4는 a로 낮게 두는 수도 있다.

화점+소목 날일자굳힘/ 백의 날일자달림에 협공

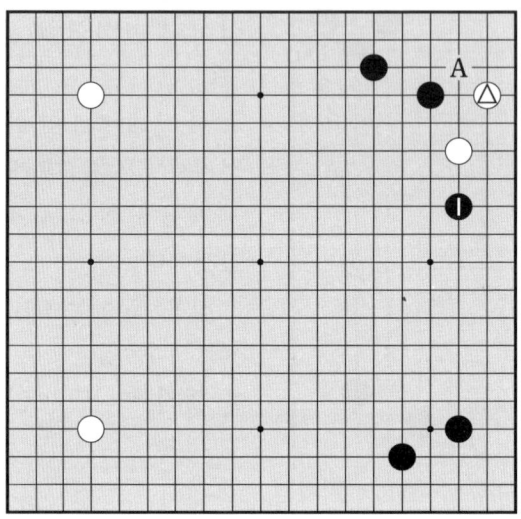

▨ [장면 8]의 해답편이다. 백이 △의 날일자로 달렸을 때 흑은 A로 받을 것이 아니라 어쨌든 다른 수단을 강구해야 한다.

가령 흑1의 협공도 좋을 것이다. 그럼 이후의 간단한 유력 변화에 대해 알아본다.

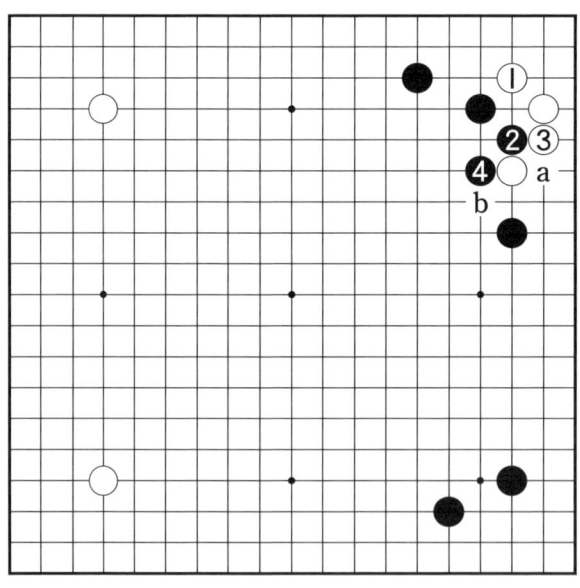

1도

1도(봉쇄 수단)

백1의 마늘모는 거의 필연이며 흑은 2에서 4로 봉쇄하는 수단을 준비하고 있다. 이렇게 두어야만 아래쪽 세력을 살릴 수 있다.

다음 백a, 흑b라는 식의 진행은 백으로서 묘미가 없으므로….

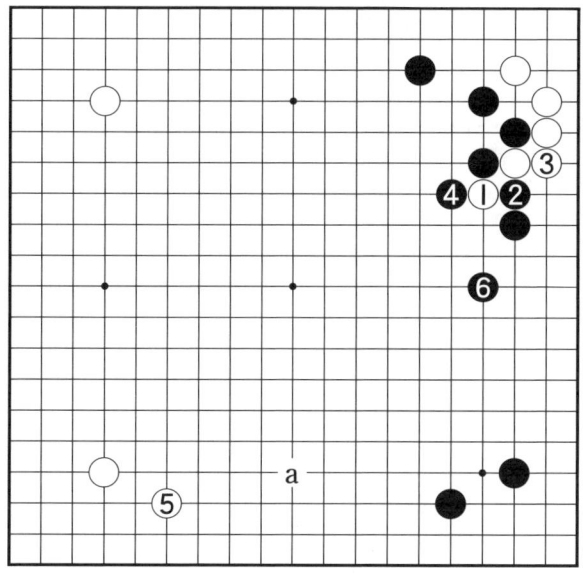

2도

2도(젖혀나간다)

백1로 젖혀나가는 한수이다. 흑2로 끊고 4의 축으로 잡은 것은 당연하다.

거기서 백5로 좌하귀를 굳히며 축머리를 구사한다. 흑6은 효과적인 방어. 여기까지 서로 둘만한 포석이다.

수순 중 백5로는 a쪽 벌림도 생각할 수 있다.

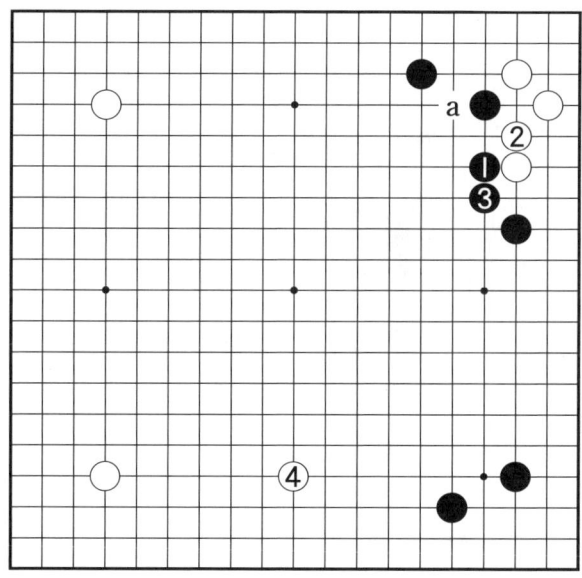

3도

3도(약간 성가시다)

흑1의 붙임은 축이 불리할 때 쓰는 수법이다.

백2에 흑3으로 끌어서 두터움을 얻었지만, 이 형태는 백a가 약간 성가시다.

백4의 벌림은 흑 세력을 견제하는 호점으로 시급한 곳이다.

장면 10

화점+소목 날일자굳힘/ 날일자달림에 옆구리붙임

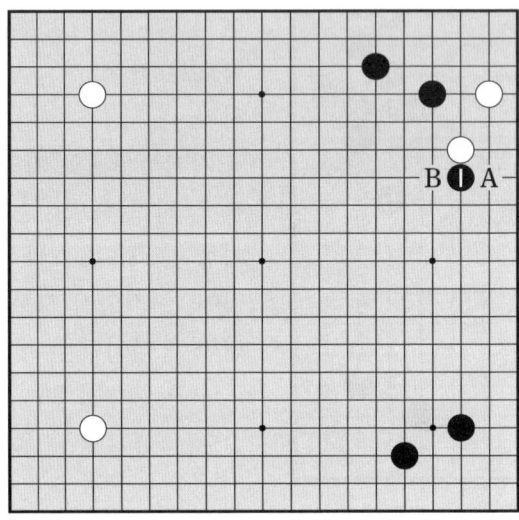

▨ [장면 9]의 연장전 성격이다.

이 상황에서 흑1로 옆구리에 붙여가는 것은 비교적 최근에 각광을 받고 있는 수법이다.

백은 A와 B 가운데 어떤 선택이 좋을지 알아본다.

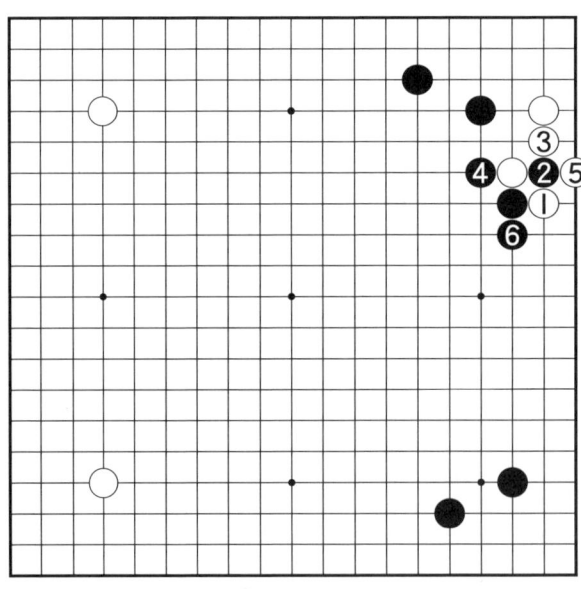

1도

1도(흑의 주문)

백1로 아래쪽을 젖히면 흑2로 맞끊는 것이 이런 경우 쓸모 있는 맥점이다.

백3으로 잡을 때 흑4를 선수하고 6에 늘어서 바라던 대로 세력을 쌓은 데 성공했다.

흑의 주문이라고 봐도 좋겠다.

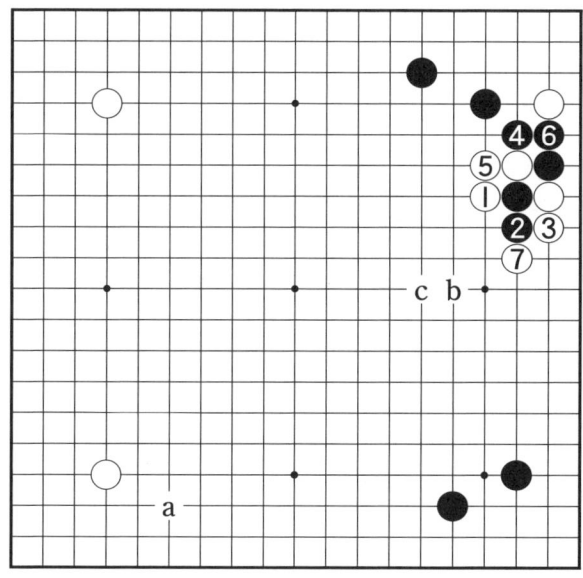

2도

2도(정형)

따라서 앞 그림 3으로 는 백1로 단수하고 3으로 따라붙는 것이 좋다. 흑은 4에 단수하고 6에 이어 귀를 접수한다.

　백7의 축으로 몬 다음 흑a의 축머리에 백은 b나 c로 보강하는 것이 정해진 틀이다.

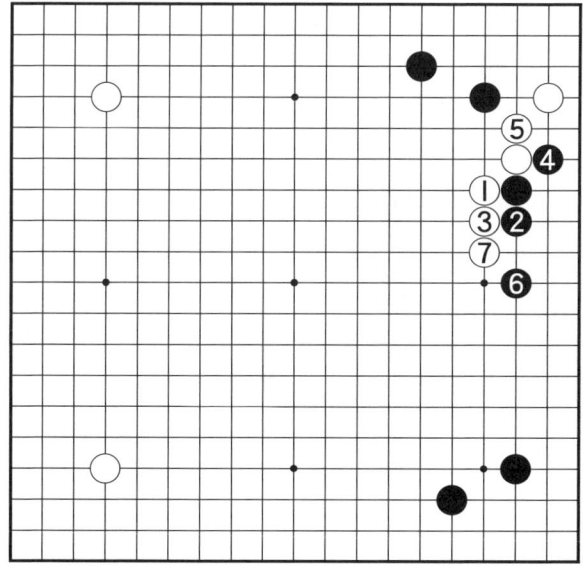

3도

3도(위쪽 젖힘)

백1로 위쪽에서 젖히는 수가 대세이다.

　흑2에 백3으로 밀어 가는 수는 초기에 많이 시도되었다.

　흑은 4에 젖히고 6에 뛰는 것이 행마법이며, 백7은 호구되는 곳의 급소로 놓칠 수 없다. 계속해서～

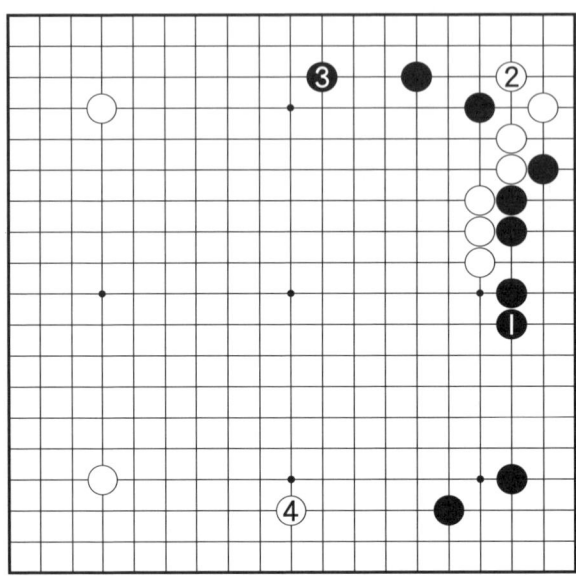

4도

4도(모범 포석)

흑1에 늘어서는 것도 익혀두어야 할 행마법이다. 백2는 실리와 근거의 요소이며, 흑3으로 두칸을 벌리는 것도 상식이자 필요한 수이다.

백4까지 서로 자연스런 흐름이며 모범적인 포석이다.

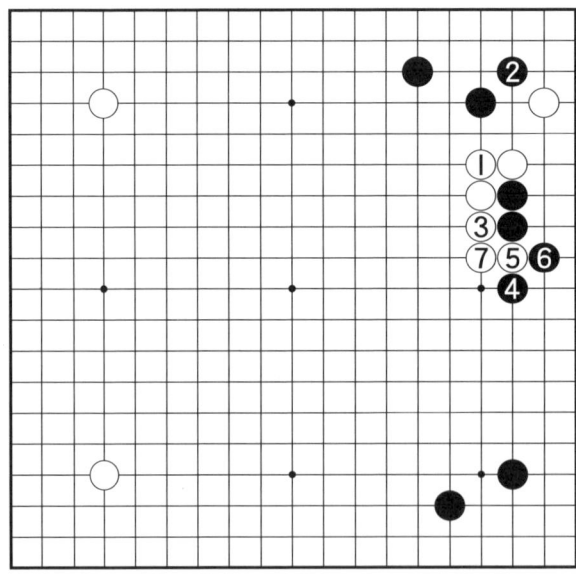

5도

5도(꽉 잇는 수)

이 상황에서 백1로 꽉 잇는 수는 최근에 각광받고 있다.

흑2로 귀를 지킬 때 백3으로 밀어가고 흑4로 뛸 때 백5, 7로 끼워 잇는 것이 좋은 수법이다. 계속해서~

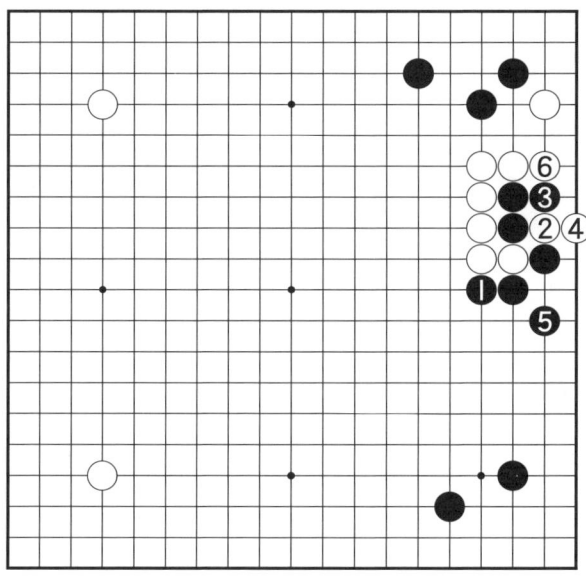

6도

6도(서로 불만 없음)

흑1로 밀어올릴 때 백2에 끊고 흑3으로 단수할 때 백4에 달아나는 것이 좋은 수순이다.

흑은 5로 호구치는 정도이며 백6으로 흑 석점을 잡아서 일단락이다.

서로 불만이 없는 갈림이라는 평가이다.

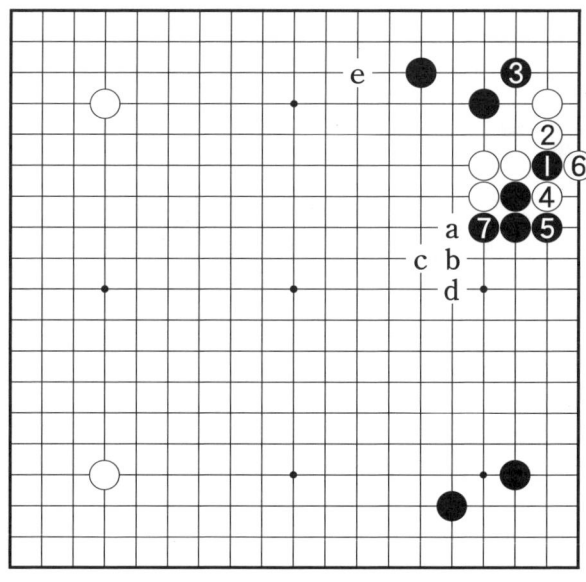

7도

7도(재미있는 수법)

거슬러 올라가 백이 꽉 이은 순간, 흑1로 하나 젖혀놓고 3에 받는 것이 재미있는 수법이다.

백4, 6은 최선의 대응이며 흑은 5에서 7로 밀어간다.

이다음 백a, 흑b, 백c, 흑d, 백e가 예상된다.

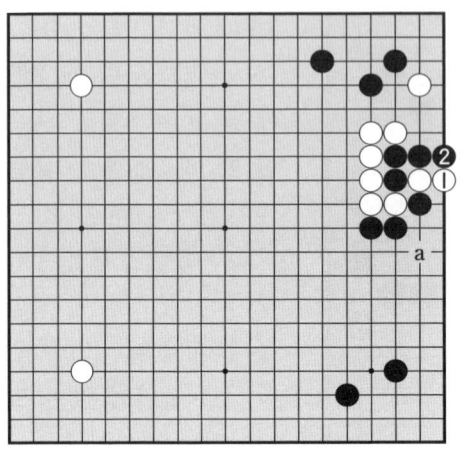

▦ 예제 (백 차례)

[장면 10] 6도의 변화를 불러왔다. 백1로 내려선 데 대해 흑이 a로 호구치지 않고 2로 백 두점을 덥석 잡아 버렸다.

무리수 같은데, 응징해 보자!

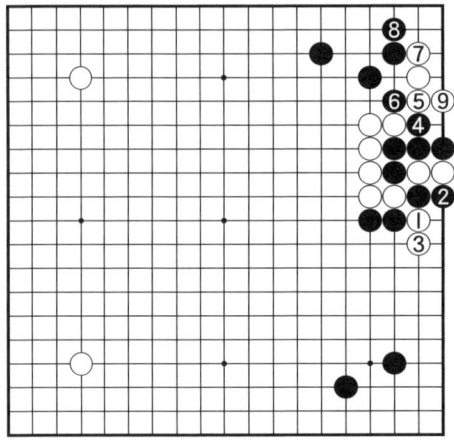

참고도 1(정해/ 백의 승리)

백1로 끊는 한수. 흑2로 따낼 때 백3으로 끌어내면 흑은 위와 아래 백 가운데 하나를 잡지 않으면 안 된다.

하지만 흑4, 6의 끊음에 백7에서 9로 꼬부려서 이 수상전은 백의 승리이다.

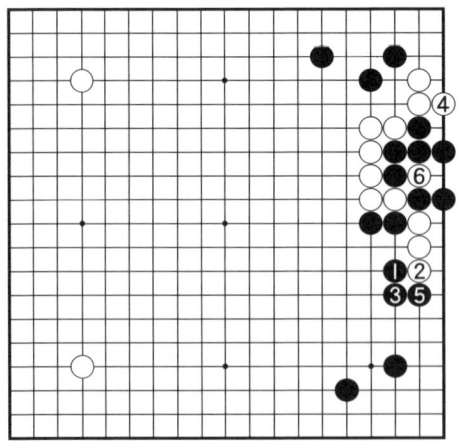

참고도 2(역시 백승)

그렇다고 흑1로 씌워서 아래쪽 백 두점과 수상전을 시도하는 것도 여의치 않다.

백2로 하나만 기어두면 수상전은 역시 백승이다. 이하 6까지는 승리의 증명.

화점+소목 날일자굳힘/ 날일자걸침에 협공

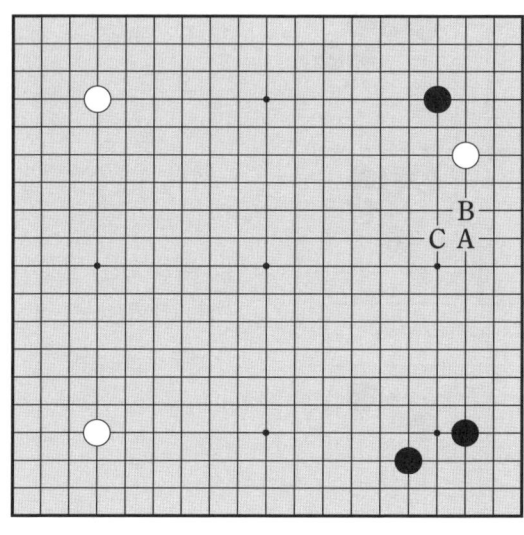

▨ 계속되는 화점과 소목 날일자굳힘 시리즈이다.

백의 날일자걸침에 대해 이번에는 흑이 협공하는 변화를 알아본다. A, B, C 가운데 A의 두칸협공을 중심으로 알아본다.

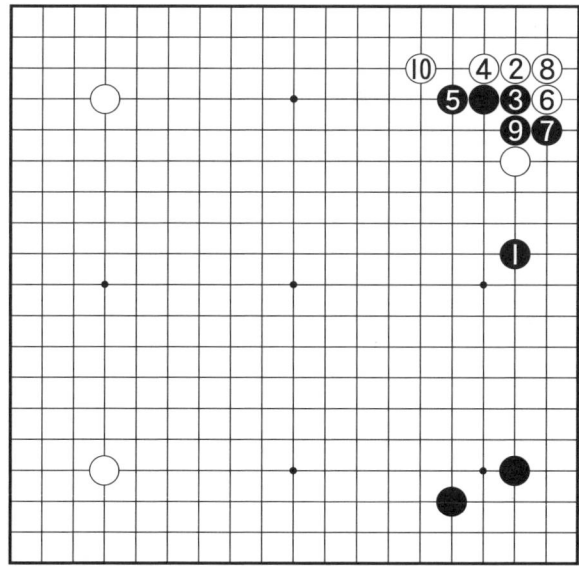

1도

1도(유행수법)

흑1의 두칸협공은 가장 유행하는 수법이다.

백2의 3三침입은 간명한 선택. 이러면 흑3 이하 백10까지의 진행은 필연이다.

흑1의 위치가 아래쪽 굳힘과도 균형이 잘 잡혀 있음에 주목하기 바란다.

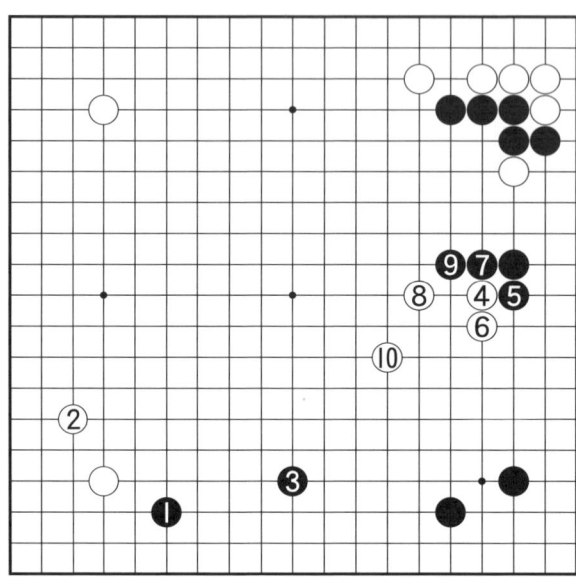

2도

2도(큰 모양)

계속해서 흑1로 걸치고 3에 구축하면 우하귀를 중심으로 큰 모양이 형성됨을 알 수 있다.

백은 4로 어깨를 짚어서 삭감하는 정도일까. 흑5쪽을 밀면 백6 이하 10까지는 정해진 코스나 다름없다.

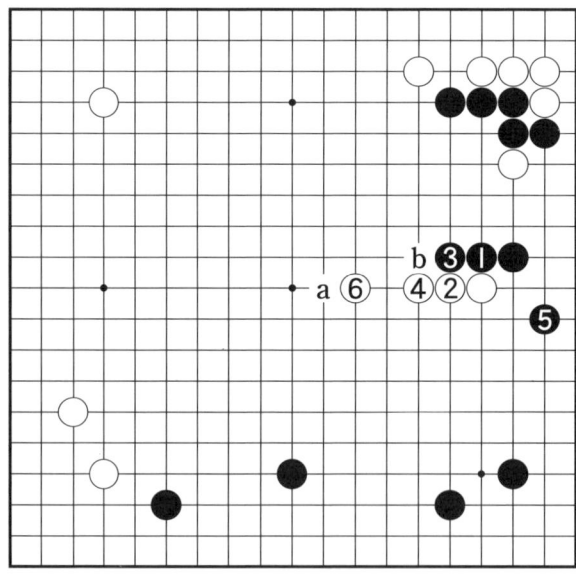

3도

3도(반대쪽을 밀면)

앞 그림 5로는 이 그림처럼 흑1로 반대쪽을 밀어갈 수도 있다.

백2에는 흑3으로 하나 더 밀고 5의 날일자가 교과서적인 행마법이다.

백은 6(또는 a나 b)으로 정비해서 삭감의 목적을 달성한 셈이다.

화점+소목 날일자굳힘/ 두칸협공에 양걸침

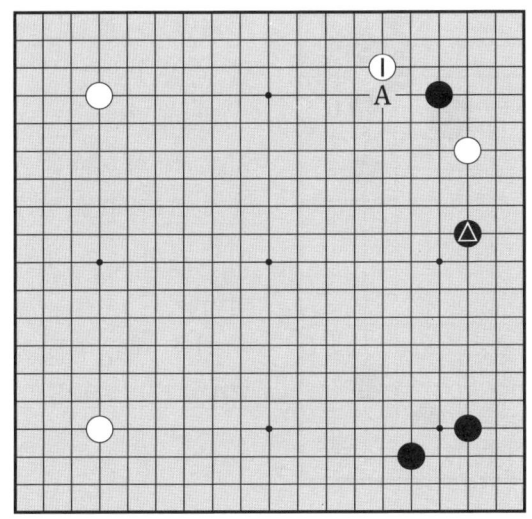

■ 우상귀 백의 날일자걸침, 흑▲의 두칸협공에 백이 3三에 뛰어들지 않고 양걸침하는 수법도 유력한 작전 중 하나이다.

백1의 날일자 양걸침과 A의 한칸 양걸침이 있는데 그 중요한 변화만 알아본다.

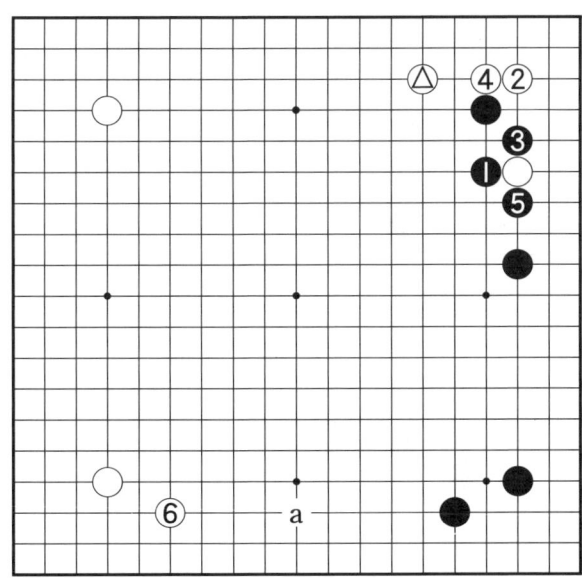

1도

1도(간명책)

백△의 양걸침에 흑1로 붙이는 것이 상식이다.

문제는 백2의 3三침입 때인데, 흑3으로 양보하고 5로 백 한점을 잡는 것이 간명하지만, 백은 6(또는 a)에 손을 돌려서 재미있는 포석이다.

이런 흐름이 흑으로서 발이 늦다 생각하면 5로 먼저 6에 걸쳐 넓은 바둑을 구사할 수 있다.

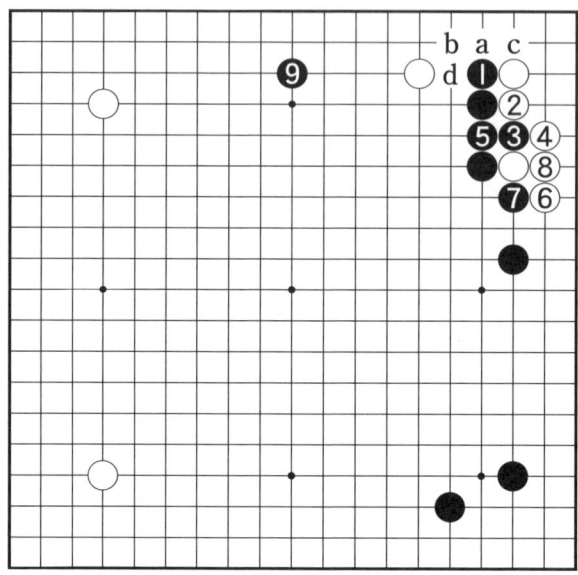

2도

2도(호각의 갈림)

앞 그림 3으로 강하게 두자면 흑1로 차단하고 볼 자리이다.

백2에 흑3, 5로 끼워 잇고 백6에 흑7을 선수 활용한다. 9의 협공에 이르기까지 호각의 갈림이다.

이후 백a, 흑b, 백c, 흑d는 백의 권리.

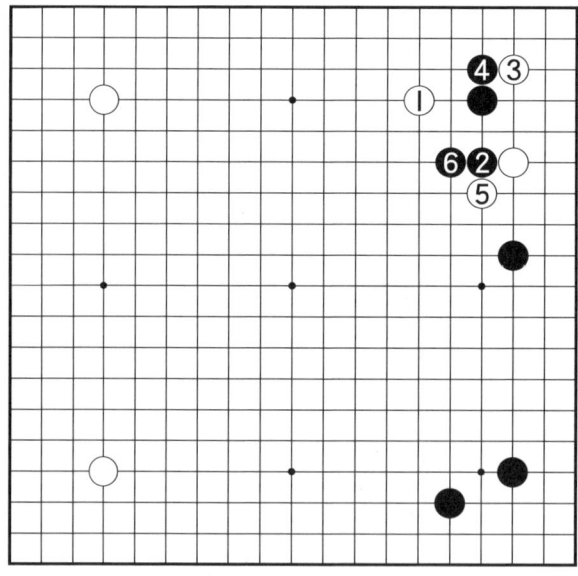

3도

3도(한칸 양걸침)

이번에는 백1의 한칸 양걸침이다. 역시 흑2의 붙임이 보통이다.

백3의 3三침입에 흑4 쪽 막음은 기세로만 보면 옳은 방향이다.

여기서 백은 건너지 않고 5에 젖히는 것이 좋은 수이며 흑도 6에 뻗어둔다.

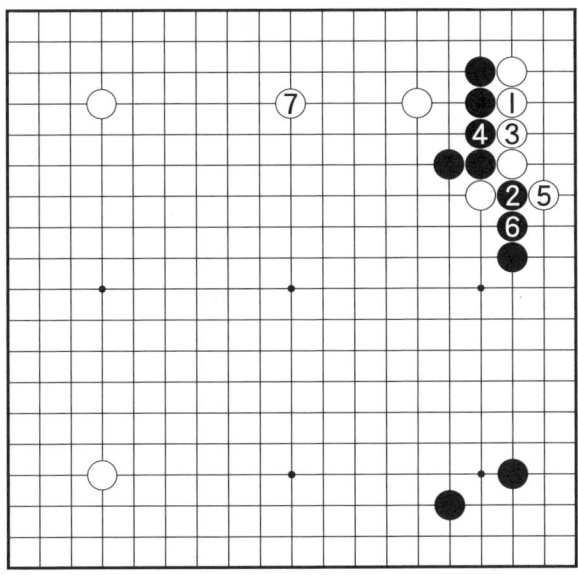

4도

4도(서로 만족)

계속해서 백1로 건널 때 흑2의 끊음은 필연적인 한수이다.

백3에 빳빳하게 이어 흑4를 강요하고 백5마저 활용한다. 그리고 백7에 손을 돌리는 것이 정석이다.

백은 실리를, 흑은 세력과 선수를 얻어 서로 만족이다.

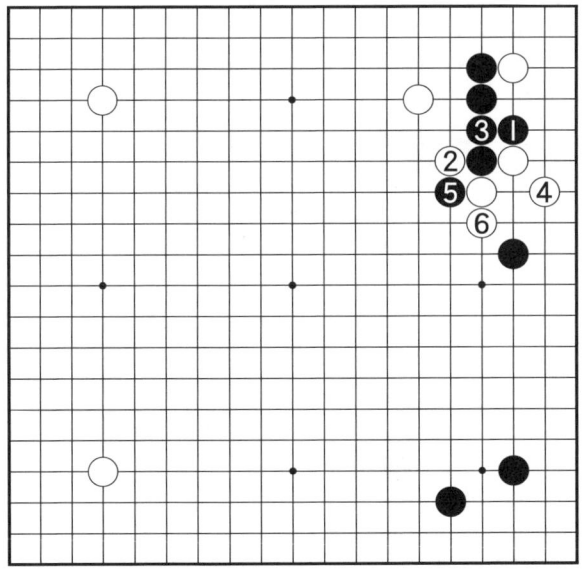

5도

5도(호구치며 막음)

3도의 6으로 이 그림 흑1로 호구치며 막는 수도 있다. 백2의 한방은 따끔하지만 다음이 있으므로 참을 수 있다.

백4의 호구가 흑의 연결을 방해하는 최선의 대응일 때 흑5의 끊음이 그것이다(백4로 5의 이음은 흑4로 연결). 백6에는 것은 당연하며….

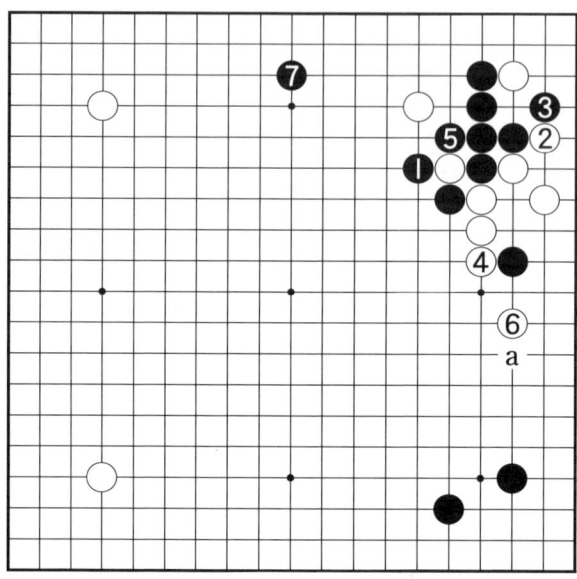

6도

6도(서로의 길로)

흑1로 백 한점을 몰면 백은 2로 하나 젖혀놓고 4에 누른다.

흑은 화근을 없애 5로 따내는 정도이며 백6, 흑7로 서로의 길을 가게 된다. 팽팽한 진행이다.

백6은 a로 한발 더 가도 좋다.

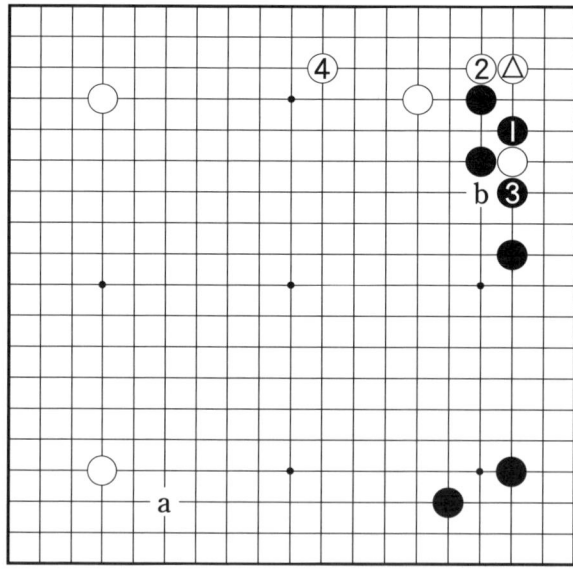

7도

7도(백, 다소 편함)

백이 △로 들어왔을 때 흑1, 3으로 물러서는 것은 백의 날일자 양걸침 때와 마찬가지로 바람직하지는 않다. 백4로 벌려서 다소 편한 갈림이며, 따라서 이 포석은 흑이 미흡하다.

따라서 흑1로 둘 때는 다음 a로 걸치는 바둑일 때 유력하다. 백3으로 준동하면 흑b로 막아 부분적인 손해는 감수하고 큰 바둑을 선택하려는 작전이다.

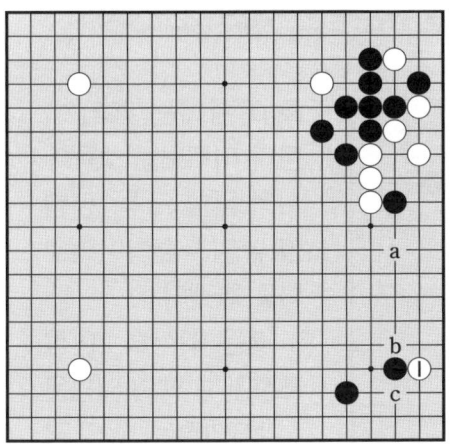

예제 (흑 차례)

백이 a로 두기 전에 우하귀 흑의 굳힘에 1로 붙여 응수타진을 했다. 흑이 b에 받는다면 백c로 사는 맛을 남기고 a에 손을 돌리려는 것이다. 흑의 대응은?

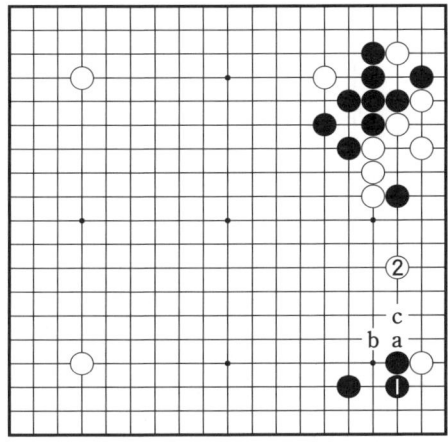

참고도 1(후퇴)

지금이라면 흑1로 후퇴하는 정도이다. 그러면 백은 2로 손을 돌린 다음 백a, 흑b, 백c의 큰 수를 남긴다.

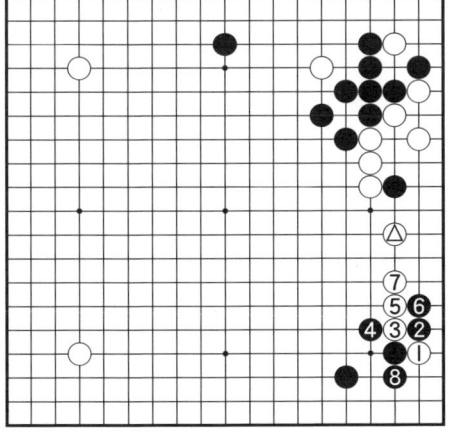

참고도 2(흑의 반발)

백△가 온 다음 나중에 백1로 붙이는 것은 타이밍이 좋지 않다. 요컨대 때가 늦다.

흑2 이하 8까지의 반발을 불러 백이 한 것이 없다.

화점+소목 평행형 날일자굳힘/ 백의 2연성

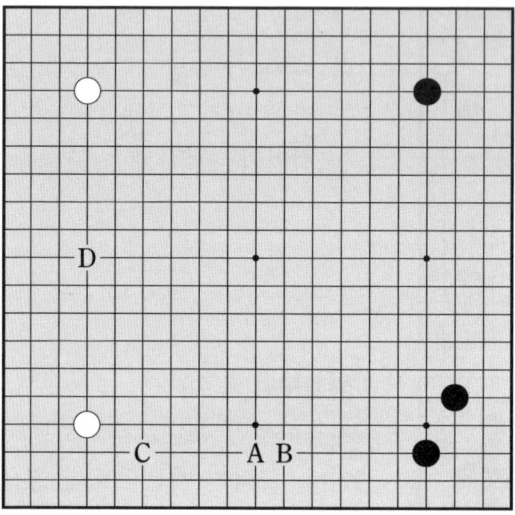

■ 이번에는 흑의 화점과 마주보는 소목에서의 굳힘 포석. 평행형 날일자굳힘이라고 봐도 좋겠다.

백은 여전히 2연성 포진인데, 백의 대응은 A와 B의 벌림, C의 굳힘, D의 3연성 등 다양하다.

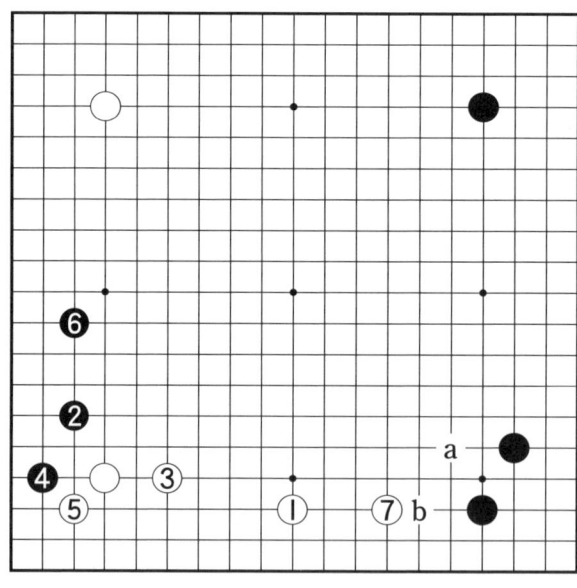

1도

1도(가장 일반적)

백1은 가장 일반적인 선택. 마주보고 있는 중앙에 해당하므로 기리 상합당한 큰 곳이다.

흑2의 걸침에 백3의 응수도 균형이 맞다. 백7은 a의 씌움을 보며 b로 한발 더 벌리는 수도 가능할 것이다.

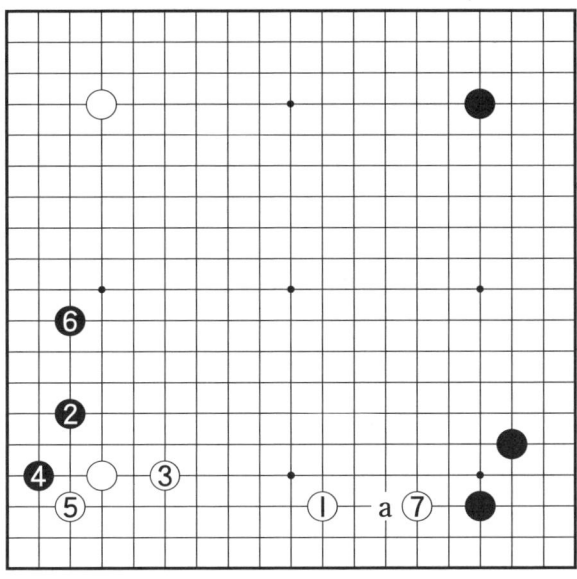

2도

2도(궁리한 벌림)

백1로 한발 더 간 것은 궁리한 벌림. 흑2로 걸치고 백3 이하 흑6까지의 정석이 완료되면 스피드 면에서 간격이 나쁘지 않다. 그건 백7로 두칸을 벌리는 자세가 안성맞춤이라는 데에서도 드러난다. 백7을 두지 않으면 흑a의 벌림이 큰 수이다.

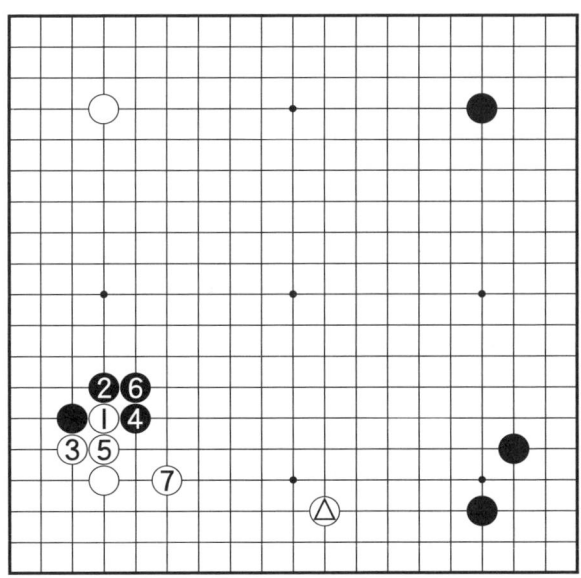

3도

3도(유력한 수법)

흑의 걸침에 대해 백1로 붙이고 3에 호구쳐 막는 것도 매우 유력한 수법이다.

흑4의 한방은 쓰리지만 백7까지 귀도 튼실하게 지켰고, 무엇보다도 백△와의 간격도 이상적이다.

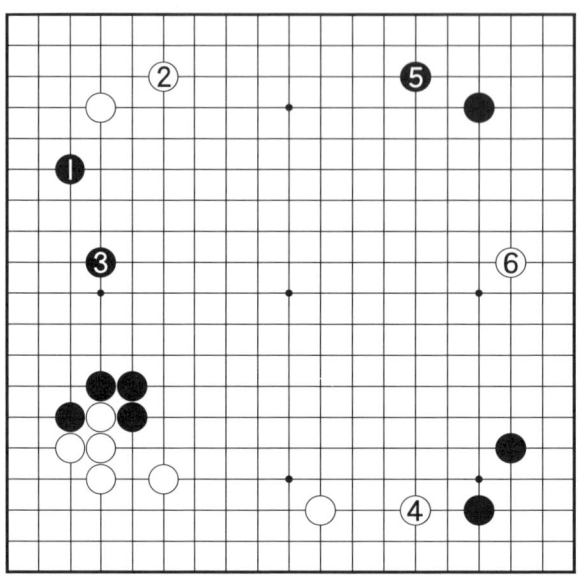

4도

4도(상식적)

앞 그림에 이어, 흑1로 걸치고 3에 구축하는 것이 상식적인 착상이다.

백4의 두칸벌림은 시급한 곳이며 흑5로 우상귀를 굳히고 백6으로 갈라치는 바둑이 예상된다. 서로 해볼 만한 포석일 것이다.

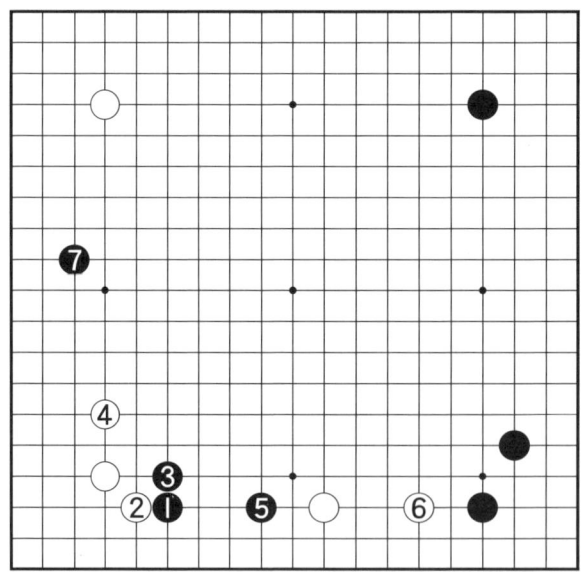

5도

5도(안쪽 걸침)

흑은 앞 그림이 마음에 안 들면 1로 안쪽에서 걸치는 방법도 고려할 수 있다.

백2의 마늘모붙임에서 4의 한칸뜀, 흑5의 두칸벌림, 백6의 두칸벌림, 흑7의 갈라침이라는 식으로 반면을 잘게 쪼개간다.

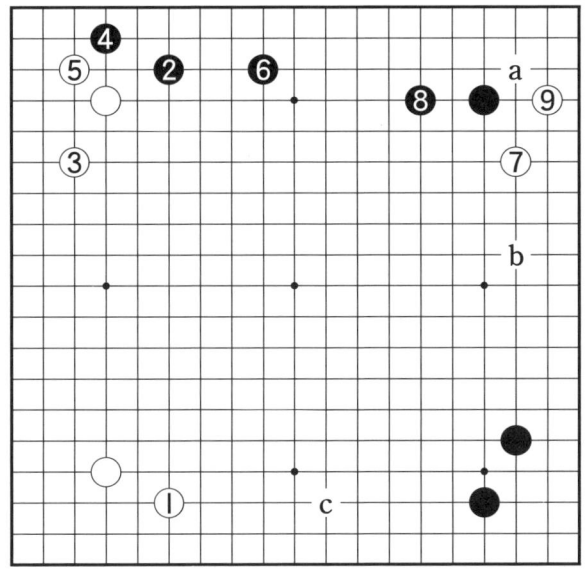

6도

6도(고등전술)

백1의 굳힘은 은연중 우하 흑의 굳힘의 영향력을 견제하는 고등전술이다. 흑은 2로 걸치고 6까지 상변을 구축하고 백은 7에 걸쳐가는 바둑도 있다.

백9 다음 흑a, 백b, 흑c라는 전개를 예상할 수 있다.

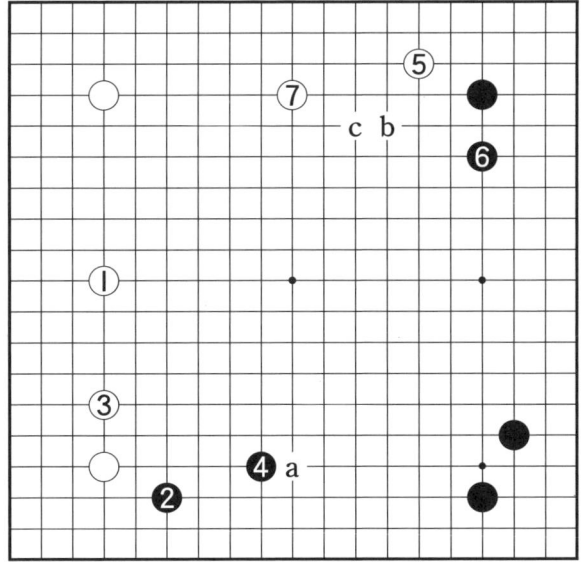

7도

7도(호각의 진행)

백1의 3연성도 유력한 수법이다. 흑은 2에서 4(또는 a)로 하변을 구축하고 백도 5로 걸치고 7에 전개한다.

다음 흑은 b나 c로 세력을 확장하는 것이 틀. 반면을 반쪽으로 나눠서 대항하는 양상인데 호각의 진행이다.

장면 14
흑의 중국식 포진/ 백의 우상 걸침

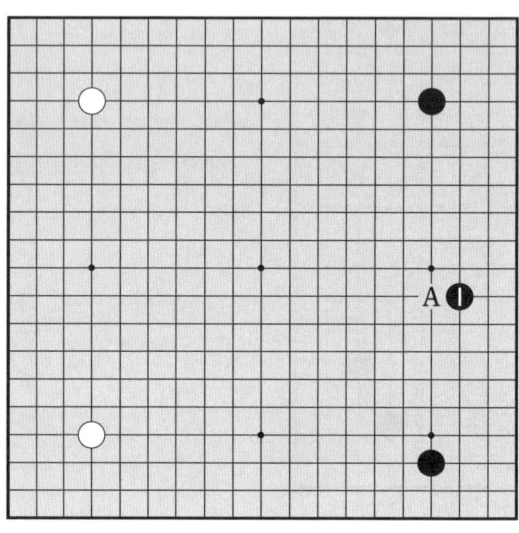

■ 흑1로 변쪽에 두는 것이 그 유명한 중국식 포진이다. 굳힘을 생략하고 스피드를 중시하는 수법이다.

흑1 대신 A로 높게 두는 것을 높은 중국식이라고 부른다. 한편 백은 2연성. 여기서 백의 대응을 알아본다.

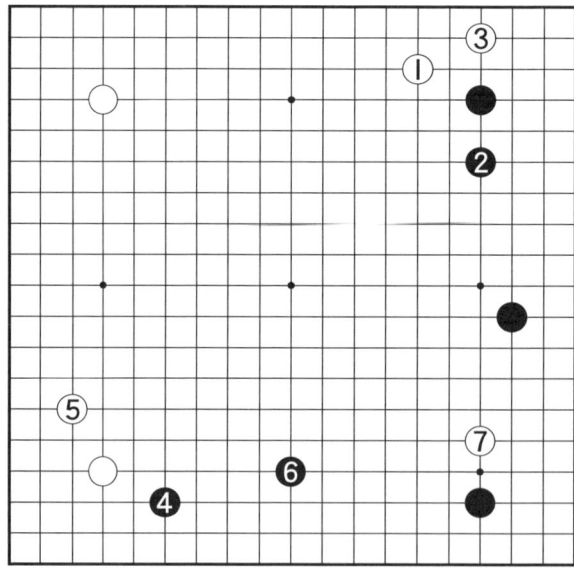

1도(시급한 걸침)

먼저 우상귀를 백1로 걸치는 수부터 살펴본다. 흑2, 백3에 흑4로 걸치고 6에 전개한다.

여기서 백7의 걸침은 시급한 수. 거꾸로 이곳을 흑이 두면 우하 흑 모양이 커져 손대기 어려워진다.

1도

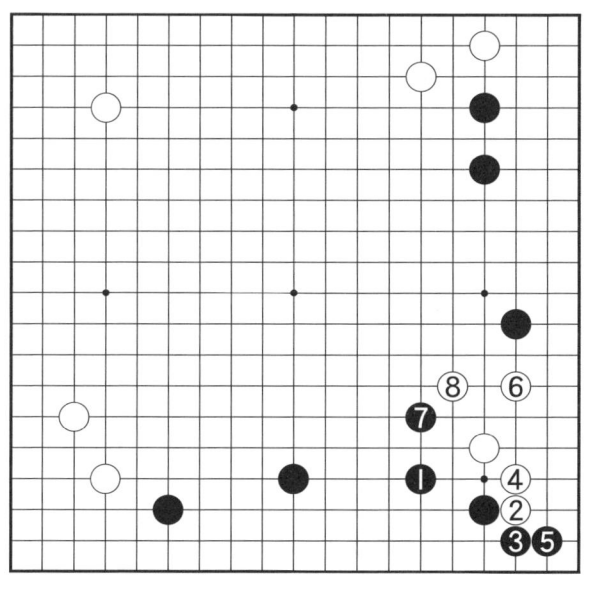

2도

2도(날일자 응수)

흑1의 날일자 응수는 이 상황에서 가장 많이 쓰이는 수법이다.

백2, 4로 붙여끌 때 흑5의 내려섬도 중요한 수. 좁지만 백6은 근거와 관계되는 요소이다.

흑7로 뛰고 백도 봉쇄를 피해 8로 뛴다.

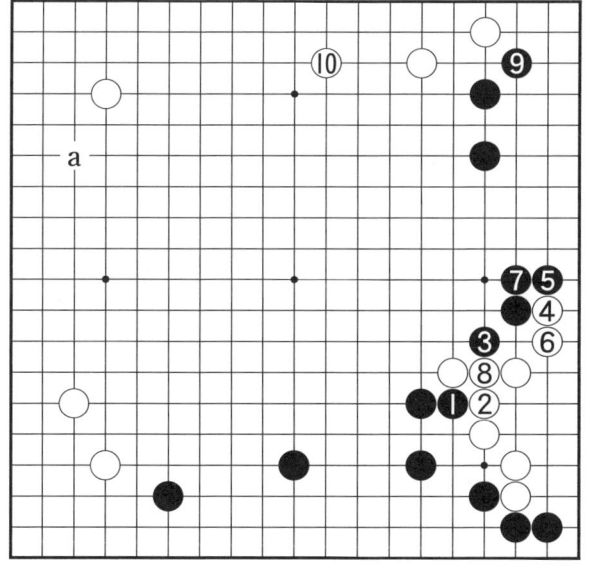

3도

3도(빈틈없다)

계속해서 흑1, 백2를 교환하고 흑3에 들여다볼 때 백4로 붙여 흑5로 받게 하고 백6으로 끈다.

흑7로 보강하기를 기다려 백8에 잇는 것이 빈틈없는 수순이다. 흑9, 백10 다음 흑a의 걸침이면 보통이다.

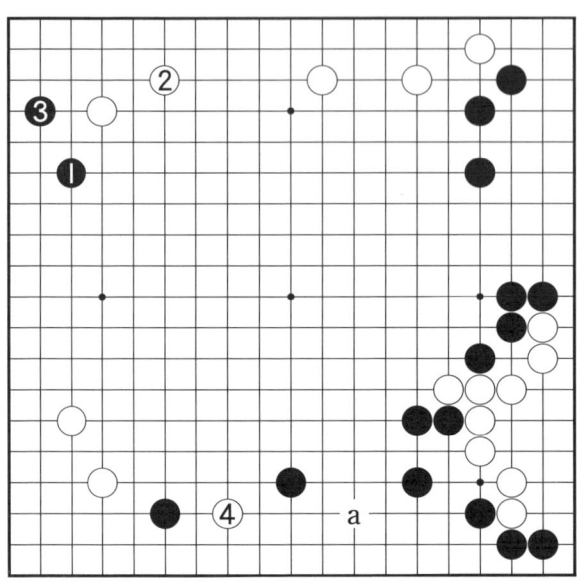

4도

4도(매서운 침입)

흑1로 걸치면 백은 2로 하나 받아두고 흑3에 손을 뺀다.

백4의 침입이 하변 흑 모양의 허술함을 찌르는 매서운 수법이다.

하긴 여기는 본래 백 a로 침입하는 급소도 남아 있는 곳이었다.

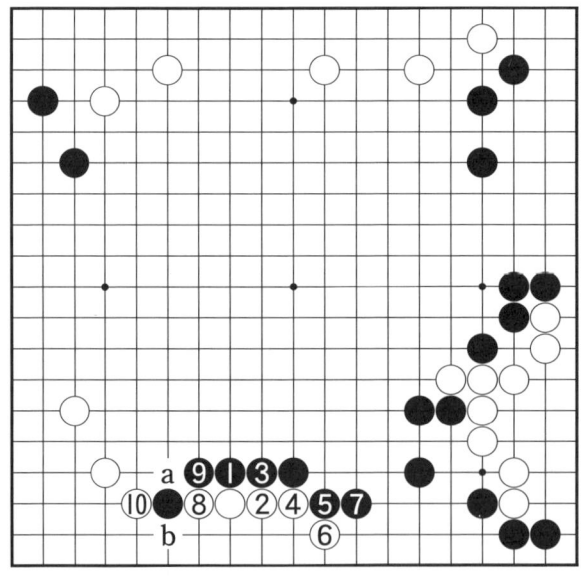

5도

5도(맞보기)

앞 그림에 이어, 흑은 1로 붙이는 정도이다. 백은 2를 선수하고 4로 기어드는 것이 요령이다.

흑5에 백6으로 하나 젖혀놓고 8에 치받고 10에 껴붙여서 좌하귀와 연락이 가능하다. 다음 a와 b가 맞보기.

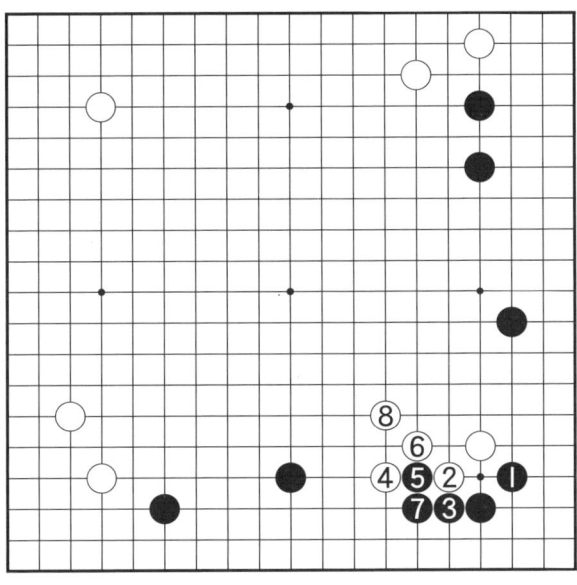

6도

6도(마늘모 응수)

백의 걸침에 대해 흑1의 마늘모 응수는 치열한 수법으로 근거를 빼앗자는 의도이다.

그러면 백은 2로 마늘모하고 흑3을 유도해 백4로 뛰는 것이 경묘한 수법이다. 흑5, 7의 끼워이음은 필연적이며….

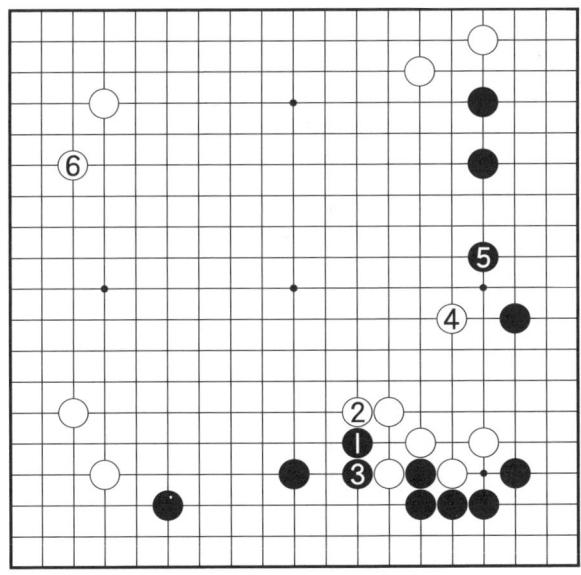

7도

7도(잘 어울리다)

흑1로 들여다볼 때 백2를 선수하고 4로 모자를 씌우는 것이 배워둘 만한 행마법이다.

흑5도 '모자는 날일자로 벗어라'라고 하는 격언에 부합되는 응수이며, 백6에 손을 돌리기까지 잘 어울린 포석이다.

흑의 중국식 포진/ 백의 하변 육박

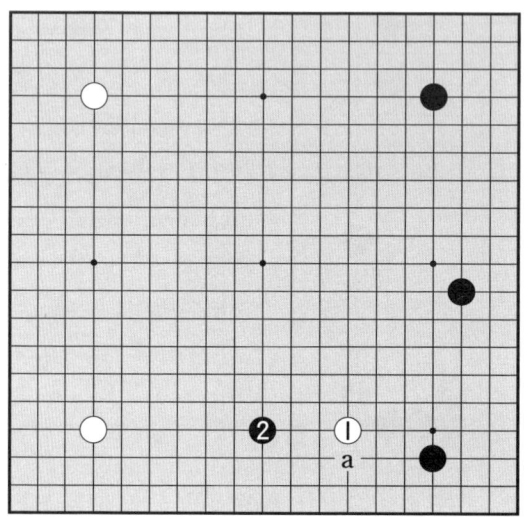

■ 백1(또는 a)로 흑의 우하귀 소목에 육박하는 것도 한때 많이 시도되었던 수법 가운데 하나이다.

흑도 2로 변의 배후에서 협공하는 것이 유력하다. 백의 대응 방법과 이후의 변화를 알아본다.

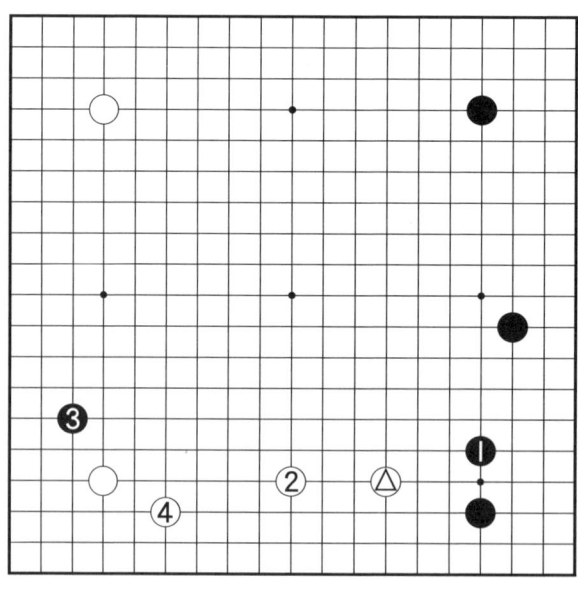

1도

1도(호각이지만)
백△에 대해 흑1로 응수해 귀를 굳히는 것은 온건한 수법이다. 그러면 백은 바라던 대로 2로 두칸을 벌려서 만족스러울 것이다.

흑3의 걸침에는 백4의 날일자로 균형을 잡아서 호각이지만 왠지 백이 편한 느낌이다.

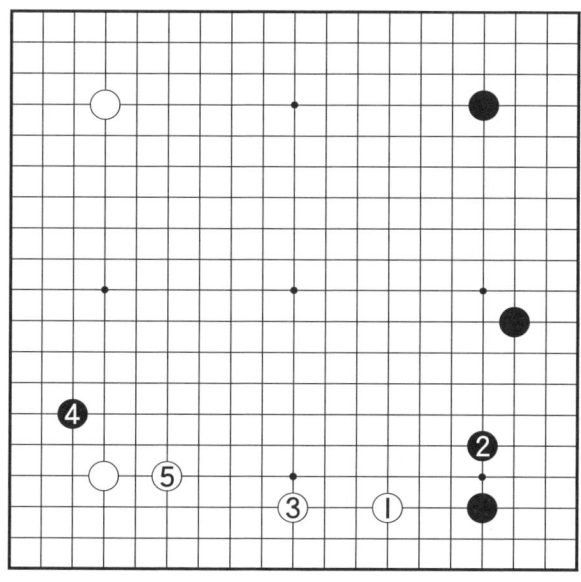

2도

2도(낮은 육박)

백1로 낮게 두는 것도 높게 두는 것과 그 의미는 비슷하다.

흑2로 받아준다면 백3으로 두칸을 벌려 앞 그림과 대동소이한 결과를 이끌어낸다.

이번에는 흑4의 걸침에 백5의 한칸응수가 제격이다.

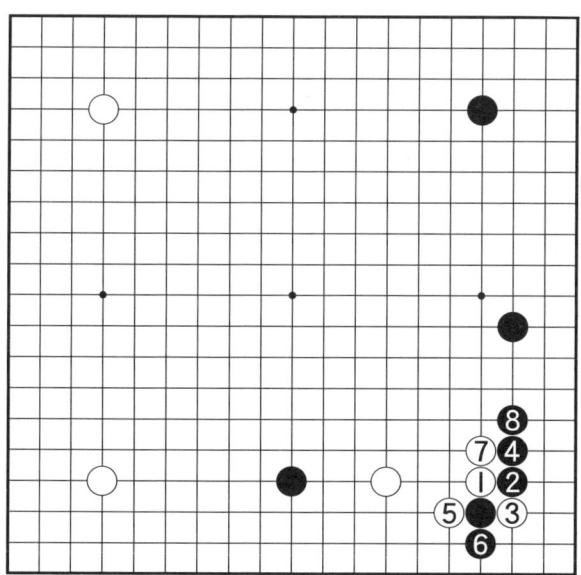

3도

3도(백의 타개책)

본론으로 들어가서, 흑의 협공에 대해 백의 직접적인 타개책은 1로 붙이는 것이다.

흑2에 백3의 맞끊음은 상용수법. 흑4에 늘때 백5로 단수하고 7에 따라붙는다. 흑은 8로 느는 한수이며….

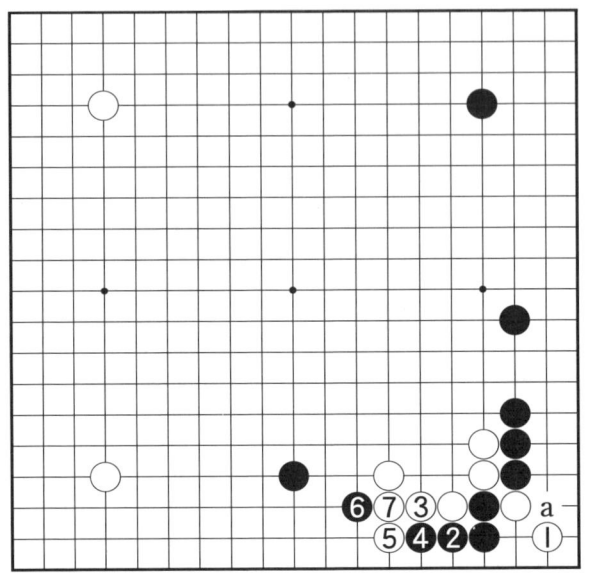

4도

4도(마늘모가 맥점)

계속해서 백1의 마늘모가 맥점이자 '2의 二'의 급소이기도 하다.

흑2, 4는 절대적인 수. 흑은 6으로 하나 들여다봐 선수활용한다.

만약 백1로 a에 내려섰다면 이 상황에서 흑1의 곳에 붙여서 대응하는 것이 요령이다.

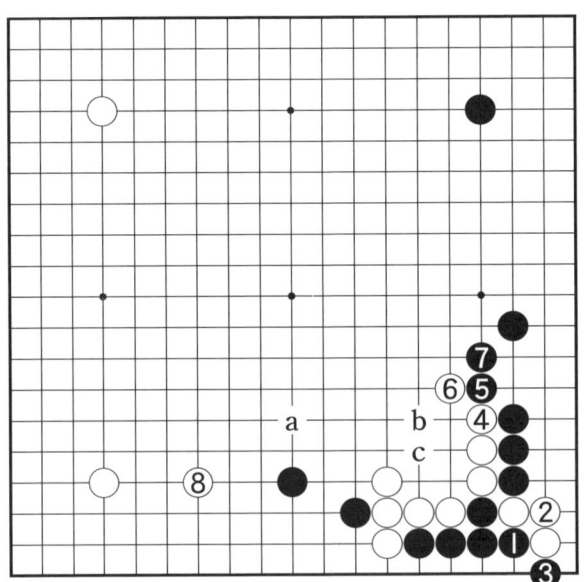

5도

5도(귀에 맛이 남는다)

앞 그림에 이어, 흑1로 단수하고 3에 젖혀서 일단 백 석점을 잡지만 맛이 남아 있다.

백은 4, 6을 선수하고 8로 흑 두점을 위협한다. 이다음 흑a, 백b(안두면 흑c가 통렬!)의 진행을 예상할 수 있다.

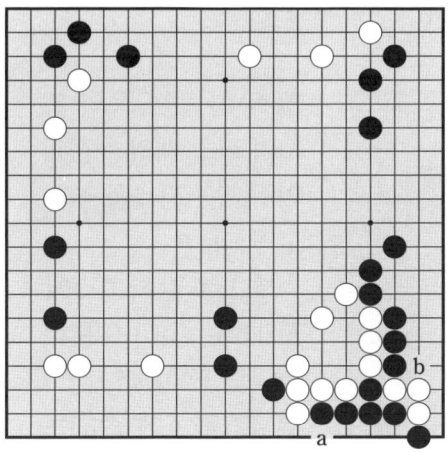

▦ 예제 (백 차례)

[장면 15]의 5도에서 바둑이 꽤 진행된 상황이다.

그런데 우하귀의 맛이란 어떤 것일까? 백a로 젖혀서 흑b로 받게 한다면 너무도 아까운 일이다.

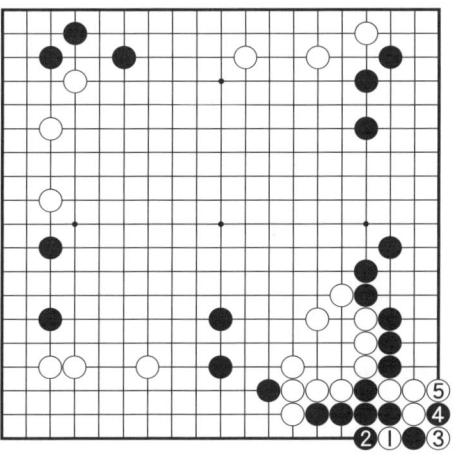

참고도 1(정해/ 이단패)

그리 어렵지 않게 수단을 찾아낼 수 있을 것이다.

백1로 먹여치고 3에 집어넣은 다음 5로 막아서 패가 된다.

이단패이기는 하지만 흑의 부담이 크므로 백의 꽃놀이패 성격이다.

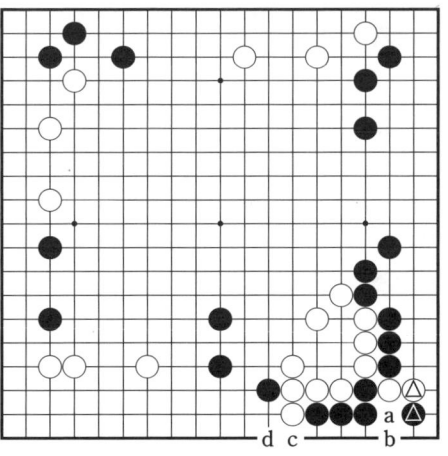

참고도 2(적의 급소)

앞서도 말했듯이 백이 △로 두었다면 흑이 ▲로 붙여서(이곳이야말로 적의 급소는 나의 급소!) 부분적으로는 아무 수도 없다.

다만 백a, 흑b를 교환하고 변에서 백c나 d를 선수로 듣게 하는 맛은 있을 것이다.

181

흑의 미니중국식/ 백의 2연성

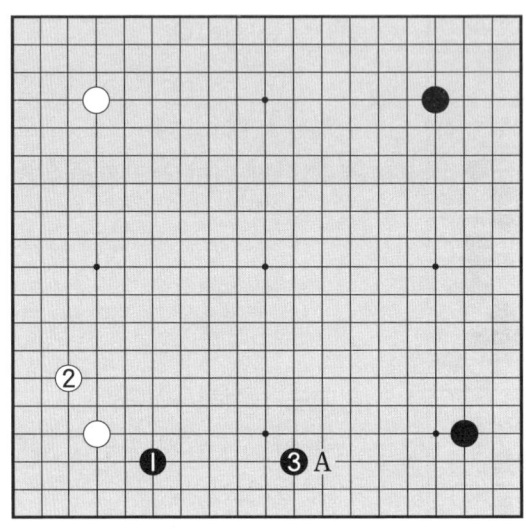

■ 우하귀 소목의 위치가 좌하 백의 화점과 마주보는 자세를 취하고 있다.

흑1로 걸치고 3에 전개하는 것이 이른바 미니중국식이다. 참고로 흑3을 A에 좁히는 포진은 변형 미니중국식. 이에 대한 기본 변화를 알아본다.

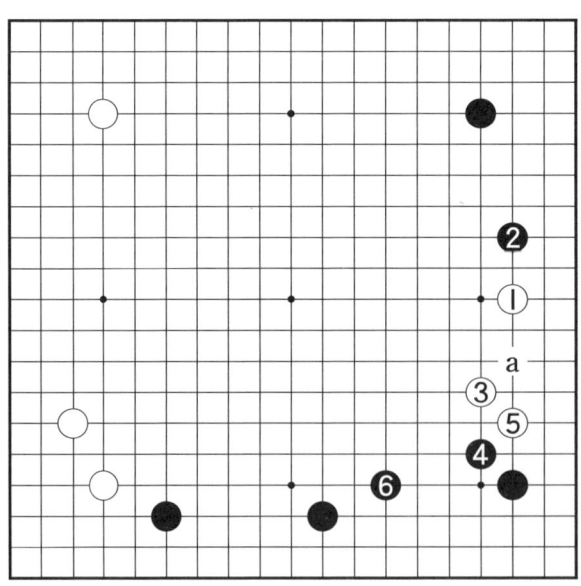

1도

1도(갈라침)

미니중국식에 대해서도 백1의 갈라침은 유효한 방법이다. 흑2쪽에서 다가설 때 백3으로 높게 둔 것은 궁리한 수이다.

흑4의 마늘모는 백의 허점(a의 침입)을 노린 호수이며 백5, 흑6으로 서로 지키는 바둑이 예상된다. 흑4로는….

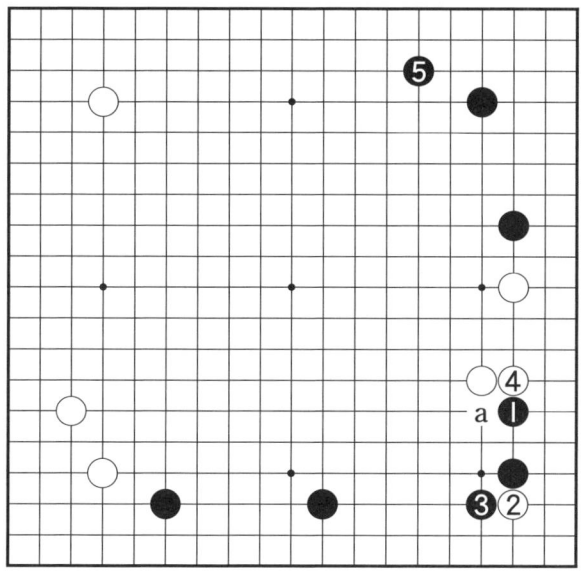

2도

2도(응수타진)

흑1로 턱밑에 들이대는 수도 있다. 백은 이때 2로 귀쪽을 하나 붙여서 응수를 살피는 것이 좋은 타이밍이다.

흑3과 교환하고 백4에 막는 것이 수순. 그냥 백4에 받을 경우 흑a에 밀려서 좋은 결과를 얻기 어렵다. 흑5의 굳힘은 좌상귀 걸침도 가능할 것이다.

3도(흑의 욕심)

앞 그림 5로 흑1, 3, 5로 계속 밀어붙이고 7로 울타리를 쳐서 우하를 크게 확보하려는 것은 욕심이다.

왜냐하면 백△와 흑❷의 교환 탓에 귀에는 백a로 젖혀 수를 내는 뒷맛이 남아 있기 때문이다.

3도

183

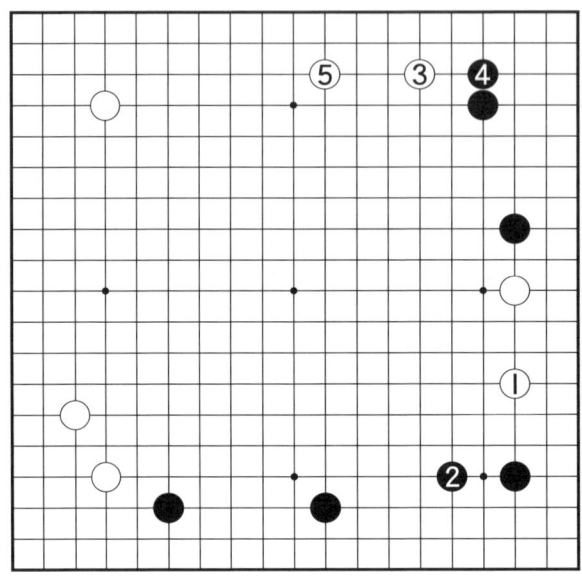

4도

4도(두칸벌림)

거슬러 올라가 백1로 두 칸을 벌리는 것도 가능 하다.

흑2로 굳힌다면 백3 으로 걸치고 흑4로 지 킬 때 백5로 두칸을 벌 려 유장한 진행이다.

서로 불만이 없는 모 범적인 포석이라고 할 만하다.

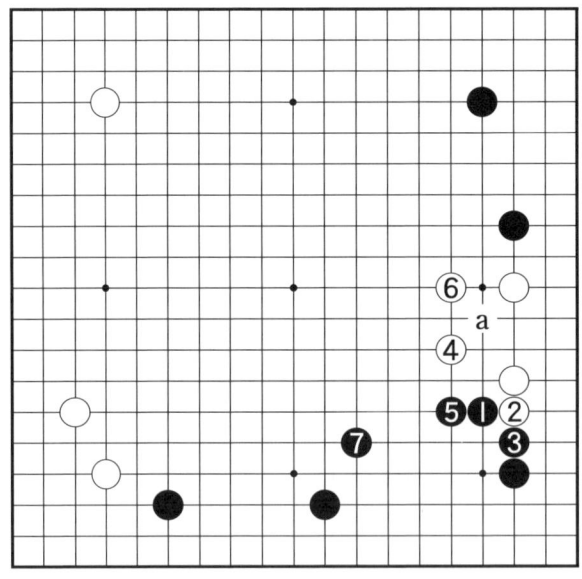

5도

5도(어깨짚음)

그런데 흑에게는 연구 된 수가 있으니 바로 1 의 어깨짚음이다.

백2, 4는 이 경우 흑 5가 좋은 수여서 바람 직하지 않다. 7까지 흑 이 유망한 포석이다.

백6을 생략하면 흑a 로 가르는 수가 통렬하 다. 백2로는…

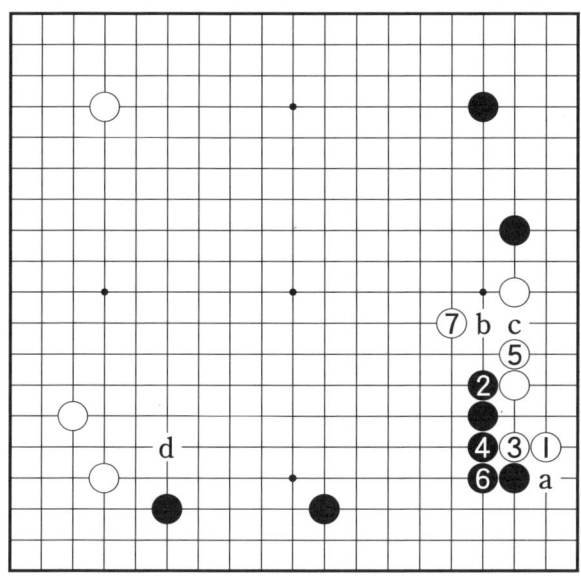

6도

6도(날일자달림)

백1의 날일자달림이 좋다. 흑2로 밀 때 백3으로 하나 올라서서 흑4와 교환한 다음 백5로 느는 것이 배워둘 만한 수순이다.

흑6의 이음에 백7이 중요(a로 기어들든가 하면 흑b, 백c, 흑d를 불러 불리)한 수!

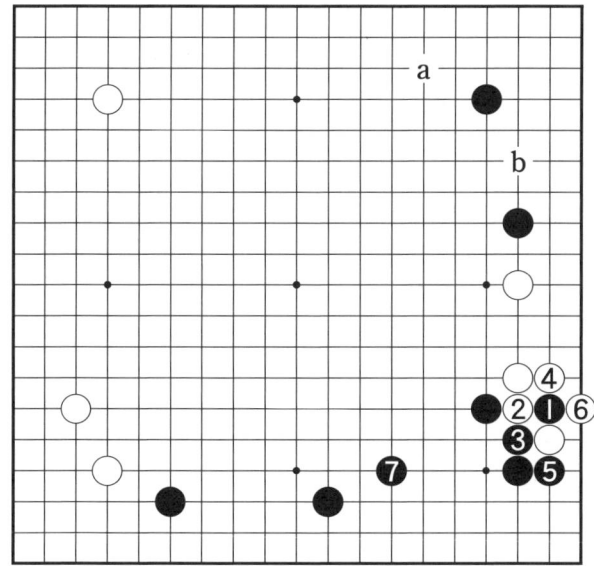

7도

7도(격언처럼)

백의 날일자에 흑은 격언처럼 1로 건너붙이는 것이 맥점이다. 백2, 4로 잡을 때 흑5를 선수하고 7로 지켜서 호각의 갈림이다.

이다음 백은 a로 걸치든가 b에 뛰어들든가 하게 된다.

185

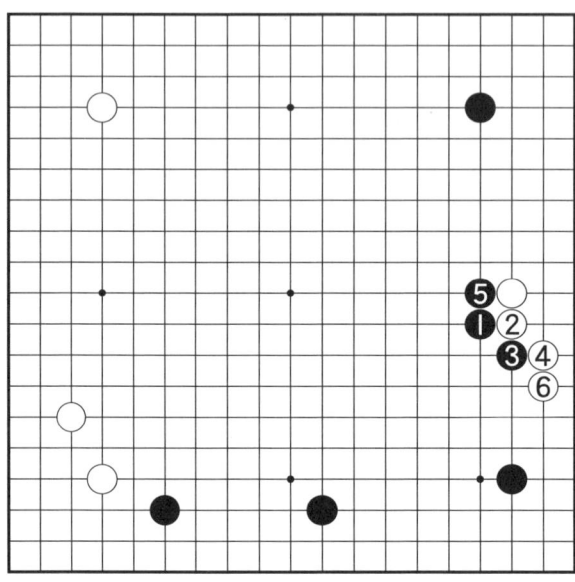

8도

8도(최근의 수법)

백의 갈라침에 대해 흑 1로 어깨를 짚는 것이 비교적 최근에 개발된 수법이다.

백2, 4에 흑5로 밀어 가는 것은 이 한수이며, 백6으로 쑥 빠진 것도 최선의 응수라고 알려 져 있다. 계속해서~

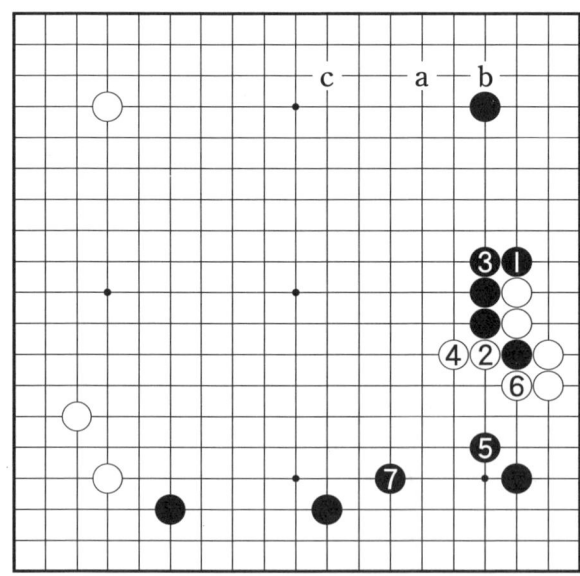

9도

9도(최초 결정판)

흑1로 두점머리를 두드 릴 때 백2로 끊는 수를 기억해야 한다.

흑3의 이음은 두터운 수이며 백4로 뻗고 흑5 에 백6으로 따내는 것 도 필연이다.

흑7까지가 결정판. 다 음 백a, 흑b, 백c의 진행 이 예상된다.

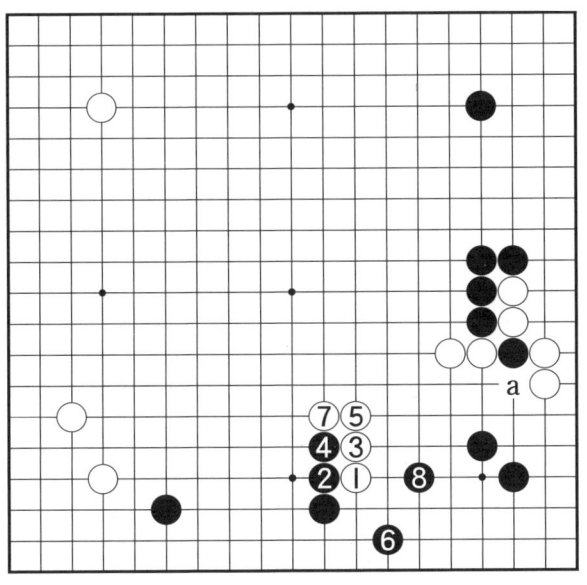

10도

10도(진화된 수법)

백은 a로 따내지 않고 먼저 1로 흑진을 삭감하는 작전도 유력하다. 이하 8까지 실전에 등장했던 수순이다.

앞 그림의 진화된 수법이라 봐도 무방하다.

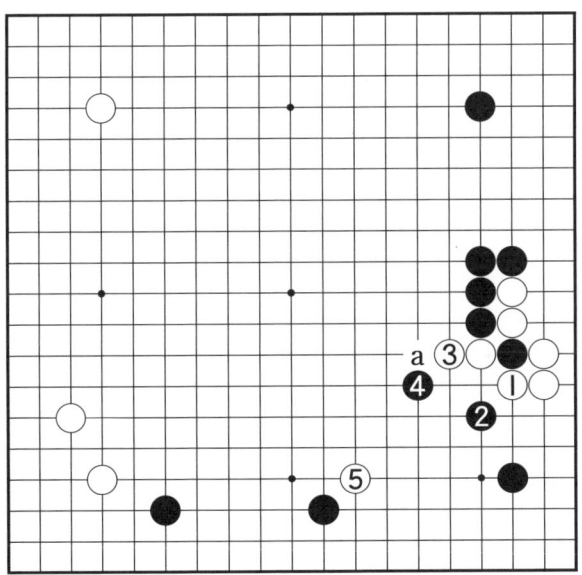

11도

11도(먼저 빵따냄)

9도 흑3 때 백1로 그냥 따내는 수법도 가능하다. 다음 흑2, 4로 급소를 짚으며 세를 키우려 하면 백5로 흑진을 삭감하는 진행이 예상된다.

여기서 유의할 사항은 흑4에 백a로 덩달아 밀면 흑진이 구체화되니 삼가할 일이다.

흑의 변형 미니중국식/ 백의 2연성

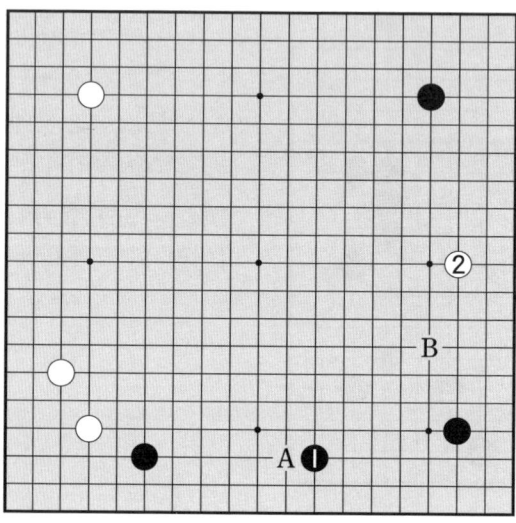

■ 흑A의 미니중국식
에 비해 흑1의 변형 미
니중국식은 우하귀의
사정이 달라진다. 그
점에 유의해야 한다.
　백은 앞서와 같이 2
의 갈라침이 유력한 대
응이며, B로 귀에 육
박하는 수법도 시도되
고 있다.

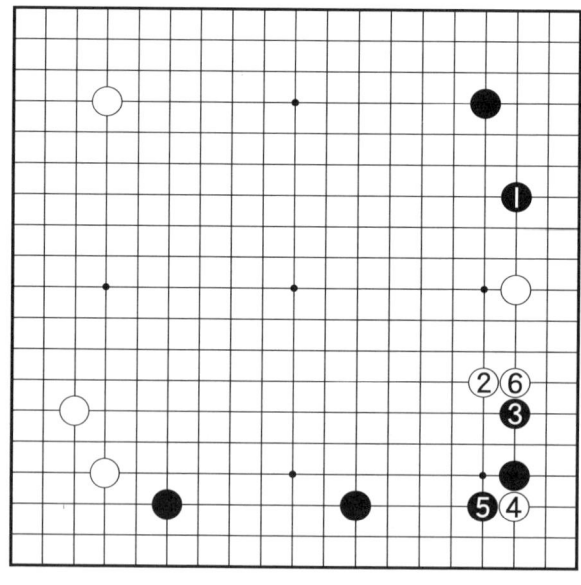

1도

1도(좋은 수순)
백의 갈라침에 대해 흑
1의 눈목자로 굳히면서
압박하는 것이 보통이
며, 백은 2로 높게 두는
것이 중앙을 중시하는
간명한 작전이다.
　흑3에 백4로 하나 붙
여서 귀에 맛을 붙인 뒤
6으로 막는 것이 좋은
수순이다.

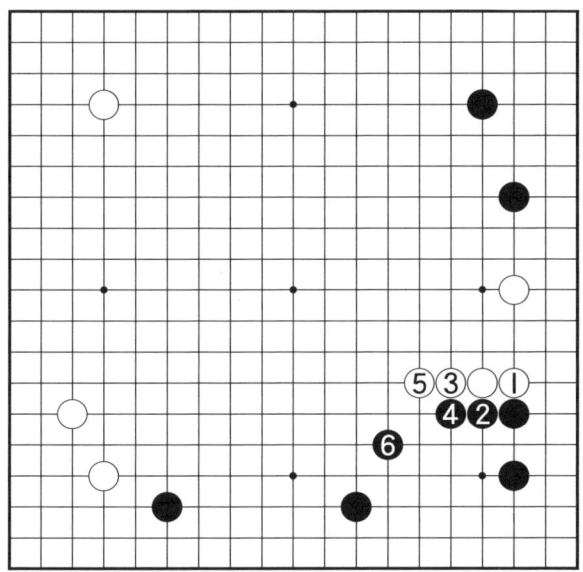

2도

2도(뒷맛이 없다)
앞 그림 4로 덥석 백1
에 막는 것은 좋지 않
다. 흑2, 4로 밀어올리
는 것이 적절하다.

백5로 뻗기를 기다려
흑6으로 울타리를 치면
우하귀가 크게 굳어진
다. 귀에 뒷맛이 없음이
안타깝다.

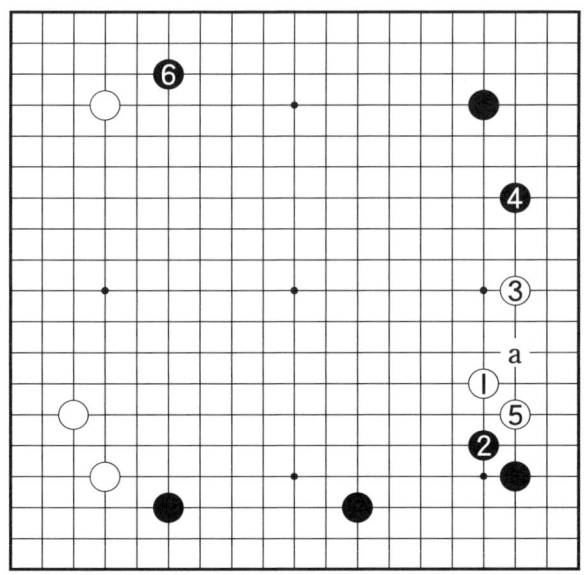

3도

3도(한판의 바둑)
갈라치지 않고 백1로 육
박하면 흑2의 마늘모가
무난한 응수 요령이다.

백3에는 흑4로 백5
를 강요하고 흑6의 걸
침에 손을 돌려서 한판
의 바둑이다.

백5를 두지 않으면 흑
a의 침공이 통렬하다.

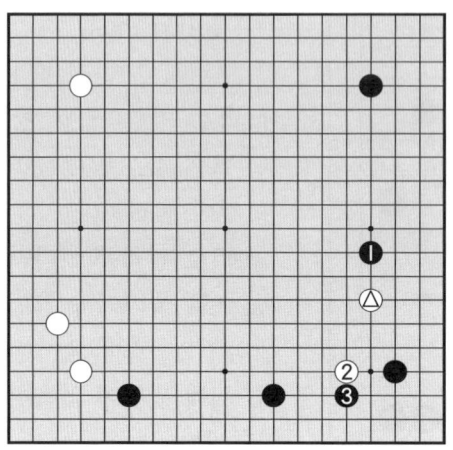

▦ 예제 (백 차례)

백△에 대해 흑이 귀쪽에서 받지 않고 강하게 1로 협공했다.

백2는 당연한데, 그러자 흑3의 붙임. 무슨 뜻일까? 백의 대응을 묻는다.

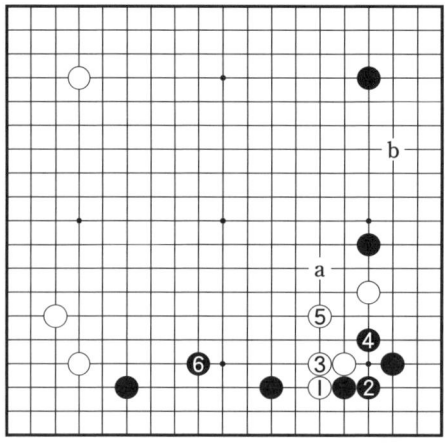

참고도 1(흑의 주문)

백1, 3이 흑의 주문이었다. 흑4의 마늘모에 백5로 뜰 때 흑6으로 지켜서 기분 좋다.

백은 a의 보강이 또 필요하므로 흑b에 굳혀서 두고 싶은 곳을 다 둔 셈이다.

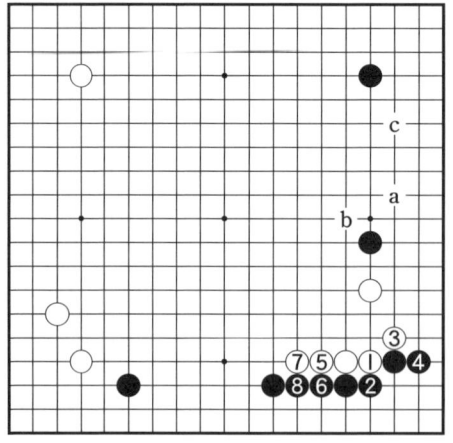

참고도 2(정해/ 좋은 수법)

백1로 치받고 3에 젖히는 것이 좋은 수법이다.

흑4에 백은 5, 7을 선수해서 상당히 탄력적인 모습이다. 다음 백a, 흑b, 백c가 예상되는데 백이 조금 해낸 느낌이다.

흑의 고바야시류/ 백의 2연성

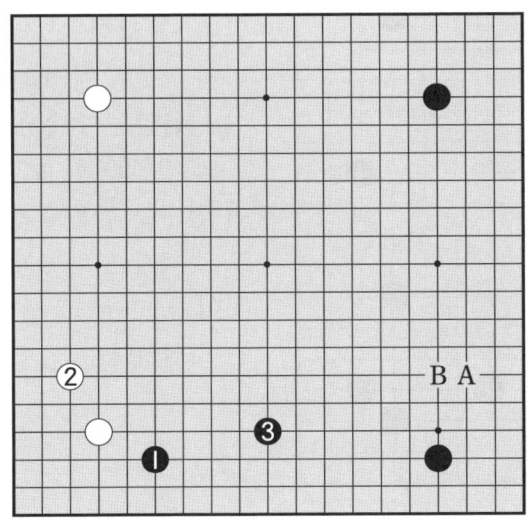

■ 흑1로 걸치고 백2의 날일자응수에 흑3으로 전개하는 것이 고바야시류다. 고바야시 고이치(小林光一)가 전성기에 단골로 삼았던 바로 그 포진이다.

백은 A의 눈목자걸침이나 B의 두칸걸침이 주된 대응이다.

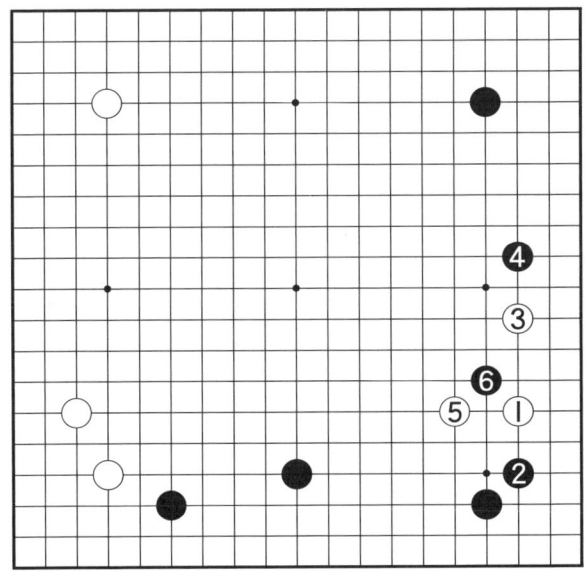

1도(눈목자걸침)

백1의 눈목자걸침부터. 흑2의 마늘모는 대표적인 응수이다.

백3의 두칸벌림에 흑4로 바짝 육박하는 것이 좋은 수이다.

백5의 한칸뜀은 소홀히 할 수 없으며, 즉각 흑6으로 들여다보는 것이 타이밍이다.

1도

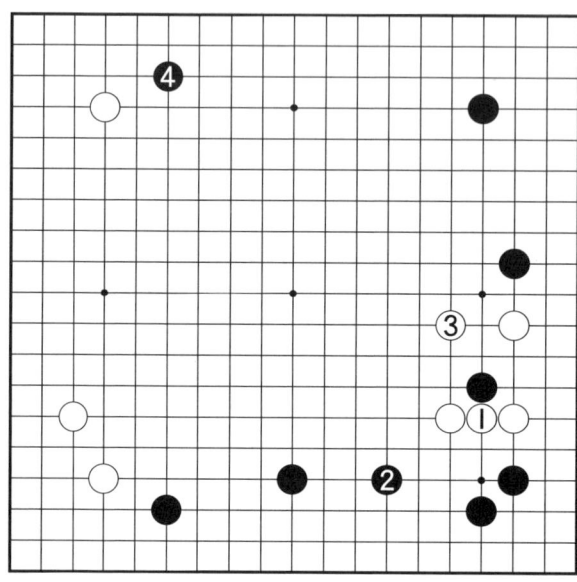

2도

지금이라면 백1로 잇지 않을 수 없다. 그러고 나서 흑2로 지키는 것이 빈틈없는 수순이다.

백3은 필요한 보강이며 선수를 잡은 흑은 4로 걸쳐가는 바둑이 될 것이다. 흔히 볼 수 있는 포석이다.

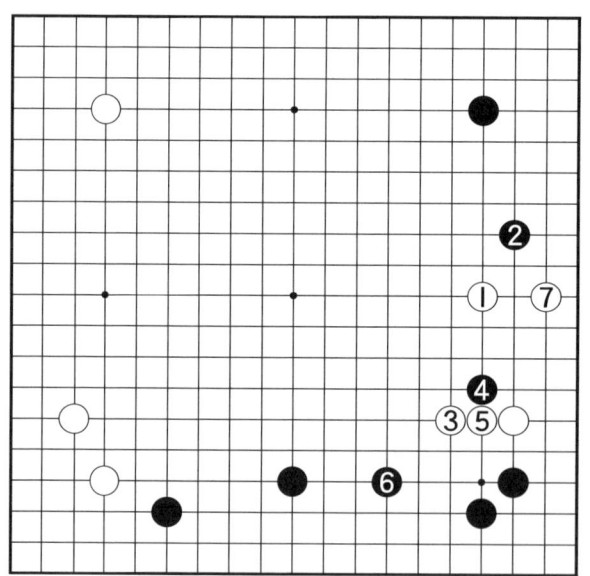

3도

3도(호각의 갈림)

애초에 백1로 멀찌감치 전개하는 것도 가능하다. 흑2로 다가설 때 백3으로 뛰는 것은 앞서와 같은 요령이다.

역시 흑은 4로 들여다보고 6에 지킨다. 백7로 단속해 일단락이며 호각의 갈림이다.

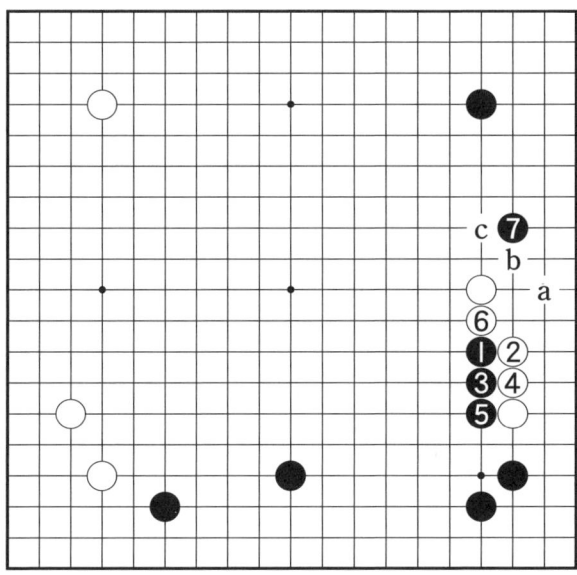

4도

4도(흑, 세력 중시)

흑은 세력을 중시하고
싶다면 앞 그림 2로 이
그림처럼 흑1이라는 고
압적인 자세를 취할 수
도 있다. 흑5까지 선수
하고 7로 다가선다.

다음 흑a를 당할 수
는 없으니 백b, 흑c로
진행될 곳이다.

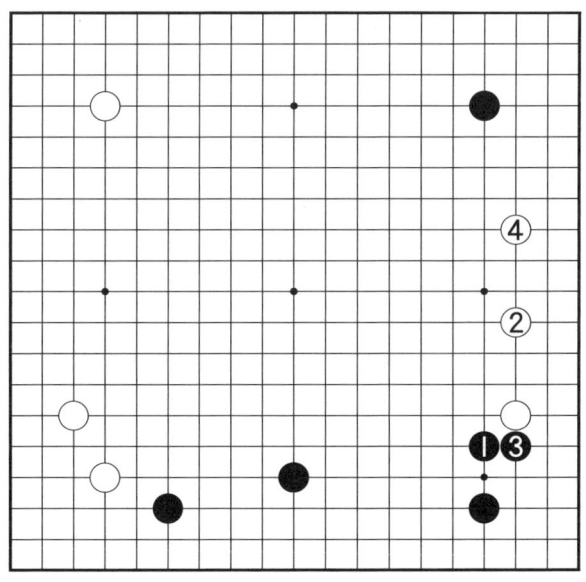

5도

5도(어깨짚음)

백이 눈목자로 걸쳤을
때 흑1로 어깨를 짚는
것도 한때 크게 유행했
던 수법이다.

백은 간명하게 대응
하려면 2로 벌리고 흑3
에 막을 때 또다시 백4
로 두칸을 벌리는 것이
경묘한 수법이다.

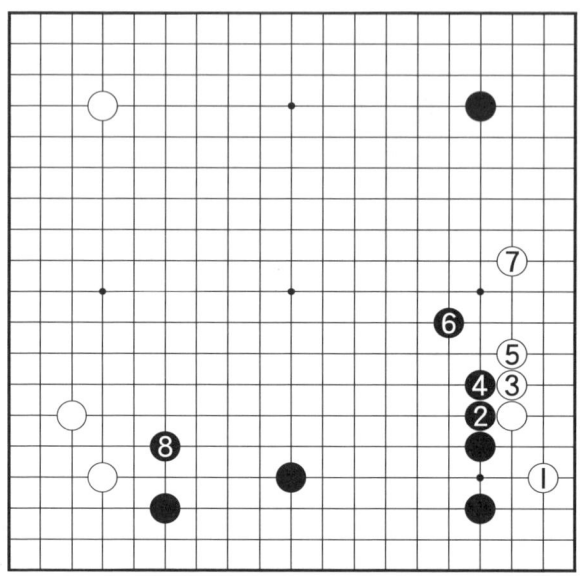

6도

6도(날일자달림)

백1의 날일자달림이 널리 쓰인다. 흑2, 4로 밀어붙이고 시원스럽게 6에 날일자하는 것은 대범한 수법이다.

백7을 기다려 흑8로 뛰어 하변의 흑 모양이 깊어졌다. 물론 백도 못둘 것이 없는 포석이다.

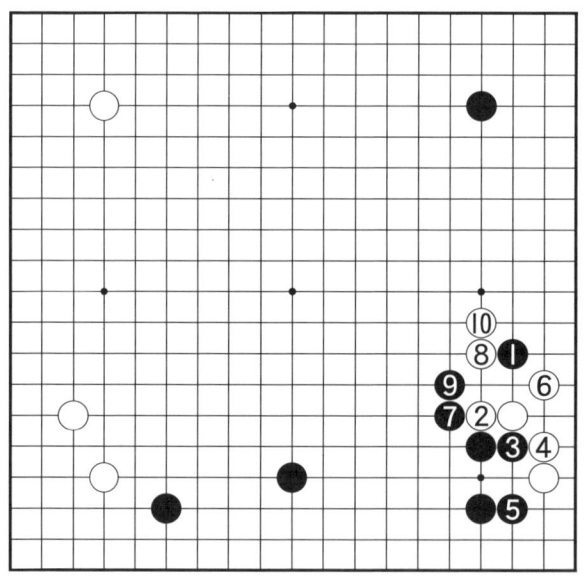

7도

7도(흑의 협공)

앞 그림 2로는 흑1로 협공하는 수도 유력하다. 백2에 흑3으로 들어가고 5에 쌍립을 서는 것이 정해진 틀이다.

백6으로 호구친 것은 정수이며, 흑7 이하 백10까지 일단락된다. 서로 불만이 없는 갈림이다.

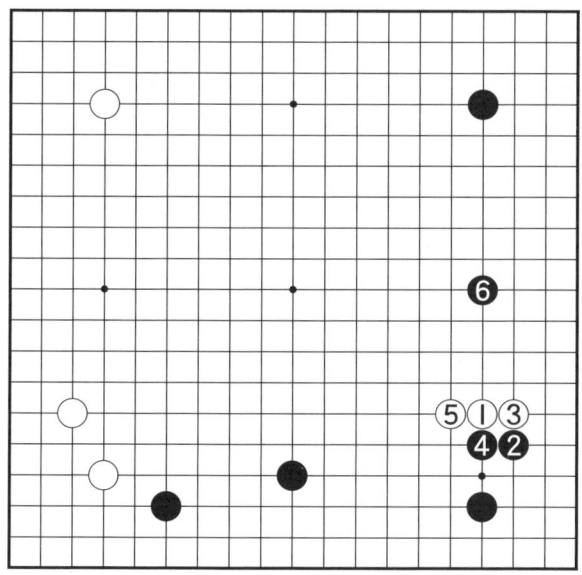

8도

8도(두칸걸침)

백1의 두칸걸침도 눈목
자걸침과 비슷한 의미
로 시도된다.

흑2에 백3으로 막으
면 흑4로 하나 밀어올
려 백5를 강요하고 흑6
으로 협공하기까지가
필연적이다. 이다음…

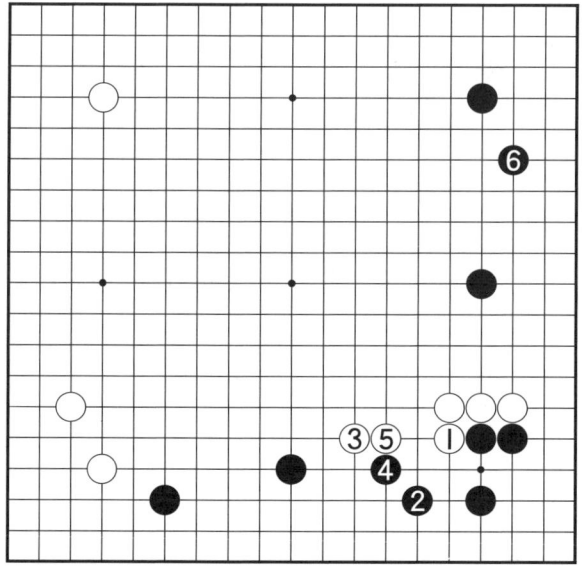

9도

9도(아쉽지만)

백1의 꼬부림은 놓쳐서
는 안 되는 곳이다. 흑2
는 이것이 행마의 틀이
며 백3으로 뛴 것도 정
착된 수법이다. 여기서
조금 아쉽지만 흑4와 백
5를 교환하고 흑6에 손
을 돌려서 서로 해볼 만
한 포석이다.

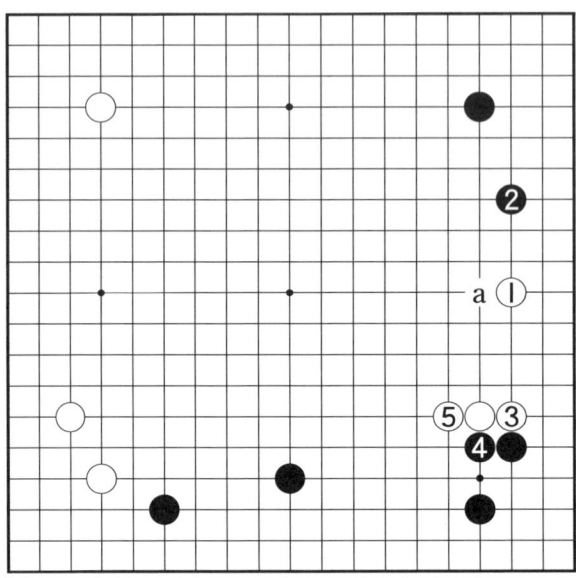

10도

10도(재미있는 착상)

백은 복잡함을 피해 애초에 1(또는 a)로 그냥 벌리는 것도 재미있는 착상이다. 흑2로 위쪽을 둔다면 그때 비로소 백3으로 막아서 좋다. 흑4에는 백5로 뻗어서 아무런 걱정이 없다. 흑2로는….

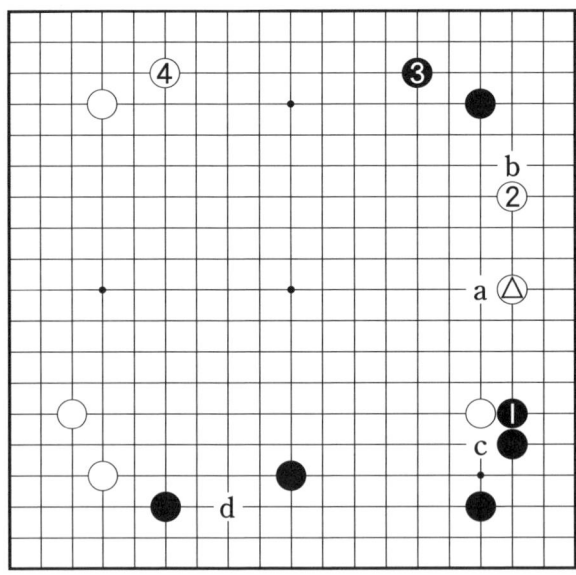

11도

11도(잘 어울리다)

기세 상 흑1로 밀어올지도 모른다. 그러면 백2로 벌림과 걸침을 겸하면 된다(백△가 a라면 b의 걸침). 흑3으로 받는 정도일 때 백4로 좌상귀를 굳혀 잘 어울린 포석이다.

수순 중 흑1은 c도 있으며, 백4는 d의 침입도 가능하다.

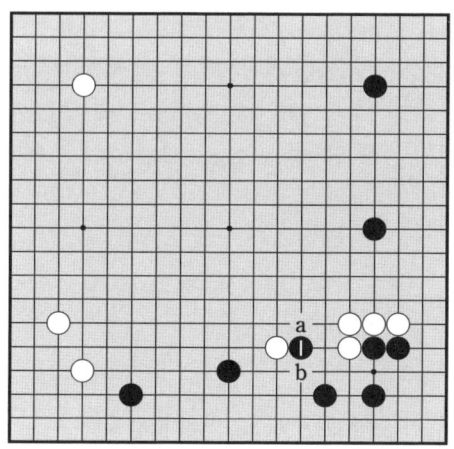

▦ 예제 (백 차례)

이 상황에서 흑이 1로 붙여왔다. 무슨 뜻일까?

백이 a로 받으면 흑b로 끌겠다는 속셈이 빤하다. 그렇다면 백은 어떻게 대응해야 할까?

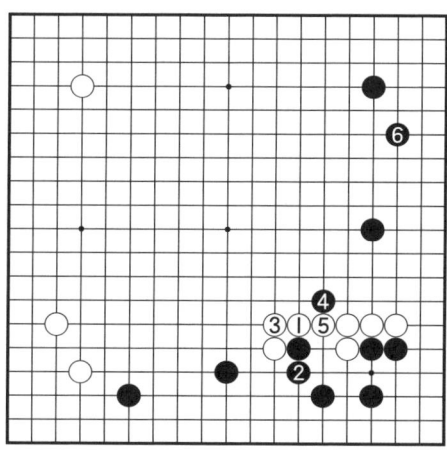

참고도 1(차이가 크다)

백1에 흑2로 끌면 앞서의 [장면 18]의 9도와는 달리 흑은 공배에 여유가 생기며, 백에게 흠집이 생긴다. 더욱이 흑4로 들여다보는 수가 선수가 되어 백 전체의 탄력이나 안형이 부실해진다. 이 차이가 크다.

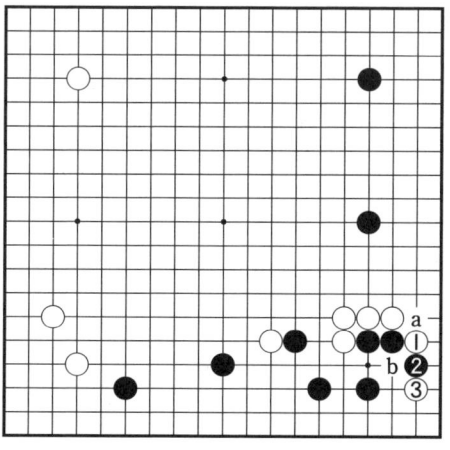

참고도 2(교묘한 응수타진)

귀쪽을 백1로 젖혀보는 것이 좋은 타이밍이 아닐까.

흑2로 받을 때 백3의 껴붙임이 교묘한 응수타진이다. 흑a로 끊었다가는 백b가 있으므로….

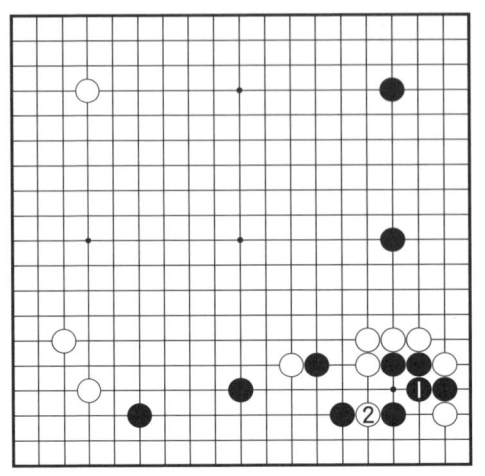

참고도 3(기막힌 맥점)

천상 흑은 1로 꽉 이을 수밖에 없다.

그런데 문제는 이것으로 끝나지 않는다. 거기서 백2의 끼움이 또 기막힌 맥점이다. 이에 대해….

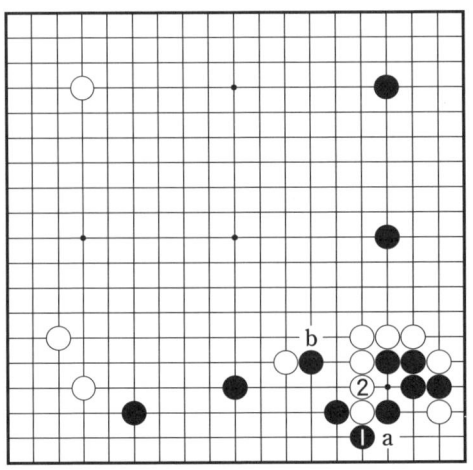

참고도 4(흑, 당하다)

흑1로 아래쪽에서 단수하는 것은 백2로 이은 다음 기분 나쁘다. 귀의 약점 탓에 흑은 a에 이어야 하는데, 그제서야 백은 b로 받을 테니 당해도 이만저만 당한 것이 아니다.

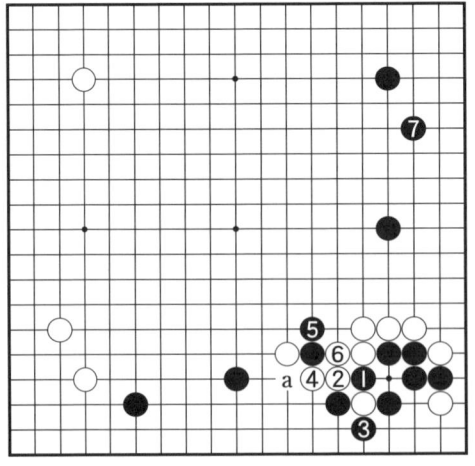

참고도 5(힘겨루기)

결국 흑은 1로 두어 백 한점을 잡을 수밖에 없다. 그러면 백은 2로 단수하고 4로 붙여왔던 흑 한점을 차단할 것이다.

이 결과는 흑이 한방 맞은 느낌도 있지만 a로 끊어 싸우는 강수도 있어 한판의 힘겨루기 바둑이다.

PART 4

행마

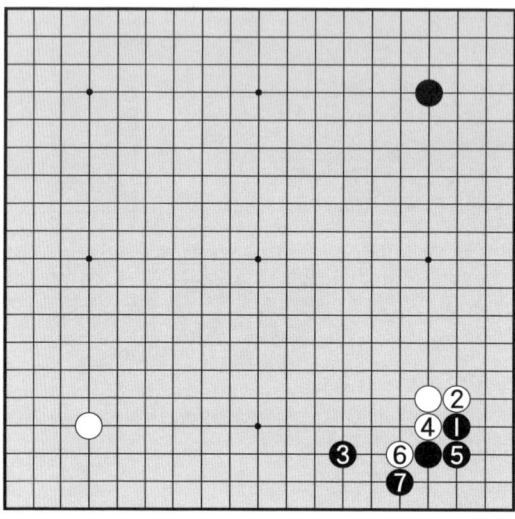

▨ 아마추어 6급끼리의 대국. 귀는 하나 비워둔 채 우하귀에서 응접이 벌어지는데, 그 행마가 수상하다.

우선 흑1의 마늘모, 3의 두칸벌림이 이상 행마이고, 백도 4와 6이 악수이다. 이를 배경으로 행마에 대해 출발한다.

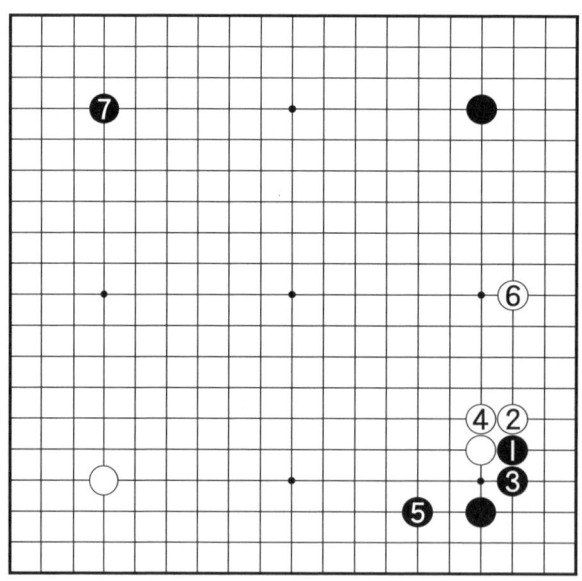

1도(기본행마)

협공을 하지 않는다면 흑1, 3이 보통일 것이다. 백6까지는 모르는 이가 없는 기본정석.

이 수순 속에 붙이고 끌고 젖히고 잇는, 그리고 한칸벌림과 세칸벌림 등 기본행마가 들어 있다.

1도

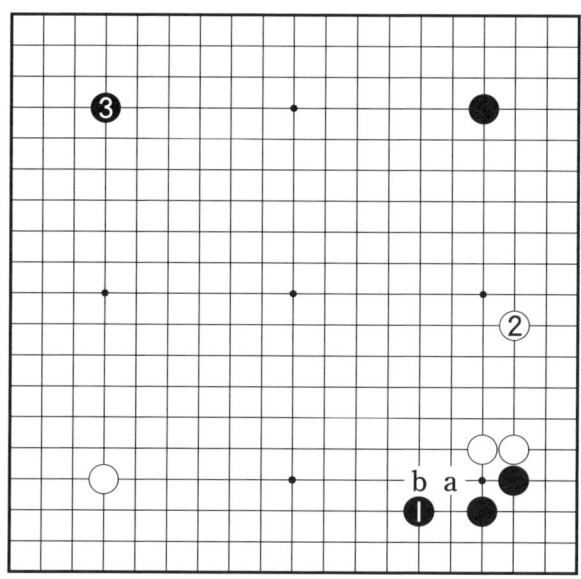

2도

2도(한칸과 세칸)

이왕 이렇게 두었다면 흑1로 한칸을 벌리는 것이 옳다. 2로 세칸을 벌려서 백이 만족스러운 진행이다. 2립3전으로 귀에 비해 변이 활발하니까….

수순에서 흑1로는 a의 마늘모도 괜찮을 것이고, 또 b의 날일자도 있을 것이다.

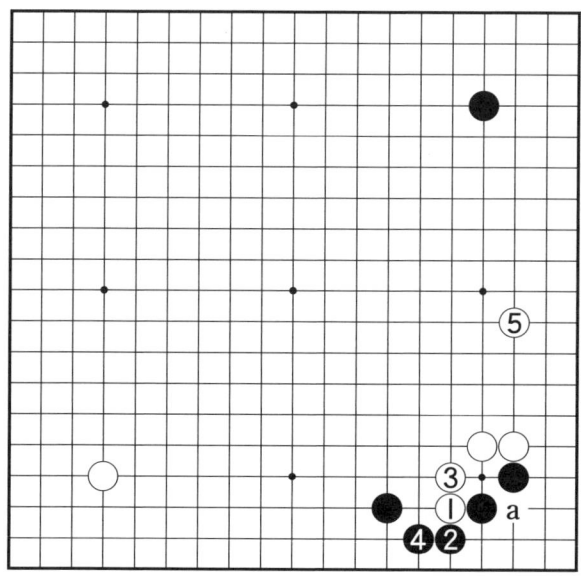

3도

3도(백1, 3 좋은 수법)

흑이 두칸을 벌린 데 대해 백1로 붙이는 것이 좋다. 흑2에 백3으로 끌어서 흑의 약점을 쏘아 본다.

흑4로 지키는 정도일 것이다. 백5로 세칸을 벌려서 일단락인데, 귀에는 백a의 노림이 남는다.

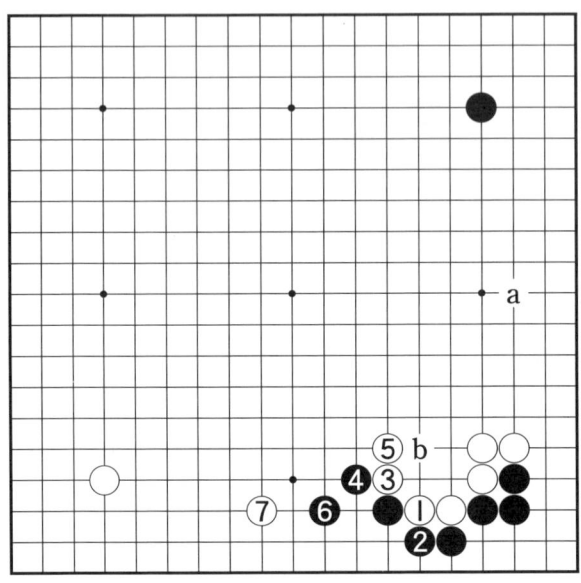

4도

4도(그후의 실전 1)
그후의 실전 진행이다. 백의 악수 퍼레이드가 등장한다.

우선 백1(a로 둘 곳)은 두점머리를 스스로 얻어맞은 대악수! 백3(b로 뛸 곳)은 흑4의 이단젖힘을 불러서 잘못이고, 백7도 방향이 틀렸다. a로 벌릴 곳이다.

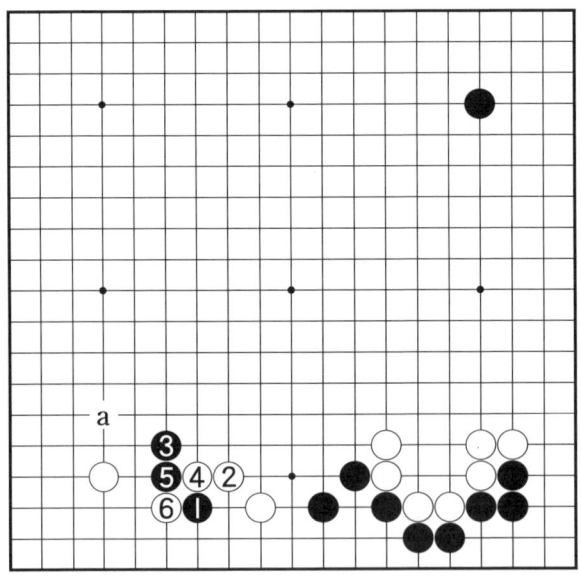

5도

5도(그후의 실전 2)
계속해서 흑1의 침입은 오른쪽 흑이 튼튼하므로 충분히 성립된다.

그나저나 흑3의 날일자로 진출하자 백4, 6의 무식한 수법. 너무 난폭하고 무모하다. 적어도 백a로 한칸을 뛰든지 해서 참아야 했다.

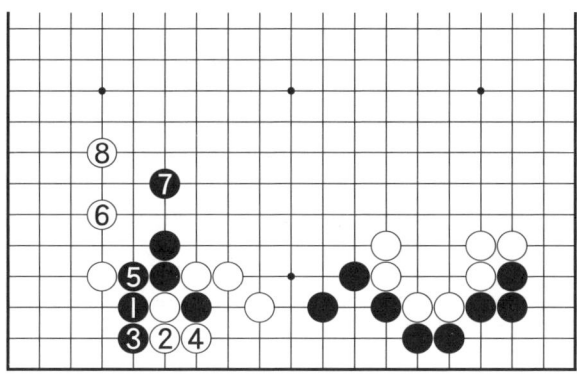

6도

6도(그후의 실전 3)

이번에는 잘 두던 흑이 잘못을 저지른다. 흑1은 당연했지만 다음 3이 그것으로, 백4에 흑5의 이음이 불가피해져 발이 무디어졌다. 백은 그 틈에 6, 8로 계속 뛰어서 숨을 돌렸다.

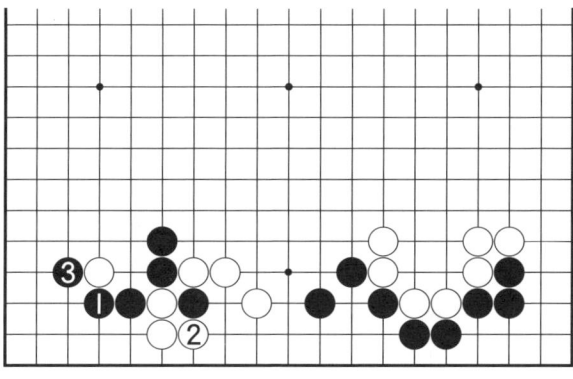

7도

7도(맥점 일발)

이 상황에서 흑은 1로 슬그머니 들어가는 것이 좋은 맥점이다. 백은 2로 흑 한점을 잡지 않을 수 없다.

그러면 흑3으로 젖혀 올려서 실전의 진행과는 하늘과 땅 차이다.

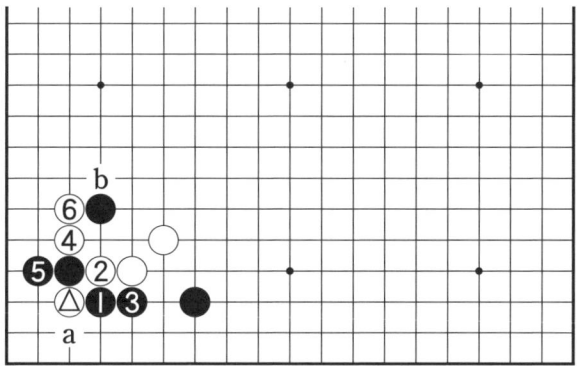

8도

8도(소목 정석에서)

소목의 한칸낮은협공에서 나온 형태. 백△에 흑1로 젖혀나가고 3으로 건널 때 백4로 단수하고 6에 기어나가는 것이 좋은 수법이다. 다음 흑a, 백b로 될 곳이며 정석인데, 앞 그림의 1과 꼭 닮았다.

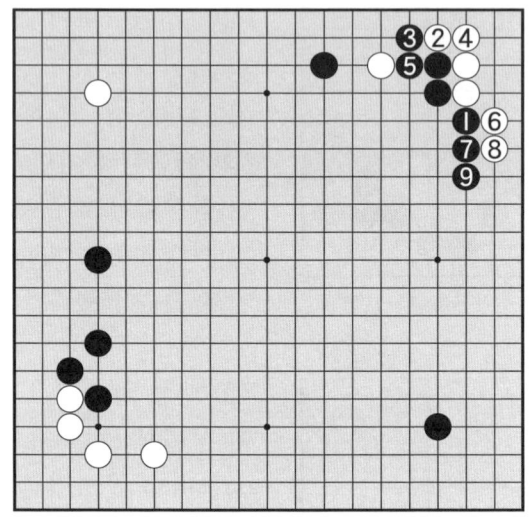

■ 아마추어 1급끼리
의 대국에서 취재했다.
화점 한칸협공의 정
석 진행 중 흑1은 무리
한 젖힘. 그러자 백은
2, 4로 젖혀잇더니 6, 8
로 안이하게 처리했다.
선수는 뽑았지만….
흑의 무리를 응징하
는 행마법에 대해 알
아본다.

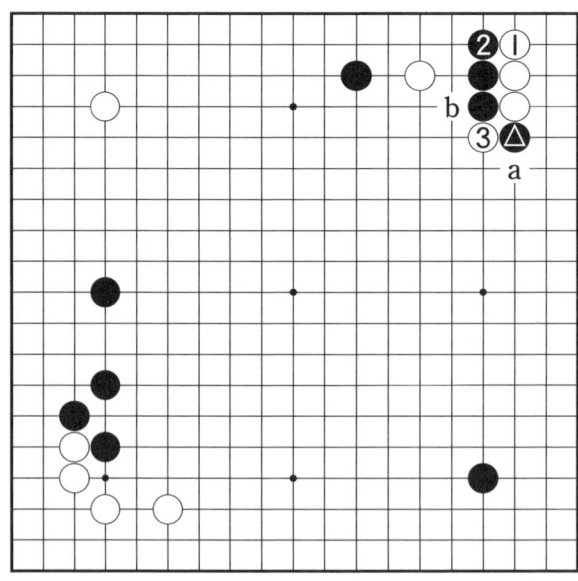

1도

1도(내려섬)
흑▲에 대해 백1의 내
려섬이 흑의 무리를 추
궁하는 간명한 수법이
다. 흑2로 따라막는 것
은 백3에 끊겨서 낭패
를 본다.
다음 흑a로 늘다가는
백b로 위쪽 흑 석점이
잡힌다.

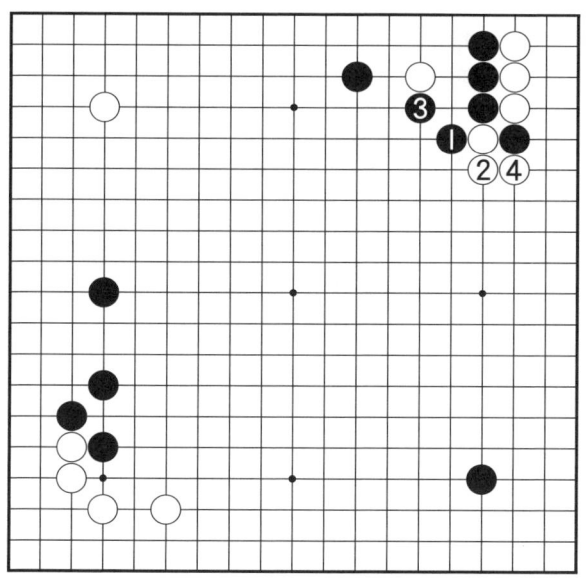

2도

2도(실리가 크다)

따라서 흑은 1로 단수하
고 3으로 호구치는 정도
이다.

그러면 백4로 흑 한
점을 접수해서 실리가
제법 크다. 실전의 진행
과는 비교도 안 되는 결
말이다.

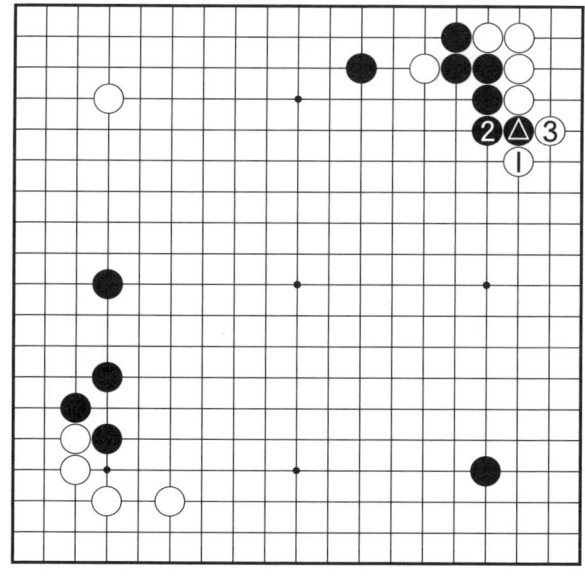

3도

3도(껴붙임)

장면의 6으로는, 이 그
림처럼 백1로 껴붙이는
것이 좋았다. 흑은 2로
잇고 백3을 허락할 수
밖에 없다.

이렇게 되면 정석에
서 흑▲와 백3이 교환
된 형태이니 흑이 악수
를 둔 셈이다.

205

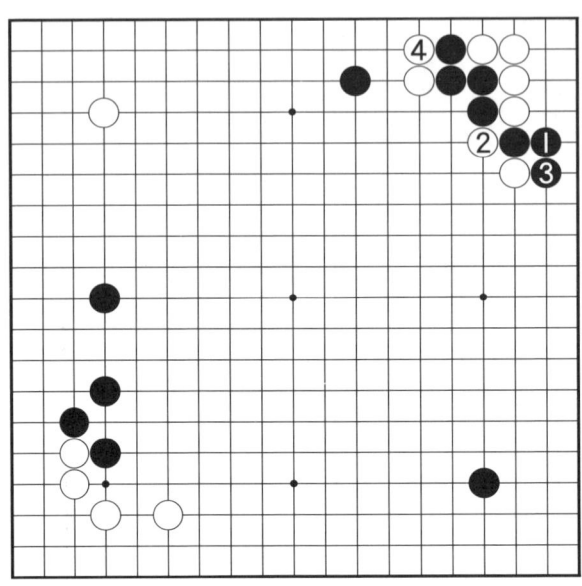

4도

4도(흑, 곤란)

앞 그림 2로 흑1에 내려서서 차단하는 것은 백2로 끊겨 무리이다.

흑3에 꼬부려도 백4로 건너자고 따라막으면 흑은 후속수가 곤란하다. 3도의 진행이 타당한 결과이다.

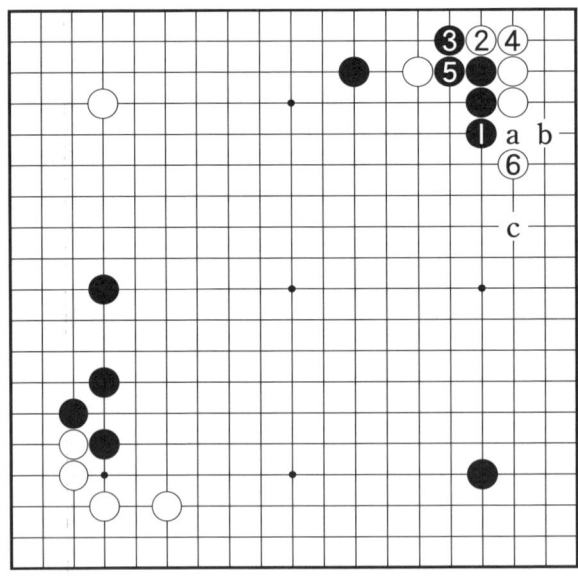

5도

5도(정석)

애초에 흑1이 정수. 다음 백2, 4로 젖혀잇고 6에 뛰기까지가 정석이다. 여기서 흑a, 백b를 교환한 것이 3도.

흑c로 다가서서 압박하는 수도 없었고 자충의 의미도 있으니 3도는 여간 잘못이 아니다.

◆ 소방 분야

강좌명	수강료	학습일	강사
소방기술사 전과목 마스터반	620,000원	365일	유창범
[쌍기사 평생연장반] 소방설비기사 전기 x 기계 동시 대비	549,000원	합격할 때까지	공하성
소방설비기사 필기+실기+기출문제풀이	370,000원	170일	공하성
소방설비기사 필기	180,000원	100일	공하성
소방설비기사 실기 이론+기출문제풀이	280,000원	180일	공하성
소방설비산업기사 필기+실기	280,000원	130일	공하성
소방설비산업기사 필기	130,000원	100일	공하성
소방설비산업기사 실기+기출문제풀이	200,000원	100일	공하성
소방시설관리사 1차+2차 대비 평생연장반	850,000원	합격할 때까지	공하성
소방공무원 소방관계법규 문제풀이	89,000원	60일	공하성
화재감식평가기사·산업기사	240,000원	120일	김인범

◆ 위험물 · 화학 분야

강좌명	수강료	학습일	강사
위험물기능장 필기+실기	280,000원	180일	현성호,박병호
위험물산업기사 필기+실기	245,000원	150일	박수경
위험물산업기사 필기+실기[대학생 패스]	270,000원	최대4년	현성호
위험물산업기사 필기+실기+과년도	344,000원	150일	현성호
위험물기능사 필기+실기	240,000원	240일	현성호
화학분석기사 필기+실기 1트 완성반	310,000원	240일	박수경
화학분석기사 실기(필답형+작업형)	200,000원	60일	박수경
화학분석기능사 실기(필답형+작업형)	80,000원	60일	박수경

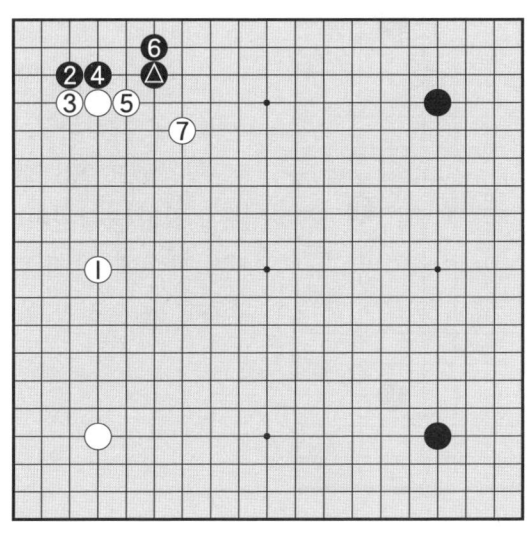

■ 백은 아마 2단, 흑은 아마 초단. 흑▲의 걸침에 백1로 변의 화점을 차지한 것이 독특하다.

흑2의 3三침입에 백3, 흑4, 백5까지는 당연한데 흑6의 쌍점으로 늘어선 것이 이상한 수이다. 잘못된 이유가 무엇인지 생각해보자.

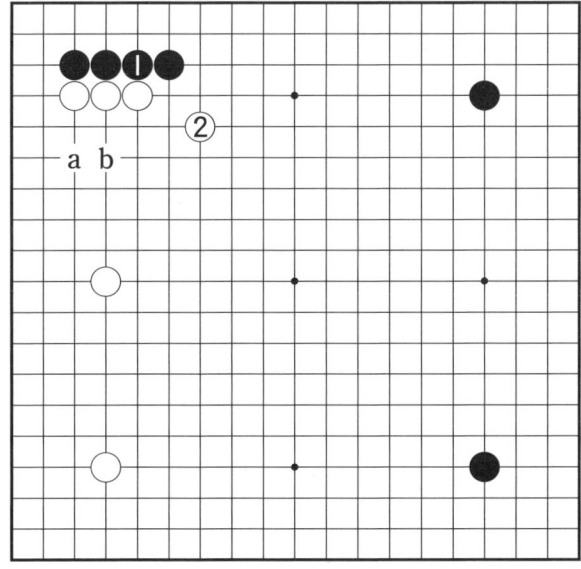

1도

1도(이을 곳)

장면의 6으로는 흑1로 빳빳하게 이을 곳이다. 백은 역시 2로 날일자하는 것이 상식적인 행마이다.

이렇게 백의 공배를 꽉꽉 메워야만 흑a나 b의 침공이 더욱 위력적이다.

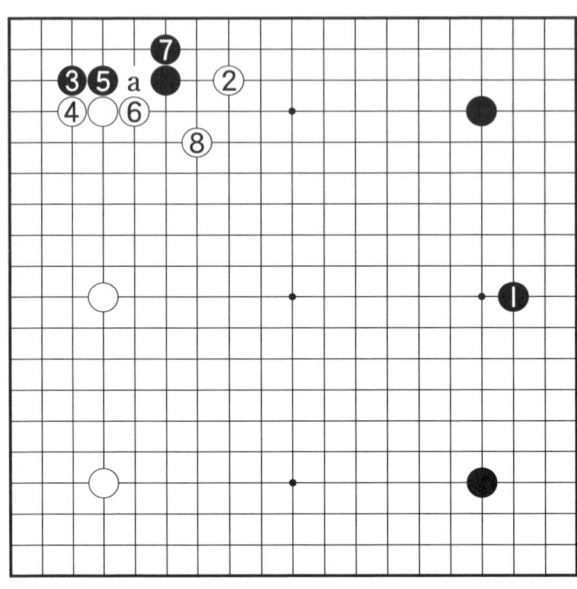

2도

2도(정석)

쌍점으로 늘어서는 수는 이럴 때 쓴다.

　요컨대 흑1로 손을 돌렸다고 가정하고, 백2로 협공하고 흑3으로 3 三에 침입한 상황이라면 백6 때 a에 잇지 않고 흑7에 두는 것이 옳다.

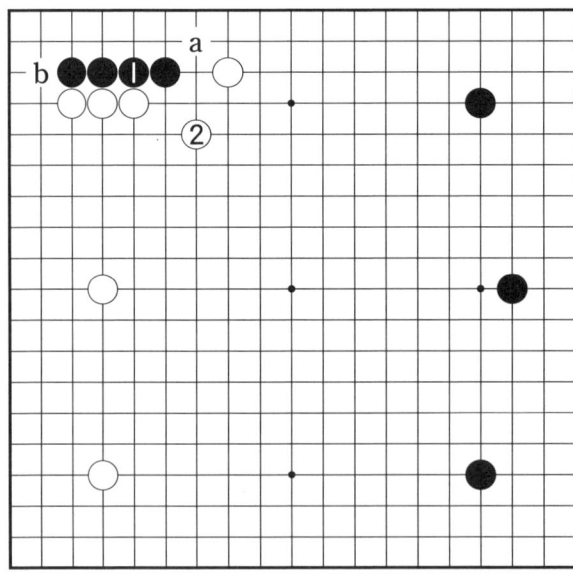

3도

3도(흑, 활용 당하다)

백이 협공한 경우에도 흑1로 타이트하게 잇는다면 백2로 정돈한 다음이 문제가 된다.

　이런 상황이면 백은 귀에 a와 b가 모두 선수로 들어 흑이 활용 당해도 이만저만 당한 게 아니다.

꼭이음의 효과

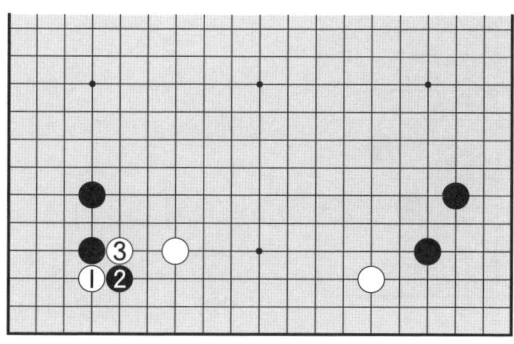

▨ 이번에는 접바둑에서 취재한 형태이다.

백1의 붙임에 흑2는 하수답지 않은 용기(?) 있는 발상이다.

그나저나 상수가 백3에 끊어왔을 때 흑의 대책을 생각해본다.

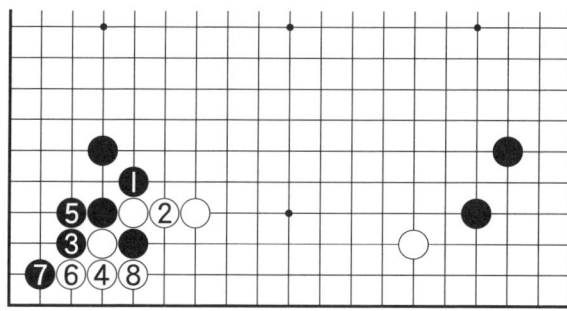

1도

1도(꼭이음)

흑1, 3으로 단수하고 5에 꼭 잇는 수를 추천한다. 이하 8까지 흑은 선수를 잡아 불만이 없다.

상수는 변화할 틈이 없이 하수가 하자는 대로 둔 셈이다. 흑5로…

2도

2도(흑, 후수)

흑1에 막는 것은 하수들이 흔히 범하는 잘못이다. 백은 2, 흑3을 선수하고 4에 잡는다.

흑은 5의 가일수가 필요하므로 선수를 백에게 넘겨준다. 흑이 집은 약간 벌었지만 후수라는 점에서 죄가 크다.

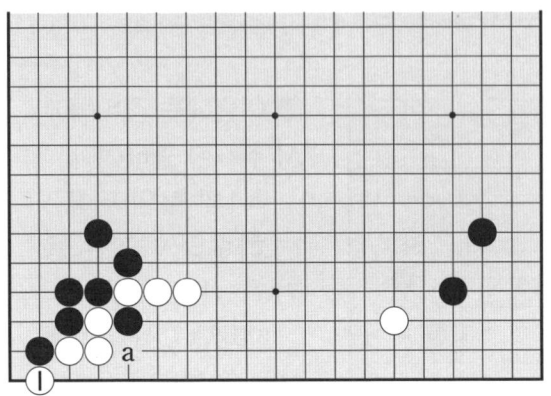

예제

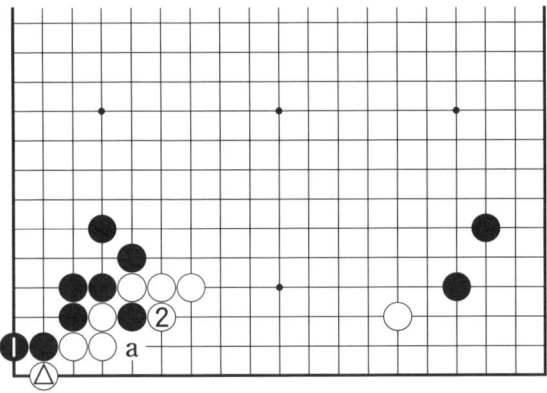

참고도 1

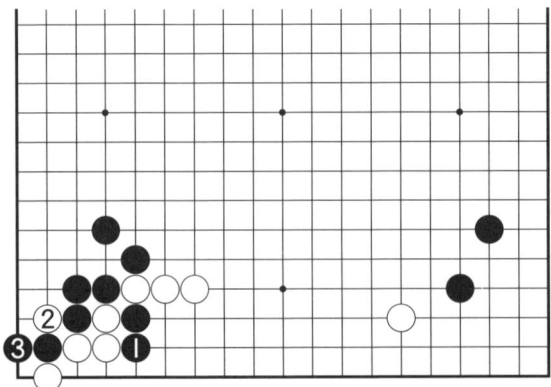

참고도 2

▦ 예제 (흑 차례)

[장면 4]에서 궁금한 점 하나. 백은 이 상황에서 a로 잡았는데, 그 전에 왜 1의 젖힘을 선수하지 않았을까?

분명히 끝내기 상 이득일 텐데. 그러나 흑에게는 비범한 수가 있으니….

참고도 1(백의 이득)

백△에 대해 흑1로 받아주면 백은 2(또는 a)로 손을 돌려 이득을 본 결과이다.

흑이 두면 후수의 곳이기는 하지만, 나중에는 백이 이곳을 △로 젖혀서 선수한다는 보장이 없으므로….

참고도 2(무서운 반격)

그러나 흑은 고분고분(?) 받아줄 리가 없다. 흑1로 막아서 반격하는 무서운 수가 성립하는 것이다.

백2로 끊을 수밖에 없지만, 흑은 격언대로 3에 달아나 두점으로 키워서 버린다.

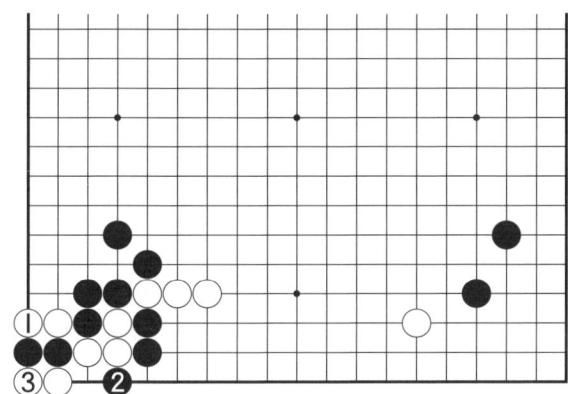

참고도 3

참고도 3(수상하다?)

이쯤 되면 백은 벌써 수상하다는 느낌이 들었을 것이다.

계속해서 백1로 단수할 때 흑도 2로 단수한다. 백3에 따내고 나서….

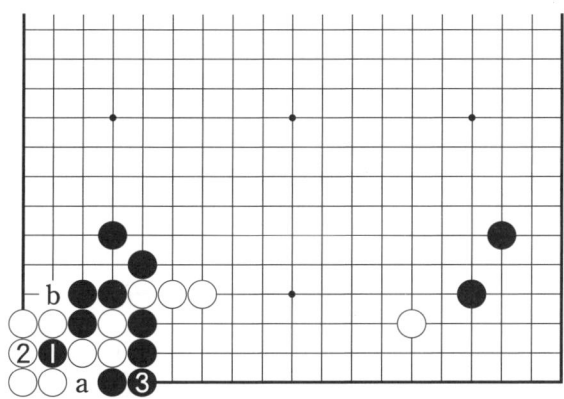

참고도 4

참고도 4(귀3수 1)

흑1로 먹여치고 백2로 따낼 때 잠자코 흑3에 이으면 이 수상전은 흑승임을 알 수 있다. 다음 백a면 흑b로 그만이며, 백이 달리 두어도 흑a로 단수해서 좋다. 이른바 '귀3수'라는 수상전이었다.

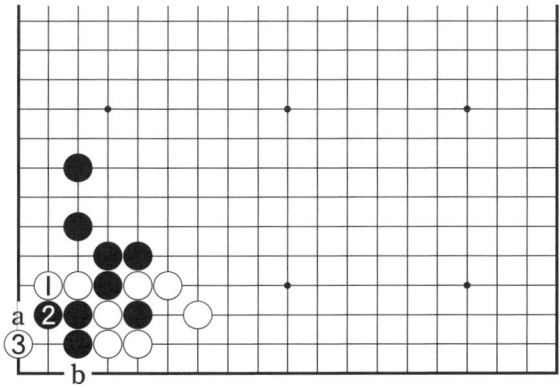

참고도 5

참고도 5(귀3수 2)

귀3수는 아무리 해도 3수에서 더 이상 수가 안 늘어난다는 뜻의 조어이다.

이 상황에서 백1이면 수상전은 백승이다. 흑2면 백3의 치중이 급소! 다음 흑a에는 백b로 그만. 이 모양도 유명한 귀3수의 일종이다.

여러 가지 행마의 기본

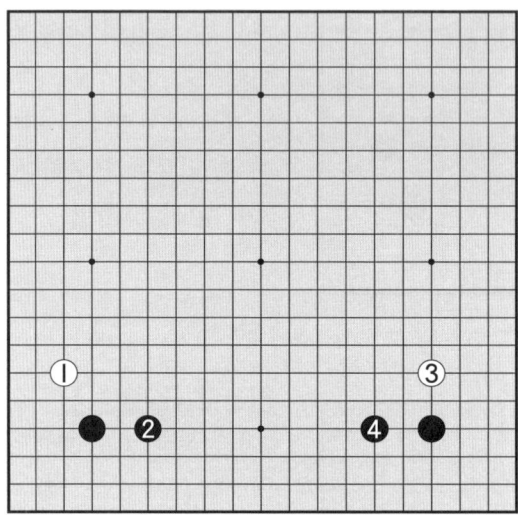

■ 백1의 걸침에 흑2의 한칸응수는 세력을 중시한 것. 또 백3의 한칸걸침에 흑4의 한칸응수도 같은 뜻을 품고 있다. 대신 실리에는 다소 약점이 있다.

이제 이 모양을 배경으로 본격적인 행마편으로 들어간다.

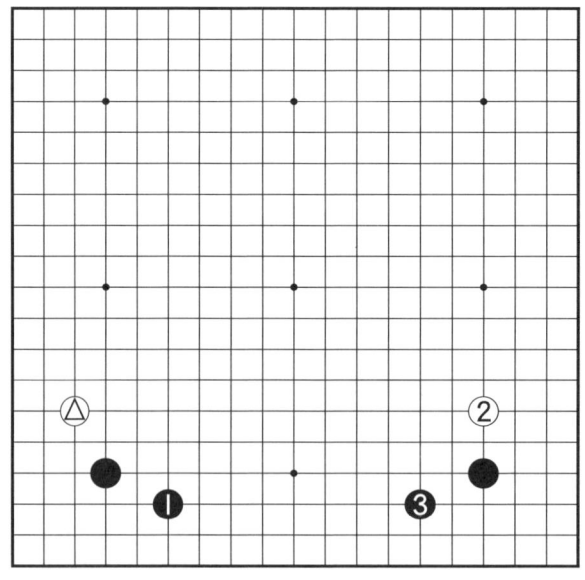

1도

1도(날일자응수)

백△의 날일자걸침에 흑1의 날일자응수는 실리 지향적인 수법이면서 견실한 자세을 갖고 있다.

백2의 한칸걸침에도 흑3의 날일자응수가 견실하다. 백은 3三에 뛰어들기가 거북하다.

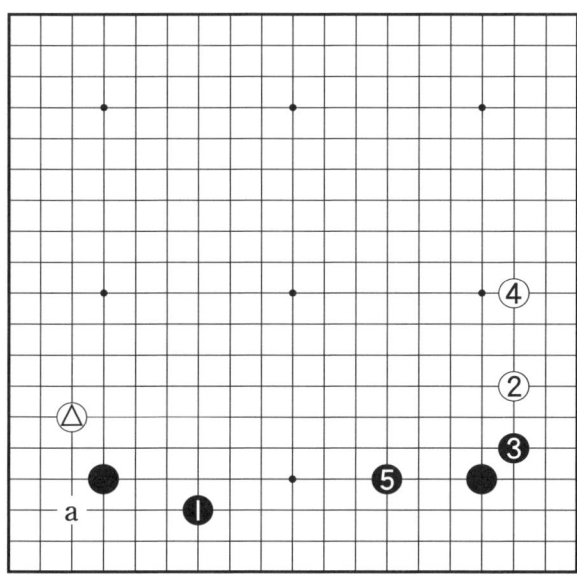

2도

2도(눈목자응수 외)

백△의 날일자걸침에 흑1의 눈목자응수는 고전적인 수법. a의 3三이 비어 있는 점이 약점이지만 발이 빠르다.

백2의 눈목자걸침에 흑3의 마늘모 수비는 견실하다. 백4, 흑5 모두 두칸벌림의 범주에 들어간다.

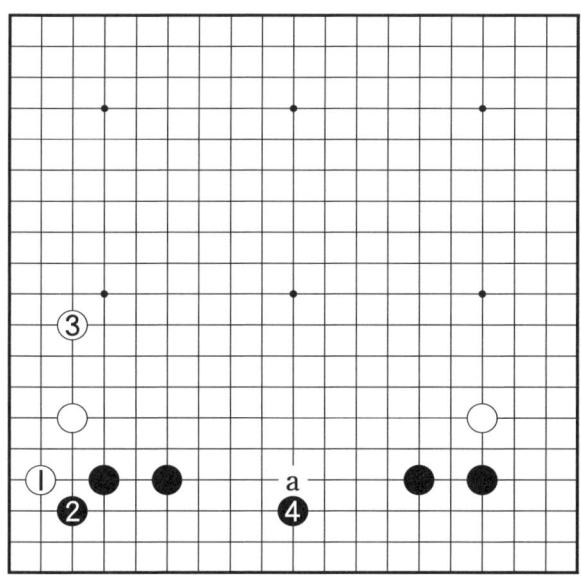

3도

3도(중요한 행마)

백1의 날일자달림은 요소. 흑2의 마늘모도 귀를 지키는 중요한 행마이다.

백3의 두칸벌림, 흑4(a도 있음)의 벌림으로 정석이 일단락된다. 우하귀와 어울려 흑은 좋은 자세를 취하고 있다.

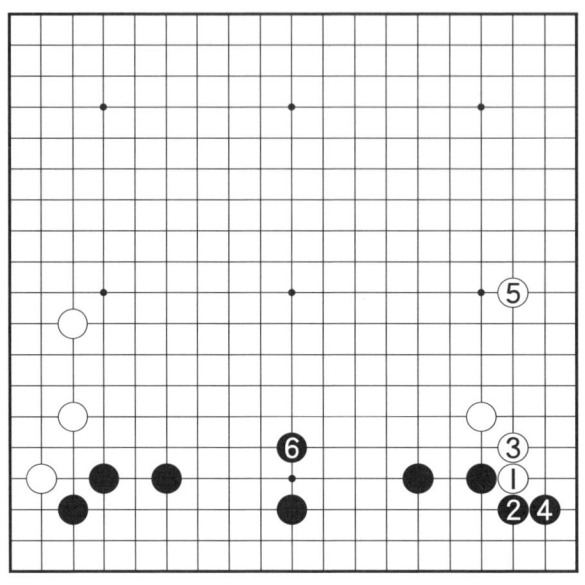

4도

4도(절호의 한칸뜀)

계속해서 백1, 3으로 붙여끌고 5에 벌린 수도 정석의 하나이다. 흑4의 내려섬은 실리에 관한 급소이다.

거꾸로 백이 이곳을 둘 경우와 비교하면 그 차이를 알 수 있다. 흑6의 한칸뜀은 절호의 곳.

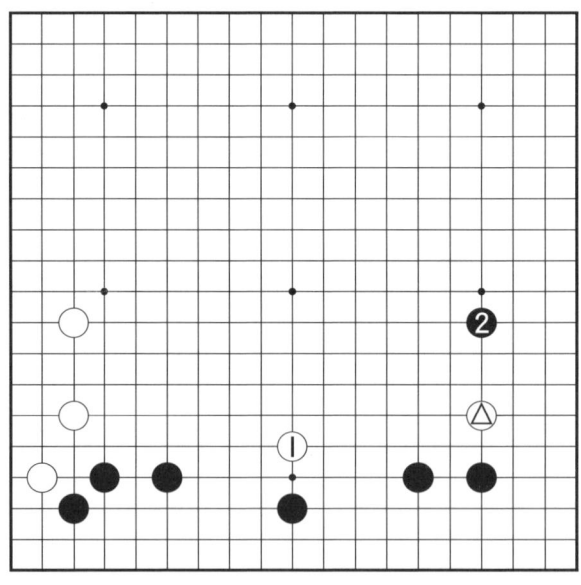

5도

5도(삭감과 공격)

백은 흑에게 절호의 곳을 허용하지 않으려고 1로 덤벼올지도 모른다.

이른바 '모자'라는 삭감의 행마이다. 공격이나 삭감의 경우 유효한 수법. 하지만 지금은 시기상조로 흑2면 백△가 공격당해 괴롭다.

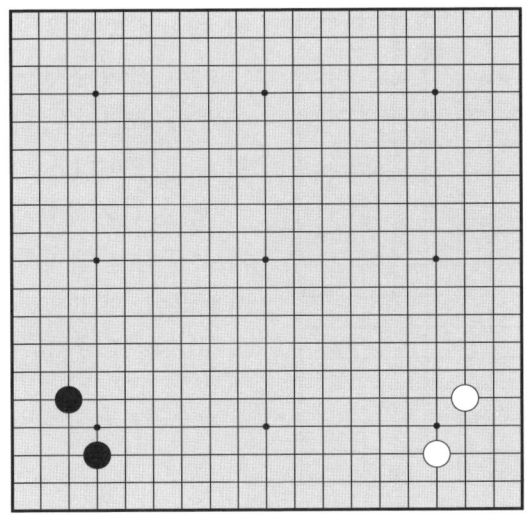

■ 서로 날일자굳힘 대결이다. 여기서 흑이 둘 차례면 어느 곳에 두는 것이 좋을지 출발 테마로 잡으며 한칸뜀 행마에 대해 알아본다.

단, 착점은 하변에 국한하기로 한다. 이럴 때 쓰는 중요한 격언도 있다.

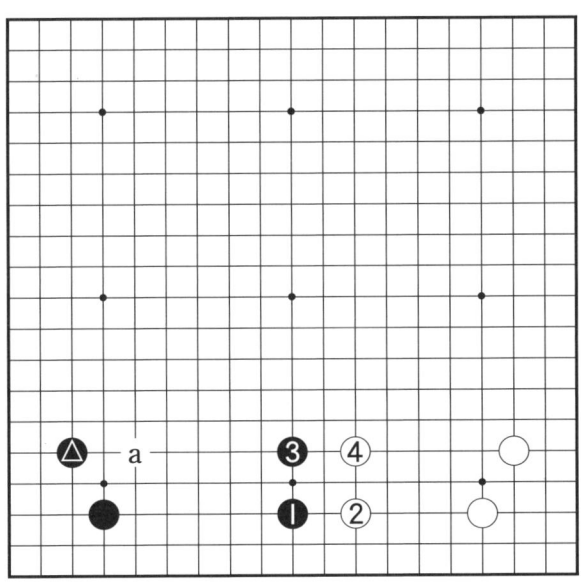

1도

1도(중앙과 한칸뜀)

흑1이 '마주하고 있는 중앙'에 해당하는 큰 곳이다. 백2에는 흑3의 한칸뜀이 진영을 넓히는 절호점이다.

백4의 한칸뜀도 호점이지만 흑3에는 못 미친다. 흑이 또 둔다면 a가 호점(▲에서 보면 한칸뜀)!

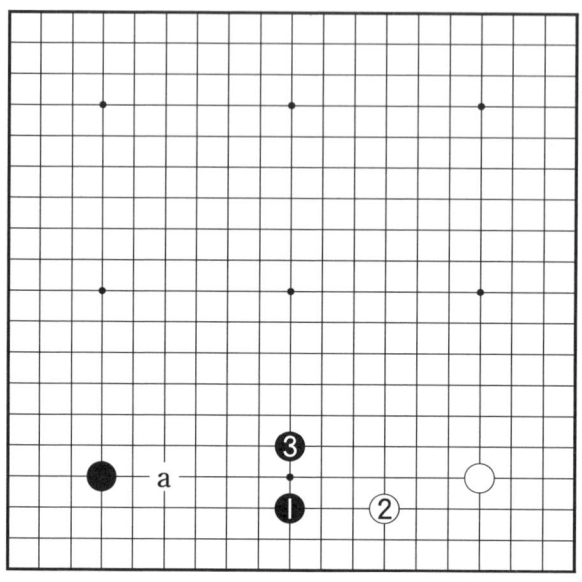

2도

2도(중앙으로 한칸뜀)
흑의 화점과 백의 화점
이 대치하고 있다.

이런 상황에서도 중
앙에 해당하는 흑1의 벌
림이 큰 곳이다.

백2로 다가서며 눈목
자로 굳히는 행마를 구
사한다면, 흑3(또는 a)
의 한칸뜀이 호점이다.

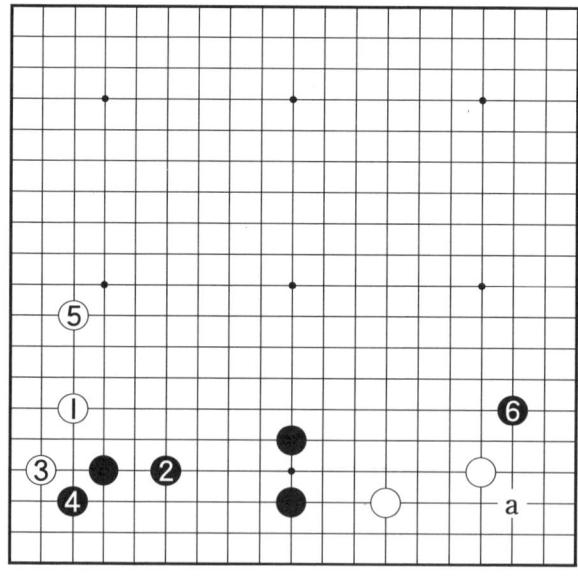

3도

3도(변으로 한칸뜀)
앞 그림에 이어, 백1의
걸침에 흑2의 한칸 행
마가 균형상 딱 들어맞
는 응수이다. 이하 5까
지는 기본정석인데, 좌
하 흑의 자세가 멋지다.

흑은 6으로 우하귀를
압박하든가 a로 3三에
뛰어들든가 할 것이다.

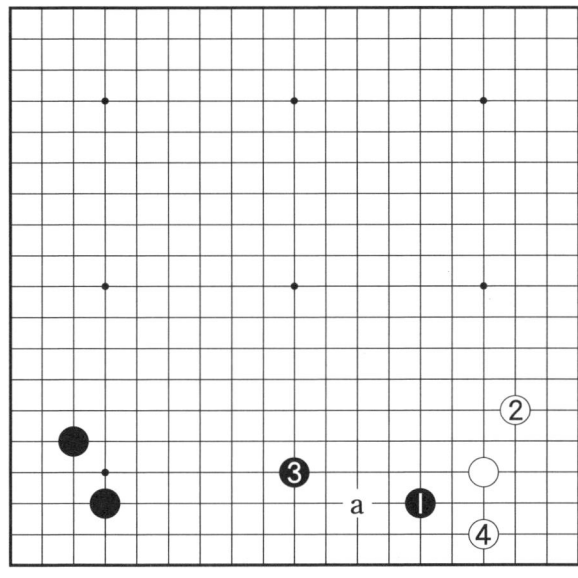

4도

4도(공수 겸비)

이런 상황에서 흑1로 걸
치고 3에 벌려서 하변을
구축하는 전법이 유력
하다.

백은 2의 날일자로
받고 4의 한칸뜀이 공
수를 겸비한 행마이다.
귀를 확실하게 지키면
서 a의 침입을 노린다.

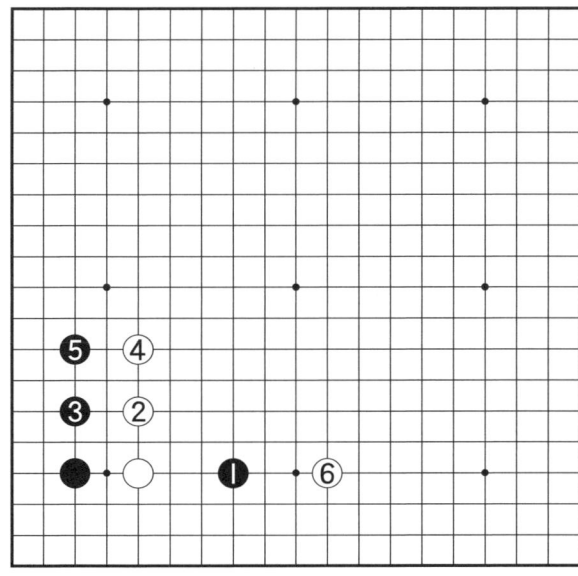

5도

5도(간명한 한칸뜀)

소목 한칸걸침에 흑1의
두칸높은협공이다.

백에게는 여러 가지
대응이 있지만 2의 한
칸뜀이 가장 간명하다.

흑3에 또 백4의 한칸
뜀. 흑5를 기다려 백6
으로 협공하겠다는 작
전이다.

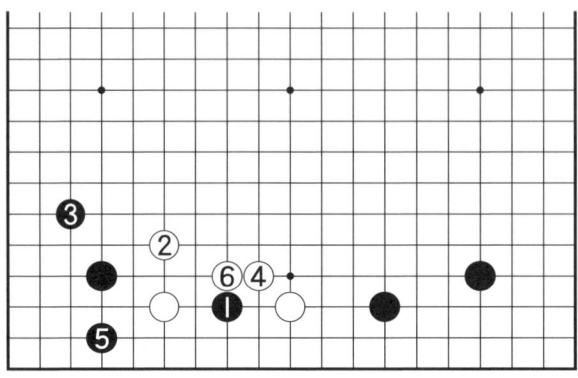

6도

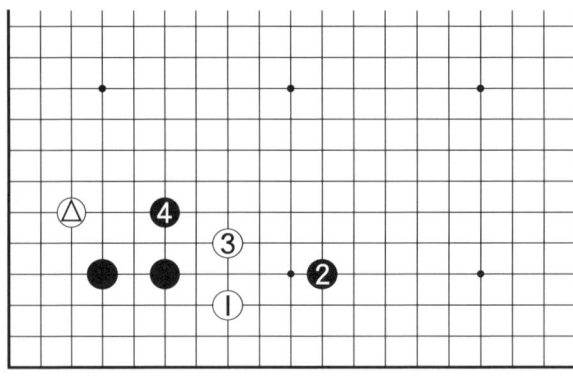

7도

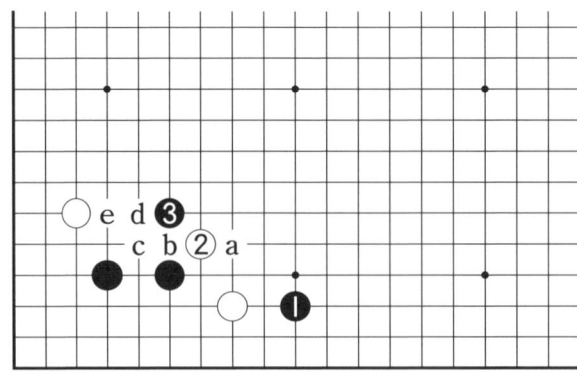

8도

6도(효과적인 한칸뜀)

흑1의 뛰어들기는 백2의 한칸뜀을 유도해 흑3에 받고 백4의 마늘모에 흑5의 한칸뜀이다.

그러면서 흑1의 움직임을 본다. 백6의 가일수는 절대. 흑은 귀를 효과적으로 수비했다.

7도(공격의 한칸뜀)

백1은 상수의 상투수법 가운데 하나. 이에 대해 흑2로 협공하는 것은 백3의 한칸뜀으로 달아날 때 흑도 4로 같이 한칸뜀을 구사해 백△와 백1, 3의 돌을 엮어서 공격하려는 의도이다.

8도(진출의 한칸뜀)

흑1의 한칸협공도 있다. 이 경우는 a의 한칸뜀도 있지만 백2의 날일자가 상대를 떠보는 전투적 수이다. 흑도 3에 뛰어서 진출하는 것이 고급스런 행마. 백b, 흑c, 백d는 흑e로 몰고나가서 그만이다.

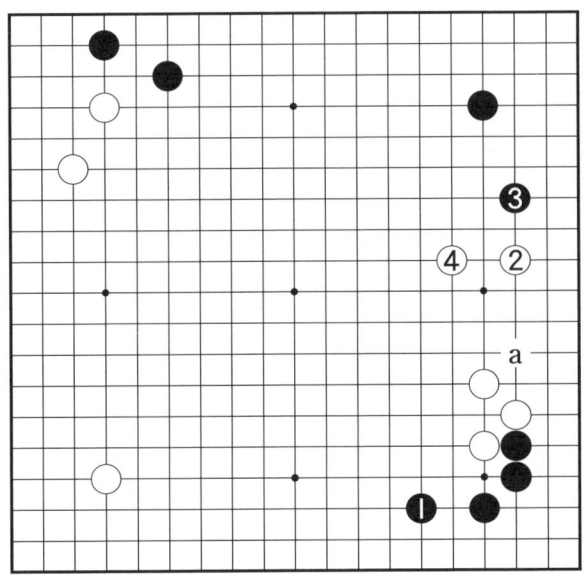

9도

9도(방어의 한칸뜀)

우하 방면이 초점. 흑1의 한칸뜀(한칸벌림), 그리고 백2의 벌림으로 정석이 일단락된다.

흑3은 정석 이후의 수단 같은 존재. 백은 흑a의 침공을 방어해 4로 한칸을 뛰는 것이 보통이다.

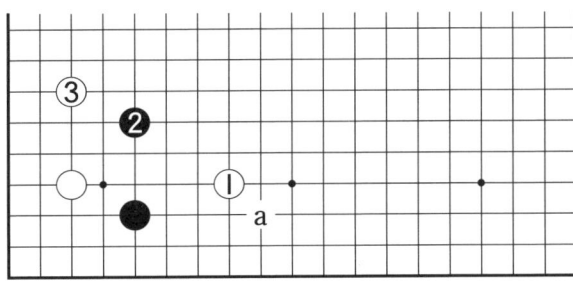

10도

10도(두칸뜀)

백의 소목, 흑의 날일자 걸침에 백1의 두칸높은 협공. 흑에게 여러 가지 수가 있지만 2의 두칸뜀이 경쾌한 행마이다.

백3의 두칸뜀(두칸벌림)으로 정석 완료. 백1로 a의 협공일 때도 비슷하다.

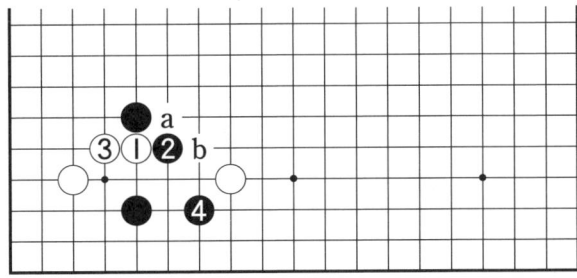

11도

11도(예봉을 피해)

앞 그림 3 대신 백1, 3으로 붙여끄는 수법에 대해 흑4의 한칸뜀이 백의 예봉을 피하는 유력 수법이다.

다음 백a의 끊음에는 흑b가 행마의 틀이다.

219

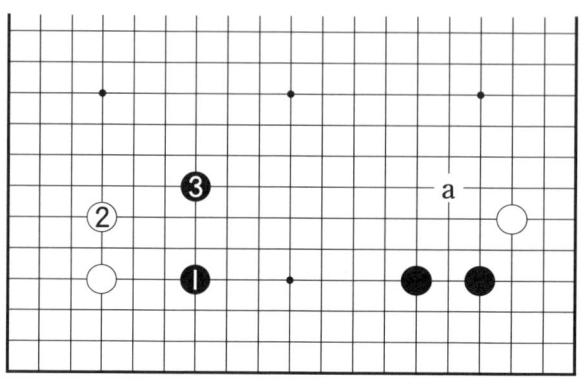

12도

12도(호방한 두칸뜀)
흑1의 두칸걸침에 백2의 한칸뜀은 정석 사전에 100점짜리 응수법이다. 흑3의 두칸뜀이 호방한 행마로 하변을 크게 키우고 있다. 다음 흑이 또 둔다면 a가 확장의 요소.

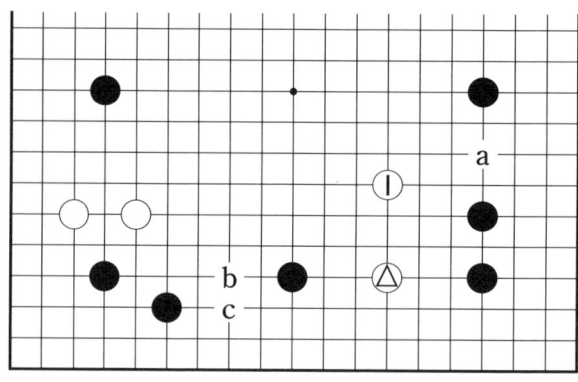

13도

13도(상수의 두칸뜀)
접바둑에서. 백은 고립된 △로부터 1의 두칸뜀을 구사해 흑의 허점을 엿본다. 상수들이 흔히 쓰는 현란한 행마법이다. 다음 a의 뛰어들기나 b, c 등을 노린다고 엄포를 놓는 것이다.

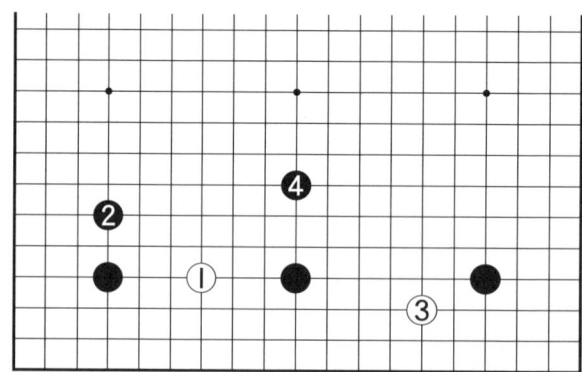

14도

14도(대범한 두칸뜀)
역시 접바둑에서 흔히 볼 수 있는 진행. 백1은 걸침이라기보다는 갈라침에 가까운 수이다.
역시 흑2의 한칸뜀이 당당한 수법. 백3의 걸침에 귀에서 손을 빼고 흑4로 두칸을 뛴 것이 대범한 착상이다.

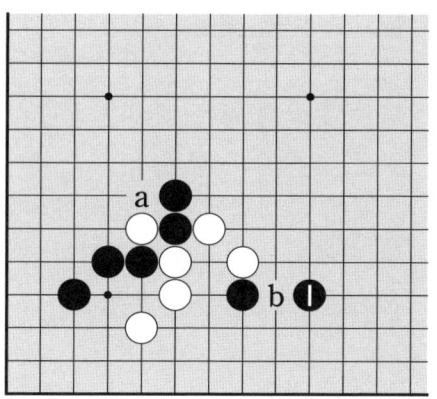

예제1

▦ 예제1 (백 차례)

소목 정석이 거의 완료 직전이다. 그런데 갑자기 흑이 1로 한칸을 뛰어 변화를 구했다.

보통은 흑a로 백 한점을 잡고, 백도 b에 젖혀서 흑 한점을 제압하는 것인데…. 백의 대응은 무엇이 좋을까?

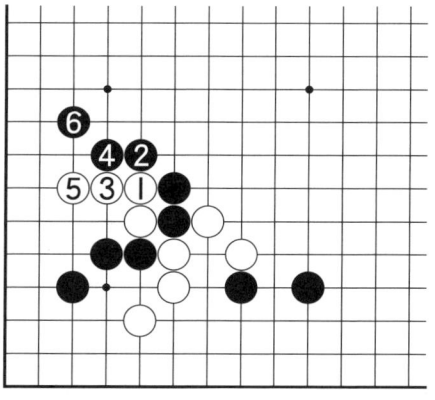

참고도 1

참고도 1(백1, 속수)

백1로 나가는 것은 속수. 흑2의 두점머리가 너무도 아프다.

백3에는 흑4로 계속 막아서 백의 괴로움이 가중된다.

백5에 흑6의 마늘모는 맥점. 백은 잡히지는 않지만….

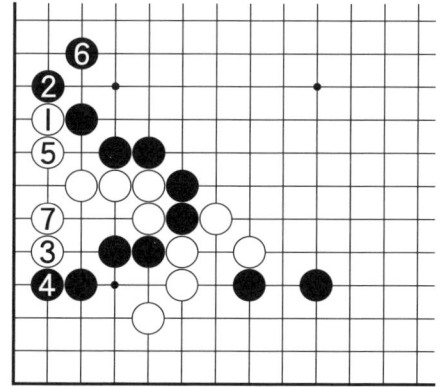

참고도 2

참고도 2(겨우 산다)

계속해서 백1로 붙이고 3으로 날일자한 다음, 5를 선수하고 7이 삶의 급소여서 겨우 살긴 한다.

그러나 바깥쪽 흑을 튼튼하게 만들어준 만큼 손해가 이만저만이 아니다.

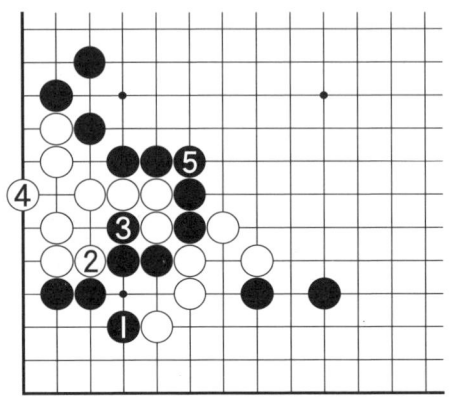

참고도 3

참고도 3(백, 불만)

흑도 1에 마늘모 붙여서 살고, 결국 이곳의 결과는 백이 4의 후수로 사는 것으로 끝난다.

흑은 중앙 쪽에 손을 돌려서 5에 꽉 이어서 두터움을 완성한다. 백은 매우 불만스러운 결과이다.

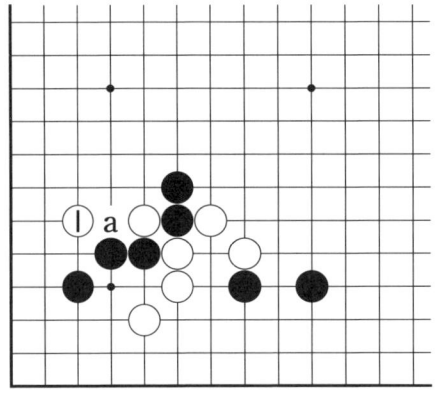

참고도 4

참고도 4(정해/ 한칸뜀의 맥점)

직접 움직이지 않고 사이드스텝을 밟듯 백1로 한칸을 뛰는 것이 교묘하다.

흔히들 이런 수를 가리켜서 맥점이라고 부른다. 요컨대 이 수는 흑a를 유도하고 있는 것이다.

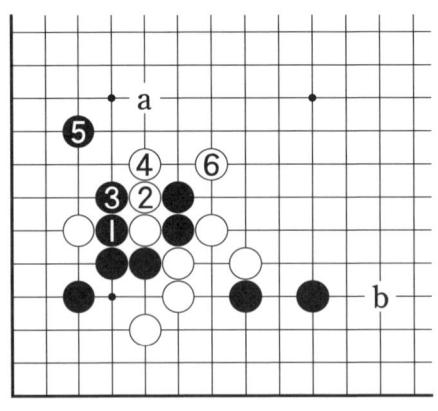

참고도 5

참고도 5(정형)

흑1, 3으로 계속 단수하고 5의 날일자까지 필요하다. 이로써 흑은 적지 않은 실리를, 백은 6에 장문을 쳐 두터움을 얻는 갈림이다.

백6은 a의 한칸뜀도 있고 b의 협공도 가능하다.

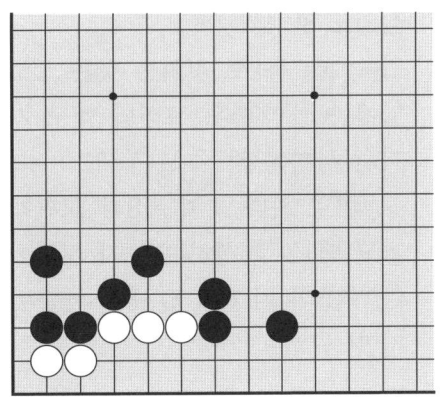

예제2

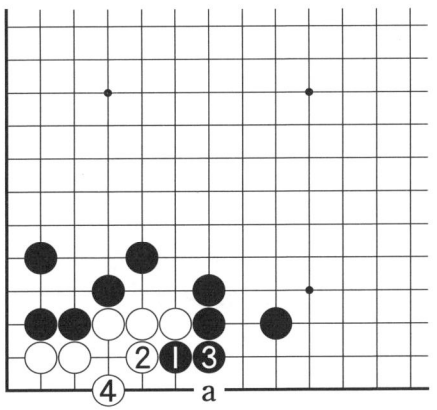

참고도 1

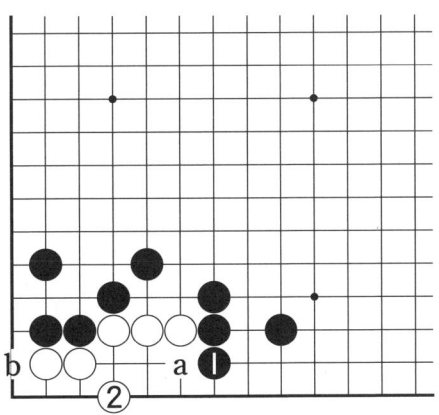

참고도 2

🖽 예제2 (흑 차례)

이번에는 사활문제이다. 백은 보기보다는 탄력이 있어 호락호락 잡히지 않을 것 같다.

자, 흑은 어떻게 공략해야 할까? 첫수가 관건.

참고도 1(젖혀이음은 실패)

흑1, 3으로 젖혀잇는 것으로는 백을 잡을 수 없다. 백은 4로 간단히 살아 버린다.

흑3으로 a에 두면 패는 되지만 무조건 잡지 않고서는 얘기가 되지 않는다.

참고도 2(내려섬도 실패)

흑1의 내려섬은 조금 궁리한 수. 요컨대 백이 a로 막아주면 흑b로 젖혀서 잡을 수 있지 않느냐는 속셈이었는데….

백2의 마늘모가 두 눈을 확보하는 호수여서 역시 흑의 실패이다.

223

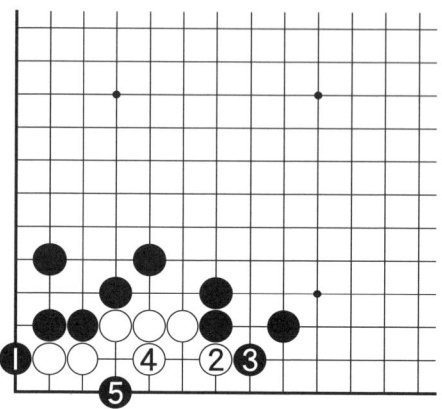

참고도 3

참고도 3(백의 저항)

귀쪽에서 흑1로 젖히는 것은 급소임에는 틀림없다. 그러나 백도 거저 잡히지는 않는다.

백2로 하나 젖혀 흑3과 교환해 놓고 백4로 저항하는 수가 성립한다. 흑5의 치중이 필사의 한수이지만….

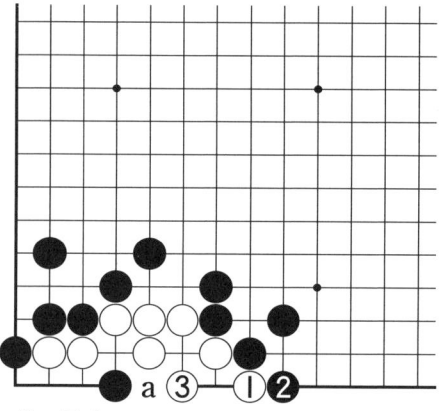

참고도 4

참고도 4(이단패)

백1로 하나 젖힌 다음 3으로 눈모양을 만드는 수가 처절한 버팀이다. 흑은 패를 허용할 수밖에 없다.

다만 백은 a에 한 수를 더 두어야 비로소 단패. 따라서 이 결과는 이단패이다.

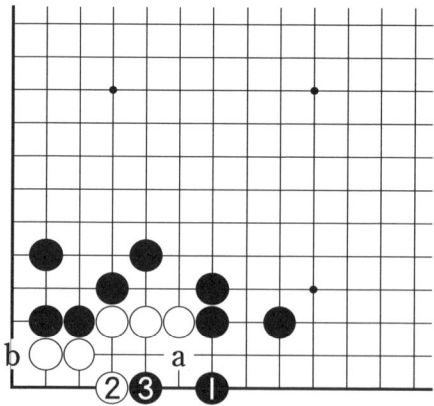

참고도 5

참고도 5(정해/ 1선 한칸뜀)

흑1의 1선 한칸뜀이 백을 확실한 죽음으로 몰고 가는 급소 일격이다. 백2에는 흑3으로 파호해서 백은 살길이 없다.

백2로 a에 두어도 흑b로 젖히면 백은 살 공간이 나오지 않는다.

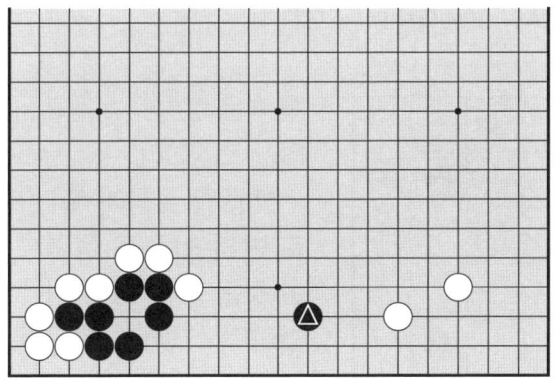

예제

⊞ 예제 (백 차례)

이 상황에서 백이 좌하의 흑 일단을 잡는 수는 없다. 이 흑을 최대한 압박해서 오른쪽 흑▲를 무력화시키면 성공이다.

자, 백에게 어떤 수가 있을까?

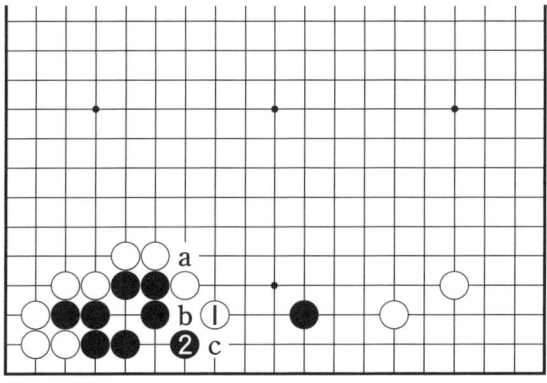

참고도 1

참고도 1(마늘모는 실패)

백1의 마늘모는 흑2의 마늘모를 불러 싱거운 결말이다. 흑a의 끊음이 남아 오히려 불안하다.

백1로 b는 흑2의 젖힘을 불러 대책이 없다. 백c로 막으면 흑이 1의 곳을 끊어서 백의 낭패이다.

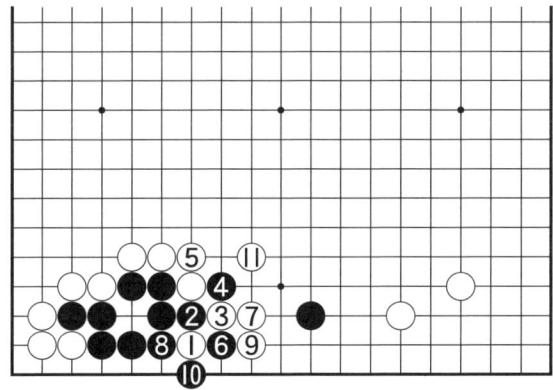

참고도 2

참고도 2(정해/ 한칸뜀)

백1의 한칸뜀이 멋진 맥점! 흑2는 절대이며 백3에 흑4 이하 10까지도 필연이다.

수순은 길지만 백11의 장문까지는 외길. 백은 완벽한 세력을 쌓으며 흑 한 점을 고립시켜 작전 성공!

마늘모 행마에 대해

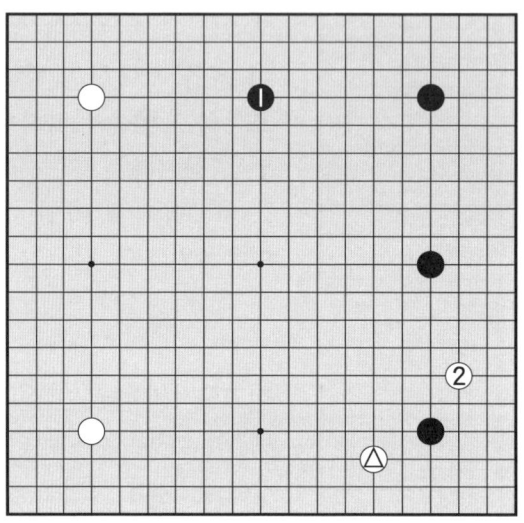

▨ 흑은 3연성, 백은 2
연성 포진이다.

　백△의 걸침에 흑1
로 변의 화점을 점령
한 것은 포석 상의 기
법이다. 그러자 백은
2로 양걸침했다.

　여기서 흑은 어떻게
두어야 할지 출발 소재
로 삼으며 마늘모 행마
에 대해 알아본다.

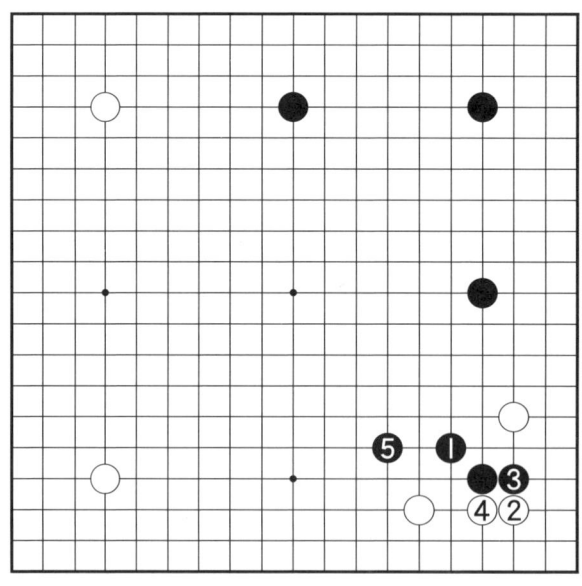

1도

1도(진출의 마늘모)

백의 양걸침에 대해 가
장 간명한 응수는 흑1
의 마늘모로 중앙으로
머리를 내미는 것이다.

　그리고 백2의 3三침
입에 흑3으로 막고 5에
한칸을 뛰어서 일관성
을 갖는다.

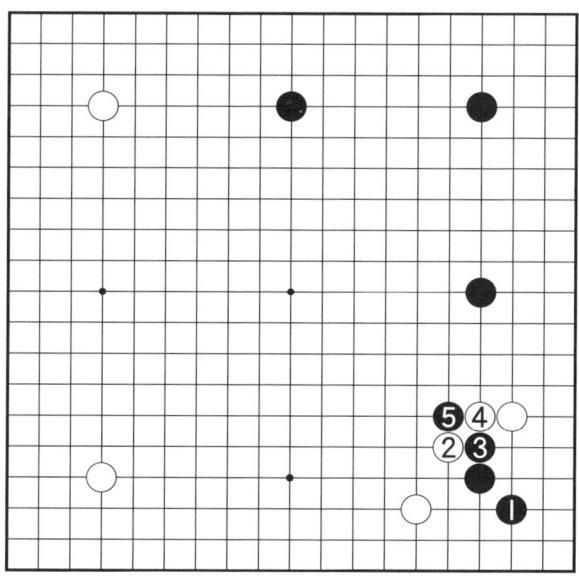

2도

2도(전투의 마늘모)

흑1로 3三의 곳에 마늘
모하는 강력한 수법도
있다.

요컨대 백2로 봉쇄한
다면 그것은 대환영이
다. 흑3에서 5로 나가
끊어서 한바탕 싸울 수
있다. 이 싸움은 문제없
이 흑이 유리하니까.

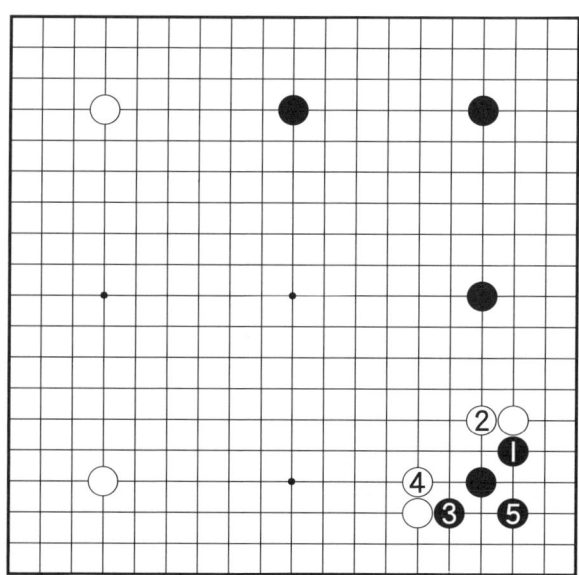

3도

3도(하수의 마늘모 1)

그런가 하면 나쁜 마늘
모의 예도 더러 있다.

흑1의 마늘모붙임,
또 흑3의 마늘모붙임,
그러고도 귀가 불안해서
흑5의 마늘모로 지켜야
안심하는 하수의 행마
들, 모두 악수들이다.

227

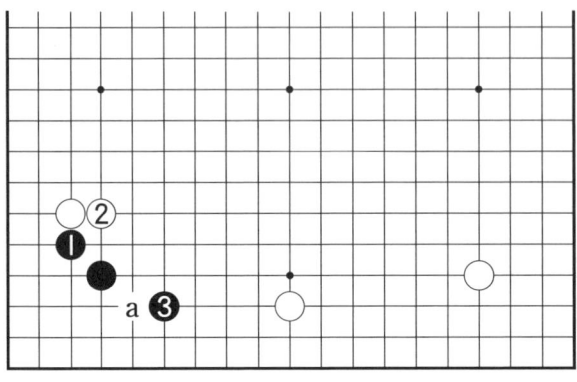

4도

4도(안전한 마늘모)
흑1의 마늘모붙임은 귀의 안전을 위해 부득이한 조처이다. 백2로 서게 해주어서 약간 악수 의미가 있지만 비상 시에는 유력하다. 흑3도 불안할 경우 대신 a의 마늘모가 좋다.

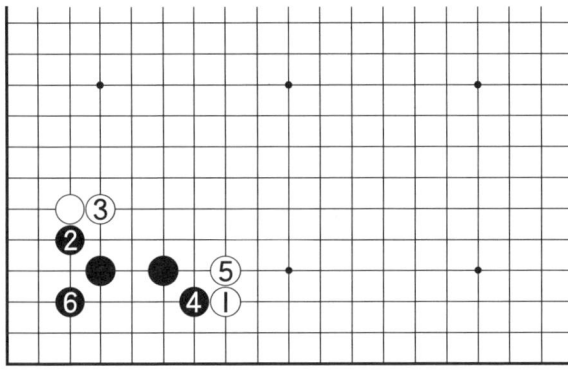

5도

5도(하수의 마늘모 2)
백1은 앞서도 나온 상수가 잘 쓰는 수법. 흑2와 4의 마늘모붙임은 악수들이다. 하지만 여전히 불안하므로 흑6의 마늘모로 또 지켜야 안심이다. 만약 흑6을 두지 않으면…

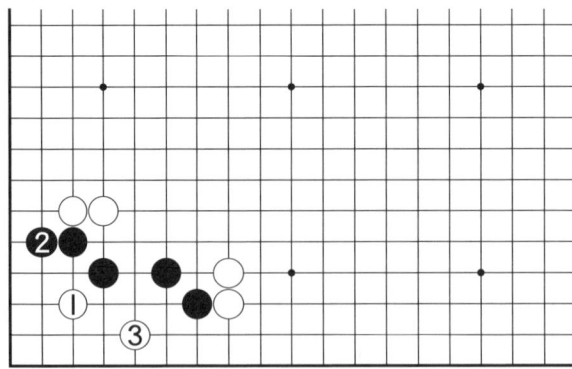

6도

6도(통렬한 3三침입)
백1의 3三침입이 너무도 통렬하다. 흑2의 차단에는 백3의 날일자로, 이렇게 되면 귀의 흑 일단이 무사하기는 틀린 일이다. 힘의 차를 감안하면 하수가 경을 치게 될 것이다.

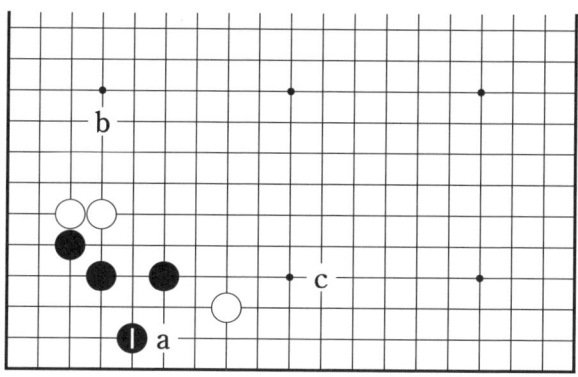

7도

7도(수비의 틀)

거슬러 올라가 흑1로 지키는 것은 수비적인 측면에서는 하나의 틀이다. 한때 흑a로 한칸을 뛰는 수도 많이 쓰였다. 그건 그렇고 흑은 1 다음 b의 협공, c의 협공을 맞볼 수 있다.

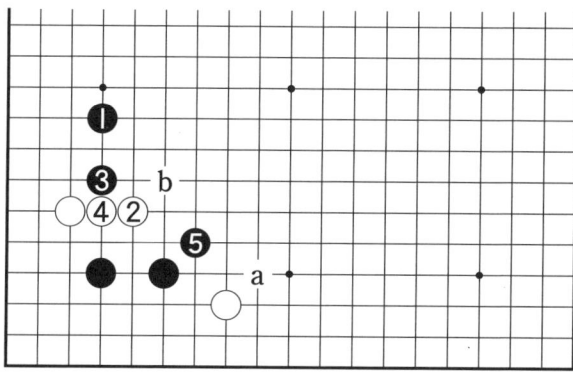

8도

8도(마늘모 후 맞보기)

흑1의 두칸높은협공이 추천할 만한 수로 강력하다. 백2의 한칸뜀에 흑3으로 하나 들여다봐 백4로 잇게 해 무겁게 만들어 놓고 흑5로 마늘모해 a와 b를 맞보는 것이 좋은 수순이다.

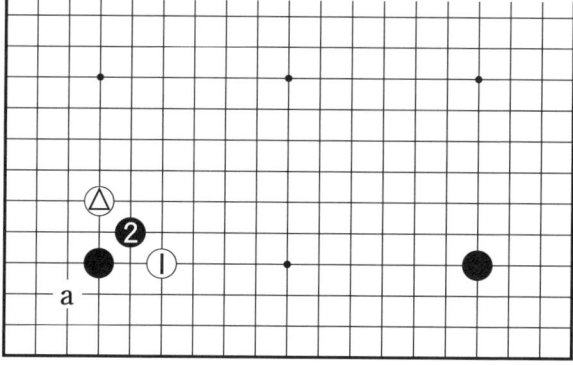

9도

9도(마늘모로 째고나간다)

백△의 한칸걸침과 한벌인 1의 한칸 양걸침에도 흑2의 마늘모로 째고나가는 것이 당연하면서도 좋은 수가 된다.

그러면 백은 a로 3三에 뛰어드는 것이 상식적이다.

229

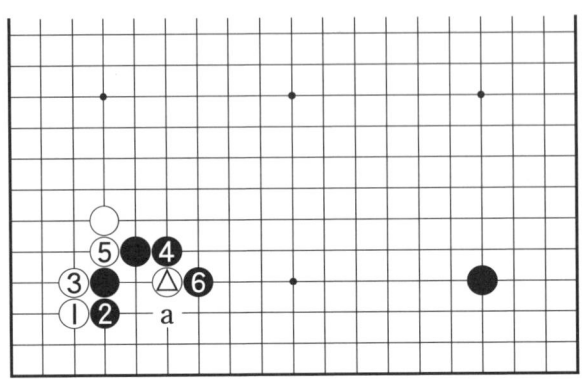

10도

10도(3三침입)

백1의 3三침입에 흑은 2에 막고 백3을 기다려 흑4로 누르는 것이 좋다. 백5로 약점을 보강할 때 흑6으로 젖혀서 백△ 한점을 제압해서 일단락이다. 단, 백a로 움직이는 맛은 있다.

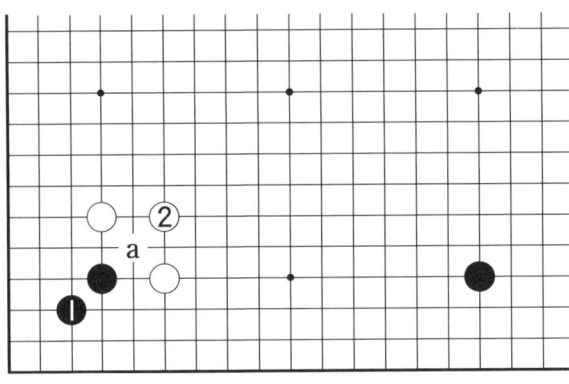

11도

11도(3三 마늘모)

백의 한칸 양걸침에 흑1로 3三의 곳을 지키는 것도 흔히 쓰이는 수법이다.

　백은 2로 한칸을 뛰는 것이 행마의 틀인데, 이다음 흑은 a에 들여다보는 수를 노리게 된다.

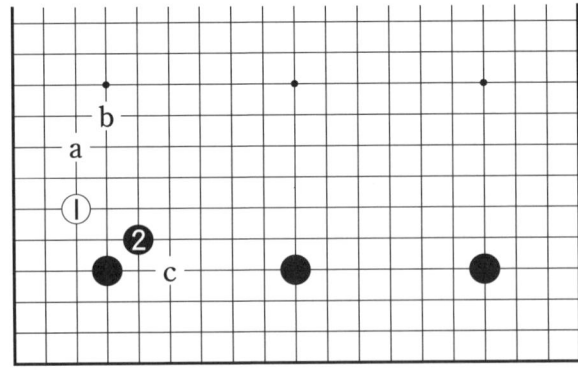

12도

12도(중앙 중시)

흑의 하변 3연성에 백1의 날일자걸침. 흑2의 마늘모는 중앙을 중시하는 흔치 않은 응수법이다. 물론 이 수 말고도 흑a, b의 협공이나 c의 한칸응수 등이 널리 쓰인다. 계속해서~

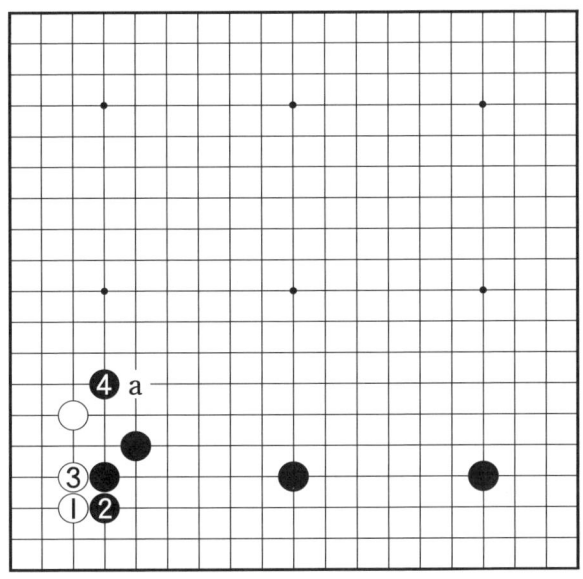

13도

13도(세력 확장)

백1의 3三침입이 보통. 흑2로 막는 수는 일반적이며 백3의 건넘 역시 당연하다.

거기서 흑4의 날일자로 씌워가는 것이 세력을 확장하는 호수이다. 달리 둔다면 흑a의 한칸뜀도 무난하다.

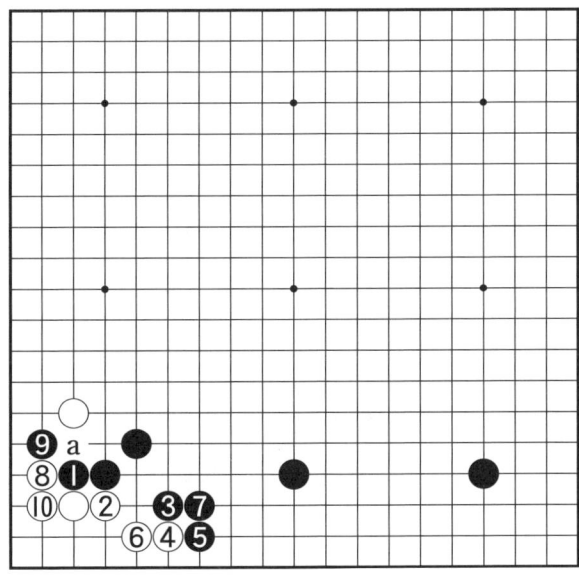

14도

14도(늦춘다)

백의 3三침입에 흑1쪽을 막는 수도 있다. 백2로 밀고나올 때 흑3으로 늦추는 것이 요령이다. 백4, 6의 붙여이음에는 흑7로 잇지만 백8, 10에 흑은 a의 단점을 가볍게 보고 손을 빼는 것이 좋다.

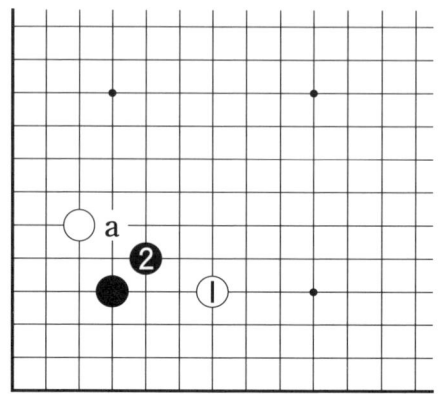

15도

15도(진출의 마늘모)

이번에는 백의 날일자걸침과 1의 두칸걸침으로 조합된 양걸침이다.

흑2의 마늘모로 진출하며 백의 봉쇄를 피하는 것이 제일감의 행마이다. 달리 둔다면 흑a의 붙임도 있겠지만….

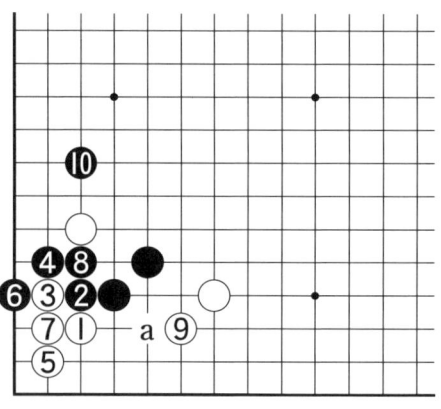

16도

16도(건넘의 마늘모)

계속해서 백1의 3三침입이 상식적이다. 흑2에 백3으로 젖히고 5에 호구친 것이 좋은 수이다.

그래야 백9(또는 a)의 마늘모로 건너는 수가 성립한다. 흑10까지 정석 완료. 그런데 이 형태에는….

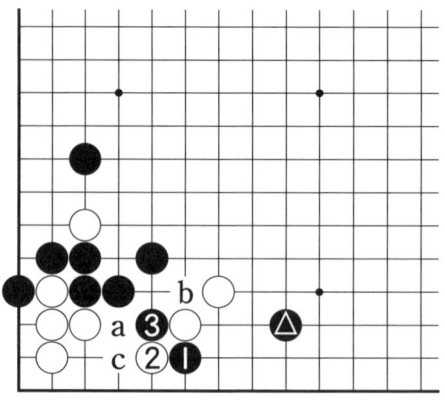

17도

17도(무서운 수)

흑▲가 오면 1로 붙이고 백2에 흑3으로 끊는 무서운 수가 생긴다. 다음 백a면 흑b로 패인데, 이것은 백의 부담이 크다. 그렇다고 백c로 물러서기는 싫고…. 흑1은 3쪽에서 먼저 둘 수도 있다.

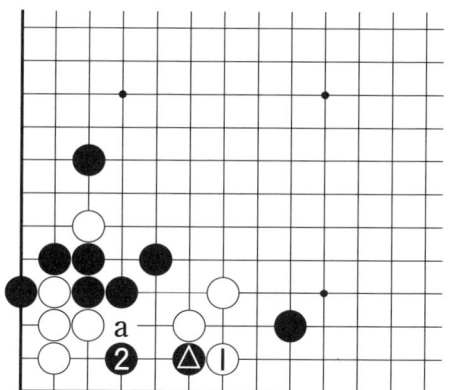

18도

18도(한칸뜀의 맥점)

흑▲의 붙임에 대해 백1로 바깥쪽에서 받는 것은 흑으로서 대환영이다.

흑2로 한칸을 뛰어서 좌우를 분단하는 맥점이 작렬해 귀의 주인이 바뀐다. 백a로 나오는 수가 없음을 확인할 것.

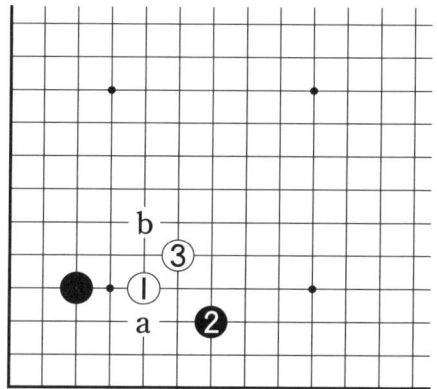

19도

19도(진출하며 분단)

소목에 백1의 한칸걸침, 흑2의 한칸낮은협공 때 백3의 마늘모는 중앙 진출과 흑의 분단을 겸하는 효과적인 행마이다.

흑이 a로 건널 수 없음을 확인하기 바란다. 백3으로 b의 한칸뜀은 흑a가 성립한다.

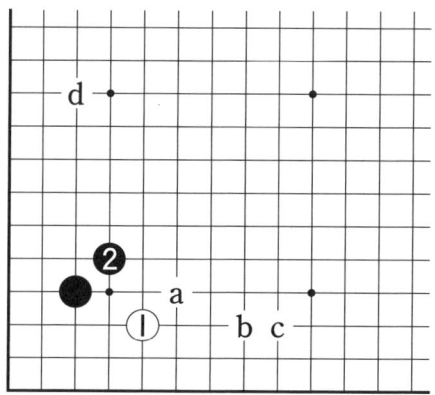

20도

20도(불멸의 호수)

백1의 날일자걸침에 흑2가 그 유명한 불멸의 호수라는 슈사쿠(秀策)의 마늘모이다.

발이 느리다는 단점은 있지만 요즘에도 경우에 따라 쓰인다. 다음 흑a, b, c, d 등의 수단을 보고 있다.

233

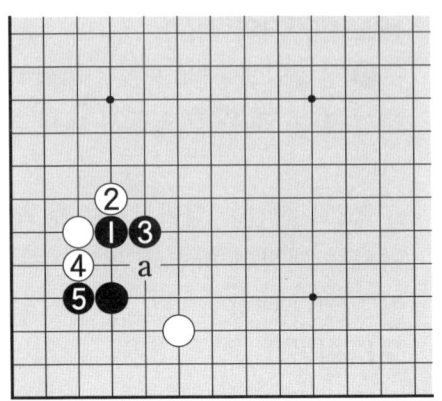

예제

⊞ 예제 (백 차례)

백의 날일자 양걸침에서 비롯된 변화.

흑1, 3의 붙여뻗음은 a의 마늘모와 더불어 널리 두어지는 수법이다. 흑5로 막았을 때 백은 어떻게 두어야 할까?

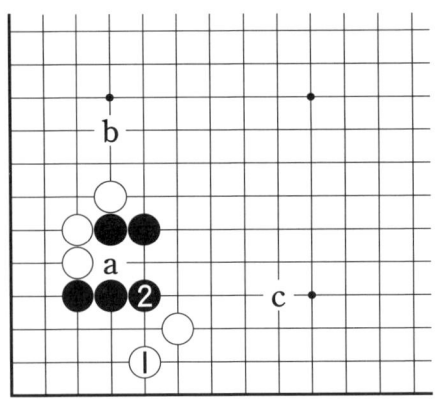

참고도 1

참고도 1(아래쪽 마늘모는 잘못)

백1로 아래쪽에 마늘모하는 것은 잘못된 행마이다. 흑2의 쌍립이 좋은 응수여서 백이 고달퍼진다.

흑2로 a는 빈삼각의 우형이라서 나쁘다. 2 다음 흑은 b와 c의 공격을 맞본다.

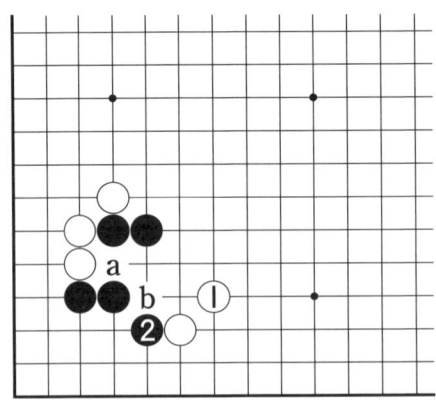

참고도 2

참고도 2(정해/ 위쪽 마늘모)

백1로 위쪽에 마늘모하는 것이 a로 나오는 수를 보는 좋은 행마로 최선의 수이다.

이에 대한 흑2의 마늘모붙임 역시 배워둘 만한 행마로 b의 쌍립보다 훨씬 효과적이다.

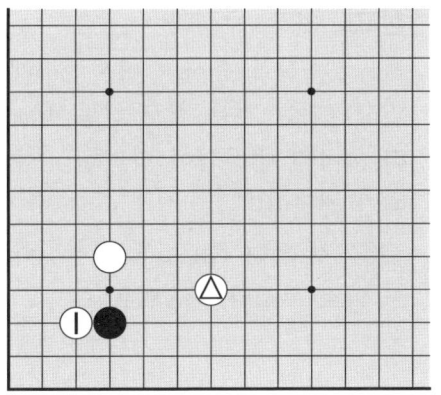

예제1

▦ 예제1 (흑 차례)

흑의 소목에 백의 한칸걸침, 거기서 흑이 손을 빼자 백△의 눈목자씌움, 또 흑이 손을 뺄 때 백1의 붙임으로 이어진다.

흑이 이런 배석에서 쓰는 수법이 있다. 그것은 무엇일까?

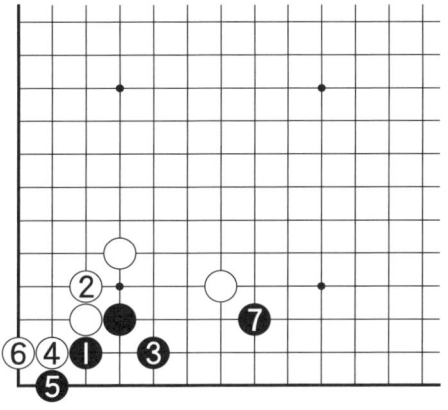

참고도 1

참고도 1(보통의 착상)

흑1로 젖히고 백2에 끌 때 흑3으로 호구치는 것은 보통의 착상이다. 백4, 6으로 젖히고 내려선다면 흑7의 눈목자로 훨훨 날아서 우변에 진출할 수 있으니 나쁘지 않은 진행이다.

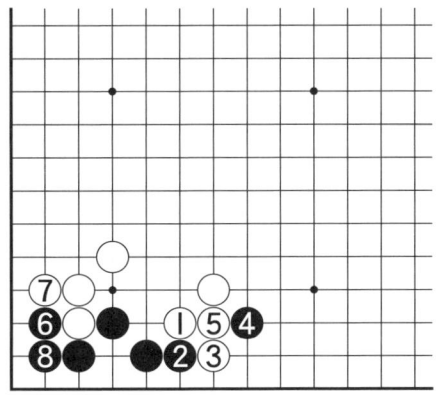

참고도 2

참고도 2(귀에서 옹색)

그러나 백은 귀쪽을 두지 않고 1로 마늘모해 흑이 나아갈 길을 막아 버릴 것이다.

그러면 흑은 2, 4를 선수활용하고 6, 8로 젖혀이어서 귀에서 살아야 한다. 좀 옹색하지 않은가.

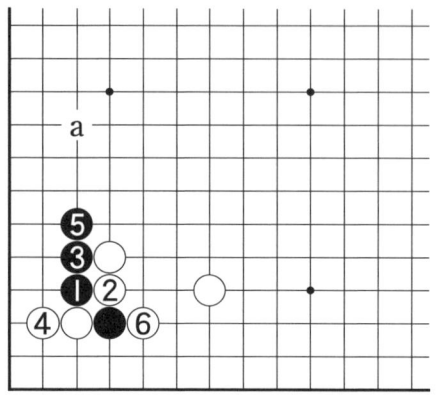

참고도 3

참고도 3(흑, 무겁다)

흑1, 백2를 교환하고 나서 흑3에 밀고나가는 것은 별로 신통치 않다. 백4의 내려섬이 강력한 응수이기 때문이다.

6까지 되면 흑a로 벌린다고 해도 다소 무겁다. 흑3으로….

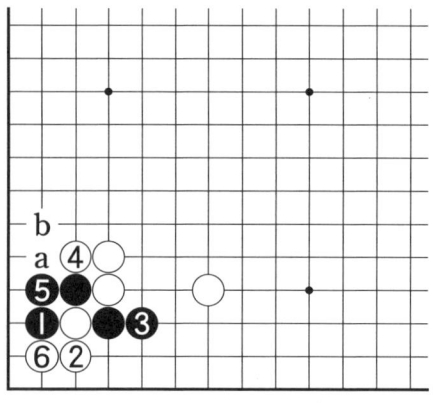

참고도 4

참고도 4(흑, 무리)

흑1로 단수하고 3에 뻗는 것은 무리한 행동이다.

백4, 6으로 대응당해서 정말 대책이 없는 상황이 된다. 다음 흑a는 백b에 막혀서 그만이다.

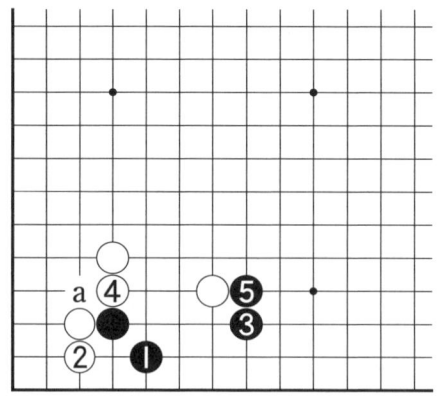

참고도 5

참고도 5(정해/ 마늘모)

물러나는 듯한 흑1의 마늘모가 좋은 수법이다. 백2에 내려설 때 흑3의 눈목자로 진출해서 멋지다.

다음 흑a에 대비해 백4가 필요할 때 흑5로 밀어올리는 자세가 좋다.

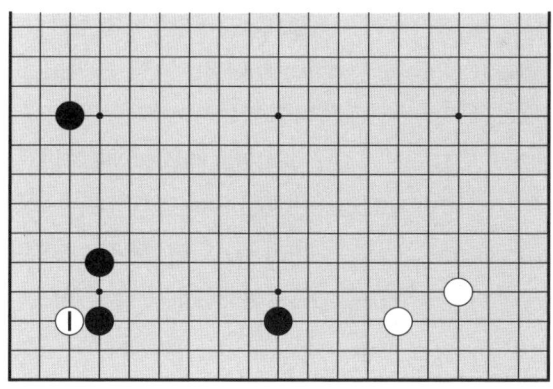

예제2

▦ 예제2 (흑 차례)

흑은 한칸굳힘에서 양날개를 편 모습이다. 백1의 붙임은 흑 진영을 삭감하기 위해 응수를 물어본 것이다. 경우에 따라서는 귀에 맛을 남기겠다는 뜻이다.

흑의 적절한 대응은 무엇이 좋을까?

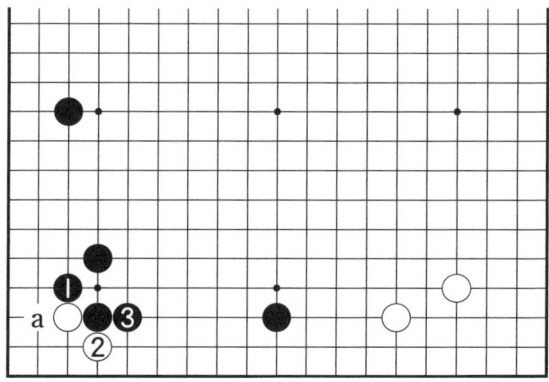

참고도 1

참고도 1(호구침이 보통)

흑1로 호구쳐서 응수하는 것이 보통이다.

그러면 백은 두 가지 선택이 있는데, 그중 하나가 2의 젖힘이다. 흑3이라면 백은 a로 귀에서 사는 맛을 남기고 바깥쪽을 삭감하게 될 것이다.

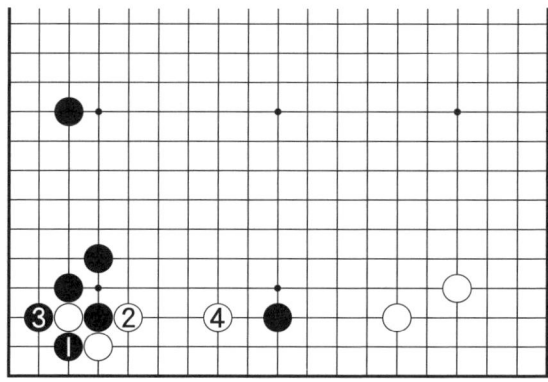

참고도 2

참고도 2(귀를 중시하면)

앞 그림 3으로 흑1에 끊어서 귀를 소중히 한다면 백은 2로 하나 단수해서 선수한 다음 4로 두칸을 벌려서 자리를 잡을 것이다. 이것도 흔히 볼 수 있는 진행이다.

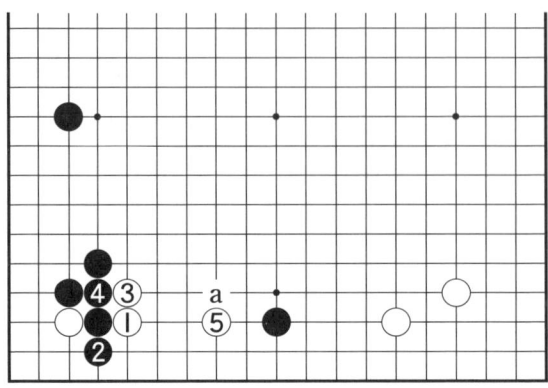

참고도 3

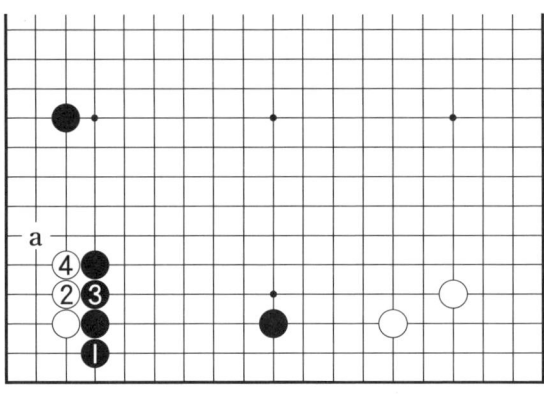

참고도 4

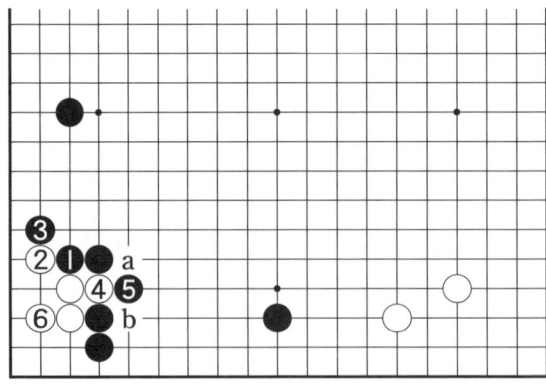

참고도 5

참고도 3(백의 껴붙임)
또 하나의 선택은 백1로 껴붙이는 수이다.

흑2에 내려설 때 백3을 선수활용하고 5 또는 a에 벌려서 흑진 삭감이라는 소기의 목적을 달성한다.

참고도 4(내려섬)
애초에 흑1로 내려서는 강수도 있다. 백은 2로 올라서서 다시 흑의 응수를 묻는다.

흑3에 잇는다면 백4(또는 a)로 움직여서 이 백이 살기는 그리 어렵지 않을 것이다.

참고도 5(단점이 있다)
앞 그림 3으로는 완강하게 흑1에 막을지도 모른다.

그러면 백2로 젖혀 놓고 4에 찔러서 흠집을 만들어 놓고 6에 꼬부린다.

a, b 등에 단점이 있는 만큼 흑도 쉽지는 않다.

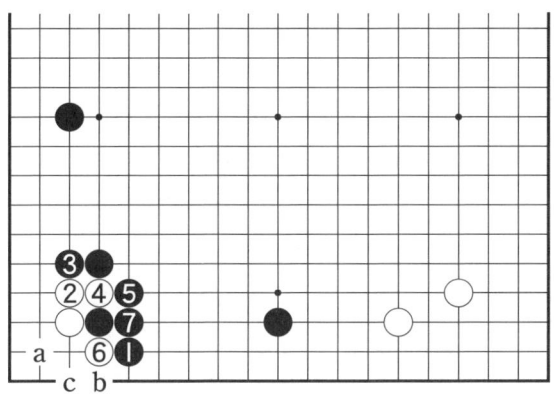

참고도 6

참고도 6(마늘모 응수)

흑1의 마늘모가 재미있는 응수이다. 백2에는 흑3으로 막는다. 그런데 백4로 찌르고 6에 단수한 것은 대악수. 이렇게 되면 백은 a로 호구치고 흑b에 백c의 패가 고작이다. 따라서 백4로는⋯.

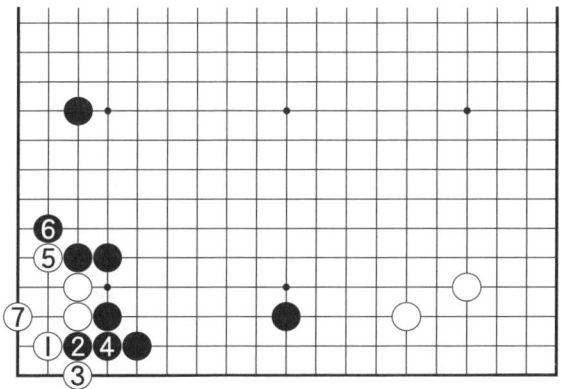

참고도 7

참고도 7(추천 1)

백1의 마늘모가 삶의 급소. 흑2에는 백3으로 단수하고 5에 하나 젖히고 나서 7에 호구치는 것이 좋은 수순이다.

이러면 백은 알뜰하게 살아 있음을 알 수 있다.

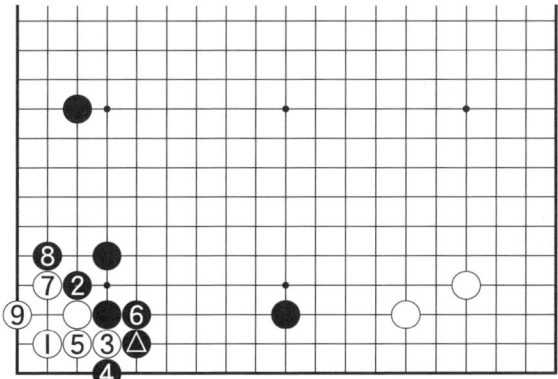

참고도 8

참고도 8(추천 2)

애초에 흑이 ▲로 마늘모한 순간, 백도 1로 마늘모하는 것이 깔끔한 응수법이다. 흑2에는 백3이 급소. 이하 9까지 거뜬하게 살 수 있다.

흑의 마늘모에 백의 마늘모, 멋진 응접이었다.

쌍점 행마에 대해

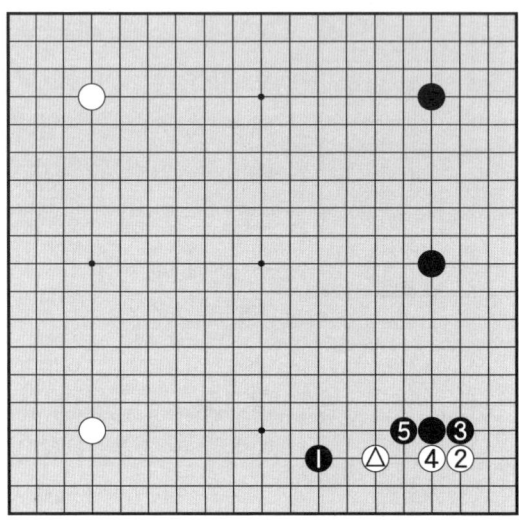

■ 흑의 3연성 대 백의 2연성에서 백△의 날일자걸침에 흑1의 한 칸협공이다.

그러면 백2의 3三침입은 상식이며 흑3에 막고 백4, 흑5 모두 절대의 수순이다.

여기서 백의 마무리는 무엇이 좋은지 출발 소재로 삼으며 쌍점 행마를 알아본다.

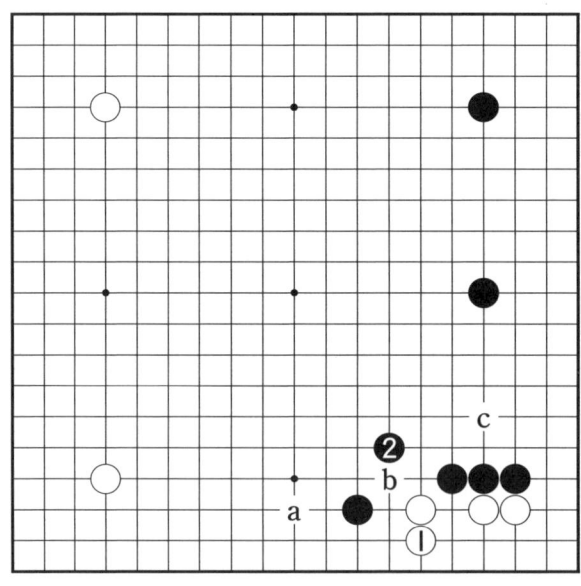

1도

1도(올바른 행마)

백1의 쌍점으로 늘어서는 것이 좋은 수이며 올바른 행마이기도 하다. 흑2로 정석이 완료된다.

다음 백은 a의 육박, b의 마늘모붙임 또는 c의 들여다보기 등을 노리게 된다. 백1로는…

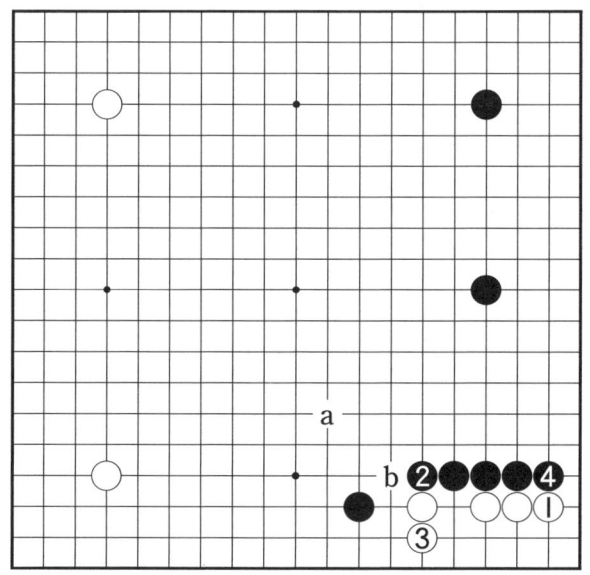

2도

2도(응용행마)

백1로 이쪽을 내려서는 수도 있다. 쌍점의 응용 행마라고 볼 수도 있겠다. 흑2에 백3으로 내려서는 것이 틀이다.

다음 흑이 a쯤으로 지키지 않으면 백b로 젖혀 가는 수를 엿본다.

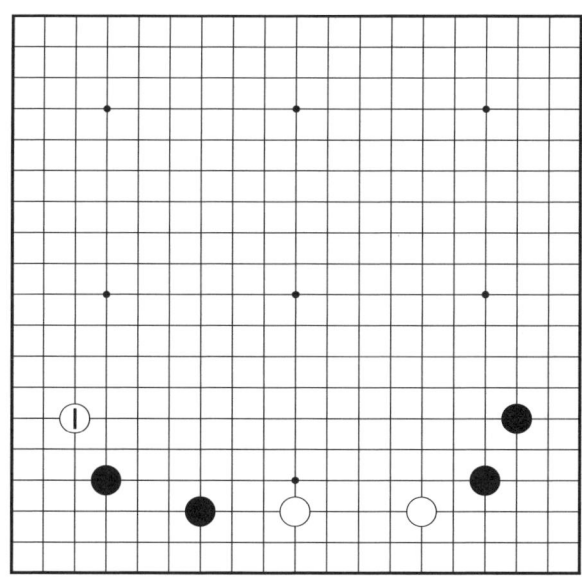

3도

3도(눈목자굳힘에서)

이런 배석에서 좌하귀 흑의 눈목자굳힘에 백1의 날일자로 걸치며 압력을 가해왔다.

자, 여기서 흑은 어떻게 대응하는 것이 좋을까?

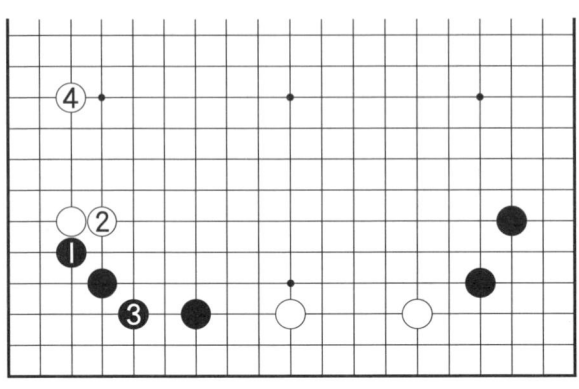

4도

4도(비상 수법)

주변의 백이 견고해 흑이 위험할 때 쓰는 비상 수법이 흑1의 마늘모붙임이다. 이 경우 흑3에 지켜서 귀는 안심이지만 백을 강화시켜 4의 벌림을 허용하므로 바람직하지 않다.

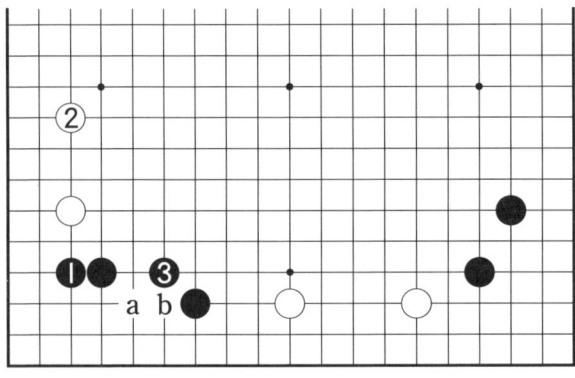

5도

5도(추천/ 쌍점)

흑1의 쌍점이 올바른 대응법이다. 백은 2로 두 칸을 벌리는 정도일 것이다.

흑은 손을 빼든가, 혹여 백a나 b의 수단이 두렵다면 흑3의 마늘모로 지켜서 충분하다.

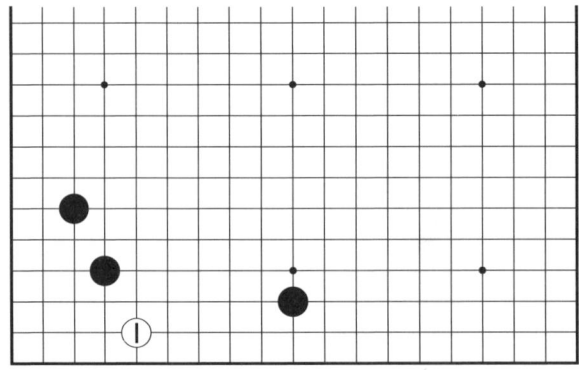

6도

6도(저공비행)

백1의 2선 저공비행은 이런 배석 상황에서 흑진을 상대로 흔히 쓰는 침투 수법이다.

흑은 여기서 어떻게 대응하는 것이 바람직할까?

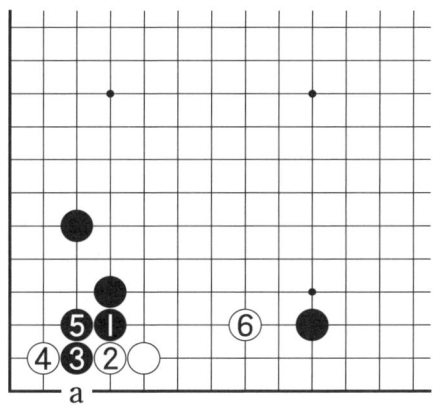

7도

7도(쌍점이 효과적)

흑1의 쌍점이 백에게 리듬을 주지 않는 효과적인 대응법이다.

백은 2로 들어가 흑3에 백4로 껴붙여서 활용한 다음 6에 벌려서 수습을 꾀하는 것이 틀이다.

수순 중 흑5로 a의 내려섬은 맛이 나쁘다.

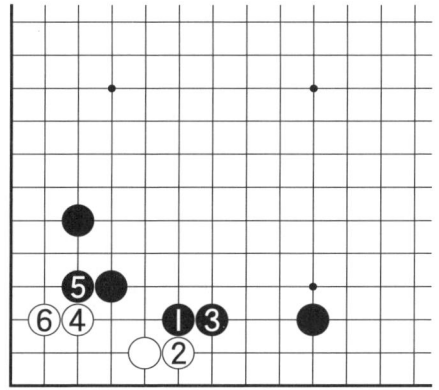

8도

8도(실속이 없다)

흑1의 날일자로 씌워가는 것은 실속이 없는 행마법이다.

백은 2, 흑3을 교환하고 나서 4로 3三에 날아가 귀를 차지할 것이다.

6까지 백의 성공! 흑은 세력을 얻었으나 미흡하다.

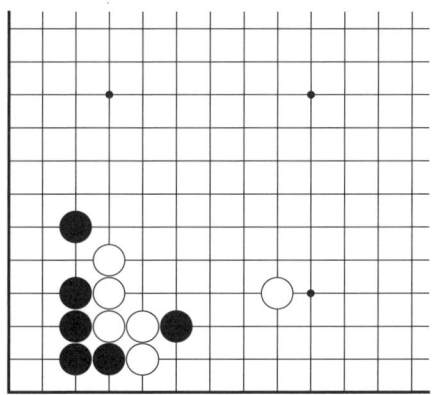

9도

9도(정석 다음)

화점 날일자걸침에 두칸높은협공에서 파생된 기본정석이다.

정석이 완료된 다음 흑의 태도를 묻고 있다. 여기서 흑은 어떤 식으로 두어야 할까?

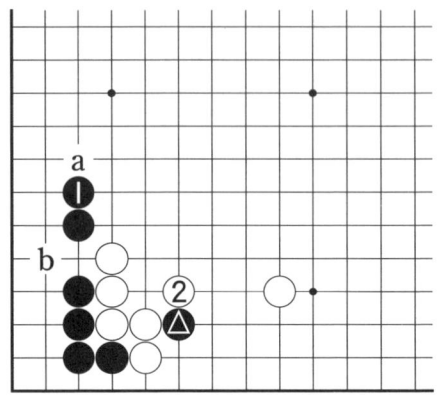

10도

10도(침착한 쌍점)

흑1로 쌍점을 서서 백의 동향을 관망하는 것이 침착한 태도이다.

   이로써 백이 a로 다가와 b의 치중수를 본다든지 하는 수는 사라졌다. 백은 2로 젖혀서 흑▲의 준동을 단속해야 한다.

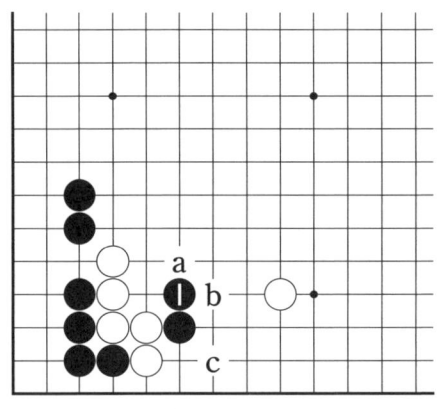

11도

11도(손빼면 흑1이 강력)

백이 손을 빼는 것은 곤란을 자초하는 격이다. 흑1이 강력한 수여서 백은 고전을 면치 못한다.

   흑1로 멋을 부린답시고 a에 한 칸을 뛰는 것은 백b, 흑1, 백c로 건너게 해 헛심만 쓴 꼴이다.

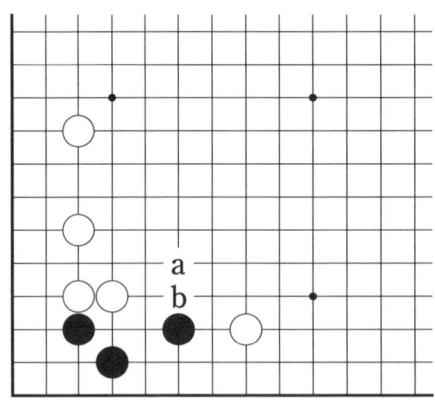

12도

12도(한칸뜀이냐 쌍점이냐)

좌하귀 흑 석점은 사는 데는 지장이 없다. 주안점은 중앙 쪽으로 진출하기 위해 어떤 행마가 필요하냐는 것.

   요컨대 흑은 a의 한칸뜀과 b의 쌍점 중 어느 쪽을 선택하는 것이 옳을까?

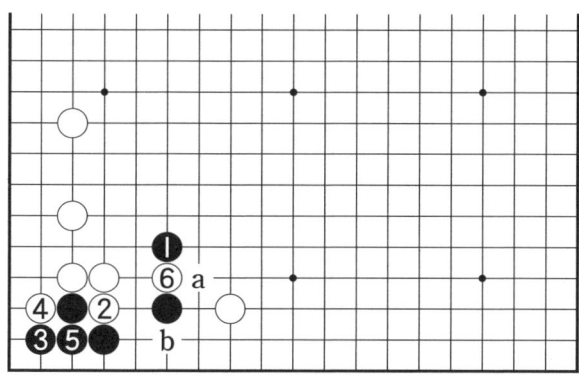

13도

13도(중대한 허점)

흑1의 한칸뜀이 경쾌한 행마 같지만 실은 중대한 허점을 안고 있다. 백2에서 4를 선수하고 6에 끼우는 것이 멋진 맥점이다. 다음 흑a에 백b의 붙임이 주효해 흑을 분단할 수 있다.

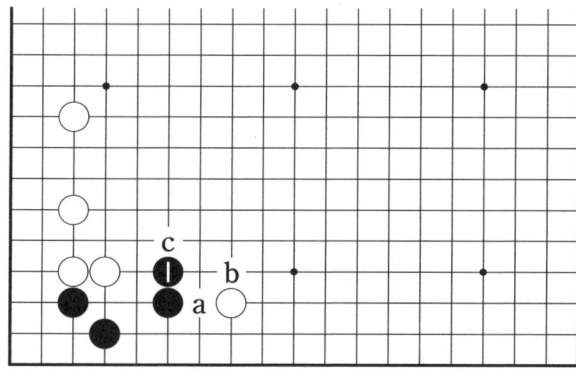

14도

14도(정확한 행마)

조금 이상해 보이지만 흑1의 쌍점이 정확한 행마. 이로써 흑은 분단당할 걱정이 없다. 흑1로 a에 치받고 백b에 설 때 흑c로 뛰어나가는 것은 속수이다. 백을 튼튼하게 해준 잘못이 크다.

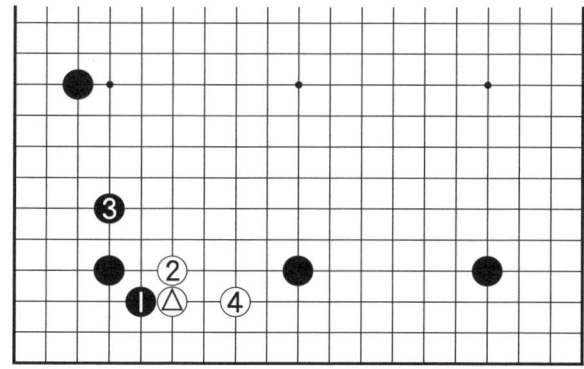

15도

15도(공격 방법은?)

백△의 날일자걸침에 흑1로 마늘모 붙이고 백2로 서게 해 무겁게 만든 다음 흑3으로 한칸을 뛴 것은 정통 대응법이다.

여기서 백4로 한칸을 벌릴 때 흑은 어떻게 공격해야 할까?

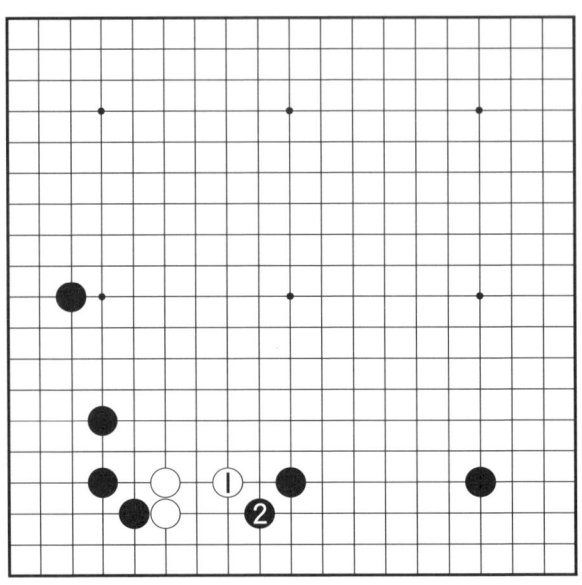

16도

16도(위쪽 한칸인 경우)
만약 앞 그림의 4로 이
그림처럼 백1로 위쪽으
로 한칸을 벌렸다면 흑
2로 마늘모해서 공세를
펴는 것이 보통 정해진
틀이다.

　그렇다면 아래쪽에
한칸을 벌린 경우는 달
라질까?

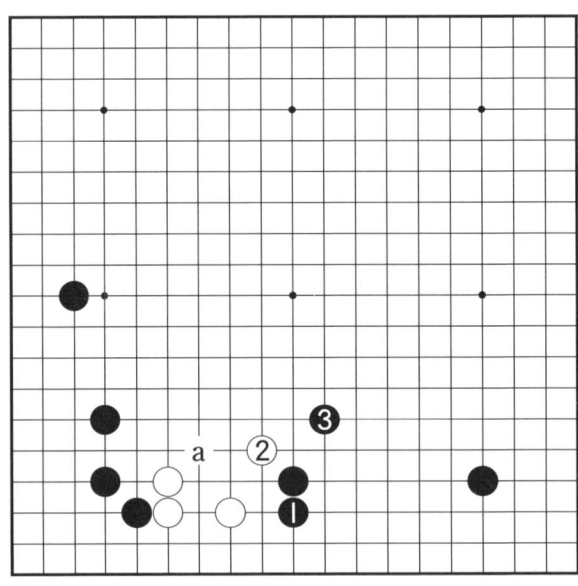

17도

17도(쌍점이 유력)
꼭 이렇게 두어야 한다
는 법은 없지만 흑1의
쌍점이 유력한 행마이
다. 백2의 날일자 진출
에는 흑3의 날일자로 받
고 다음의 공격을 엿본
다. 백이 뭔가 두지 않
으면 흑a의 급습이 통렬
할 것이다.

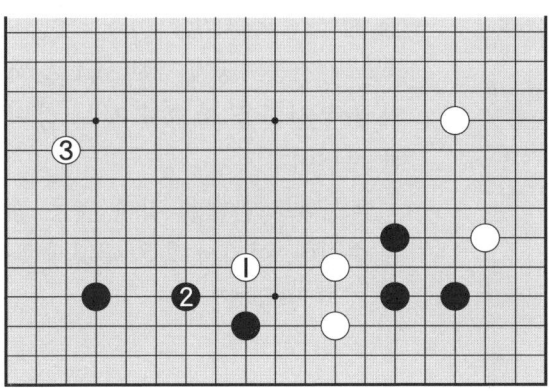

예제1

📖 예제1 (흑 차례)

접바둑에서 나온 형태. 백 1로 모자를 씌운 데 대한 흑2는 '모자는 날일자로 벗어라'라고 하는 격언대로의 수이다. 손을 빼어 백 3을 간 것은 지나쳤다.

허술한 백 석점을 공략하는 급소는 어디일까?

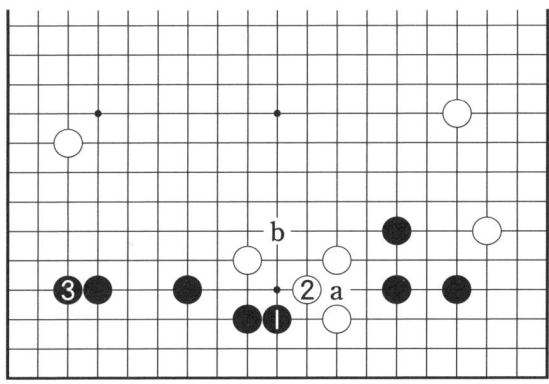

참고도 1

참고도 1(쌍점 또 쌍점)

흑1의 쌍점으로 늘어서는 수가 강력하다. 둔탁한 것 같지만 백에게 수습의 리듬을 주지 않고 있다.

백2는 절대의 보강. 안 두면 흑2, 백a, 흑b가 통렬하다. 흑3의 쌍점 수비가 또 호수!

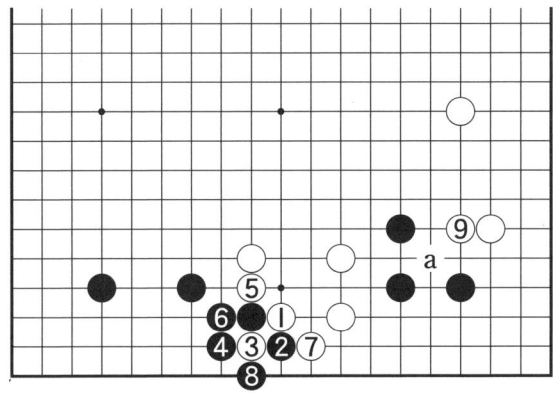

참고도 2

참고도 2(손을 빼지 말고)

백은 손을 빼지 말고 1로 붙여서 수습을 꾀하는 것이 정수였다.

흑2에 백3의 맞끊음이 맥점. 이하 7까지 선수하고 나서 백9의 쌍점으로 a의 들여다보기를 강조하는 것이 좋았다.

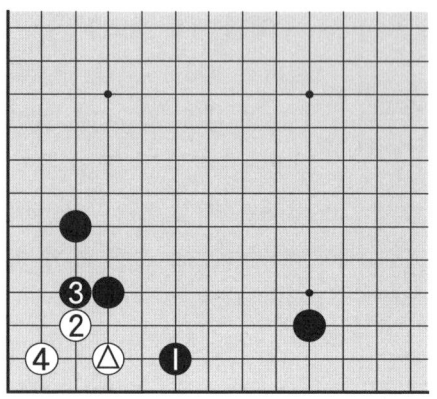

예제2

🎴 예제2 (흑 차례)

백△의 저공비행에 대해 흑1로 백의 2선 진출을 저지한 것이 강력한 수법이다.

백2, 4로 안형을 갖춘 것은 좋은 수인데, 여기서 흑은 어떻게 두는 것이 좋을까?

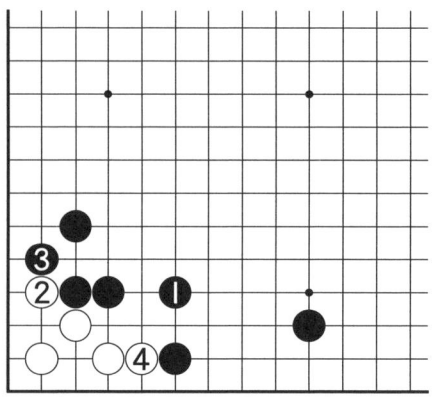

참고도 1

참고도 1(한칸뜀은 겉멋)

흑1로 한칸을 뛰어서 백의 출로를 봉쇄하는 것은 겉멋이 든 수이다. 백은 2로 하나 젖혀 놓고 4에 치받아 살 것이다.

이러면 흑은 바깥쪽에 약점이 남아 기분이 찜찜하다.

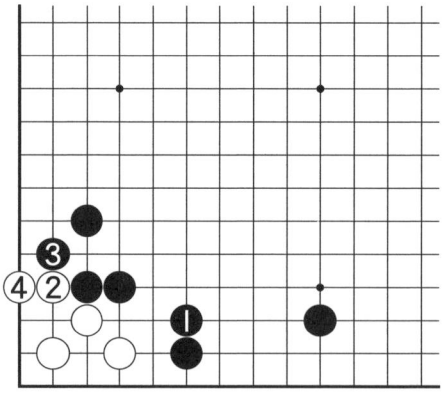

참고도 2

참고도 2(쌍점이 강력)

흑1로 쌍점을 서는 것이 강력하면서도 효과적이다.

백은 2에서 4로 사는 정도인데, 흑의 바깥쪽은 앞 그림과는 달리 제법 튼실하다.

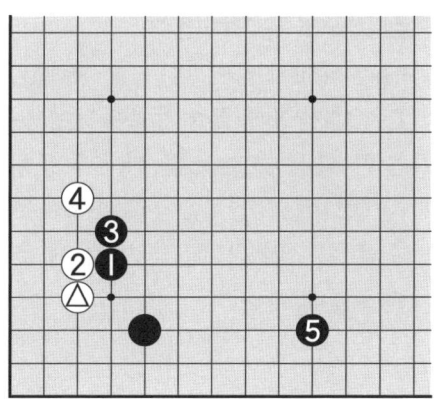

예제1

▦ 예제1 (백 차례)

흑의 외목에 대해 백△의 날일자로 걸쳤더니 흑1의 날일자씌움. 백2로 하나 기어나가고 4에 뛴 것은 기본수법이다.

흑5의 벌림까지가 정석이다. 다음 백은 어떻게 두어야 할까?

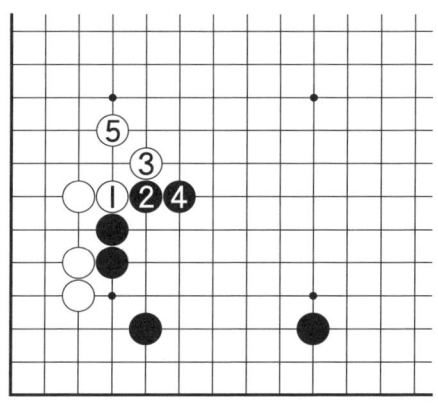

참고도 1

참고도 1(두텁게 해주다)

백1로 밀어올리고 흑2에 백3으로 젖히는 수도 생각할 수 있다.

그러나 백5의 보강이 필요하고 흑을 두텁게 만들어준 셈이므로 바람직하지는 않다.

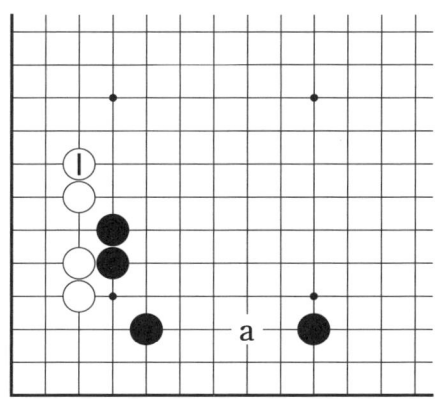

참고도 2

참고도 2(침착한 쌍점)

잠자코 백1의 쌍점으로 늘어서는 것이 침착한 수법이다.

우선 나의 진영을 튼튼하게 지키고 나서 흑진의 허점을 노리겠다는 뜻이다. 다음 백이 또 둔다면 a의 침입이 날카롭다.

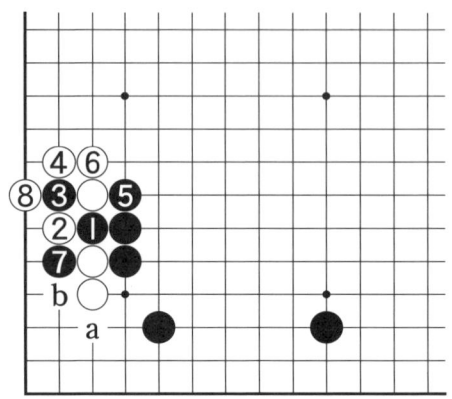

참고도 3

참고도 3(흑 차례면?)

이 상황에서 흑이 먼저 둘 차례면, 1로 나가 3에 끊어 두는 것이 다음의 활용수를 보는 상용수법이다. 백4에 흑5, 7을 선수활용하고 흑a마저 선수해 백b로 받게 해 두터움을 강화한다.

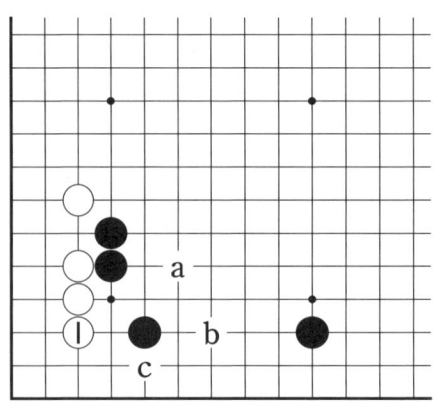

참고도 4

참고도 4(백1, 응용행마)

특수한 상황에서 백1로 귀에서 늘어서는 것이 유력한 경우도 있다. 쌍점은 아니지만 응용행마라고나 할까.

다음 백a로 들여다보는 수, b에 침입하는 수(c의 건넘을 보고 있음)를 엿본다.

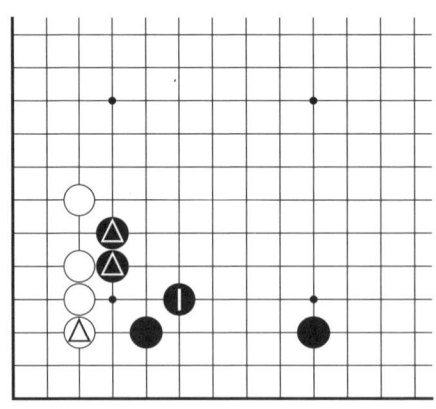

참고도 5

참고도 5(방어의 마늘모)

백△에 대해 흑이 백의 침입을 방어하려면 1의 마늘모가 행마의 틀이다.

흑△ 두점에 구애받지 않으면 이런 지킴수를 얼른 떠올릴 수 있을 것이다.

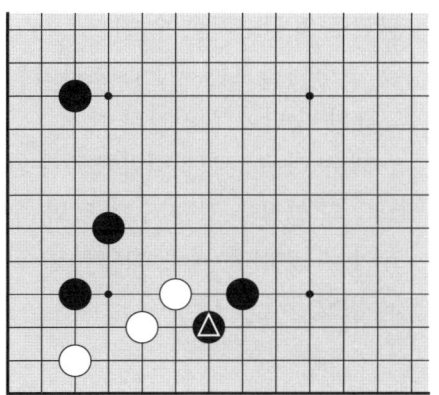

예제2

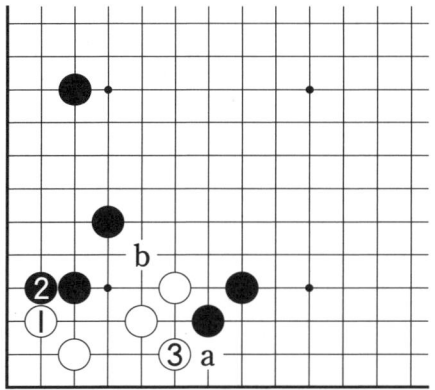

참고도 1

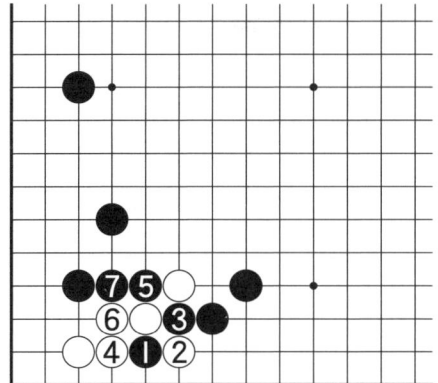

참고도 2

▦ 예제2 (흑 차례)

소목 두칸높은협공에서 파생된 정석이다.

정석이 완료된 후 흑이 ❷로 백의 근거를 위협했지만 백은 태연하게 손을 뺐다.

이 백을 위협하는 공격의 급소는 어디일까?

참고도 1(손을 빼지 말고)

백은 손을 빼지 말고 안전을 도모하는 것이 올바르다.

백1로 마늘모하고 흑2에 또 다시 백3으로 마늘모해서 살아둔다.

다음 흑a는 백b가 효과적인 응수이므로 흑도 그냥 놔두는 것이 보통이다.

참고도 2(그럴 듯하다?)

언뜻 흑1로 2선에 붙이는 수가 그럴 듯해 보일지 모른다.

백2에 흑3으로 끊으면 백4로 잡는 정도이므로 흑7까지 막강한 세력을 얻을 수 있다.

그러나 이것은 흑의 혼자만의 생각이다.

251

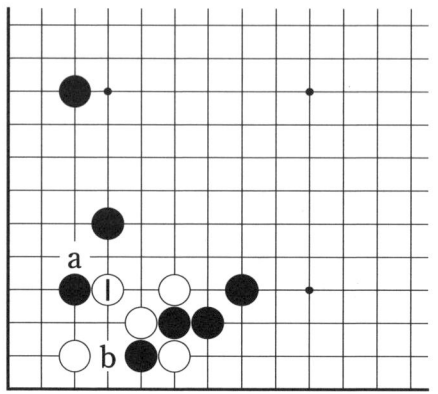

참고도 3

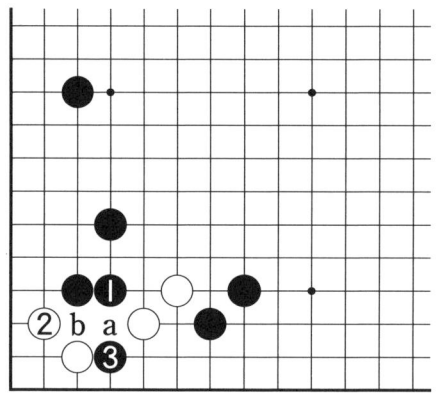

참고도 4

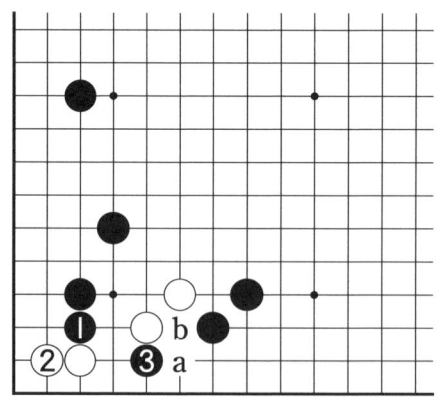

참고도 5

참고도 3(맞보기로 수습)

앞 그림의 4로는 백1로 호구치는 교묘한 수단이 성립한다.

백은 다음 a로 젖혀나가는 수와 b로 흑 한점을 잡는 수를 맞봐 수습이 가능하다. 흑은 헛다리를 짚고 말았다.

참고도 4(쌍점이 급소!)

흑1의 쌍점이 백의 근거를 없애는 급소였다. 바로 앞 그림에서 백이 두었던 교묘한 수가 놓였던 곳이라는 것이 의미심장하다.

백2에는 흑3의 건너붙임이 통렬! 다음 백a에는 흑b.

참고도 5(치받음도 유력)

또는 애초에 흑1로 치받는 것도 경우에 따라 유력하다.

백2에는 흑3의 붙임이 매섭다. 다음 백a에는 흑b로 끊겨 다음이 곤란하다.

날일자와 눈목자, 기타 행마

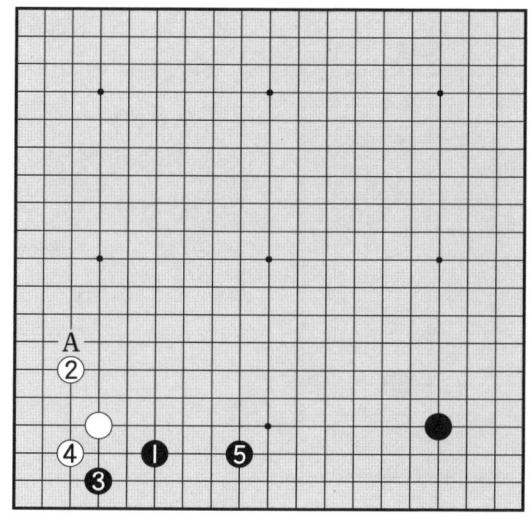

▨ 흑1의 걸침에 백2의 응수. 또 흑3의 달림 모두가 계속되는 날일자 행마의 퍼레이드이다.

백2는 A의 눈목자도 있고 여러 협공도 가능하며, 아예 손을 빼는 수도 성립한다.

이를 출발 소재로 삼으며 여러 행마에 대해 알아본다.

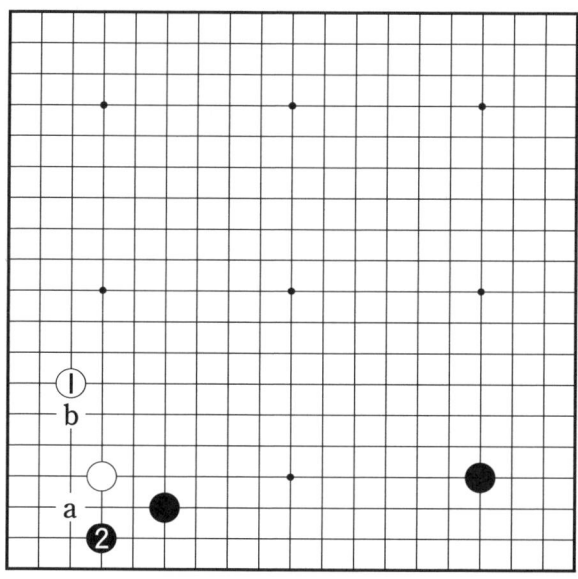

1도

1도(눈목지응수)

흑의 날일자걸침에 백1의 눈목자로 응수하면 흑은 2의 날일자로 달리기가 거북하다.

왜냐하면 백a로 받기만 해도 1이 b에 있는 것보다 이득이니까. 따라서 흑도 a에 들어가거나 달리 두게 된다.

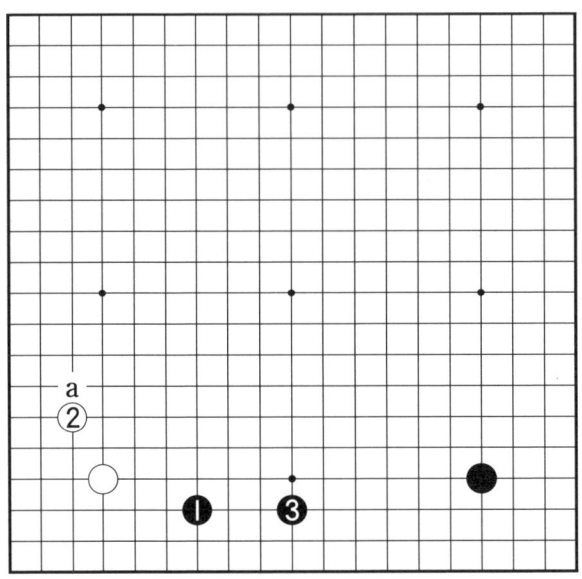

2도

2도(견실한 날일자)
흑1의 눈목자걸침에 백
2의 날일자로 응수한 것
은 견실한 수법이다.

흑도 3으로 두칸을 벌
려서 귀쪽은 훗날을 기
약하게 된다.

백2로 a의 눈목자로
받는 수도 있다.

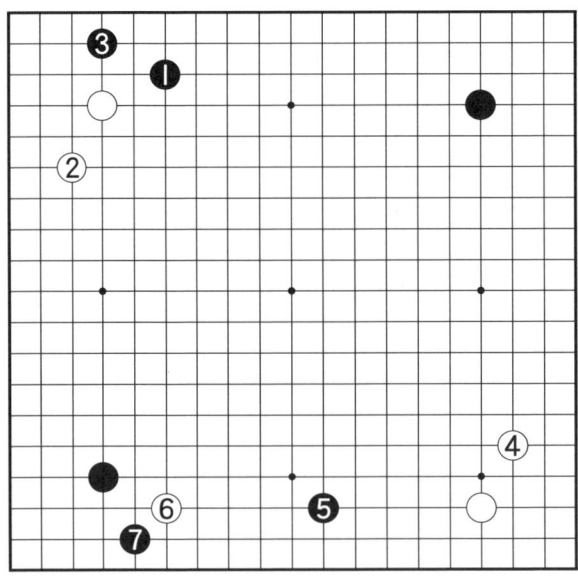

3도

3도(처진 날일자)
흑1의 날일자걸침에 백
2와 흑3의 날일자, 이
때 백이 손을 빼어 4의
날일자로 우하귀를 굳
히는 것은 취향이다. 백
6의 날일자걸침에 흑7
의 처진 날일자로 응수
한 것은 고전적인 수법
으로 수비의 행마이다.

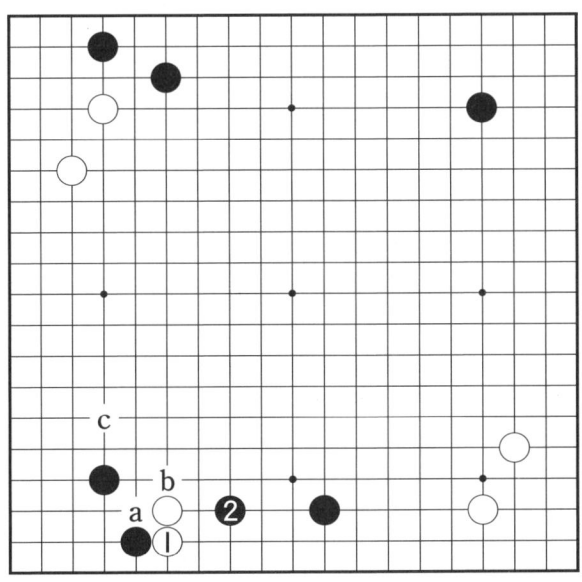

4도

4도(벌림 겸 공격)

계속해서 백1로 막으면 흑2로 두칸을 벌리면서 공격을 겸하겠다는 것이 흑의 의도이다.

흑2로는 a로 막아 백 b를 종용하고 흑c로 한 칸을 뛰는 진행도 생각할 수 있다. 계속해서~

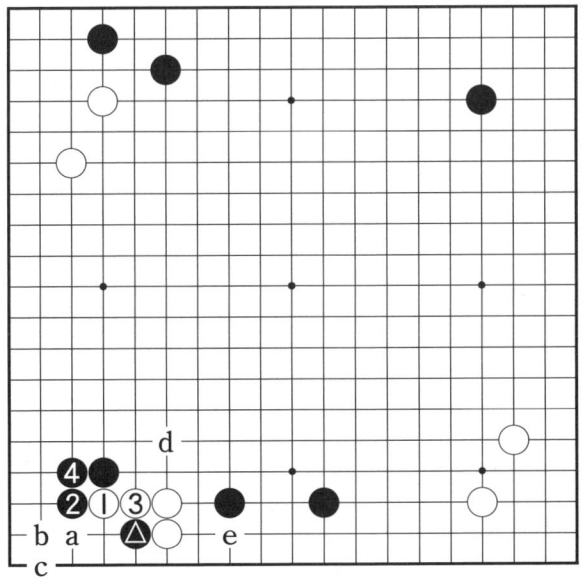

5도

5도(건너붙임)

날일자는 건너붙여라! 격언대로 백1의 건너붙임이 좋은 수법이다.

흑2, 4는 필연이며 여기서 백은 a, 흑b, 백c를 선수해 흑❷를 잡고 d로 뛰는 정도이다. 여차하면 백은 e로 붙여서 살수 있다.

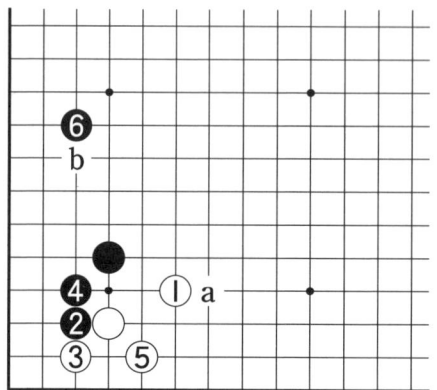

6도

6도(기본정석에서)

백의 소목, 흑의 한칸걸침에 백1의 날일자는 가장 견실한 응수이다. 흑2, 4로 붙여끌고 백도 3에서 5로 호구치고 흑6까지가 기본정석이다.

백1은 a의 눈목자도 있으며, 흑6은 b로 좁힐 수도 있다.

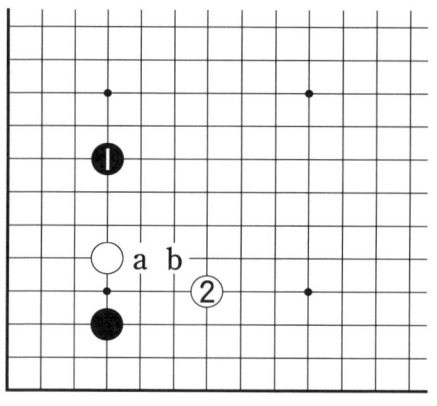

7도

7도(눈목자씌움)

흑백만 바뀌었을 뿐 같은 상황에서 흑1의 두칸높은협공은 널리 쓰이는 수법이다.

백2의 눈목자씌움은 난해한 변화가 일어날 공산도 크다. 흑은 a에 붙이거나 b의 밭전자로 째거나 하게 된다.

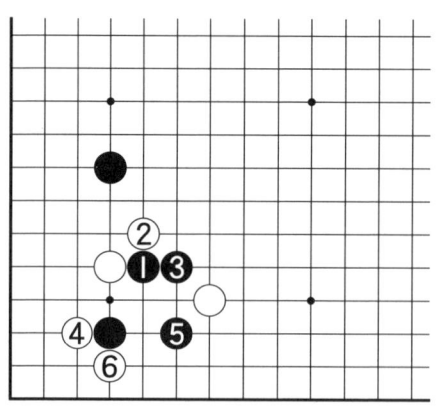

8도

8도(신정석 하나)

잘 쓰는 정석 하나.

흑1로 붙이면 백2로 하나 젖혀 흑3에 늘 때 백4로 붙이는 것이 비교적 신수법이다.

흑5로 한칸 뛴 것은 정해진 틀이며 백6의 젖힘을 기다려….

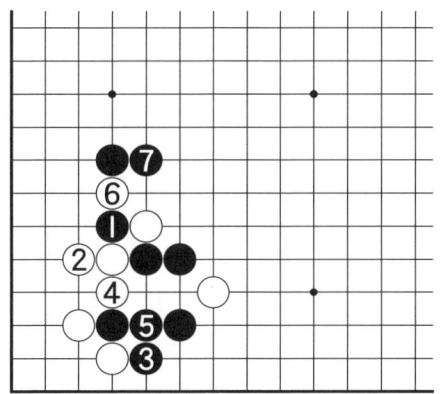

9도

9도(실리와 세력)

흑1로 끊는다. 백2로 내려설 때 비로소 흑3으로 손을 돌리는 것이 수순이다.

　백은 4로 단수해 놓고 6으로 1의 한점을 잡는다.

　흑7까지 정석이 완료되는데, 실리와 세력의 갈림이다.

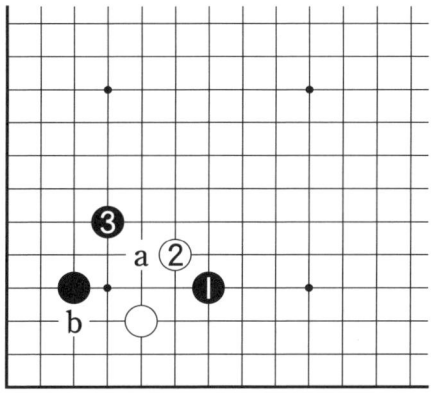

10도

10도(날일자 대 날일자)

흑의 소목, 백의 날일자걸침에 흑1의 한칸높은협공. 백2의 날일자는 a의 한칸과 더불어 널리 쓰이는 수법이다.

　흑3의 날일자도 행마의 틀. 다음 백b의 붙임 이후는 정석 편을 참조하기 바란다.

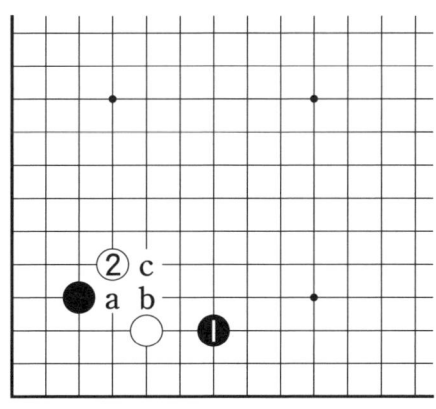

11도

11도(날일자씌움)

이번에는 같은 배석에서 흑1의 한칸협공. 이 경우 백2의 날일자씌움도 흔히 사용되는 수법이다.

　다음 흑a, 백b, 흑c로 나가끊는 변화가 예상되는데, 그것도 정석 편에서…

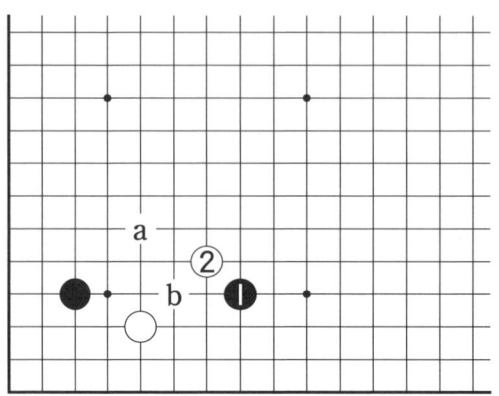

12도

12도(고난도의 밭전자)

흑의 소목, 백의 날일자걸침에 흑1의 두칸높은협공.

이에 대해 백2의 밭전자로 짚어나가는 행마는 고난도의 수법이다.

이외에 백a의 두칸이나 b의 마늘모도 유력하다.

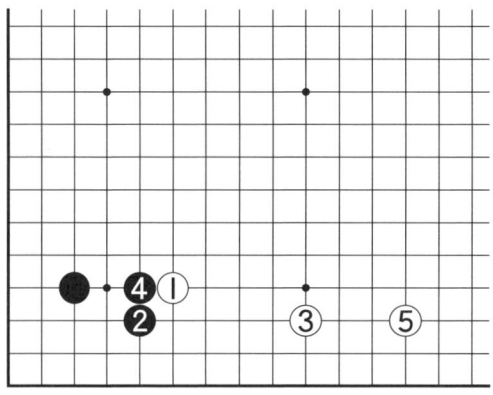

13도

13도(두칸걸침)

흑의 소목에 백1의 두칸걸침은 흑의 협공을 꺼릴 경우 흔히 쓴다.

흑2의 날일자로 턱밑에 들이댈 때 백3으로 멀리 벌린 것은 흑의 예봉을 피한 것이다. 백5의 두칸벌림까지 유장한 구상이다.

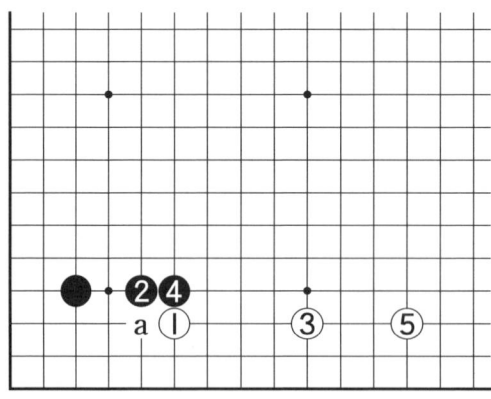

14도

14도(눈목자걸침)

백1의 눈목자걸침도 앞 그림의 두칸걸침과 비슷한 의미를 갖고 있다.

흑2에 백3의 세칸벌림, 흑4(또는 a)에 백5의 두칸벌림. 앞 그림과의 우열은 따질 수 없다.

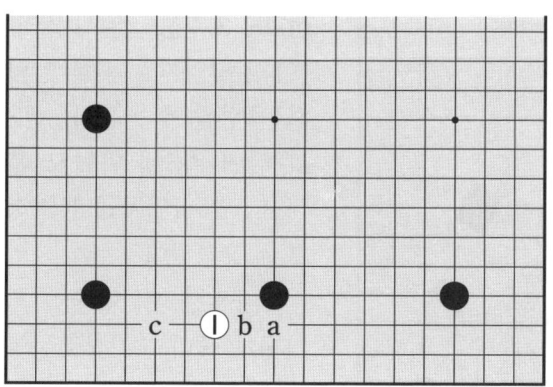

예제1

예제1 (흑 차례)

접바둑에서 뽑은 상황이지만 맞바둑에서도 비슷한 장면을 얼마든지 볼 수 있다.

백1의 침입에 대해 흑은 a, b, c 가운데 어느 수를 선택해야 할까?

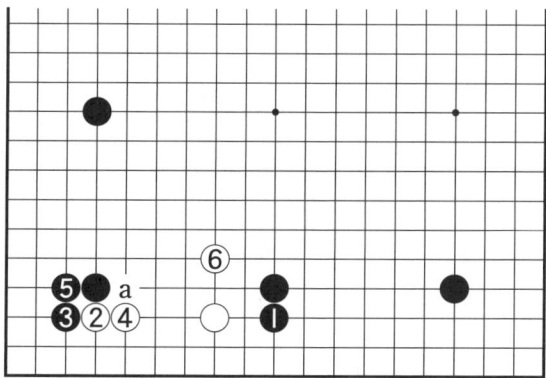

참고도 1

참고도 1(쌍점은 미흡)

흑1의 쌍점은 백의 하변 진출을 봉쇄하자는 뜻이다. 백2의 붙임이 타개의 제일감이다.

흑은 3에서 5로 잇는 정도인데 백6(또는 a)으로 뛰어서 편한 자세. 흑의 대응은 다소 미흡했다.

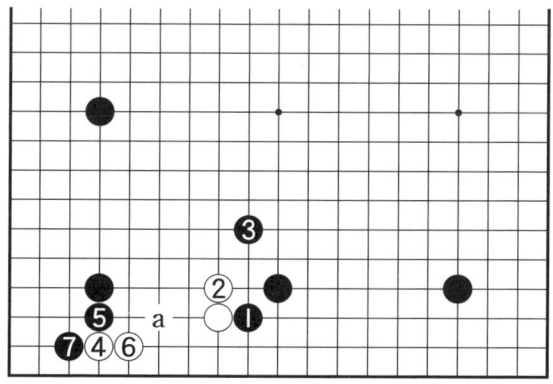

참고도 2

참고도 2(유력한 공격법)

흑1로 마늘모 붙이고 3에 날일자한 것은 유력한 공격법이다. 백4의 미끄러짐이 약간 성가시지만 흑5, 7로 응수해 공격을 계속한다. 백6으로 7에 기어들면 흑a로 한칸을 뛰는 것이 요령이다.

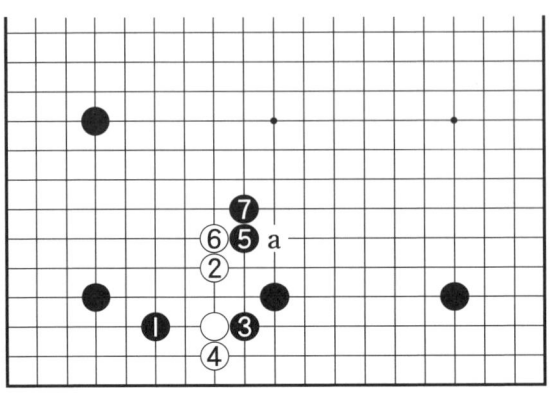

참고도 3

참고도 3(추천/날일자 압박)
흑1의 날일자로 백을 압박하는 수를 추천한다. 백2로 뛰면 흑3에 마늘모 붙이고 5로 날일자해 본격적으로 공격한다.

백6에는 흑7로 늘어서 기세가 좋다. 흑3으로는 a에 그냥 뛸 수도 있다.

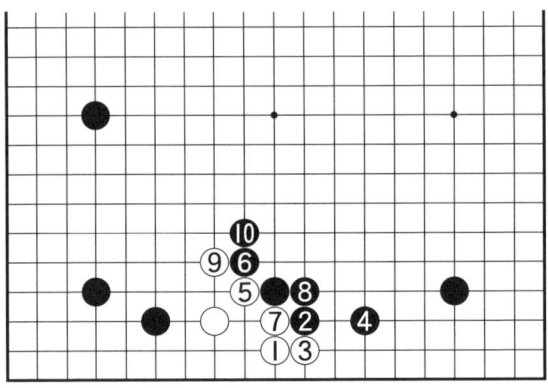

참고도 4

참고도 4(흑, 견고해지다)
백은 앞 그림처럼 쫓기는 것이 싫다면 1로 날일자할지도 모른다. 빨리 안정하려는 속셈이다.

흑2에서 4 그리고 이하 10까지 바깥쪽이 견고해졌으므로 백을 살려주어도 불만은 없다.

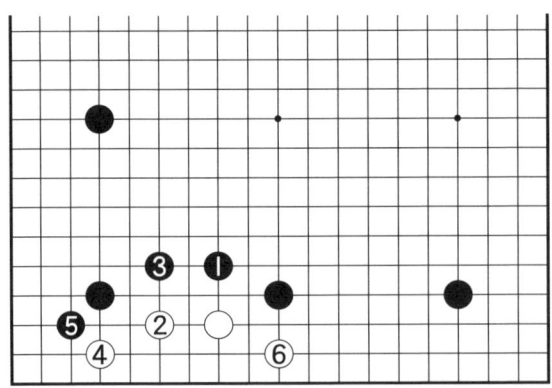

참고도 5

참고도 5(날일자 봉쇄)
선택지에는 없지만 흑1의 날일자로 덮어씌우는 수도 경우에 따라서는 효과적이다. 백2에 흑3의 한칸 겸 날일자 봉쇄도 일관성 있는 작전으로 상당한 두터움을 얻을 수 있다.

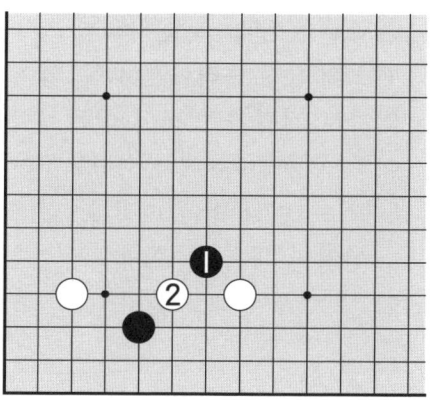

예제2

▦ 예제2 (흑 차례)

백의 소목에 흑의 날일자걸침, 거기서 백이 두칸높은협공을 구사한 상황이다.

흑1의 밭전자 행마에 대해 백은 불문곡직 2로 찔러왔다. 아무래도 무리수 같은데, 흑의 대응은 무엇이 좋을까?

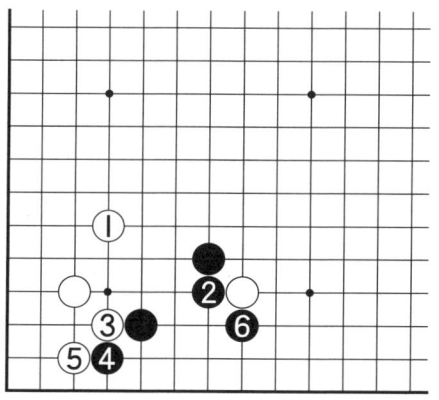

참고도 1

참고도 1(간명한 정석)

백이 찔러간 수는 무리수였다. 백에게는 여러 가지 수가 있지만 그 가운데서도 1의 날일자가 간명한 수법이자 정수였다.

흑2에 백3도 간명한 선택으로 6까지가 기본정석이다.

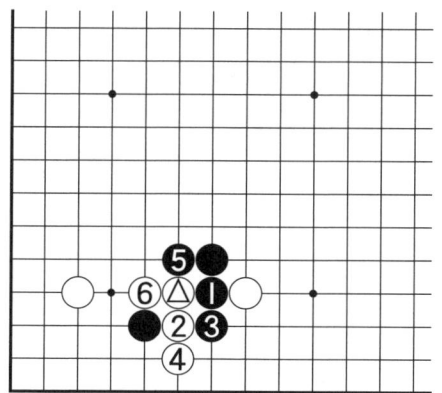

참고도 2

참고도 2(백이 바라는 바)

백△에 대해 흑1, 3으로 직접 반응하는 것은 백이 바라는 바이다. 6까지 백의 귀가 너무도 크다.

그에 비해 바깥쪽 흑의 세력은 두텁기는커녕 백의 공격목표가 안 되면 다행일 정도이다.

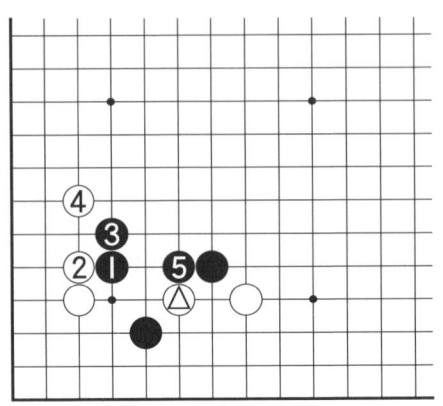

참고도 3

참고도 3(정해/ 날일자씌움)

백△를 슬쩍 째려보면서 흑1의 날일자로 씌워가는 것이 좋은 수법이다. 백2에 흑3도 선수하고 나서 5에 누르면서 막아 버린다.

이러면 백은 왜 △에 두었는지 알 수 없게 된다. 흑5로….

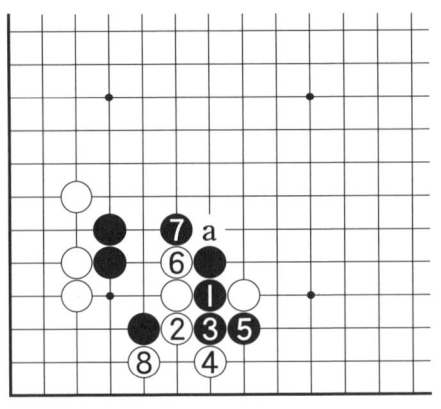

참고도 4

참고도 4(조금 위험한 행동)

이 그림처럼 흑1, 3으로 돌파하는 것은 조금 위험한 행동이다.

백은 4로 젖히고 6에 나가 반격을 엿볼 것이다. 백8에 이르고 보면 흑도 a의 단점이 신경 쓰이게 된다.

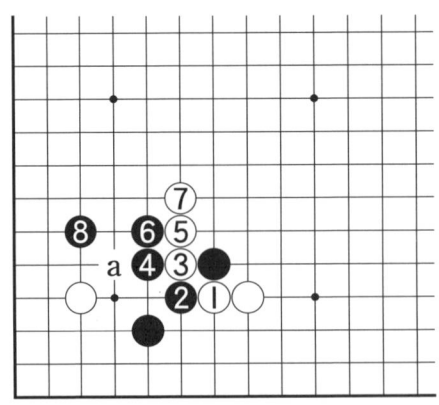

참고도 5

참고도 5(백1, 3은 무모)

이 상황에서 백1, 3으로 나가끊는 것도 다소 무모하다. 흑은 아낌없이 4로 몰고 6에 민 다음 8에 뛰어서 충분하다.

흑2로는 a의 날일자로 씌워갈 수도 있다.

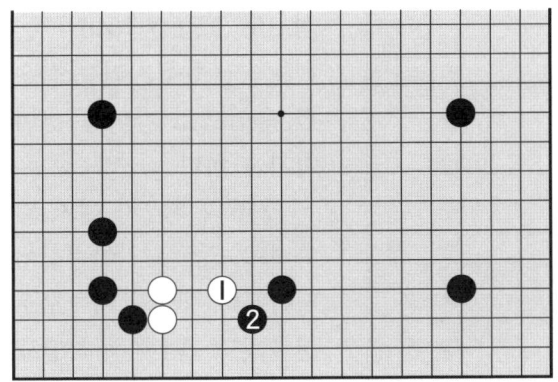

예제3

▦ 예제3 (백 차례)

접바둑에서 취재했다. 백1로 형태를 갖춘 상황인데, 그러자 흑은 2로 마늘모해 근거를 위협하고 나섰다.

자, 백은 여기서 어떻게 움직이는 것이 좋을까?

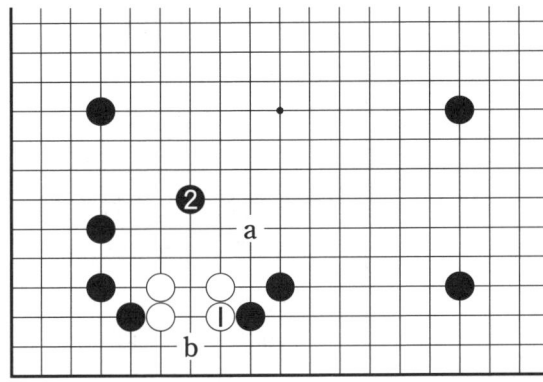

참고도 1

참고도 1(간단히 살지만)

백1에 막는 것은 별로 바람직하지 않다. 흑2의 공격이 좋은 수법. 흑2로는 a의 날일자도 유력하다.

백은 b면 간단히 살 수 있지만, 그 와중에 주변의 흑이 견고해질 테니 고민스러울 것이다.

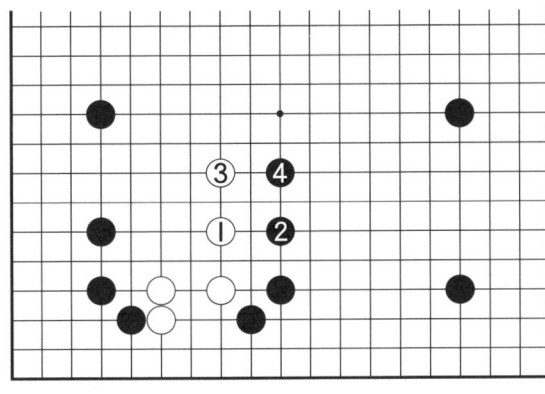

참고도 2

참고도 2(여전히 불안)

백1로 한칸을 뛰는 것은 꽤 궁리한 수이지만 흑2로 한칸 뛰면서 따라가면 여전히 불안하다.

백3에 뛰어도 흑4로 같이 뛰어서 피곤하다. 오른쪽 흑 모양이 커지는 것도 거슬린다.

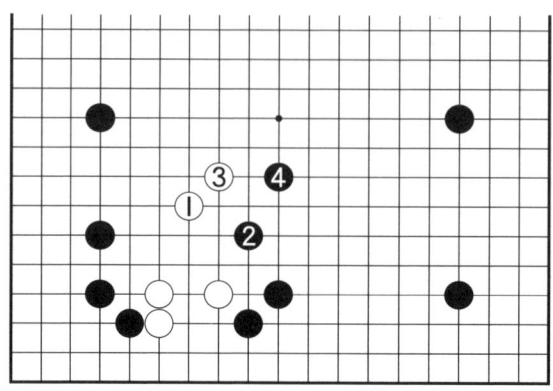

참고도 3

참고도 3(양 눈목자)

백1은 양 눈목자라는 특수한 수법으로 가벼운 행마이기는 하다.

그러나 흑2가 매서운 공격의 급소여서 안정감이 떨어진다. 백3의 마늘모로 진출해도 흑4에 추격당해서 불만스럽다.

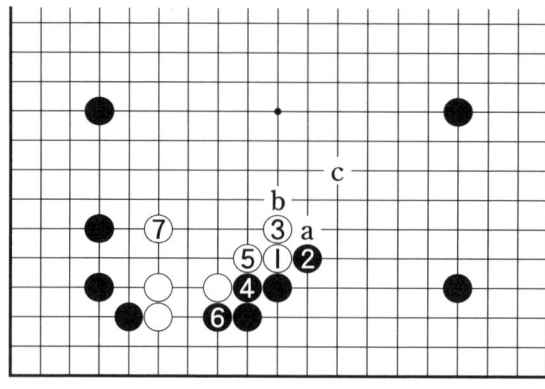

참고도 4

참고도 4(치열한 붙임)

백1의 붙임은 치열한 수법이지만 신통치 않다.

흑2에서 4로 웅크리고 6에 기어드는 수가 통렬한 수순이어서 백7의 보강은 어쩔 수 없다.

다음 흑a, 백b, 흑c로 두어 흑의 호조이다.

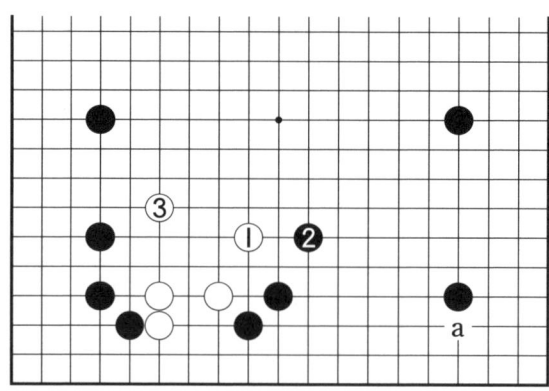

참고도 5

참고도 5(추천/ 날일자)

백1의 날일자가 함축성 있는 행마로 추천하고 싶은 수이다. 흑2의 날일자로 추격하겠지만 백3으로 경쾌하게 뛰어서 탄력적인 모습이다. 흑a 다음 백은 흑의 허술함을 찔러가게 될 것이다.

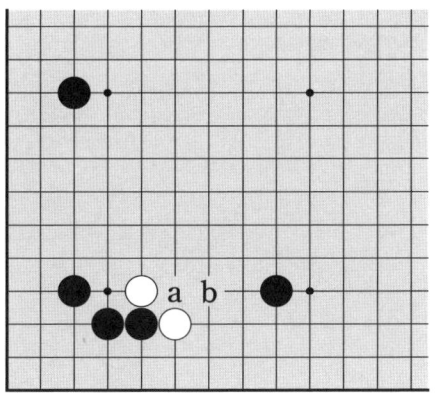

예제

▦ 예제 (백 차례)

백 두점은 매우 박약한 모습이다. 백은 주변의 흑돌이 많은 만큼 되도록 가볍게 처리하고 싶다.

백a의 꽉이음이나 b의 호구이음은 무거워서 일방적으로 공격당할지도 모른다.

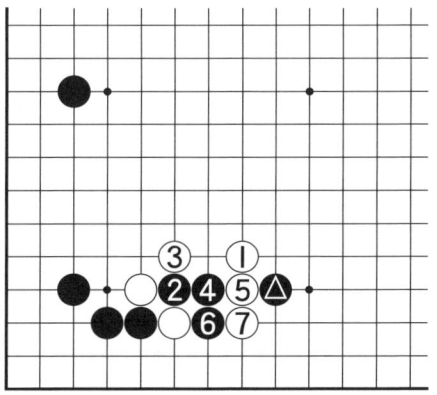

참고도 1

참고도 1(추천/ 경묘한 밭전자)

백1로 훌쩍 날아오르며 흑▲를 짚어가는 것이 밭전자 경묘한 행마이다. 흑2의 끊음은 백으로서 대환영이다.

백3으로 단수하고 5, 7로 뚫어버려서 좋다. 흑은 ▲가 못쓰게 되고 말았다.

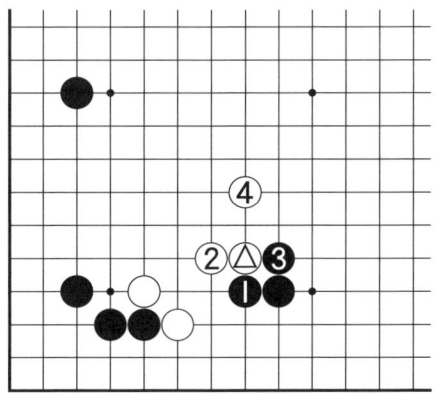

참고도 2

참고도 2(유유히 달아나다)

따라서 흑은 백▲에 대해 1로 미는 정도이다. 그러면 백2로 가만히 느는 것이 좋다.

흑3의 꼬부림에는 백4로 뛰어서 유유히 달아날 수 있다. 이 모두가 백▲의 효과임은 물론이다.

PART 5

삭감과
공격

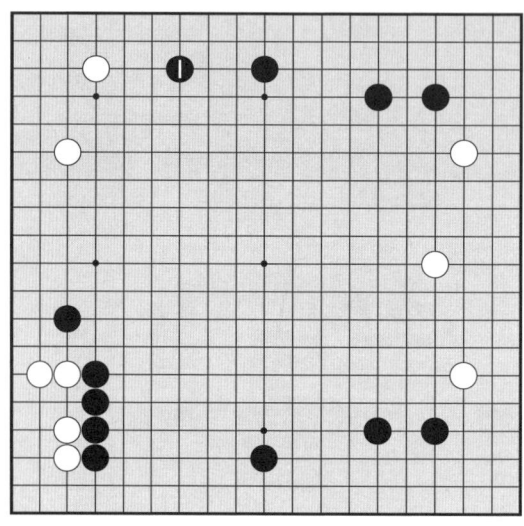

■ 3점 접바둑에서 소재를 삼았다. 흑1로 벌렸는데 이 수도 큰 곳이지만 방향착오 느낌이 든다.

여기서는 하변 흑진에 대한 백의 삭감은 어디가 좋은지 알아본다. 감각적인 한수가 요구된다.

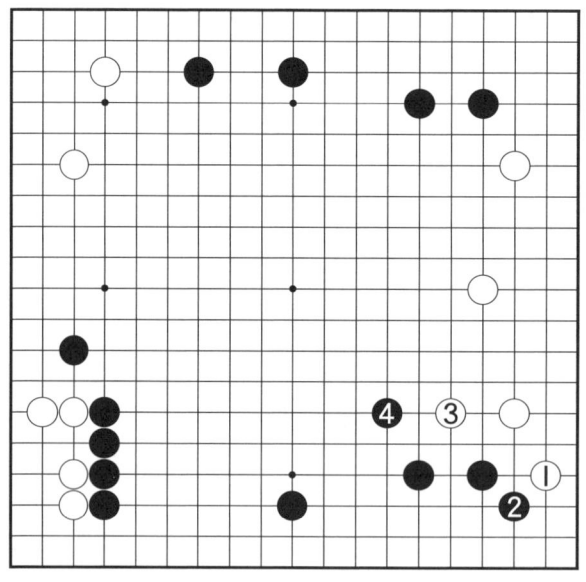

1도(흑4, 절호점)

부분적으로는 백1의 날일자로 달리고 3에 뛰어서 우변을 키우는 것도 좋은 착상이다.

그러나 흑4가 하변의 모양을 확장하는 절호점! 백은 부분에 치우쳐 대세를 잃고 있는 느낌이다.

1도

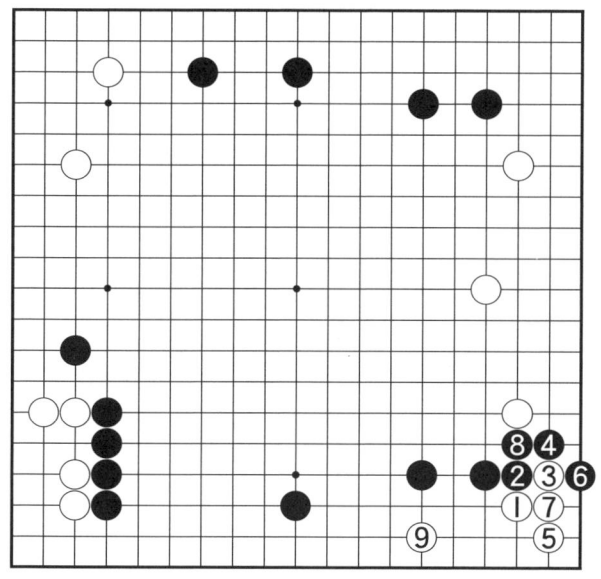

2도

2도(백, 망외의 성과)

백1의 3三침입도 초점에서 어긋난다. 그런데 흑2, 백3 때 흑4쪽을 막는 것은 판단착오다.

백5 이하 9를 불러 우하가 속절없이 부서진다. 이렇게 되면 백은 망외의 성과를 올린다.

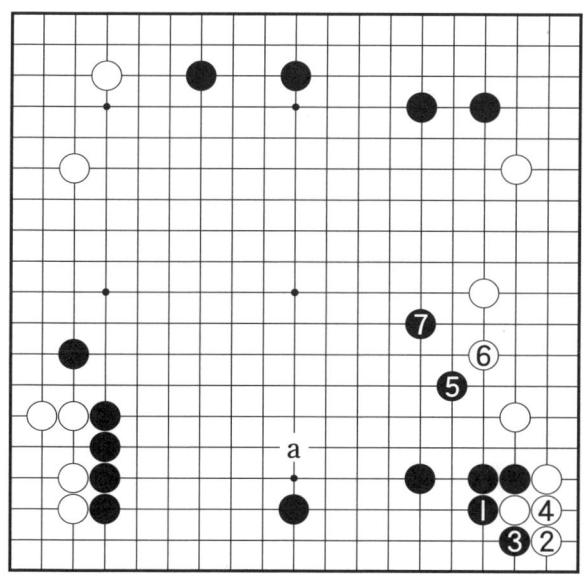

3도

3도(세력 확장)

백이 전과를 올린 것은 앞 그림 흑4가 나빴기 때문이다.

흑1로 막고 백2에 흑3을 선수하고 나서 5, 7로 세력을 확장하는 것이 시원스럽다. 흑5나 7로는 잠자코 a에 뛸 수도 있을 것이다.

269

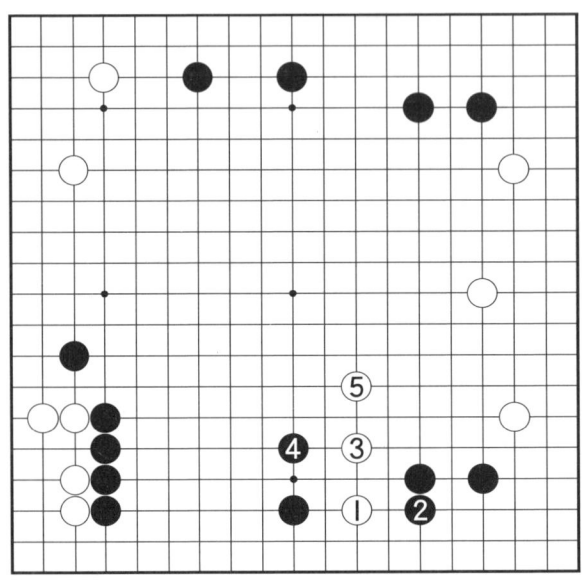

4도

4도(조급한 행동)

백1의 침입은 남의 집이 커 보이는 바람에 범하는 조급한 행동이다. 단, 흑2는 소극적인 태도이다.

백은 3, 5로 계속 뛰어나가 편안한 모습이다. 흑이 잘못 둔 탓에 백이 좋아졌다. 흑2로는…

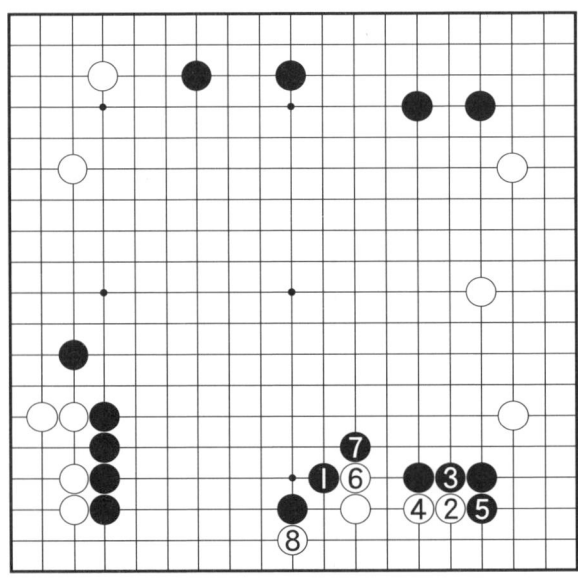

5도

5도(흑1, 이 한수)

흑1의 마늘모로 공격하는 한수이다. 백2로 들여다볼 때 흑3에 잇고 백4로 끌어내면 흑5로 막아서 삶을 종용한다.

물론 이 백이 잡히거나 하지는 않는다. 백6에 나가고 8에 붙인 것은 수순이다.

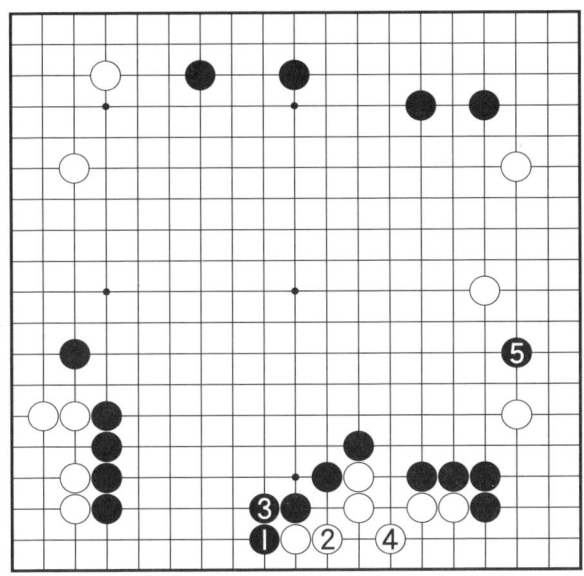

6도

6도(흑, 충분)

흑1, 3은 필연이며 백4로 급소를 두어서 삶을 확인한다.

하지만 이 백이 사는 와중에 흑을 견고하게 해준 것이 쓰라리다.

흑은 두터움을 배경으로 5에 쳐들어가 대가를 구해서 충분하다. 백4로는…

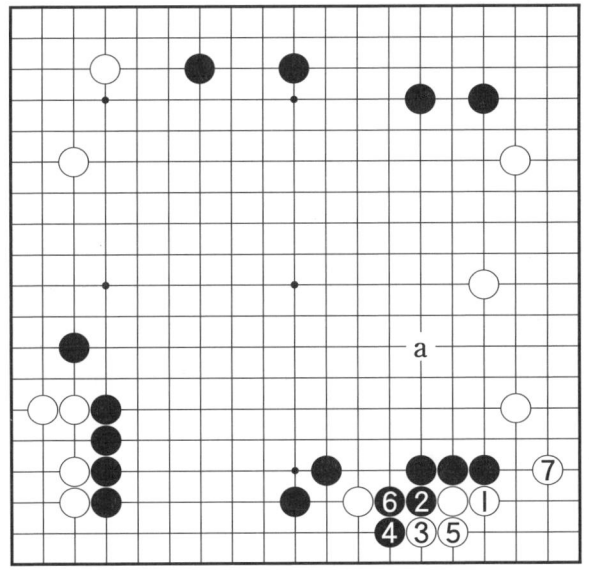

7도

7도(세력 확장)

백1로 귀쪽에 기어드는 것이 나을 것이다. 흑2에는 백3, 5로 젖혀잇고 7의 날일자가 배워둘 만한 건넘의 맥점이다.

그러나 흑이 a쯤으로 세력을 확장하면 이것 역시 백이 잘했다고 볼수가 없다.

271

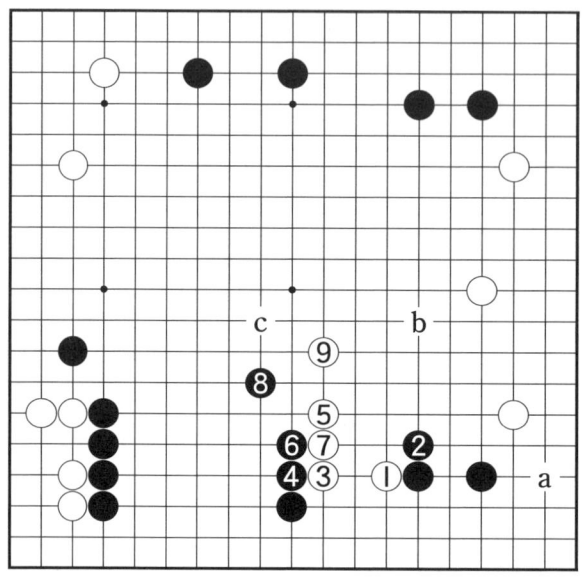

8도

8도(초점이 아니다)

백1의 붙임은 우하만 본다면 유력한 수법이다. 그러나 여기는 3三도 비어 있는 만큼 초점이 아니다.

백9까지 된 다음 흑은 a에 지키든 b로 가르든 c에 뛰든 그 어느 것이나 괜찮다.

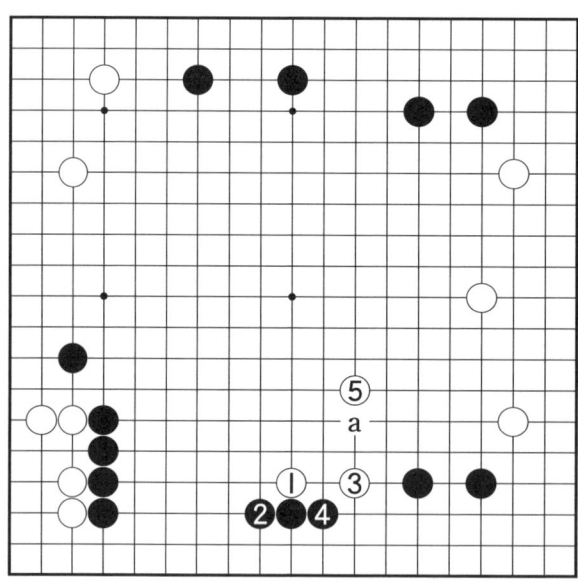

9도

9도(백, 목적 달성)

백1의 붙임은 치열한 몸싸움이다. 복잡함을 피해 흑2로 늘면 백3으로 뛰겠다는 심산이다.

흑4에 백5 또는 a로 뛰는 것이 경묘한 행마. 백은 멋지게 목적을 달성했다. 따라서 흑2로는…

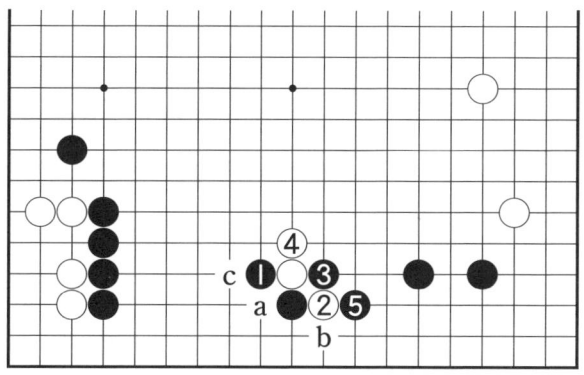

10도

10도(흑1, 강력한 태도)
흑1로 젖혀 몰아붙이는
것이 강력한 태도이다.
백2로 젖혀서 교란해 온
다면 흑3으로 끊고 5에
단수하는 수가 좋다.

백a, 흑b 다음 백c의
축은 흑이 유리하므로
백의 고전이 명백하다.

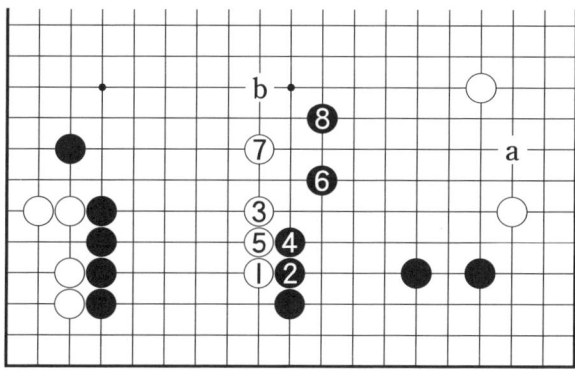

11도

11도(어깨짚음은 좀 깊다)
백1의 어깨짚음은 삭감
수 랭킹 1, 2위를 다투
는 수법이다. 그러나 조
금 깊은 느낌이다. 흑2
에서 8까지 진행되면 백
은 흑a의 침공이 신경
쓰인다. 그렇다고 흑b를
얻어맞을 수는 없다.

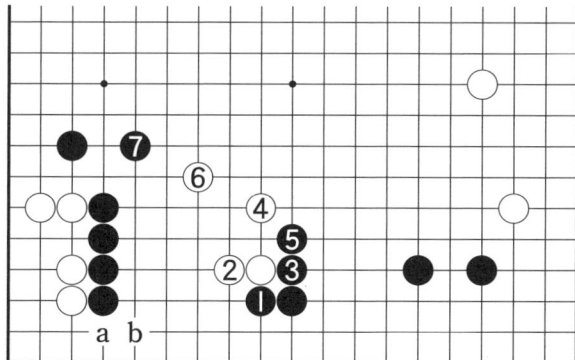

12도

12도(백, 근거 박약)
흑은 1쪽을 미는 수도
있다. 백2에 흑3, 5로 추
격하고 백6으로 틀을 갖
출 때 흑7로 지켜 힘을
비축한다.

좌하귀 백에 대해 흑
a, b가 들으므로 이 백
의 근거는 박약하다. 흑
이 충분히 둘 수 있다.

273

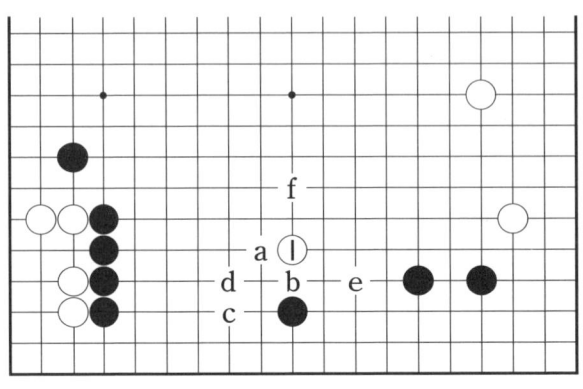

13도

13도(추천/ 모자)

백1의 모자로 삭감하는 수를 추천한다. 어깨짚음과 더불어 양대 산맥을 이루고 있는 수법이다. 흑은 a의 붙임을 비롯해 b, c, d, e, f 등 여러 가지 대응을 생각할 수 있을 것이다.

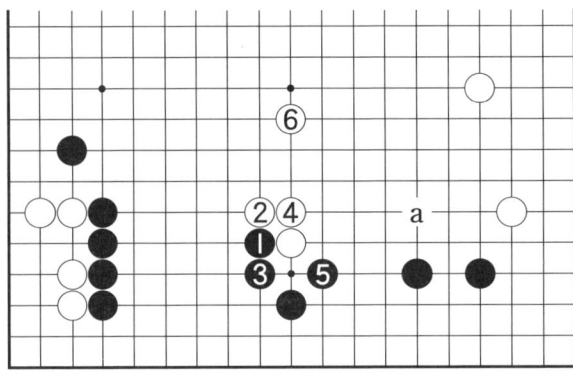

14도

14도(붙임은 좋지 않다)

흑1의 붙임은 결론부터 말해 좋지 않다. 백은 알기 쉽게 2로 젖히고 4에 잇기만 해도 나쁘지 않다. 흑은 집은 지켰지만 백에게 두터움을 허용했다. 6 다음 백이 또 둔다면 a가 호점.

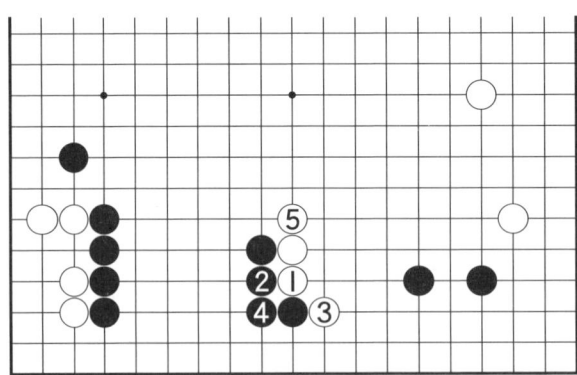

15도

15도(흑, 당하다)

앞 그림 2로는 백1에 치받는 것도 생각할 수 있을 것이다. 흑2에 백3으로 젖힌다. 흑은 4에 잇는 정도일 테니 백5로 늘면 자세가 괜찮다. 흑이 보기 좋게 당한 결과임에 틀림없다.

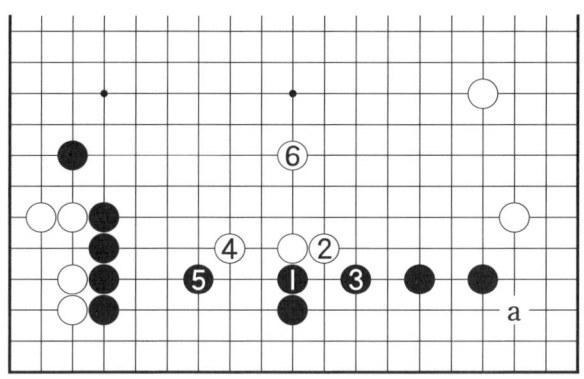

16도

16도(치받음은 속수)
흑1의 치받음은 초중급자들이 흔히 쓰는 속수로 집은 지킬 수 있지만 소극적인 태도이다. 백은 2와 4를 선수활용하고 6에 뛰어 멋진 모습. a의 3三도 비어 있는 만큼 백이 재미있다.

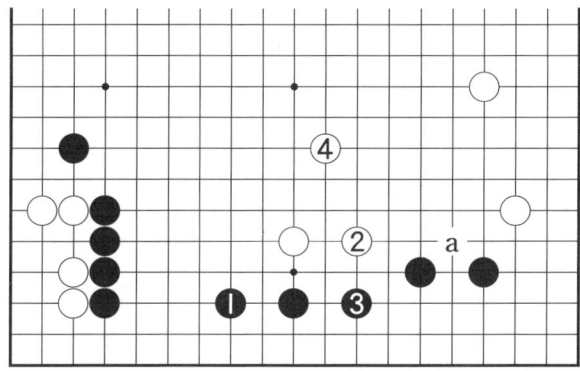

17도

17도(백, 두텁다)
흑1로 한칸을 뛰는 것은 너무 움츠러든 행마. 백은 2로 한칸을 뛰어 흑3을 기다린 다음 백4로 자세를 갖춘다. 다음 백a로 들여다봐 봉쇄하는 수를 보고 있어 이곳은 생각보다 두텁다.

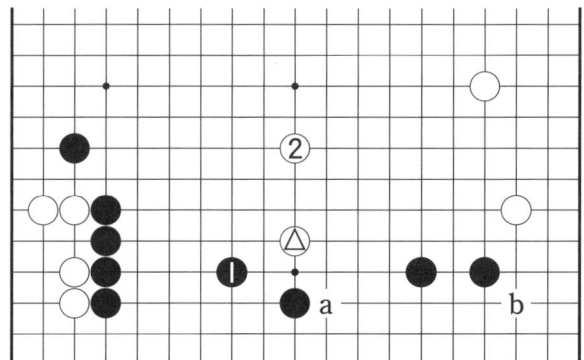

18도

18도(격언대로이지만)
모자는 날일자로 벗어라! 백△에 흑1의 날일자는 격언대로의 응수. 그러나 백2의 두칸뜀이 경묘한 수법으로 백은 a의 붙임이나 b의 3三침입을 노려서 만족할 것이다. 백2로는….

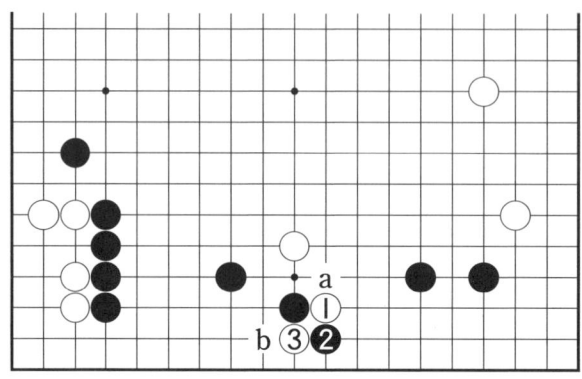

19도

19도(보다 적극적으로)
보다 적극적으로 백1에 붙이는 수법도 유력하다. 흑2의 젖힘에 백3의 맞끊음이 이런 경우 널리 쓰이는 수법이다.

다음 흑은 a와 b의 두 가지 가운데 하나를 택하게 될 것이다.

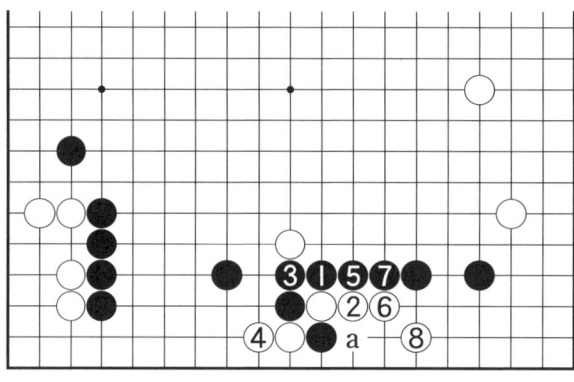

20도

20도(흑, 밑지는 장사)
흑1, 3은 백4로 빠지는 수가 성립한다. 흑은 a로 기어나갈 수는 없으니 천상 5, 7로 위쪽을 막아야 하는데, 백은 8까지 알뜰하게 산다. 바깥쪽이 매우 두텁지만 흑이 밑지는 장사이다.

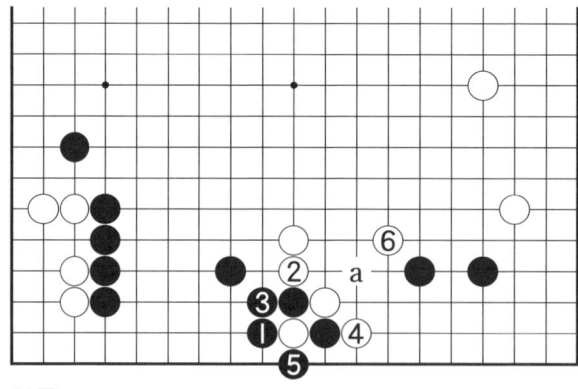

21도

21도(일장일단)
흑1로 백 한점을 곱게 잡으면 백2와 4를 선수 활용할 수 있는 점이 백의 자랑이다. 다음 백6의 어깨짚음이 경쾌한 수법. 백a로 양호구치는 편이 확실하지만 다소 무거워 일장일단이 있다. 흑3으로….

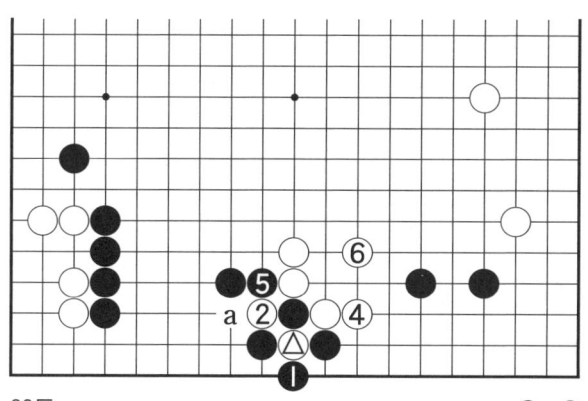

22도

3…△

22도(백, 기분 좋다)
흑1로 그냥 따내어서 반 발해도 백2에 흑3으로 잇지 않을 수 없고 백4에 흑5를 안둘 수 없다 (백a가 시끄러우니까).

백은 6으로 틀을 갖춰서 기분 좋은 진행이다. 앞 그림과 대동소이.

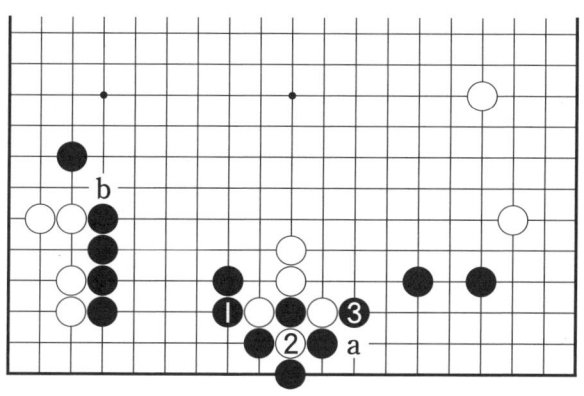

23도

23도(패는 위험)
흑이 잇지 않고 1로 버티는 수는 위험하다. 백2에 흑3으로 패를 불사하겠다는 뜻이지만. 백은 a로 패를 결행하기 전에 b로 젖혀 팻감 만들기에 들어갈 것이다. 흑이 재미없는 상황이다.

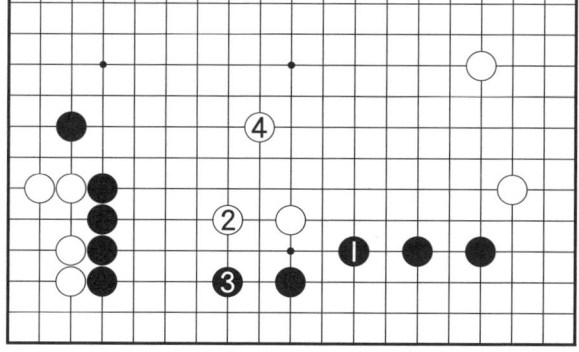

24도

24도(백, 성공)
오른쪽 날일자인 흑1도 앞서의 18도와 그리 큰 차이가 없다. 백은 2로 한칸을 뛰어 흑3으로 받을 때 백4로 틀을 갖추게 될 것이다. 이 결과도 백의 성공적인 결말이라고 볼 수 있다.

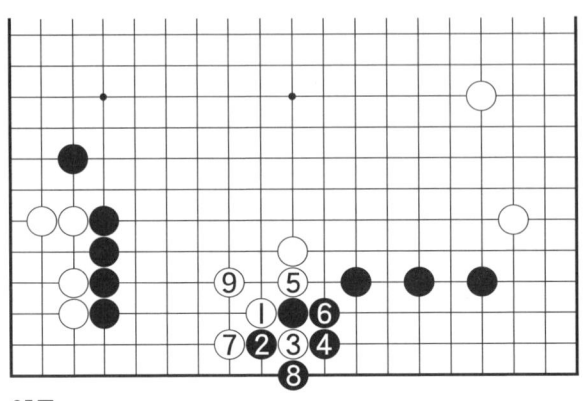

25도

25도(백의 붙임)

백1로 붙이는 것은 흑의 반격을 부를 위험이 있다. 만약 흑2로 고분고분 받는다면 백3에 맞끊는 맥점을 구사해서 9까지 보듯이 산뜻하게 정비할 수 있다. 따라서 흑은 2 대신….

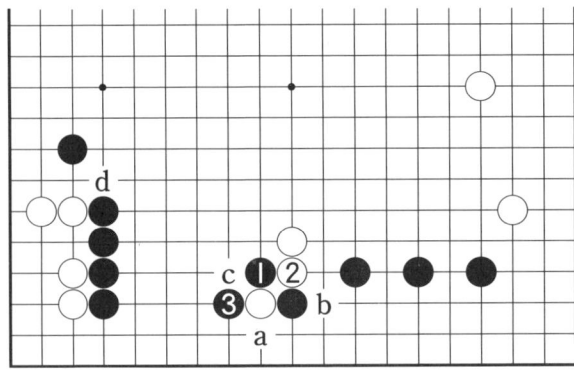

26도

26도(흑의 강수)

흑1, 3의 강수를 들고나올 공산이 크다. 다음 백a면 흑b로 끌 요량(이 변화는 레벨업 참조). 흑3으로 b는 백c의 축이 안 됨을 본 수이지만, 백은 d로 젖혀 축머리를 활용할 테니 성가시다.

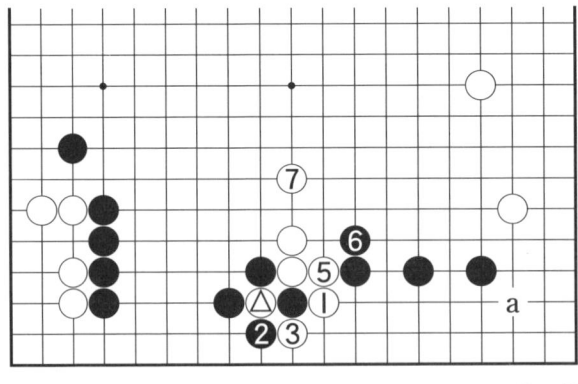

27도

27도(올바른 판단)

앞 그림에 이어, 백1로 되모는 것이 올바른 판단이다. 흑2에 백3까지 단수해 놓고 5에 잇는다. 흑6에는 백7로 뛰어서 충분하다. 우하귀 a의 3三이 비어 있는 점도 백의 즐거움이다.

❹…△

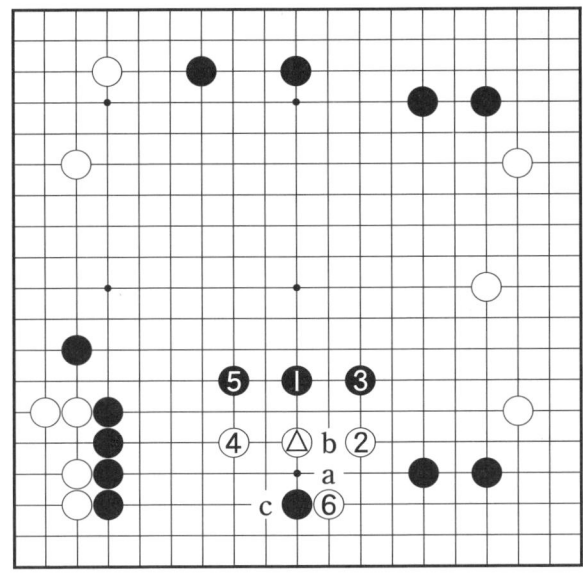

28도

28도(걱정된다?)

조금 걱정된다면(?) 흑 1로 모자를 씌워 백△ 를 잡으러 오면 어쩌나 하는 정도일까?

백2, 4로 뛰고 6에 붙 이면 타개는 어렵지 않 다. 흑5를 두기 전에 a, 백b를 교환하면 백c에 붙이는 것이 요령이다.

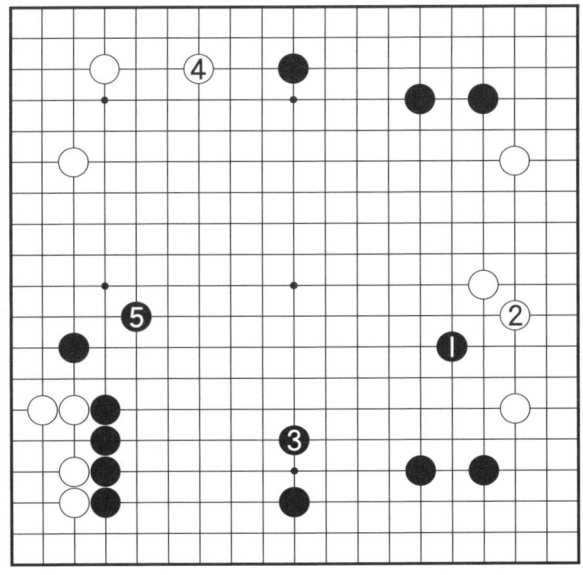

29도

29도(하변을 키웠으면)

장면의 1로는 이 그림 처럼 흑1, 백2를 교환 하고 흑3에 뛰어 하변 을 키우는 것이 바람직 했다.

백4의 벌림이 좋은 곳 이지만 흑5에 손을 돌려 모양을 더 확장해서 불 만이 없었다.

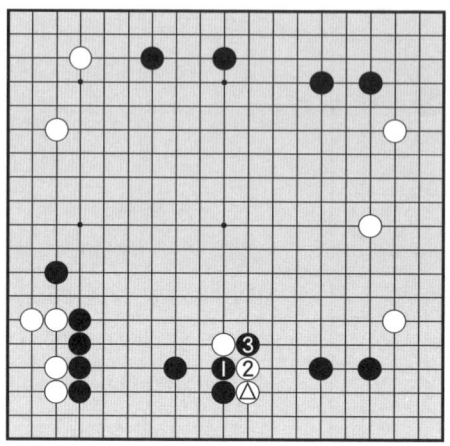

🎲 예제 (백 차례)

백이 △로 붙였을 때 흑이 무식하게 1로 치받고 3에 끊었다.

자, 여기서 백은 어떻게 타개해야 할까?

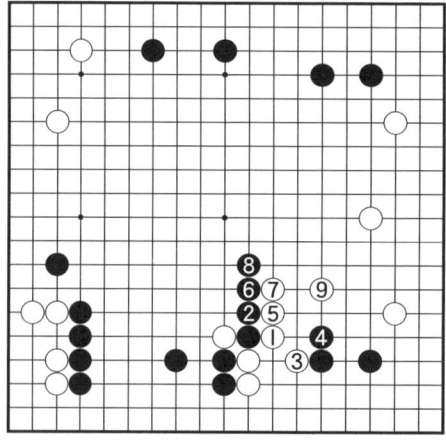

참고도 1(속수+ 악수)

백1의 단수는 대표적인 속수이다. 흑2에 백3이 필요한데 이것도 악수이며 5와 7도 두기 싫은 수이다.

백9까지 그럭저럭 탈출했지만 와중에 이적수를 많이 두었다. 흑의 기분 좋은 진행이다.

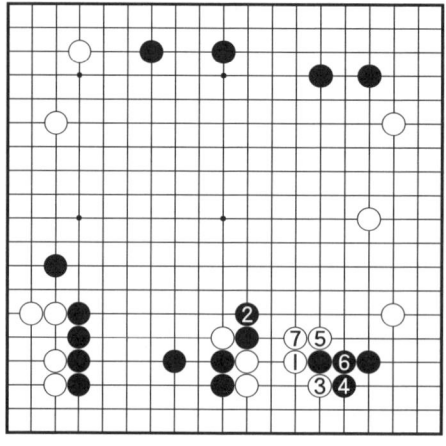

참고도 2(정해/ 붙임)

백1로 뛰면서 붙이는 것이 배워둘 만한 맥점이다.

흑2로 서는 정도일 때 백3으로 젖힌 다음 5에 단수하는 것이 자연스럽다. 다음 백7로 이어서 걱정이 없다. 앞 그림과는 엄청난 차이다.

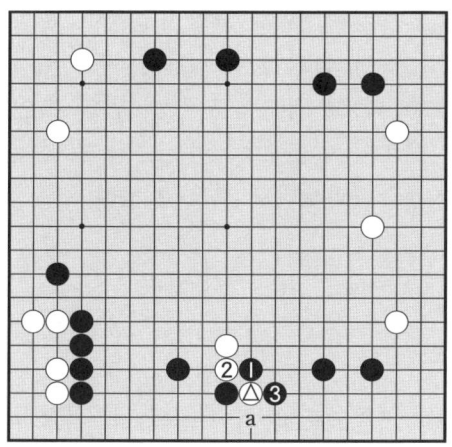

▦ 예제1 (백 차례)

이번에는 백△의 붙임에 흑1로 젖혀나가 백2에 흑3으로 몰았다. 얼른 봐서 대단한 강수 같은데…

자, 여기서 백은 a로 달아나느냐 그렇지 않으면?

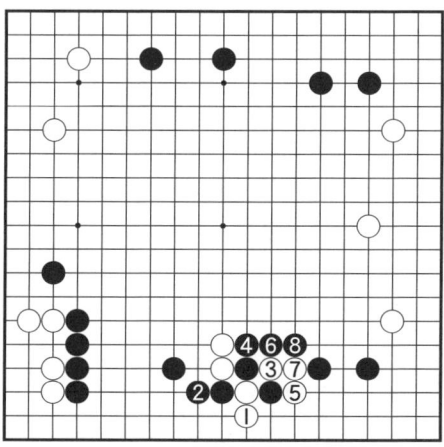

참고도 1(달아난다)

백1로 달아나는 것도 생각할 수 있다.

흑2로 끌 때 백3으로 일단 끊고 5로 흑 한점을 잡는다. 흑은 6, 8로 틀어막겠지만…

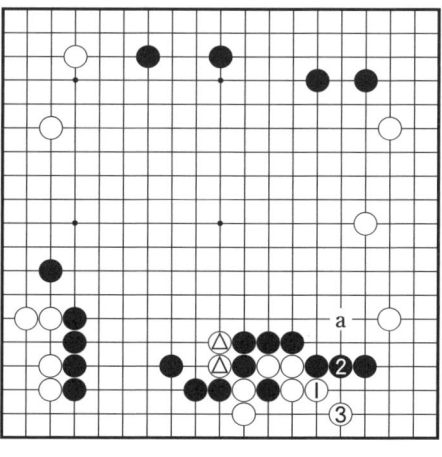

참고도 2(백, 나쁘지 않다)

백1에서 3으로 살아서 그리 나쁘지 않다.

아직 백△ 두점도 활용할 여지가 있고 a로 뛰어서 들여다보는 수도 우변 백진의 강화에 도움이 되기 때문이다. 그건 그렇고 흑2로…

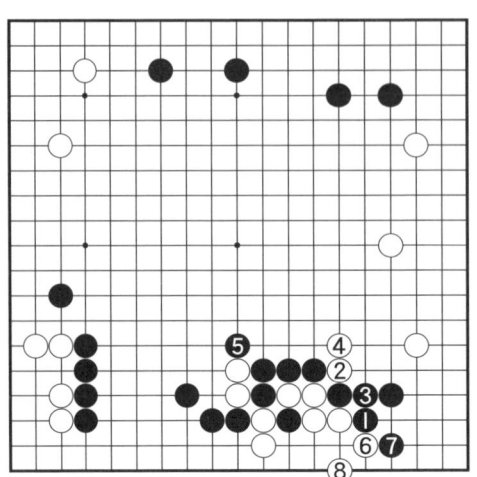

참고도 3(흑, 좋지 않다)

흑1로 호구쳐 막는 것은 좋지 않다. 백2, 4로 바깥쪽에 흠집이 생기기 때문이다. 흑5를 기다려 백6, 8로 살면 귀의 흑이 아직 못살아 있다. 앞 그림의 결과보다도 흑은 못하다.

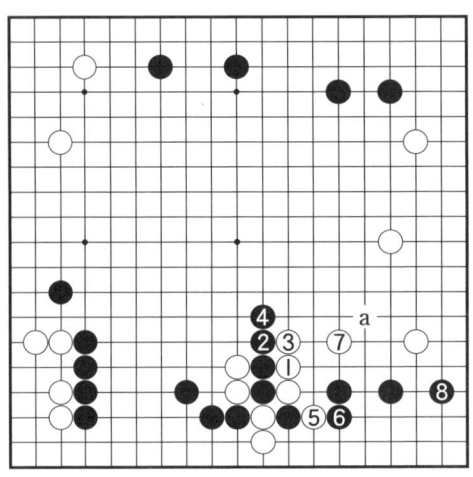

참고도 4(백, 바람직하지 않다)

이 상황에서 백1, 3으로 두 차례 밀어 놓고 5로 흑 한점을 잡는 것은 바람직하지 않다.

흑은 6에서 8로 지킬 수도 있고, 6을 두기 전에 a로 선행할지도 모른다.

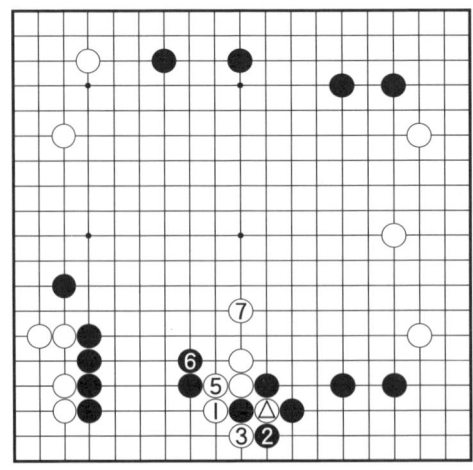

참고도 5(추천/ 되모는 수)

처음으로 돌아가 백1로 되모는 수도 유력하다. 오히려 이편이 간명한 의미가 있어 추천하고 싶다.

흑2에 백3, 5는 앞서도 몇 차례 나왔던 수법. 흑6에 백7로 뛰어서 편안한 모습이다.

❹‥⚫

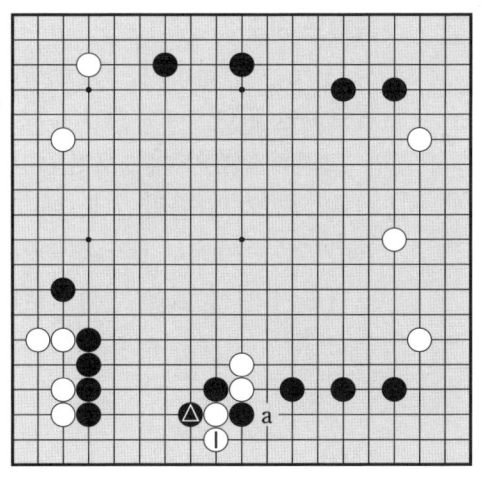

▦ 예제2 (흑 차례)

[장면 1] 26도의 숙제인데 조금 어렵다. 흑▲의 단수에 백1로 달아나면 흑의 대응은 a로 정해져 있다.

이렇게 끌면 백이 피곤하다고들 하는데, 과연 그런가? 그 다음의 변화까지 생각해 보도록 한다.

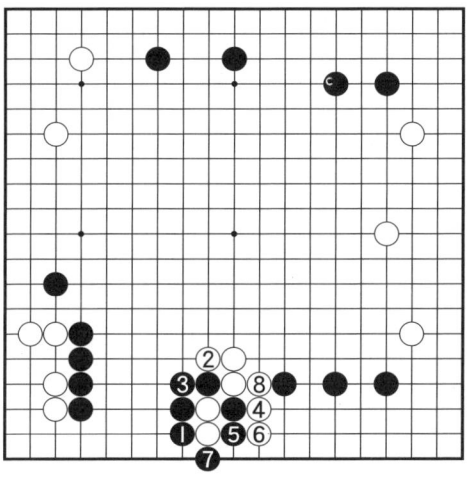

참고도 1(얘기가 안 된다)

흑1로 막는 수는 논외. 그러면 백은 2로 하나 단수하고 4, 6을 아낌없이 선수한다. 그리고 8에 이어서 돌파 성공!

이 결과로 우하귀 흑 석점이 여간 불안해진 것이 아니다.

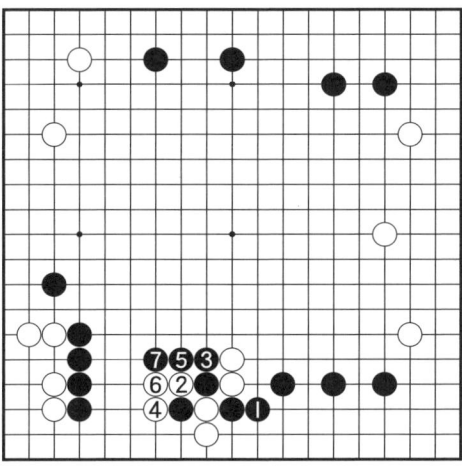

참고도 2(틀어막히다)

흑1로 끄는 한수이다. 백2로 끊으면서 단수하고 4로 흑 한점을 잡는 것은 흑5, 7로 빈틈없이 틀어막혀 답답해진다.

당연하지만 백이 안에서 살 수 없다는 뜻은 아니다.

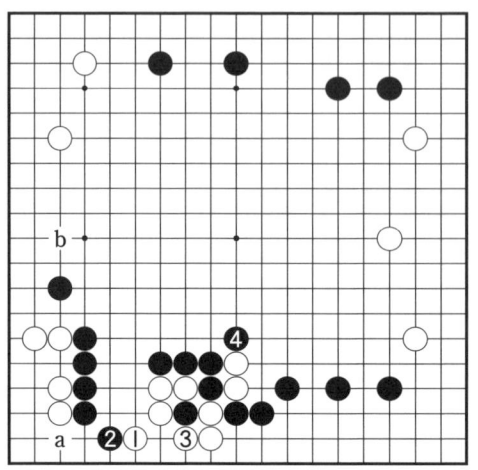

참고도 3(귀가 신경 쓰인다)
사는 것은 간단하다. 백1로 마늘모하면 된다.

그러나 흑2의 마늘모붙임이 선수. 4까지 일단락인데, 이후 흑a가 선수이거나 b가 선수가 된다는 점에서 백은 신경이 꽤 쓰인다.

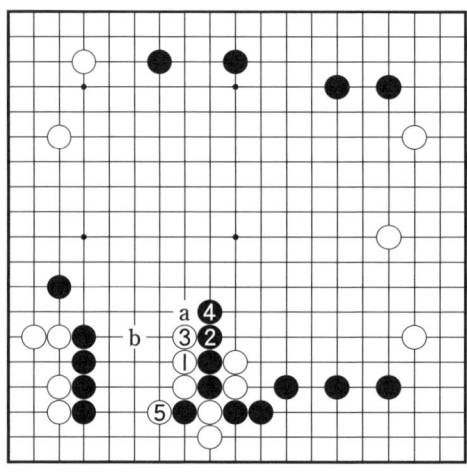

참고도 4(여유가 있다)
그런데 이 상황에서 백1로 단수하고 3에 밀어가는 수가 있다. 흑4로 늘면 그때 백5로 잡는다.

이것이면 다음 흑a에 백b로 한칸을 사뿐히 뛰어 앞서와는 달리 여유가 있다. 따라서 흑4로는…:

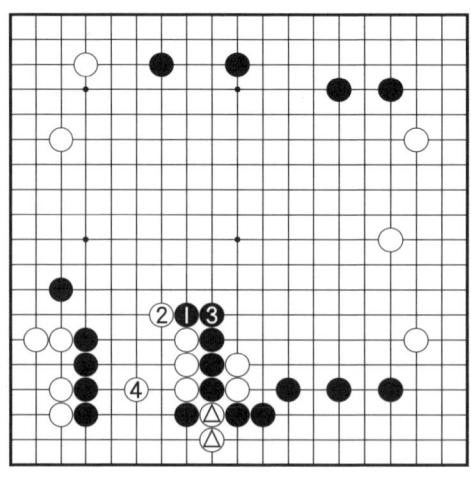

참고도 5(한칸뜀)
흑1로 젖히는 한수일 것이다. 그러면 백도 2에 젖혀 흑3으로 잇기를 기다려 백4로 뛰는 것이 경묘하다.

요컨대 백△ 두점은 가볍게 보는 것이다. 이것이면 백도 둘 만하지 않을까?

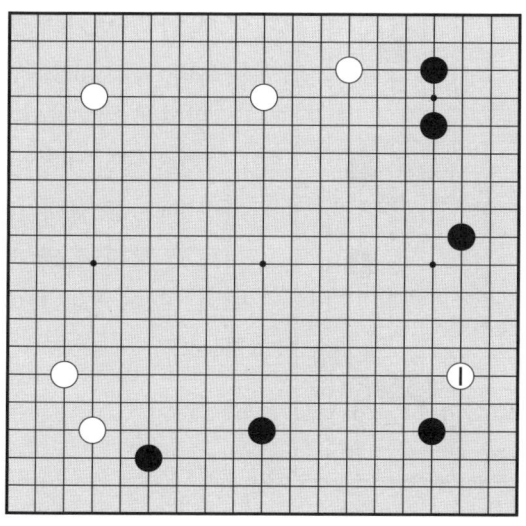

▨ 초점은 우하귀이다. 백이 1의 날일자로 걸쳐온 장면이다.

여기서 흑은 어떤 식으로 대응해야 할지 알아본다. 공격적인 착상이 필요하다.

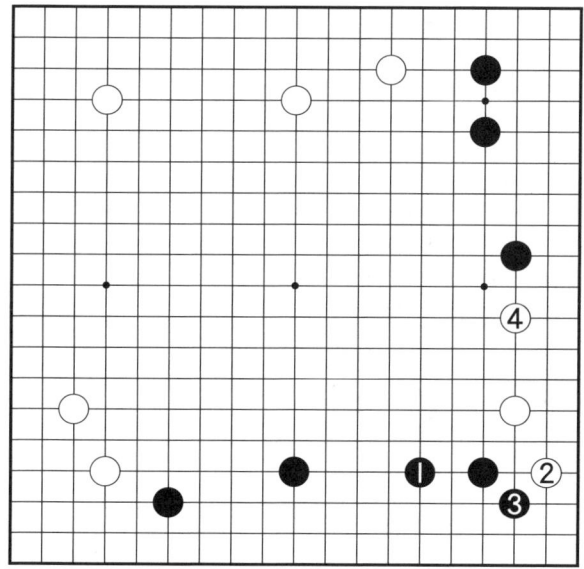

1도

1도(0점짜리)

공격의 목표는 첫째가 이득을 얻는 것, 둘째가 KO시키는 것이다. 그렇다면 이 경우는 이득을 목표로 삼아야 한다.

흑1, 3은 0점짜리 수. 4까지 정석이지만 백은 근거를 마련해 걱정이 없다.

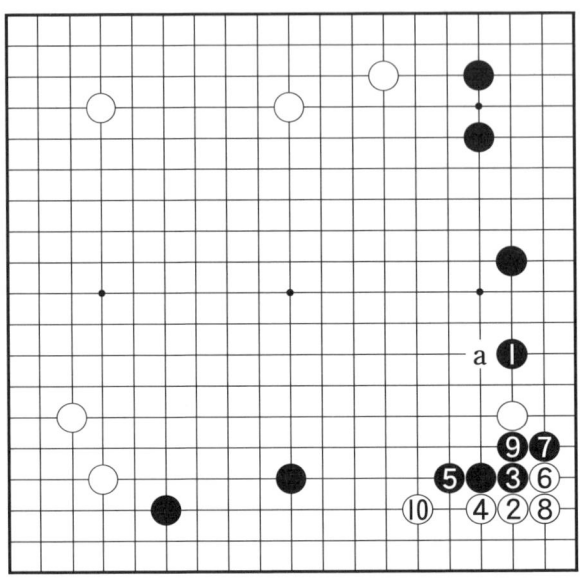

2도

2도(그럴듯하다?)

흑1(또는 a)의 한칸협공은 얼른 보기에 그럴듯하다. 백2로 3三침입은 필연에 가까운 수.

흑3은 막는 방향이 좀 이상하다. 요컨대 10에 이르고 보니 흑의 대모양이 좀 어색해 보이지 않는가.

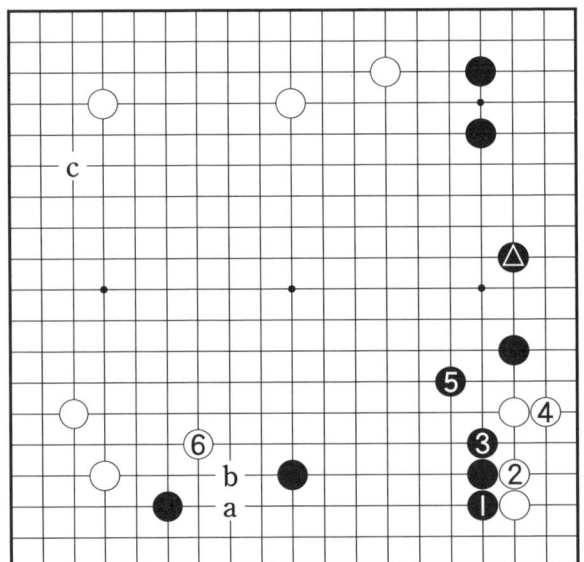

3도

3도(흑, 약간 불만)

흑1쪽을 막는 것이 올바른 방향으로 5까지는 기본정석의 하나이다.

백6(a의 침입도 있음)의 삭감은 시급하며 흑b로 받으면 백c로 굳힐 예정이다.

그런데 흑은 ◬가 느슨한 위치여서 약간 불만이다.

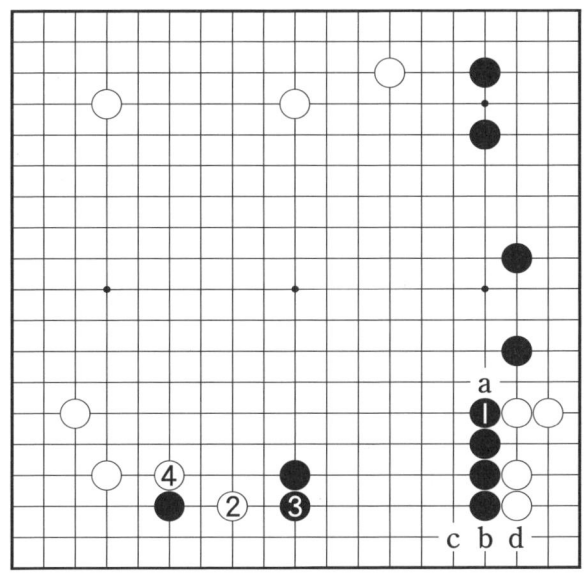

4도

4도(다소 낫지만)

앞 그림의 5로는 흑1에 눌러막는 편이 다소 낫다. 하지만 백이 2로 침입해 흑3, 백4로 진행하면 백a로 젖히는 수가 거슬리고 백b, 흑c, 백d의 젖혀이음도 준선수여서 흑이 마음에 들지는 않는다.

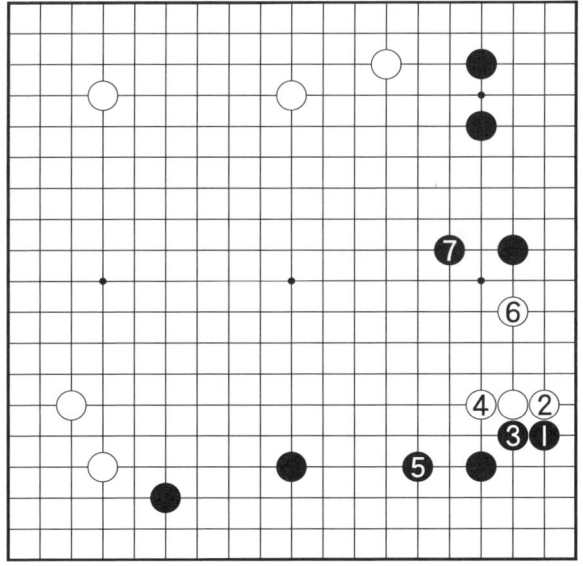

5도

5도(흑, 재미있다)

흑1의 처진 날일자는 고전적인 수법이다. 그러나 때로는 유력하다.

백2면 흑3에서 5로 귀쪽을 정비하고 백6에 흑7로 뛰어 훗날의 공격을 엿본다. 이런 진행이라면 흑이 재미있다.

287

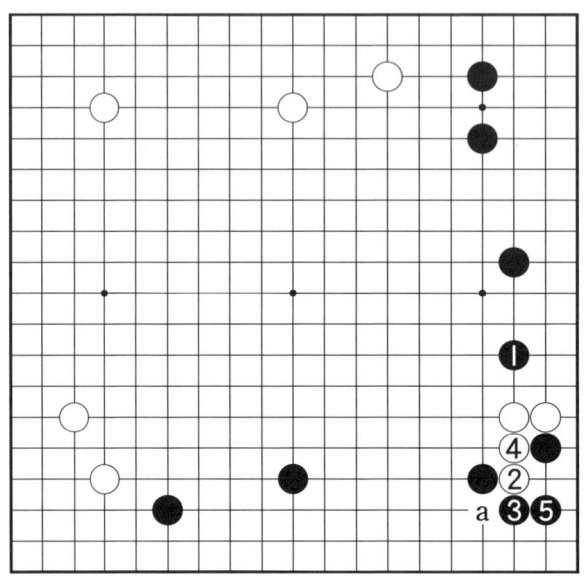

6도

6도(협공 구사)

앞 그림 3으로는 흑1의 두칸벌림 겸 협공을 구사할 수도 있다.

백2의 건너붙임은 맥점이지만 흑3으로 물러서고 5에 내려서서 공격하면 나쁘지 않다. 흑5는 a의 꽉이음도 있다.

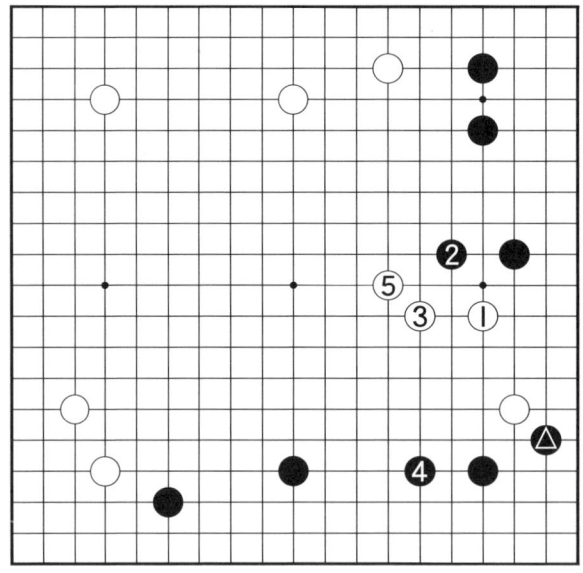

7도

7도(공격이 안 된다)

그러나 앞서의 5도와 6도는 흑의 희망사항일 뿐이다.

흑▲ 때 백은 대꾸하지 않고 1로 날아오를지 모른다. 흑2에 백3이 경쾌한 발걸음. 흑4로 지킬 때 백5에 마늘모해서 더 이상 공격이 안 된다.

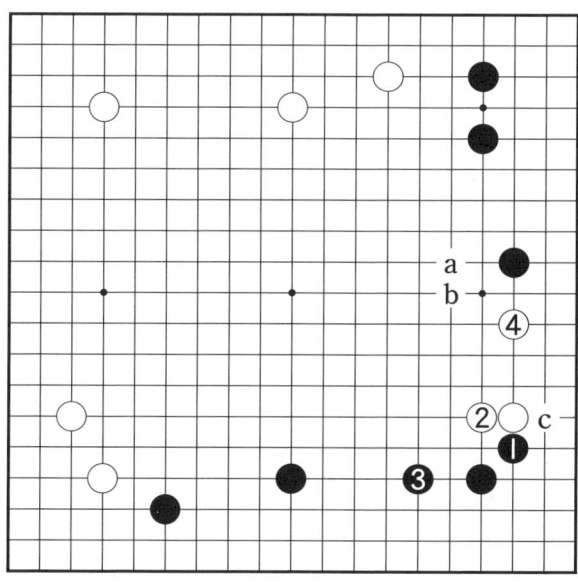

8도

8도(추천 1/ 정통적 공격)
흑1의 마늘모붙임과 3
의 한칸뜀이 가장 정통
적인 공격 방식이다.

백4는 절대이며 이다
음 흑에게는 a의 한칸
뜀, b의 날일자, c의 젖
힘, 이렇게 세 가지 길
이 있다.

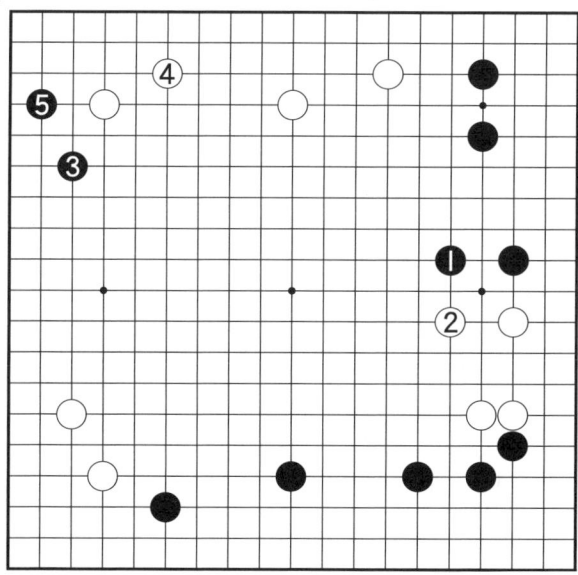

9도

9도(공격의 한칸뜀)
흑1의 한칸뜀에 백2의
한칸뜀은 절대나 다름
없는 곳이다.

거꾸로 이곳에 흑돌
이 오는 날이면 백은 그
야말로 빈털터리로 돌
아다녀야 한다.

다음 흑3, 5는 예상
할 수 있는 진행이다.

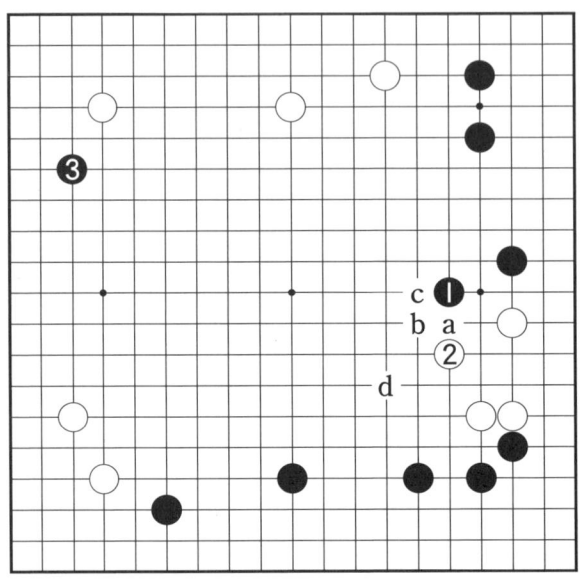

10도

10도(공격은 날일자)

흑1의 날일자는 '공격은 날일자'라는 격언대로의 수이다.

백도 2의 날일자로 형태를 갖추는 정도인데, 달리 둔다면 a에 붙이고 흑b, 백2, 흑c 때 백d의 날일자로 진출하는 것이다.

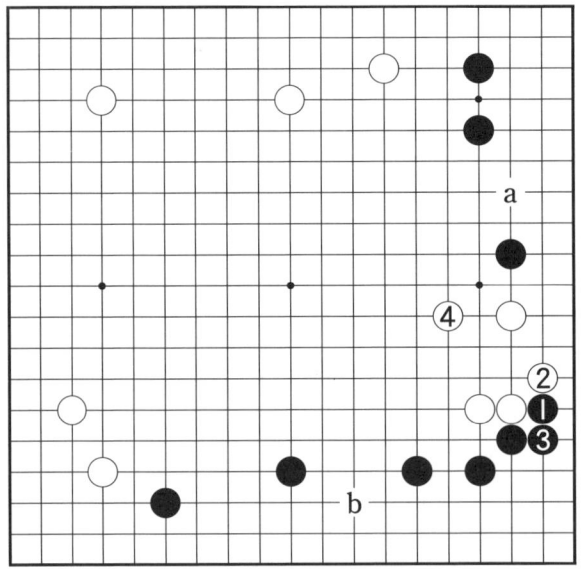

11도

11도(실리의 젖혀이음)

흑1, 3의 젖혀이음은 귀의 실리를 확실하게 지키면서 공격하겠다는 의도이다. 백4는 필요한 보강이다.

이 백이 흑에게 공격당할 염려가 없으면 다음 백a나 b의 침입이 노림수가 된다.

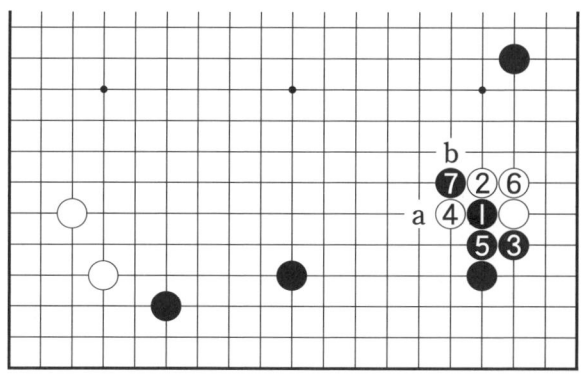

12도

12도(추천 2/ 붙여막음)
흑1로 붙이고 3에 호구쳐 막는, 이른바 붙여막음도 매우 유력이다. 백4의 한방은 조금 아프지만 참을 수 있다. 백6은 흑7에 끊겨서 무리. 다음 백a에는 흑b로 한쪽은 무사할 수 없다.

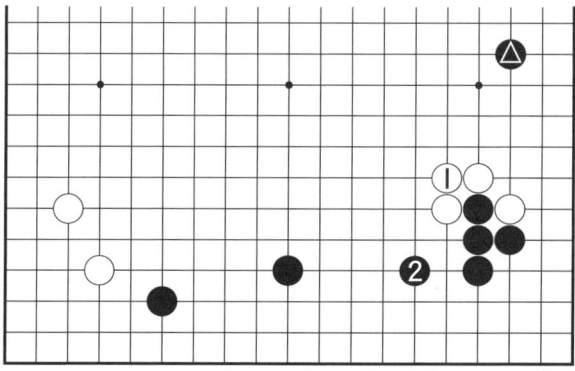

13도

13도(공격에 가세)
따라서 앞 그림의 6으로는 백1로 위쪽을 잇는 것이 정수이다.
그러면 흑은 2로 받아두고 천천히 공격을 준비해서 좋다. 흑▲ 한 점도 안성맞춤으로 공격에 가세하고 있다.

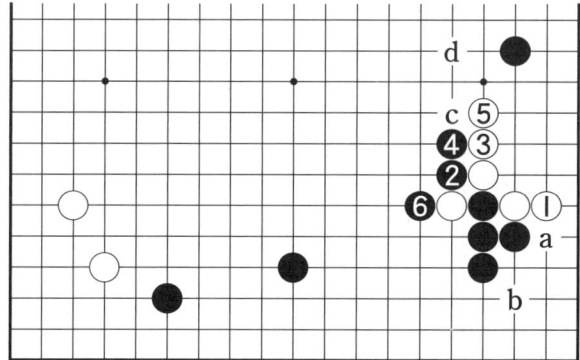

14도

14도(신통치 않다)
백1의 내려섬은 이 경우 신통치 않다. 흑2의 끊음은 당연하며 백3에 흑4로 하나 밀어둔 후 6에 잡아서 충분하다. 다음 백a의 꼬부림에는 흑b로 늦추는 것이 틀이며 백c에는 흑d이다.

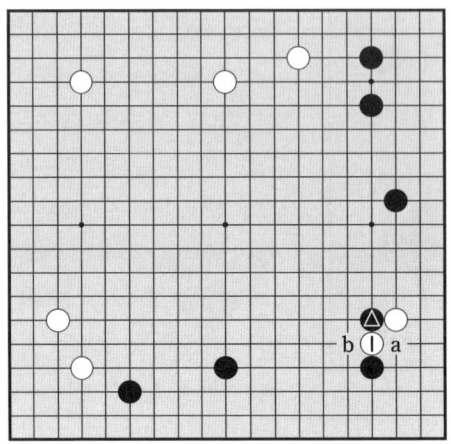

▦ 예제1 (흑 차례)

흑▲의 붙임에 백1로 끼워온 것은 변칙수법이다.

자, 여기서 흑은 a로 안쪽에서 단수할 것이냐, 그렇지 않으면 b 쪽에서 단수할 것이냐?

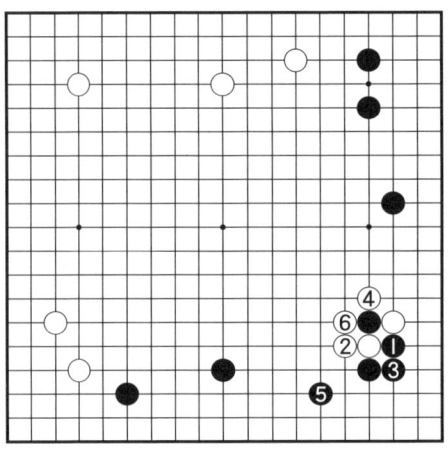

참고도 1(축 관계)

이곳의 변화는 축 관계가 있다. 흑 1로 단수하고 3에 잇는 것은 축이 유리할 때 쓰는 수법이다.

지금은 백4의 축이 성립한다. 6까지의 갈림이 어느 편에게 좋으냐는 불문가지.

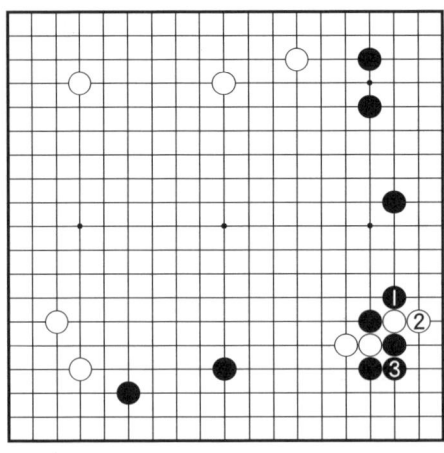

참고도 2(축을 저지하면)

그렇다면 앞 그림 3으로 이 그림처럼 흑1에 단수해서 축을 저지하고 백2로 달아날 때 흑3에 잇는 것은 어떨까? 계속해서~

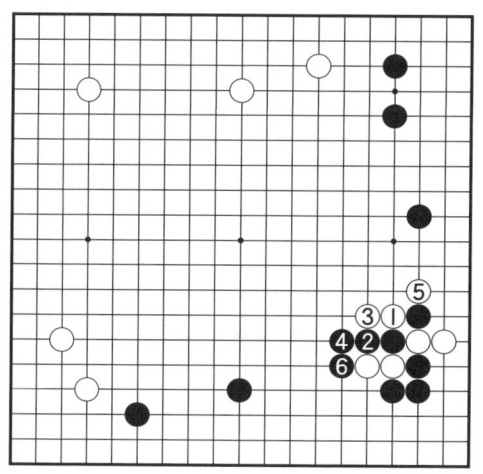

참고도 3(흑집이 어마어마)

백1, 3으로 단수하고 5로 잡아 준다면 흑6으로 백 두점을 접수할 수 있다.

비록 백을 편하게 해주었지만, 우하귀에서 하변에 이르는 흑집이 어마어마하다. 백1로는···.

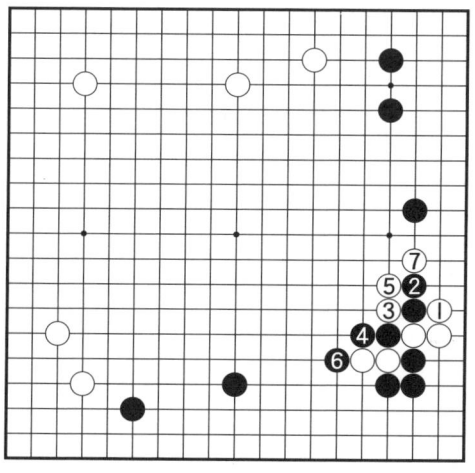

참고도 4(백, 후수)

백1로 기어나가는 것이 조금 나을 것이다. 흑2에 백3, 5로 양쪽 축을 맞볼 수 있으니까.

하지만 흑은 6으로 백 두점을 잡아서 만족이다. 더구나 백은 7로 후수를 잡아야 한다.

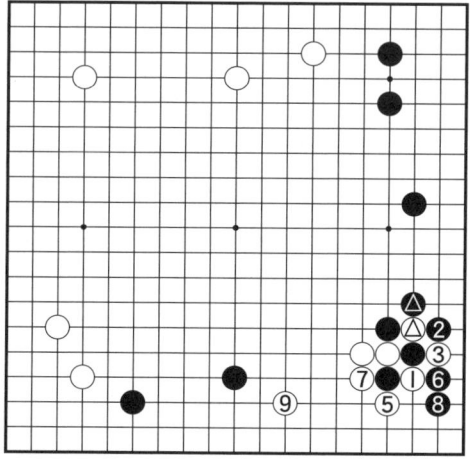

참고도 5(백1, 현명)

흑❹로 단수했을 때 백은 1로 되모는 것이 현명하다.

흑2에는 백3을 선수하고 5로 흑 한점을 잡는다. 흑6, 8에 백 7, 9로 터를 잡아서 이것은 문제없이 백이 좋다.

❹··△

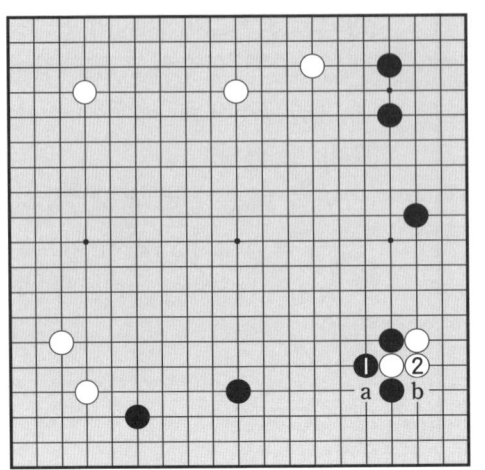

▦ 예제2 (흑 차례)

[예제1]의 연장전이다. 이 상황에서 안쪽에서 모는 것은 신통치 않았다.

따라서 흑1이 정수인데, 백2로 이은 다음 흑은 a에 이어야 하느냐, 아니면 b로 막아야 하느냐?

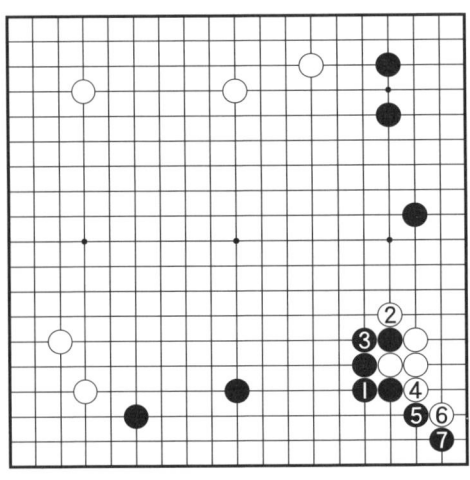

참고도 1(추천/ 흑1, 간명)

흑1로 잇는 것이 간명한 코스로 가는 지름길이다. 그리고 결과도 흑에게 나쁘지 않다.

백2, 흑3을 선수한 것은 당연하다. 그리고 백4에 흑5, 백6에 흑7의 이단젖힘이 상용수법이다.

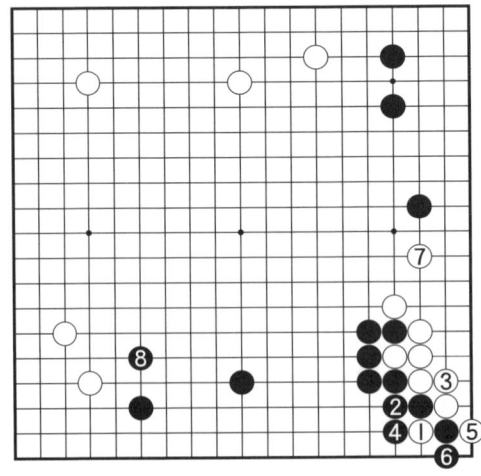

참고도 2(흑, 만족)

앞 그림에 이어, 백1로 단수하고 3에 잇는 것이 타당한 수순이다.

흑4, 6은 작지 않은 곳. 백7로 안정할 때 흑8의 한칸뜀에 손을 돌려서 흑의 만족스런 갈림일 것이다.

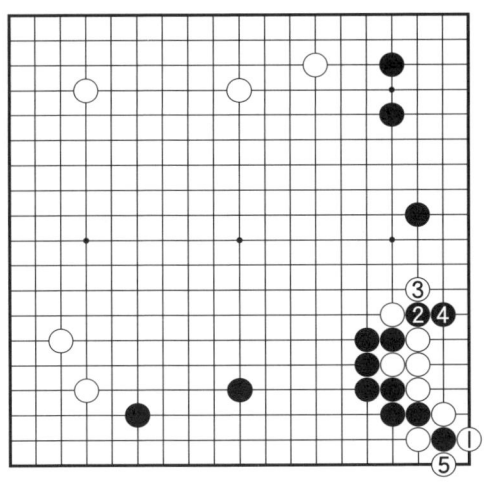

참고도 3(소탐대실)

앞 그림 3으로 백1로 흑 한점을 잡는 것은 소탐대실이다. 흑 2의 끊음이 통렬하기 때문이다.

　백은 3으로 단수하고 나서 5에 따내는 것이 그나마 저항이지만…

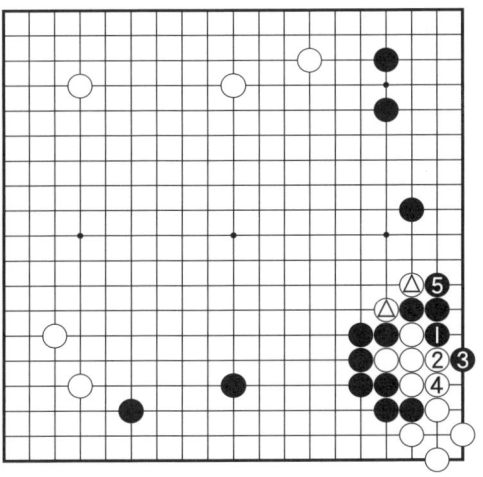

참고도 4(흑, 유리)

흑1, 3은 아낄 필요가 없는 선수활용이며, 그리고 나서 흑은 5로 기어나가는 한수이다.

　이러면 백△ 두점은 거의 움직일 수 없는 돌이 되므로 흑에게 유리한 결말이다.

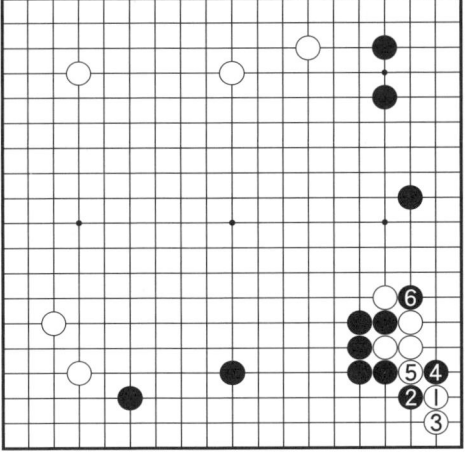

참고도 5(마늘모붙임)

이 상황에서 백1로 날일자하는 수도 있다. 그러면 흑2의 마늘모붙임이 맥점이다.

　백3은 기세이겠지만 흑4로 하나 젖혀 백5와 교환해 놓고 흑 6의 끊음이 통렬한 일격이다. 이 다음…

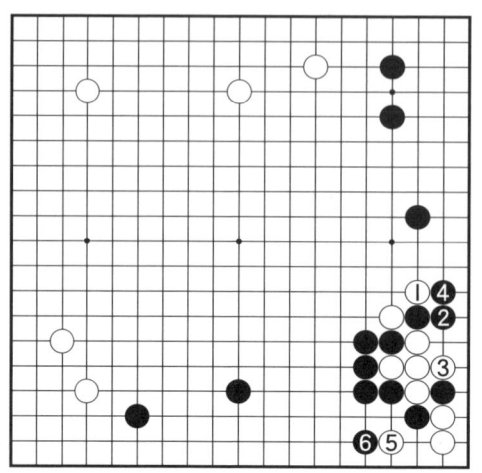

참고도 6(흑, 다소 유리)

백은 1로 단수하고 3으로 잡는 것이 수순이다.

흑4는 절대이며 백5에 흑6으로 백의 진출을 저지해서 바깥쪽의 흑이 두텁다.

이 갈림도 흑이 다소 유리하다고 판단된다.

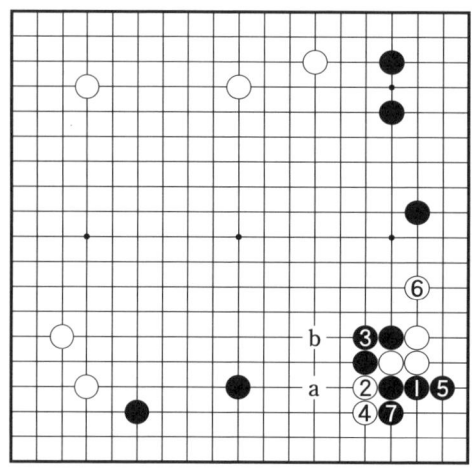

참고도 7(흑, 유리한 싸움)

처음으로 돌아가 흑1쪽 막음도 유력하다. 다만 복잡해지므로 참고에 그치기 바란다.

백2의 끊음에 흑3으로 이으면 백4 이하 흑7까지는 외길이다. 다음 백a, 흑b로 흑이 유리한 싸움이다.

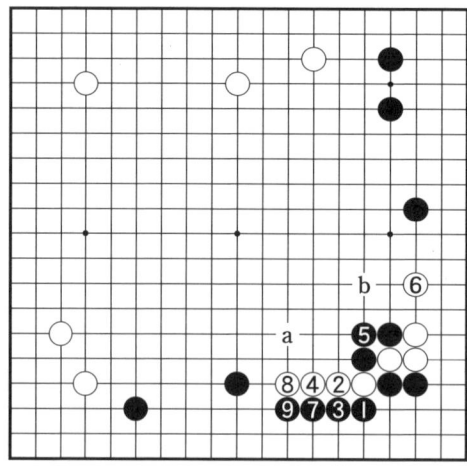

참고도 8(흑, 즐겁다)

앞 그림 3으로는 흑1에 단수하고 3으로 따라나가는 것도 있다. 백4에는 흑5로 이어 백6을 강요하고 흑7, 9로 건너간다.

다음 백a, 흑b로 어려운 싸움이지만 흑에게 즐거움이 많다.

날일자냐 어깨짚음이냐

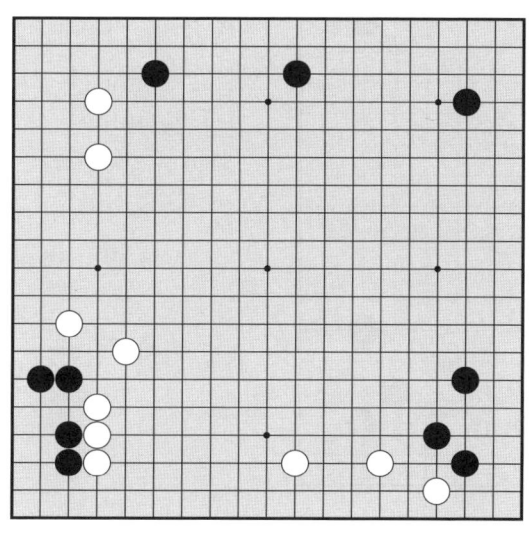

■ 하변의 백이 상당한 세력권을 형성하고 있다. 백이 한수 더 둔다면 어마어마한 집이 생길지도 모른다.

흑은 이곳을 삭감하고 싶은데 어디가 좋을지 알아본다.

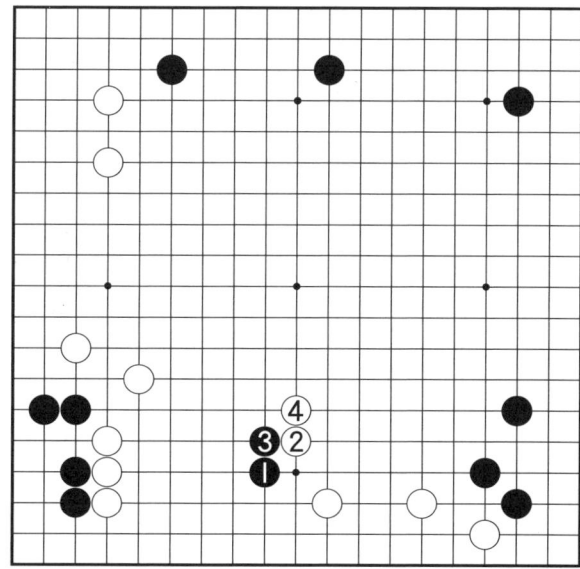

1도(무모한 행동)

흑1은 삭감이라기보다는 침입에 가까운 수이다. 백은 당연히 2의 날일자로 씌워서 반격할 것이다.

배석 상 좌상 방면도 백의 세력권이므로 이런 식으로 싸우는 것은 무모한 행동이다.

1도

297

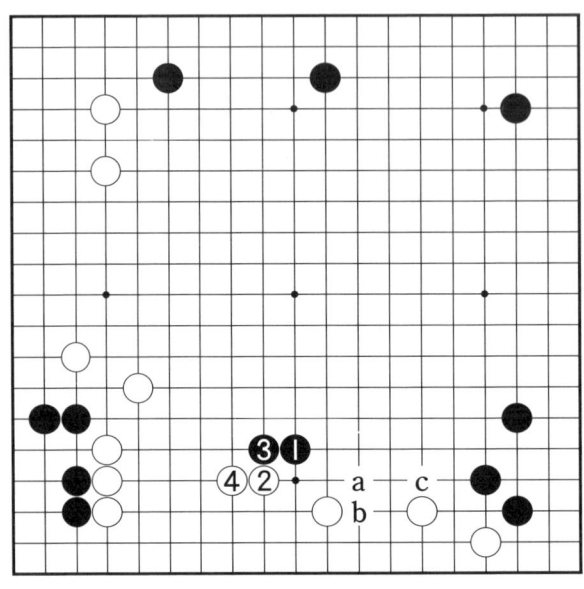

2도

2도(날일자 삭감)
흑1의 날일자는 삭감의 3대 수법 가운데 하나인 만큼 충분히 고려할 만한 착상이다.

백2의 날일자로 응수하는 것은 소극적인 태도. 흑3에 밀려 좋지 않다. 흑a, 백b, 흑c의 활용도 가시화된다.

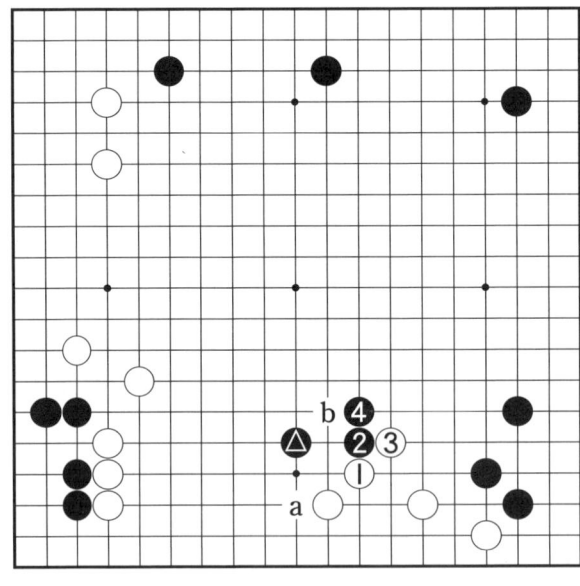

3도

3도(백1, 유력)
흑▲에 대해 백1의 마늘모는 유력한 수법이다. 흑은 2로 붙이고 4에 뻗는 것이 온건한 행마이다.

흑2로 a에 붙이는 것은 백b를 불러 앞길이 순탄치 않을 것이다.

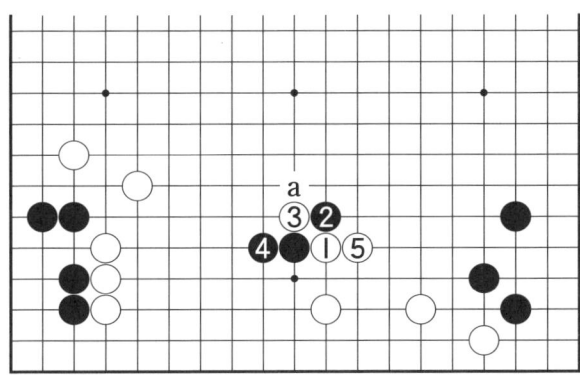

4도

4도(백3, 강수)

백1의 붙임도 생각할 수 있다. 흑2의 젖힘에는 백3의 끊음이 강수. 흑4, 백5 다음 흑a의 축이 백에게 유리함을 본 수단이다.

이것은 흑도 재미없는 싸움이므로 2로는….

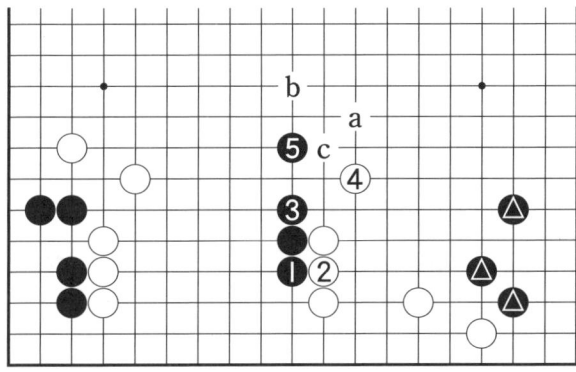

5도

5도(올바른 수순)

흑1, 백2를 교환하고 흑3에 느는 것이 올바르다. 백4에는 흑5로 뛰고 또 백a에 뛰면 흑도 b에 뛴다. 흑▲가 견실하기에 이것이 가능하다.

단, 백4로 c의 포위수도 있음에 유의한다.

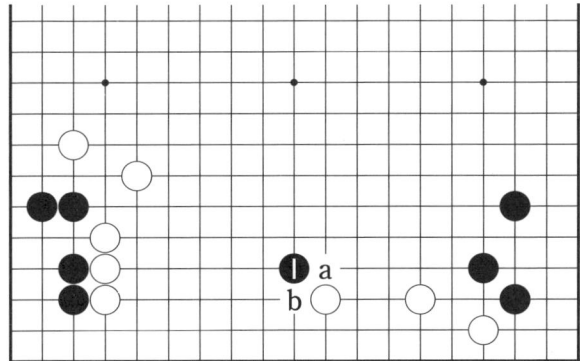

6도

6도(추천/ 어깨짚음)

날일자 삭감도 나쁘지는 않지만, 한발 더 들어가는 의미가 있는 흑1의 어깨짚음이 보다 치열한 수법이다.

백은 a나 b, 어느 한쪽을 밀어갈 수밖에 없을 것이다.

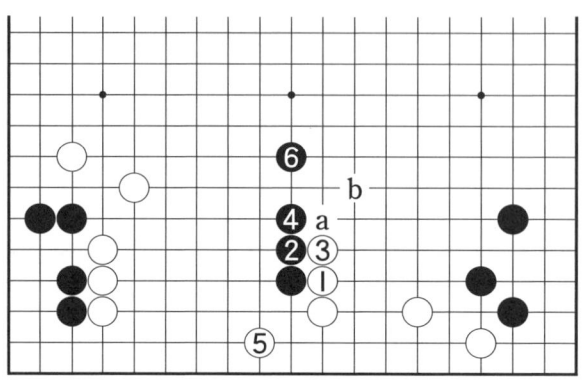

7도

7도(흑, 만족)

백1, 3으로 밀고 5의 날
일자로 달리면 흑6으로
뛰어서 좋다. 흑6은 a의
꼬부림도 있으며 이 진
행은 흑이 만족스럽다.

따라서 백5로 b에 날
일자하면 5도와 같아진
다. 단, 백3으로⋯.

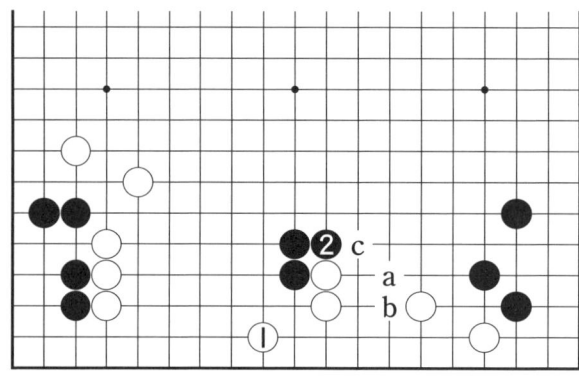

8도

8도(꼬부림이 두텁다)

백1로 성급하게 날일자
하는 것은 좋지 않다. 흑
2의 꼬부림이 매우 두터
운 곳이다.

이렇게 되면 흑a, 백
b의 활용이 흑의 권리
가 되므로 백은 c에 젖
혀나가기가 어렵다.

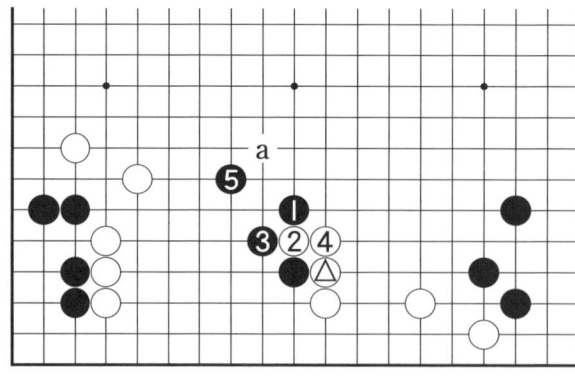

9도

9도(경쾌한 한칸뜀)

백△로 밀었을 때 흑은
경쾌하게 1로 한칸을 뛰
는 수도 있다. 백이 2에
서 4로 끼워이으면 흑5
의 날일자로 갖추는 것
이 좋은 행마이다. 때에
따라 흑5 대신 a가 좋을
수도 있다. 백2로는⋯.

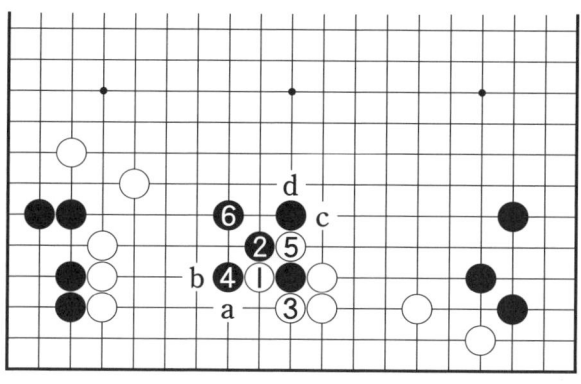

10도

10도(흑, 좋은 자세)

백1에 껴붙이는 수도 생각할 수 있는데, 흑2로 호구치고 백3의 단수 때 흑4로 되단수가 간명하다. 백5에는 흑6의 양호구가 틀. 다음 백a, 흑b, 백c, 흑d로 좋은 자세가 된다.

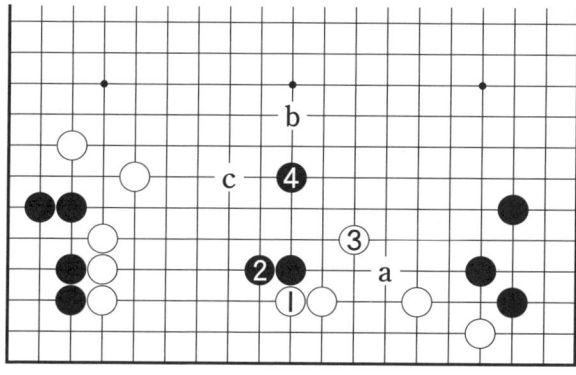

11도

11도(아래쪽을 밀면)

아래쪽을 미는 변화. 그러면 흑2로 끌고 백3의 날일자 추격에 흑4로 두 칸을 뛰는 것이 정해진 틀이다. 흑은 이다음 a로 째는 수를 노리고, 백은 b나 c의 공격을 엿본다. 백3으로….

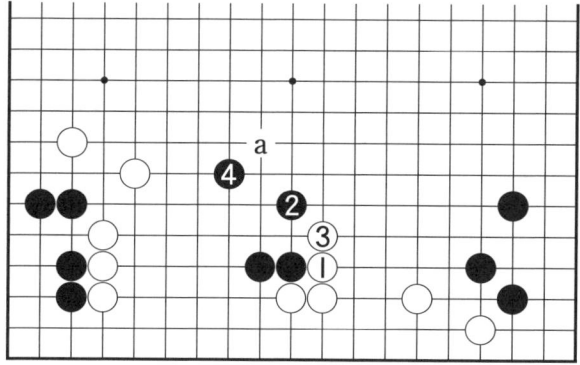

12도

12도(백이 꼬부리면)

백1에 꼬부리는 수도 있다. 그러면 흑은 2로 한 칸을 뛰는 것이 행마의 틀이다. 백3에는 흑4의 날일자로 형태를 정비하는 것이 가벼운 행마이다. 여기서도 흑4로는 a에 둘 수도 있다.

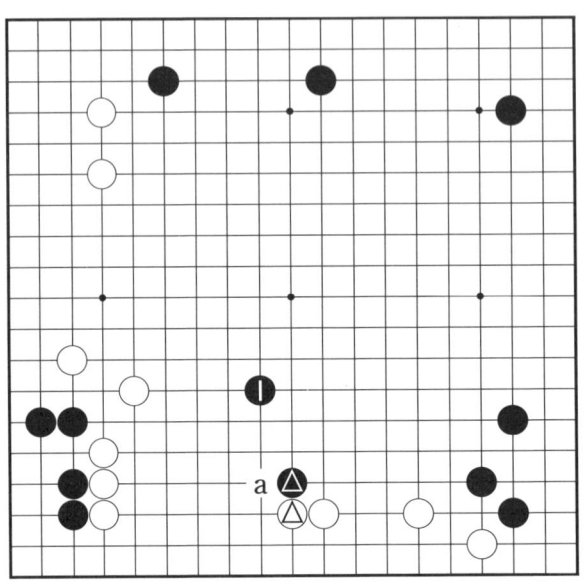

13도

13도(특수한 경우)

이 경우는 아니지만 특수한 배석, 그러니까 주변의 백이 매우 견고할 때는 흑▲와 백△를 교환한 자체로 이득이라고 보고 흑a 대신 1로 가볍게 두는 수도 있다는 것을 알아두자.

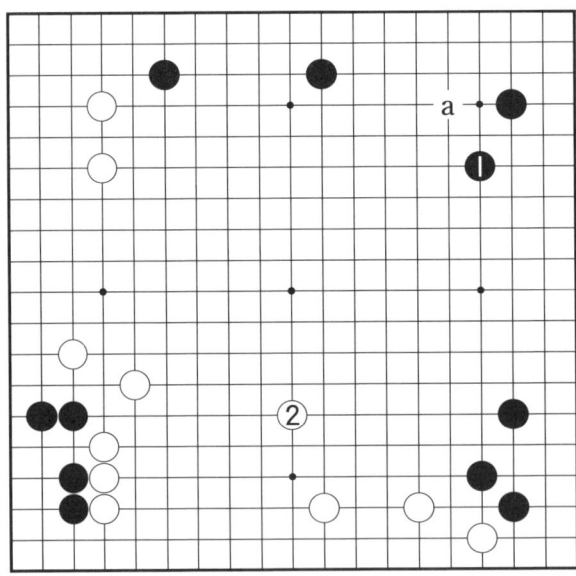

14도

14도(절호의 요소)

장면으로 되돌아가 본론과는 어긋나지만 우상귀를 흑1로 지키는 것도 큰 수이다(1 대신 a도 있겠지만).

단, 백2로 하변을 키우는 것이 절호의 요소여서 흑의 불만이라고 볼 수도 있을 것이다.

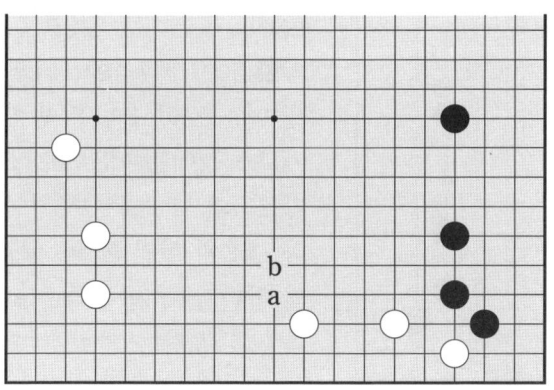

예제

▦ 예제 (흑 차례)

[장면 3]과는 좌하쪽 백의 배석이 다르다.

흑은 좌하귀에 대들고도 싶은데, 그보다는 먼저 삭감하고 백의 응수에 따라 다음 수를 결정하는 것이 좋겠다. a와 b 가운데 어디가 좋을까?

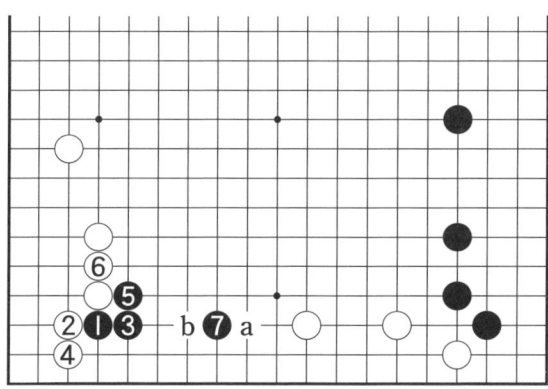

참고도 1

참고도 1(붙임이 상식)

좌하귀에 손을 댄다면 흑1로 붙이는 것이 상식적인 수법이다. 백2에 흑3으로 끌어내고 백4 때 흑5를 선수하고 7에 벌려서 일단락이다. 흑7은 좁지만 근거의 요소이다. a로 바짝 벌리면 백b가 통렬하다.

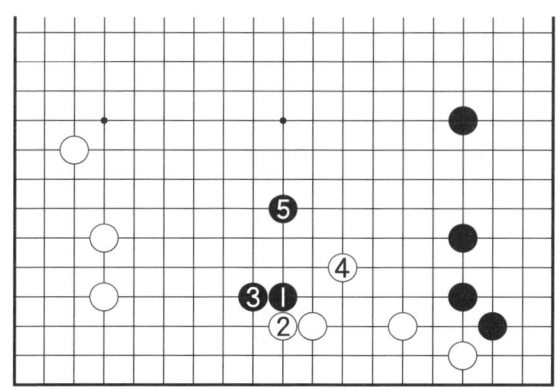

참고도 2

참고도 2(어깨짚음)

흑1로 어깨를 짚는 변화부터 본다. 이에 대해 백2쪽을 미는 것은 생각이 좀 부족하다.

흑은 3으로 느는 것이 보통이며 백4에 흑5로 두 칸을 뛰어서 삭감의 목적을 달성했다.

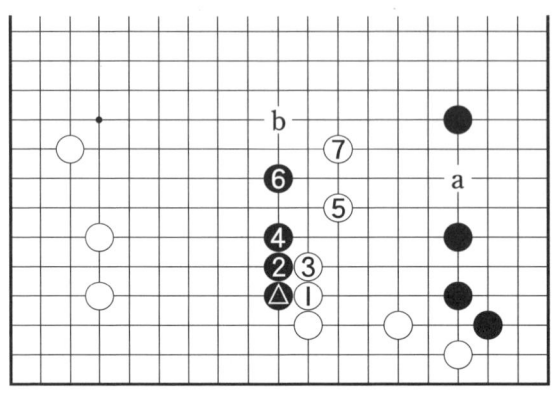

참고도 3

참고도 3(올바른 방향)

흑▲의 어깨짚음에 백1쪽을 미는 것이 올바른 방향이다. 흑2에는 백3으로 또 밀고 5의 날일자로 추격한다. 흑6에 한칸 뜰 때 백7의 한칸뜀! 다음 a의 침공과 b의 공격을 맞봐서 백의 호조이다.

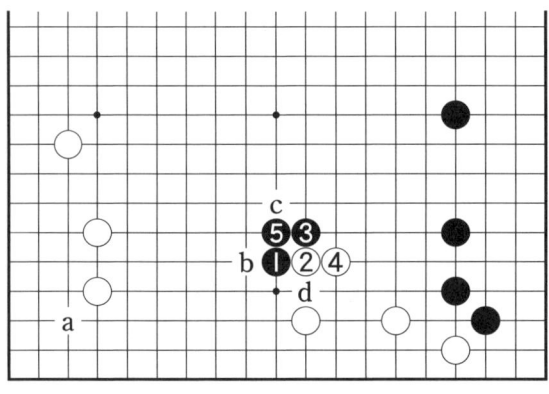

참고도 4

참고도 4(추천/ 날일자)

흑1의 날일자로 삭감하는 것이 유력하다. 백2에는 흑3으로 젖히고 5로 꽉 잇는 것이 좋다. 귀쪽 a의 3 三이 비어 있는 것이 흑의 즐거움이다. 백4로 5에 끊으면 흑b로 늘어 c의 축과 d의 단수가 맞보기이다.

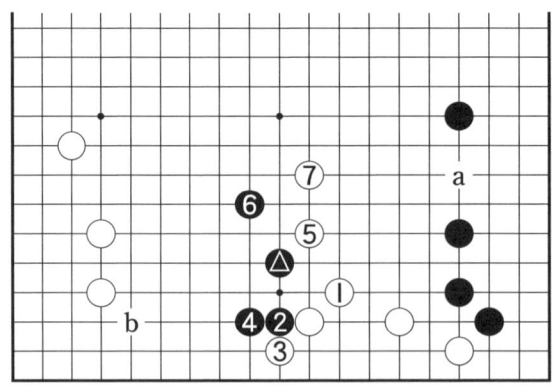

참고도 5

참고도 5(백의 마늘모)

흑▲의 날일자에 대해 백1로 마늘모하는 것은 힘을 비축하는 수단이다. 흑2의 붙임은 기세이며 백은 3에서 5로 씌운다.

흑6에는 백7로 한발 앞서간 다음 a의 침공과 b의 수비를 맞본다.

공격의 효과

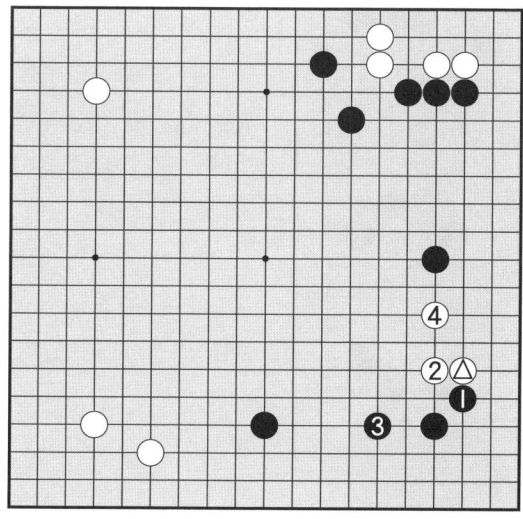

■ 백△의 날일자걸침에 흑1, 3은 여러 차례 봐온 공격 전법이다.

백4의 한칸벌림에 대해 흑은 어떤 식으로 공격해야 할지 알아본다.

공격수 후보는 대략 세 가지쯤 떠오를 텐데….

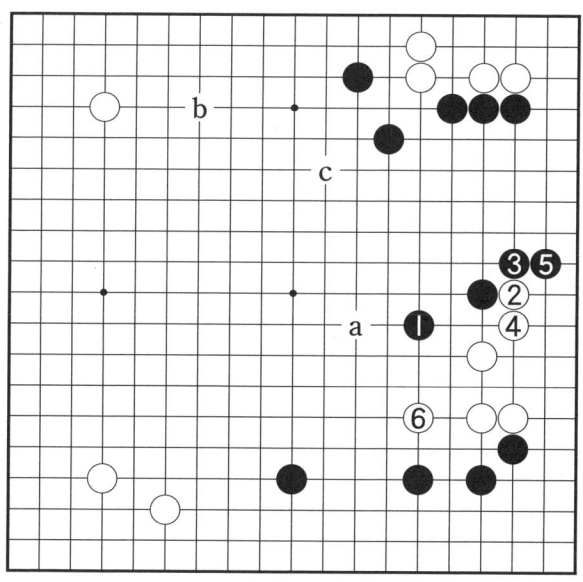

1도

1도(날일자는 실패)

흑1의 날일자는 백2, 4로 붙여끄는 것이 적시타여서 쉽게 근거를 허용하므로 재미없다.

백6 다음 흑a로 뛸 때 백은 b로 흑 모양을 견제해서 충분하며, 적극적으로 c에 대들 수도 있을 것이다.

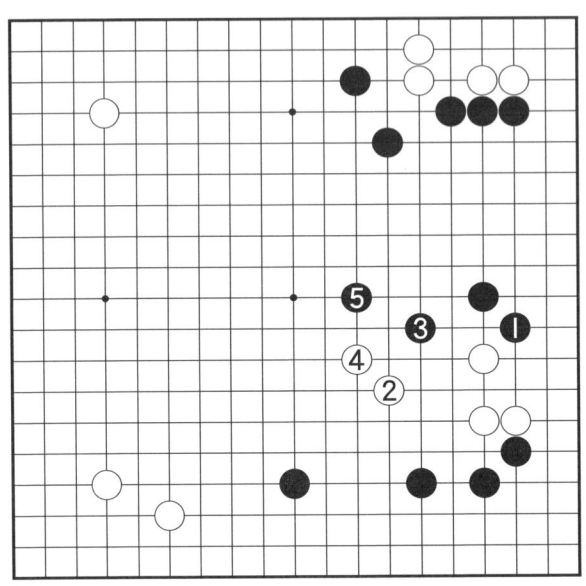

2도

2도(마늘모는?)

그렇다면 마늘모는 어떨까?

흑1에 백2로 달아나면 비로소 흑3의 날일자로 공격하는 것이 위력을 발휘한다.

백4에 흑5의 날일자로 계속 추격해서 흑이 신바람을 내고 있다.

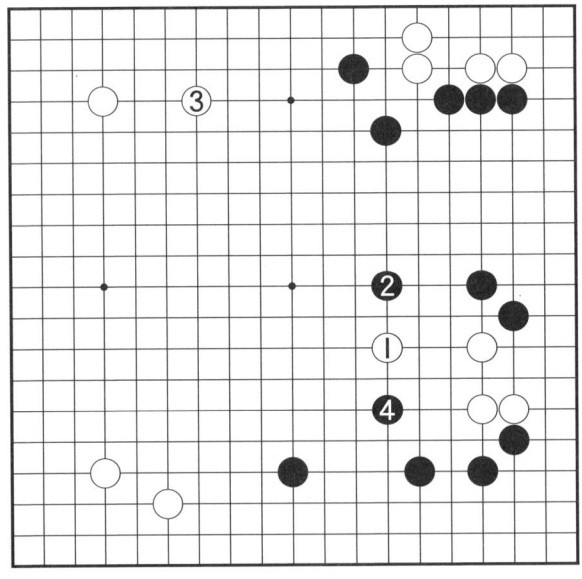

3도

3도(일석이조)

백1의 두칸뜀은 가벼운 행마. 하지만 흑2로 추격하는 것이 우상 방면을 키우는 일석이조의 수여서 흑의 호조이다.

백3은 욕심으로 흑4를 불러 백이 더 옹색해진다. 백3은 4로 보강할 곳.

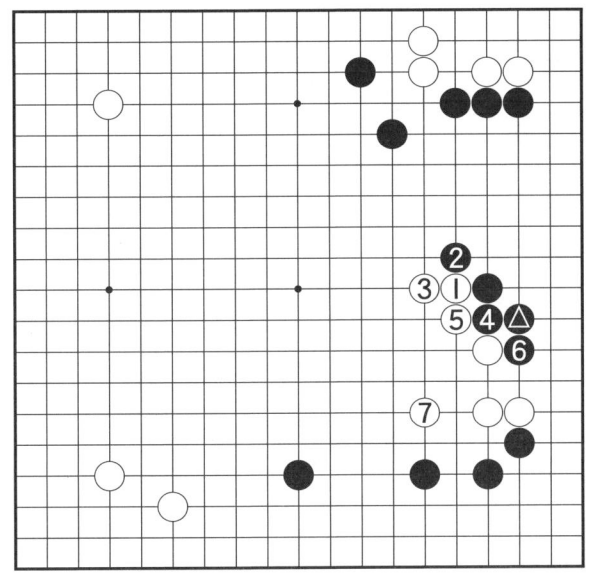

4도

4도(타개의 맥점)

흑◆의 마늘모에 대해 백1로 붙이는 것이 타개의 맥점이다. 흑2에 백3으로 늘고 흑4에는 백5로 받아둔다.

그리고 흑6의 꼬부림에 백7로 뛰어서 정비하면 흑은 더 이상 공격할 수가 없다.

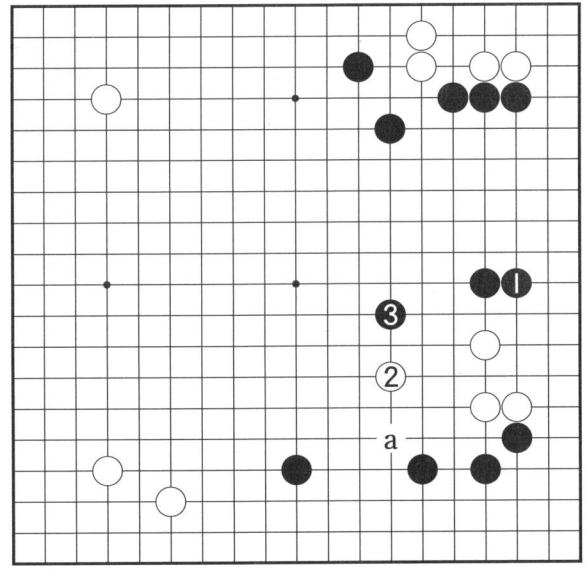

5도

5도(추천/ 쌍점)

흑1로 쌍점을 서는 것이 강력하다. 백2가 경쾌한 발걸음이지만 흑3의 추격이 통렬해서 백은 운신이 거북하다.

다음 백a로 짚어가는 정도일 것. 거꾸로 흑a를 맞으면 그로기 상태가 될 테니까.

307

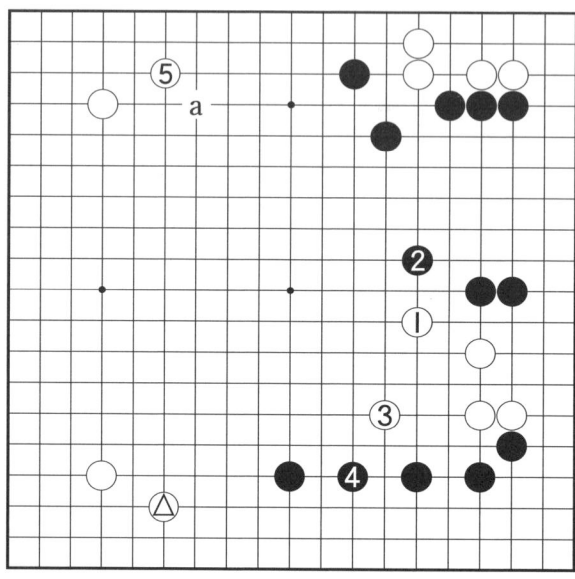

6도

6도(백, 편하다)

백1의 날일자가 책략을 품은 수. 무심코 흑2의 날일자로 받으면 백3에 정비해서 편해진다. 흑4로 지켜도 백△가 있어 가치가 높지 않으며, 백5(또는 a)에 손을 돌려 이것은 백의 주문이다.

7도(날카로운 잽)

백△ 때 흑은 1로 급소를 짚는 것이 날카로운 잽이다. 백2로 치받는다면 흑3을 선수하고 그제서야 5로 날일자해서 충분하다. 아직 백은 미생이며 흑은 지킬 곳은 다 지키고 있다.

8도(백의 응수법)

그러므로 백은 1(또는 a)로 응수하는 편이 나을 것이다. 흑2에는 백3으로 한칸을 뛰어나가 사정권에서 벗어난다.

흑이 주의할 것은 백b, 흑c, 백d의 수단이 있다는 점을 기억하는 것.

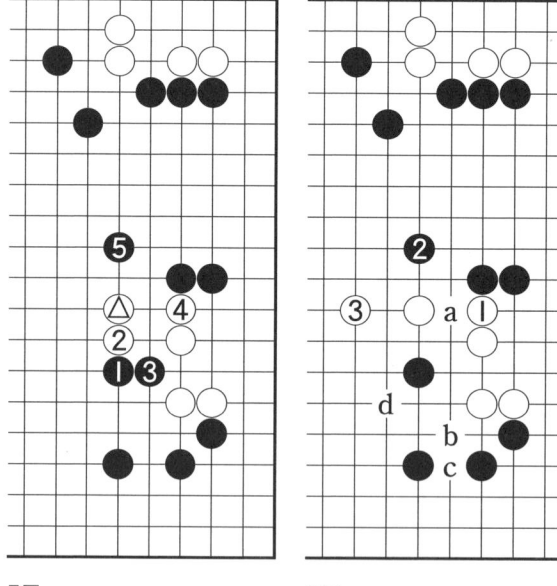

7도   8도

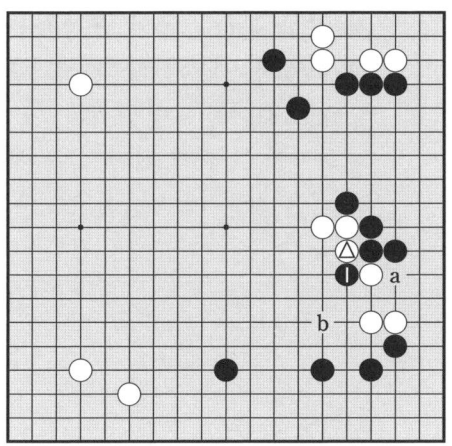

⊞ 예제1 (백 차례)
[장면 4] 4도의 변화를 보충 설명한다.

백△ 때 흑이 불문곡직 1에 끊어왔다. 상식은 a에 꼬부리고 백 b로 한칸 뛰는 진행인데···. 자, 백의 대책은 무엇인가?

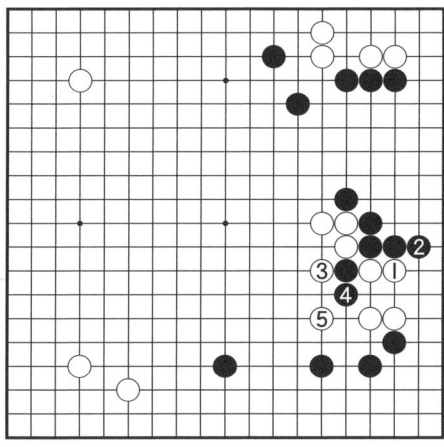

참고도 1(장문)
백1로 막는 것이 좋은 수법이다. 흑2로 받을 때 백3으로 단수하고 흑4에 백5로 씌우면 이것은 장문이다. 끊긴 돌이 이렇게 잡혀서는 얘기가 안 될 것이다.

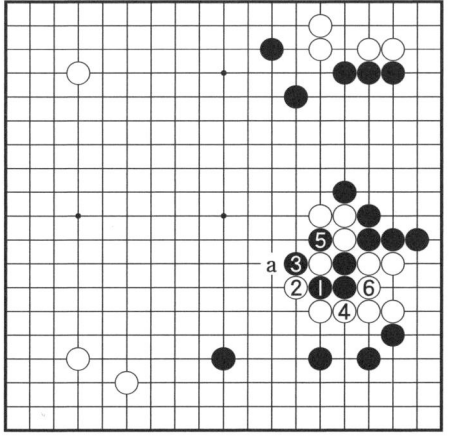

참고도 2(회돌이축)
앞 그림에 이어, 흑1로 달아나려는 것은 실패로 끝난다. 백2, 흑3 때 백4, 6으로 돌려치는 수가 성립하기 때문이다.

여기서 흑이 잇는다면 백a의 축이 기다리고 있다. 일명 회돌이 축!

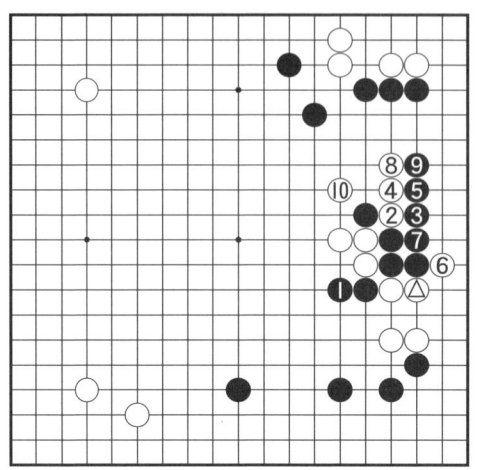

참고도 3(목숨을 건다)

그런데 백이 △로 막았을 때 받지 않고 흑1로 서서 반격하는 수가 있다. 백2의 끊음에는 흑 3, 5로 견디겠다는 뜻이다.

하지만 10까지 되면 흑은 우하 백을 잡는 데 목숨을 걸어야 한다.

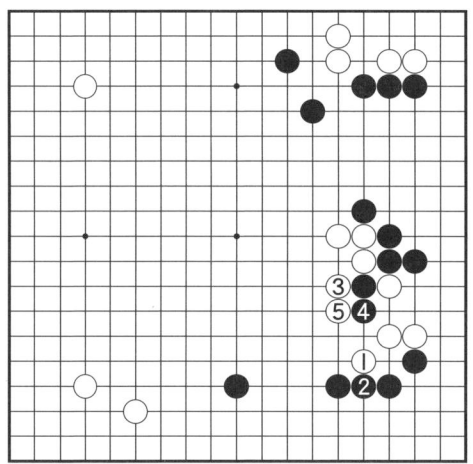

참고도 4(추천/ 들여다보기)

앞 그림은 백도 좀 모험이므로 추천하지 않는다.

처음으로 돌아가 백1로 들여다보는 수가 가장 간명하다.

흑2로 잇는다면 백3, 5로 두어서 위험한 상황은 벌어지지 않는다. 흑2로….

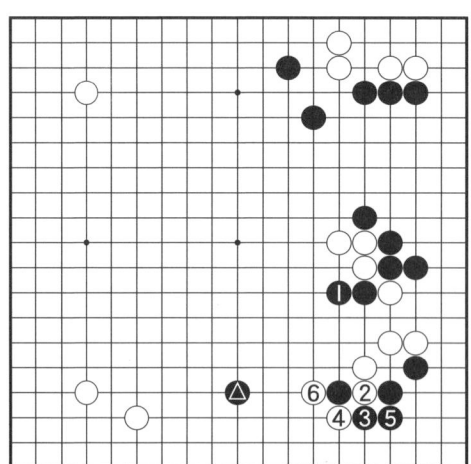

참고도 5(축으로 잡아서 안심)

흑1로 서서 반발하면 백2, 4로 나가끊어서 수습한다. 흑5가 필요하므로 백6의 축으로 흑 한 점을 잡아서 안심이다.

중앙 백 석점은 못쓰게 됐지만 아래쪽 흑△가 떴으니 백도 불만이 없다.

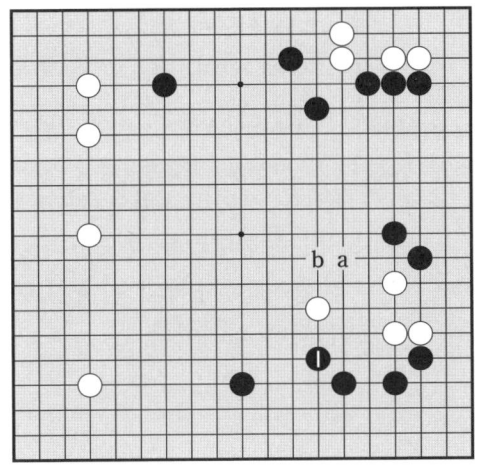

▦ 예제2 (백 차례)

이 상황에서 흑이 1로 마늘모했다.

보통은 흑a의 날일자나 b의 눈목자로 백에게 압력을 가하는 것인데 왜 이렇게 두었을까?

실은 이것은 실착으로, 백에게는 찬스!

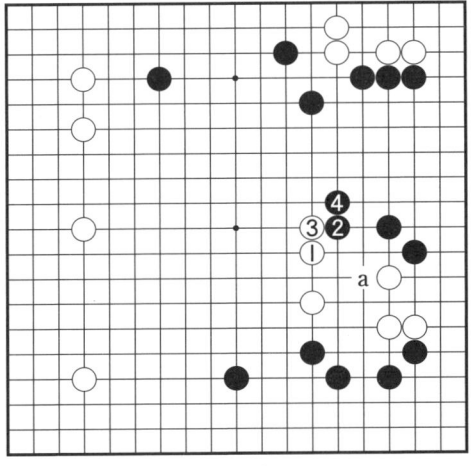

참고도 1(흑의 주문)

백1로 뛰는 것은 겉멋에 치우친 수. 흑은 2로 한칸을 뛰어 백의 턱밑에 들이댈 것이다. 백3에는 흑4로 늘어서 우상이 맛좋게 굳어진다. 반면 백은 흑a의 붙임에 신경을 써야 한다.

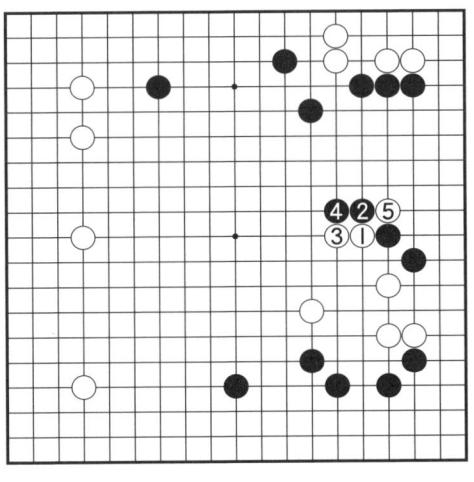

참고도 2(정해/ 붙임)

백1로 붙이는 수는 앞서 몇 차례 나온 맥점이다. 여기서도 이 수가 주효한다.

흑2의 젖힘에는 백3으로 는다. 흑4는 기세이지만 백5로 끊는 것이 날카로운 수법이다.

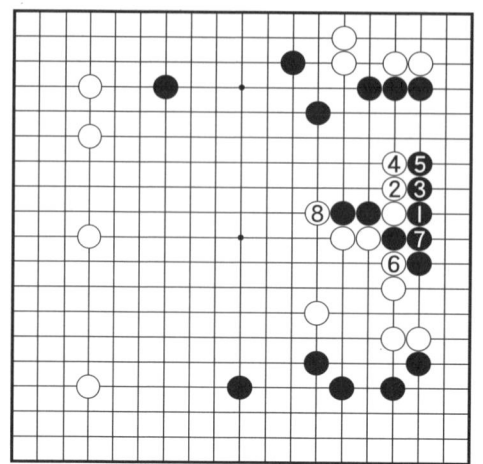

참고도 3(사석의 활용)

앞 그림에 이어, 흑1로 아래쪽에서 몰면 백2로 나가고 흑3에도 백4로 나가둔다.

흑5를 기다려 백6을 선수하고 8로 두점머리를 두드린다.

전형적인 사석의 활용으로 흑이 당한 결과이다.

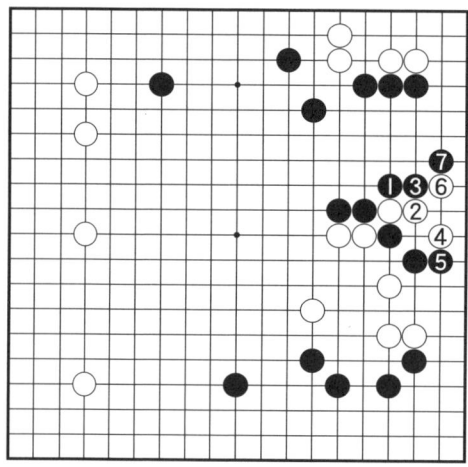

참고도 4(준비 완료)

앞 그림 1로는 흑1쪽에서 단수하는 것이 올바른 응수일 것이다. 백은 2로 나가고 흑3에 막을 때 백4로 마늘모하는 것이 또 호수이다. 흑5에 백6을 선수해 사석을 활용할 준비를 끝낸다.

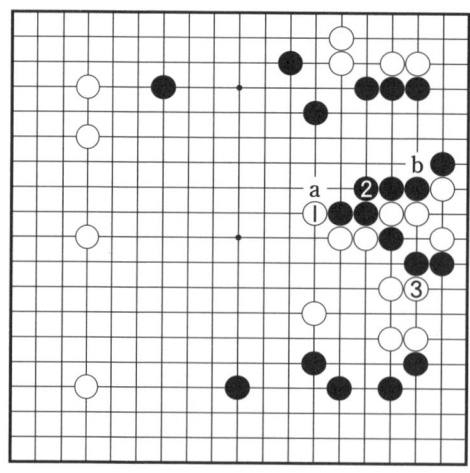

참고도 5(두점머리 젖힘)

하이라이트는 역시나 백1의 두점머리 젖힘. 흑은 반발할 여지가 없으며 2로 잇는 것이 최선이다.

그러면 이번에는 백3으로 죄어간다. 물론 선수! 흑2로 a에 받다가는 백b에 끊겨 야단난다.

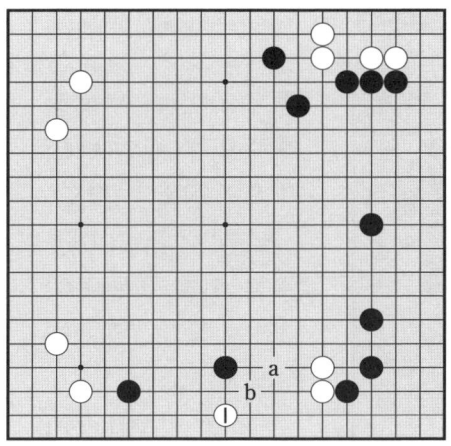

▦ 예제 (흑 차례)

이 상황에서 백a의 한칸벌림은 흑b의 마늘모 공격을 불러 재미 없다고 본 백은 1로 2선에 달리는 변화구를 구사해 흑을 교란해 왔다.

흑은 어떻게 대응하는 것이 바람직할까?

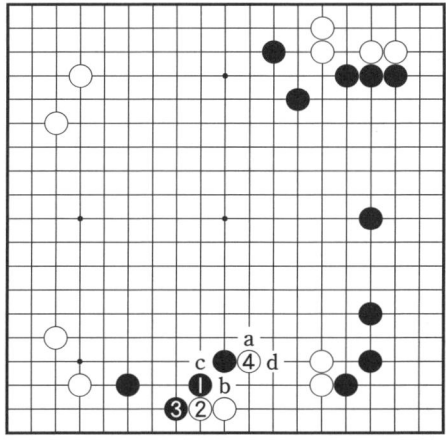

참고도 1(백의 주문)

흑1의 마늘모는 백이 바라는 바. 백2로 하나 들어가 흑3을 강요한 다음 백4로 붙여 간단하게 수습 한다.

다음 흑a에 백b, 흑c, 백d면 살아 있는 모습이다.

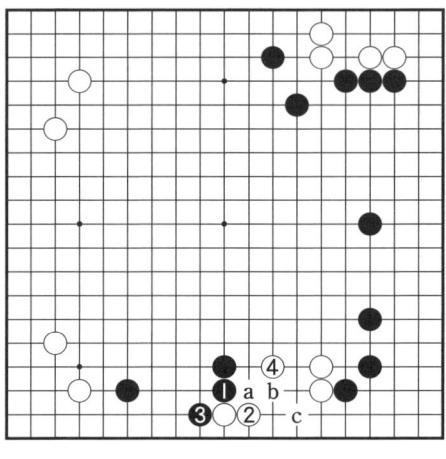

참고도 2(정해/ 치받음)

흑1의 치받음이 좋은 대응이다. 백2로 끌 때 흑3으로 막아서 공격 을 계속 엿본다.

백4로 틀을 갖춰도 다음 흑a, 백b, 흑c의 치중이 매서운 수법이 어서 백은 근거를 잃고 떠돌게 될 것이다.

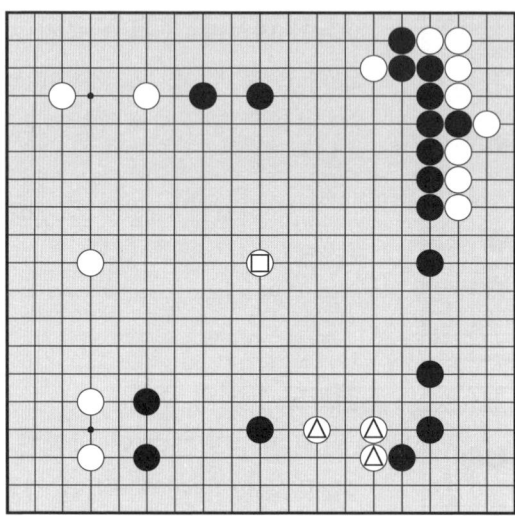

■ 우하귀 백△ 석점 과 중앙 천원의 백□ 가 흑의 공격대상이다.

부분에 치우쳐 이곳 은 늘 이렇게 두어야 한다는 식의 고정관념 은 좋지 않다.

공격의 방향이 포인 트. 흑은 어떻게 공격 해야 할지 알아본다.

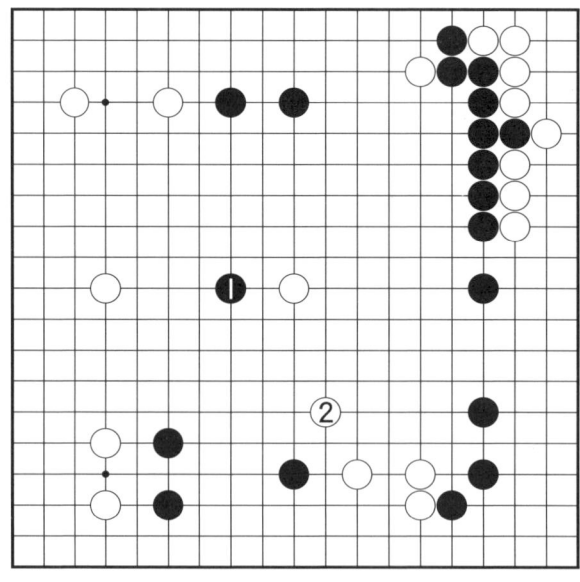

1도

1도(백2, 호수)

어디서부터 손을 대야 할지 조금 어려운 문제 이다.

흑1로 중앙 백 한점 의 연락을 저지하는 수 가 얼른 눈에 들어올지 도 모르지만, 백2의 날 일자가 호수여서 다음 수가 마땅치 않다.

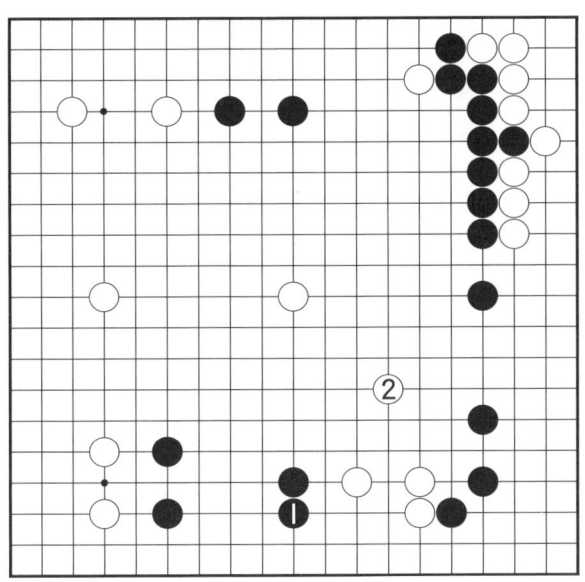

2도

2도(부분적으로 급소)

부분적으로는 흑1의 쌍점이 우하 백 석점을 공격하는 급소 가운데 하나이다.

그러나 백이 2로 경쾌하게 뛰어나가면, 이것 역시 후속 공격수가 잘 보이지 않는다.

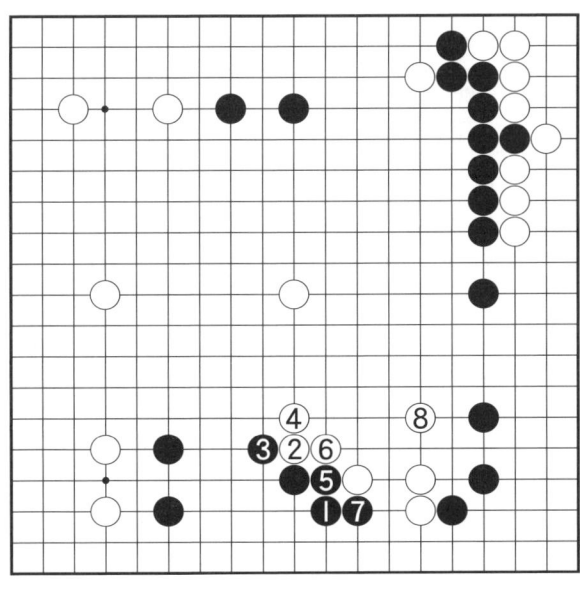

3도

3도(붙임이 안성맞춤)

그렇다면 흑1의 마늘모는 어떨까?

앞서도 봤듯이 꽤 유력한 공격수이지만 백2의 붙임이 안성맞춤이어서 신통치 못하다.

백4 이하 8까지의 진행이면 흑은 더 이상 공격할 수가 없다.

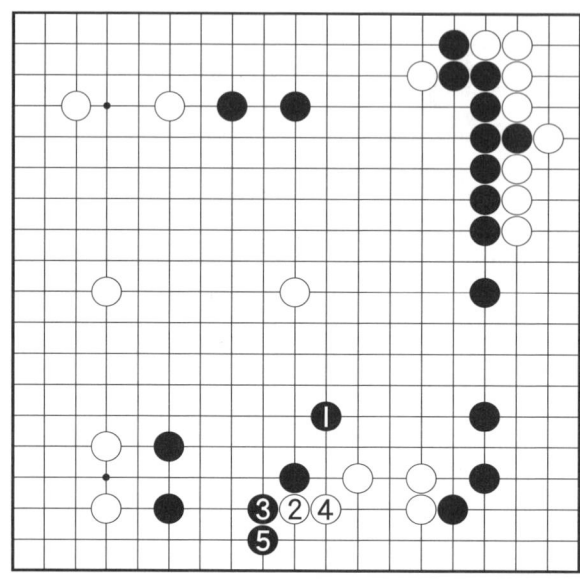

4도

4도(추천/ 날일자)

그 동안 좋은 평가를 받지 못했던 흑1의 날일자가 좋은 감각의 공격이다.

일단 이렇게 중앙 백 한점과 우하 백 석점을 갈라야 한다. 백2, 4는 당연하지만 흑5에 내려서면 아직 백은 불안하다. 계속해서~

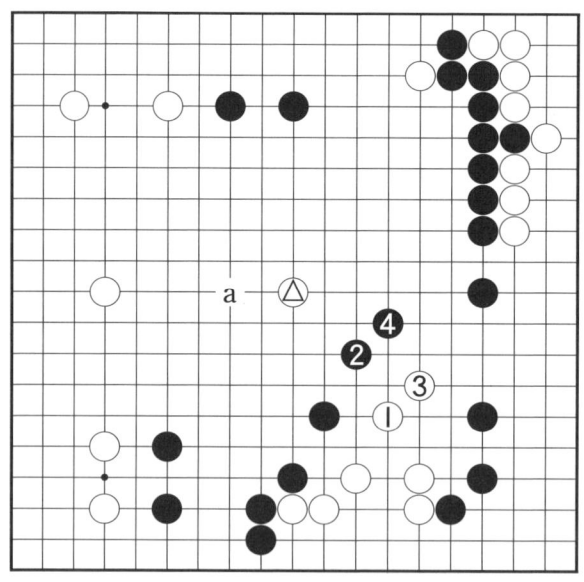

5도

5도(살았느냐?)

백1의 진출에 흑2의 날일자가 또 좋은 공격이다. 백3에는 흑4로 백의 출로를 막고 살았느냐고 묻는다.

중앙 백△는 흑a의 일격이면 거의 빈사 직전. 흑의 성공임은 의심할 여지가 없다.

모자 삭감 이후

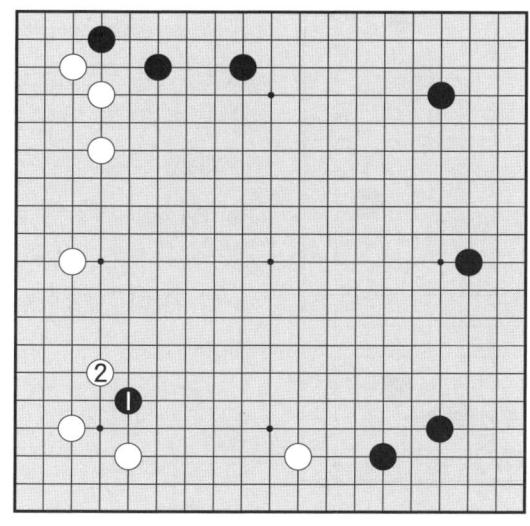

■ 흑1의 모자는 삭감의 상용수법. 거꾸로 이곳을 백이 두었다고 가정하면 그 가치가 얼마나 큰지 쉽게 알 수 있을 것이다.

백2의 날일자는 좌변을 중시한 응수. 여기서 흑의 처리 방법은 무엇인지 알아본다.

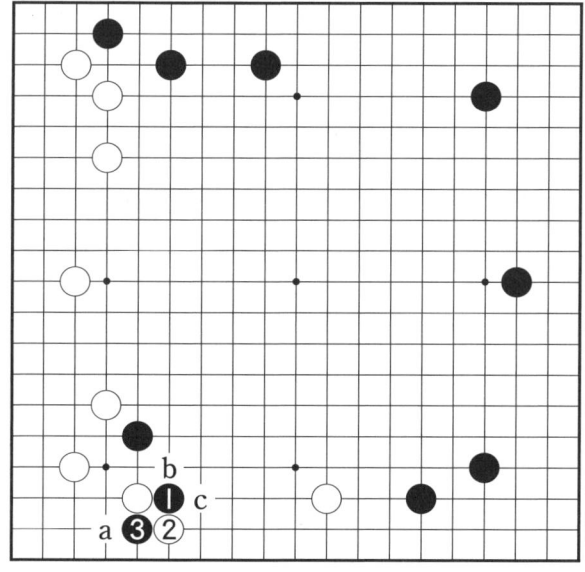

1도

1도(추천/ 붙임)
흑1로 붙이는 수가 상식이자 최선이다. 백도 2로 아래쪽을 젖혀서 응수하는 것이 상식이다.

흑3의 맞끊음은 이럴 때 쓰는 맥점. 다음 백에게는 a, b, c의 세 가지 선택이 있다.

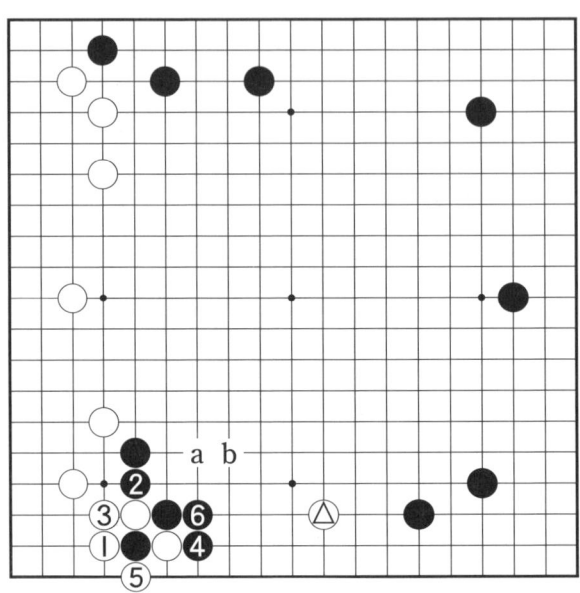

2도

2도(△가 외로워지다)

백1로 흑 한점을 잡으면 흑2, 4를 선수활용한다. 다음 무거운 듯하지만 흑6으로 잇는다.

백△ 한점이 졸지에 외로워졌다. 백a의 급소 일격에는 흑b로 붙여 싸울 수 있다. 백3으로….

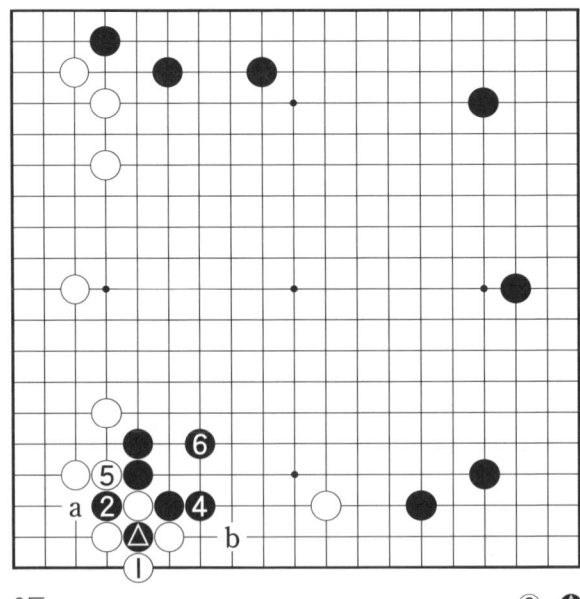

3도

3도(일장일단)

백1에 따내면 흑2의 한방 단수가 따끔하다.

다음 흑4에 늘면 백5가 흑a로 나가는 수를 방비해서 필요하다.

흑6으로 정비해서 멋진데 백도 b로 건너는 수가 남아 앞 그림과는 일장일단이다.

③…△

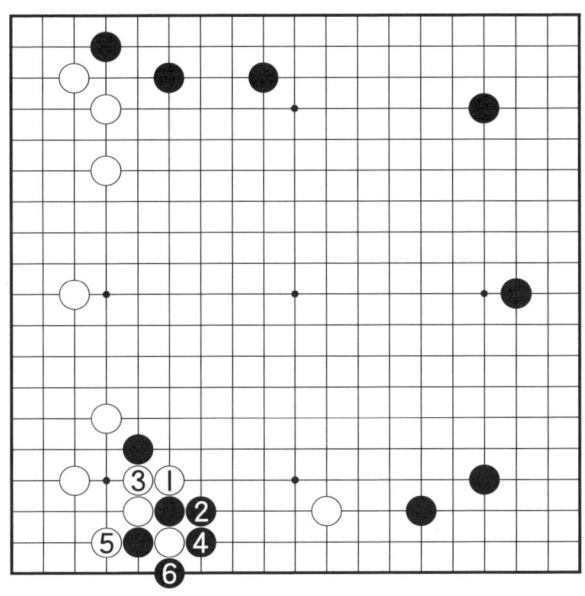

4도

4도(흑, 목적 달성)

흑의 맞끊음에 대해 백 1로 몰고 3에 잇는 것은 어떨까?

흑은 잠자코 4에 잡아서 나쁘지 않다. 백5는 선수가 되지만 흑도 6에 따내어서 백진 삭감이라는 목적은 이미 달성한 셈이다.

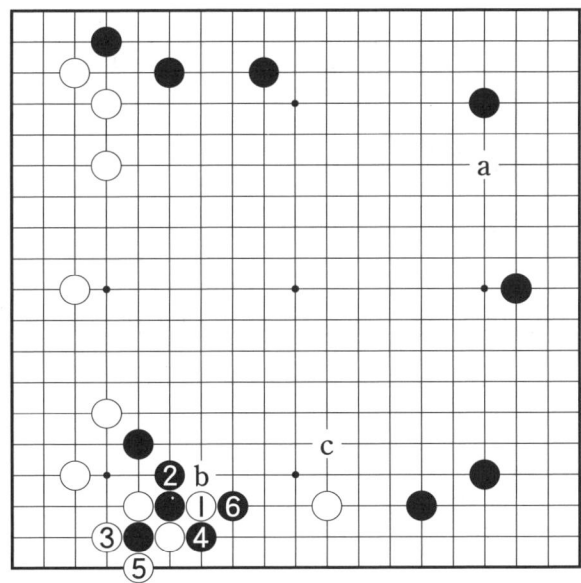

5도

5도(축 관계)

백1에 단수하고 3으로 흑 한점을 잡는 것은 축이 유리할 때 쓰는 수이다. 지금은 흑6의 축이 성립한다.

백a의 축머리를 쓰는 것은 흑b로 빵따낸 다음 c의 모자가 준엄하므로 얘기가 안 된다.

삭감의 적정선

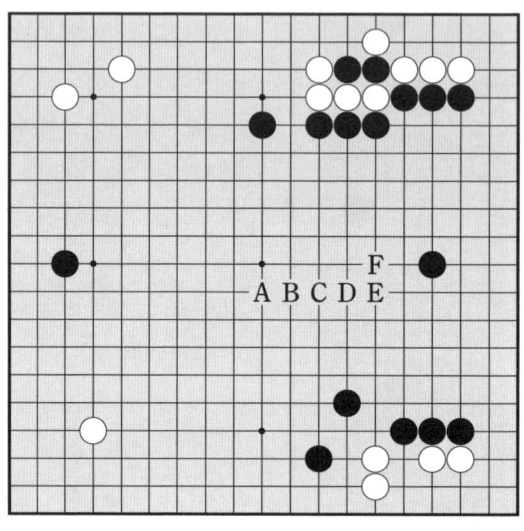

■ 우변의 흑 모양이 어마무시하다. 이대로 놔둘 수는 없는 일. 백은 서둘러 삭감에 나서야 할 상황이다.

그런데 삭감의 한계, 그러니까 그 적정선은 어디인지 알아본다. A~F 가운데 생각해보자.

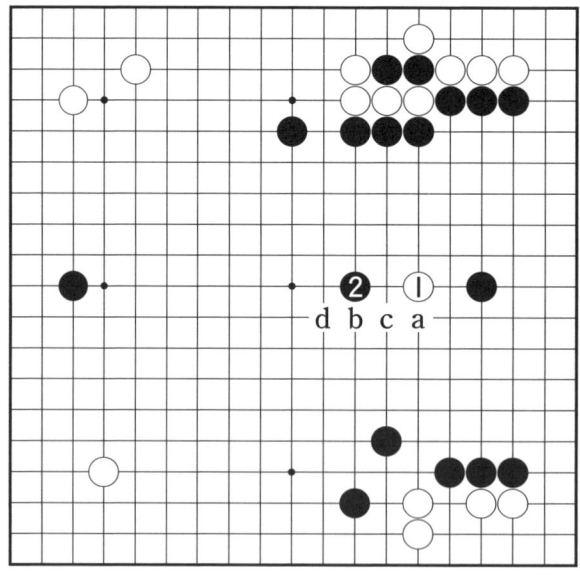

1도

1도(너무 깊다)

백1의 모자는 너무 깊다. 흑2의 모자가 통렬한 응징이어서 백은 질식사 할 것 같다.

백1 대신 a도 흑b로, 또 한발 덜 들어간 백c도 흑d를 불러 모두 살기가 고달퍼 보인다.

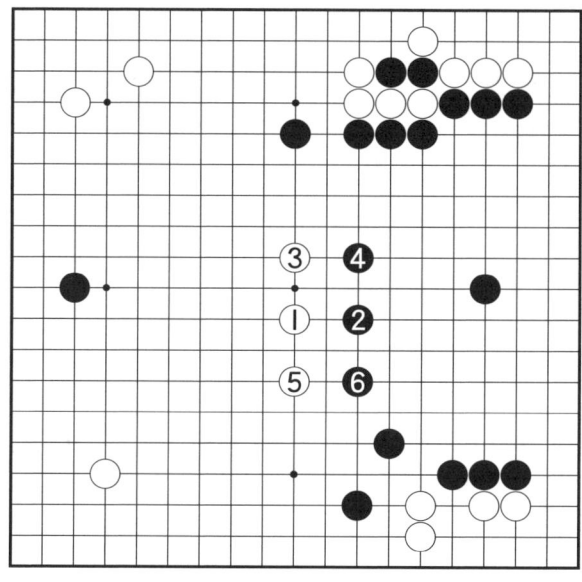

2도

2도(흑의 대가 완성)

백1은 퇴로를 지나치게 걱정한 수. 흑은 기꺼이 2로 응수할 것이다.

백3에는 흑4, 백5에는 흑6으로 받아 흑집이 크게 완성된다.

무려 70여 집! 이것은 백도 재미없는 형세이다.

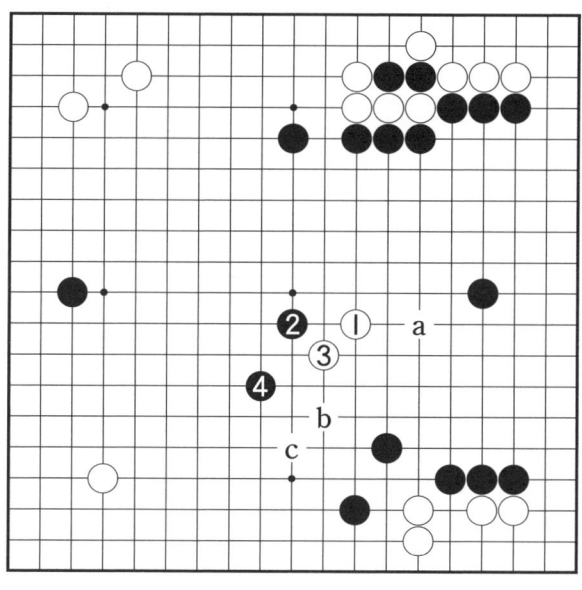

3도

3도(백, 생사불명)

이번에는 백1로 조금 용기를 내보면 어떨까?

흑은 a로 받기는 싫을 테니 2의 모자로 공격할 것이 틀림없다.

백3에는 흑4의 날일자가 제격. 다음 백b에는 흑c로 포위해 백은 생사불명이다.

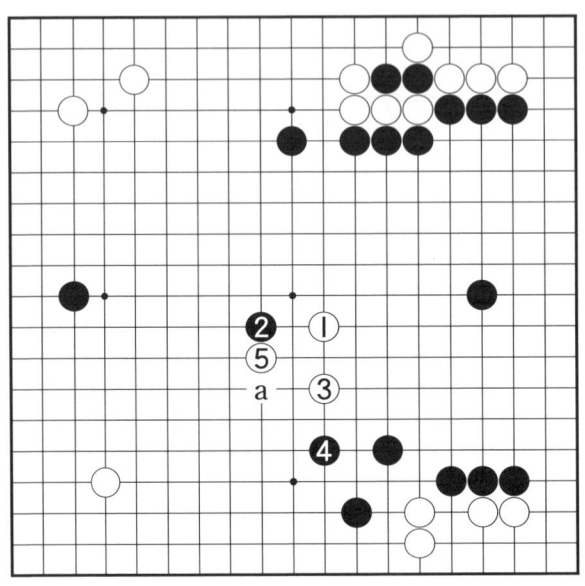

4도

4도(추천/ 적정선)

앞 그림은 서로 모험. 따라서 백1의 삭감이 적정선으로 보인다.

흑2의 모자에는 백3으로 뛰고 흑4로 지킬 때 백5로 붙여서 타개가 그리 어렵지 않을 것이다. 흑4로 a면 백4. 그러므로….

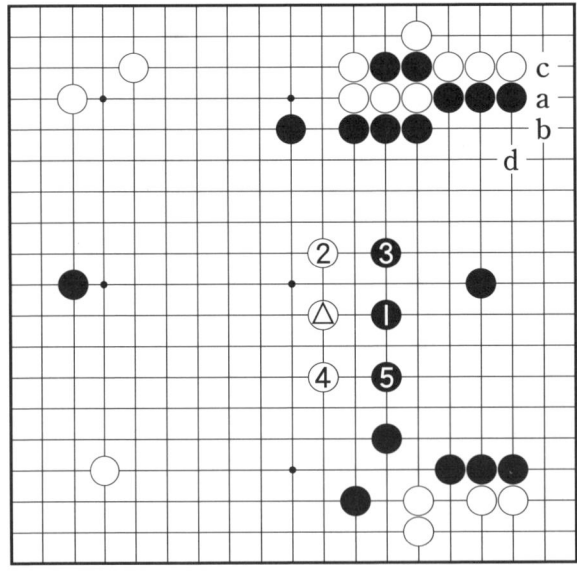

5도

5도(피차 불만 없음)

백△에 대해 흑1로 받는 정도일 것이다. 5까지 경계선이 확정되면 다음 백a, 흑b, 백c, 흑d는 백의 권리로, 우하쪽은 백이 선수하는 것으로 봐서 흑은 60여 집이다.

백도 실리와 함께 중앙이 강화되었으니 피차 불만이 없을 것이다.

전체와 부분 관점에서 공격의 방침

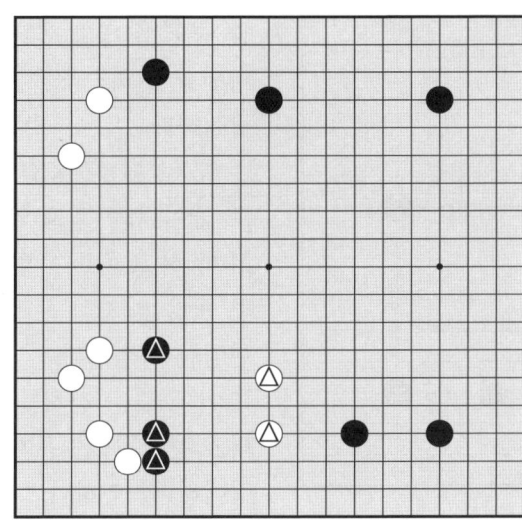

▨ 초점은 좌하 방면이다. 백△ 두점을 공격하고 싶기는 한데 흑❷ 석점도 다소 불안한 모습이기에, 어떤 식으로 처리해야 할지 고민스런 장면이다.

여기서 공격에 대한 흑의 유연한 구상을 생각해본다.

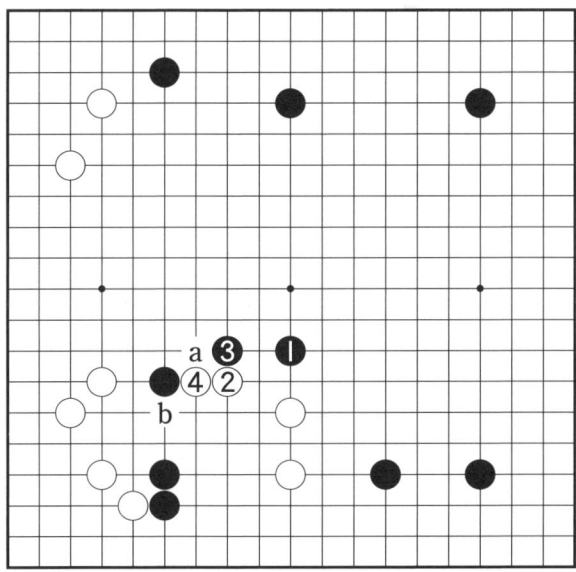

1도

1도(흑, 곤란)

흑1의 모자가 제일감의 공격. 그러나 백2의 날일자가 좋은 대응이어서 곤란한 상황이 된다.

흑3의 붙임이 일관성은 있지만 백4의 치받음에 응수가 없다. 흑a로 강행하면 백b로 그만이다.

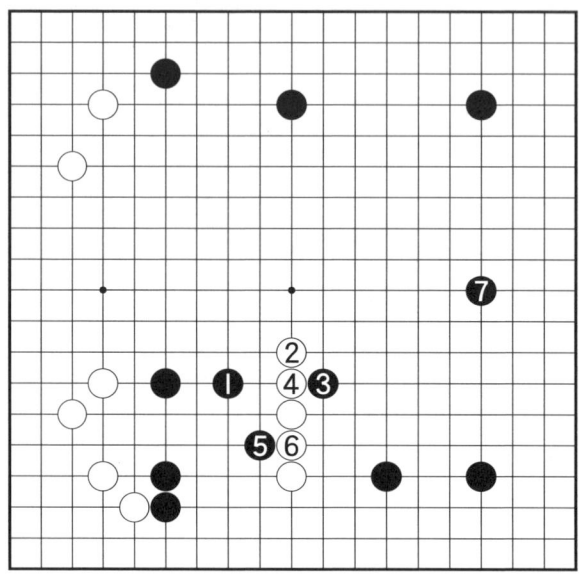

2도

2도(추천/ 임기응변)
흑1로 뛰어 보강한 다음 공격을 엿보겠다는 자세를 취하는 것이 바람직하다.

　백2로 뛸 때 흑3과 5로 들여다봐 흑을 안전하게 하고 7로 우변의 큰 곳을 차지하는 것이 현명한 구상이다.

　이 그림은 전체를 내다보는 유연한 공격구상이라 할 만하다.

3도(공격 방법은?)
좌하 쪽에서 접전이 벌어지고 있다.

　흑1의 두점머리는 통쾌한 한수. 백은 궁색하지만 2의 빈삼각으로 꼬부려 달아났다.

　자, 여기서 흑은 어떻게 공격을 계속해야 할지 생각해보자.

3도

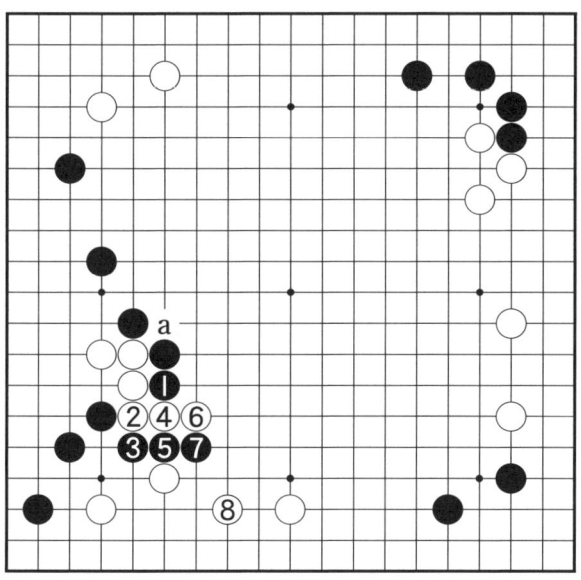

4도

4도(직선적인 공격)

흑1, 3과 같이 잡자고 대드는 직선적인 공격 갖고는 잘될 리가 없다.

백은 4, 6으로 돌파해서 안심. 흑7에는 백8로 손볼 여유마저 있다. 흑은 a의 약점마저 생겼으니 망한 꼴이다.

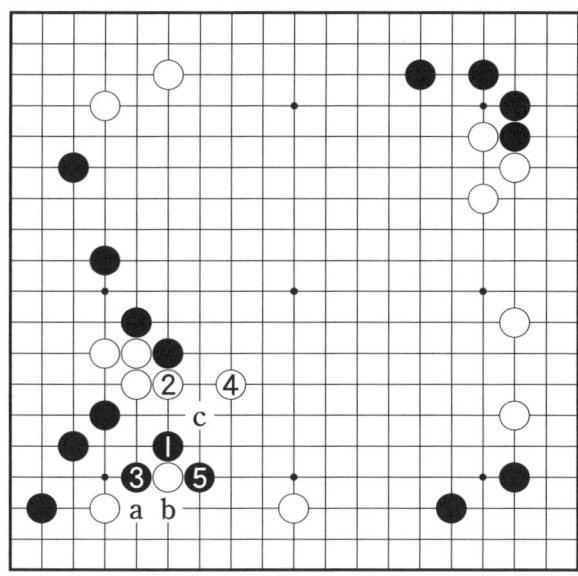

5도

5도(추천/ 기대기 공격)

흑1의 붙임이 이른바 기대기의 요령이다. 백은 그쪽을 받지 못하고 2에서 4로 달아나야 하는데 흑3, 5가 통렬하다. 흑이 한건 올렸다.

백4로 a는 흑5, 백b 때 흑c로 양쪽을 맞봐 백이 안 된다.

이 그림은 부분전투에서 지형지물을 이용한 절묘한 공격구상이라 할 만하다.

Foreign Copyright:
Joonwon Lee
Address: 127, Yanghwa-ro, Mapo-gu, Chomdan Building 6ᵗʰ floor,
          Seoul, Korea
Telephone: 82-70-4345-9818
E-mail: jwlee@cyber.co.kr

강적을 이기는 실전적 기본기

2017. 10. 12. 초 판 1쇄 인쇄
2017. 10. 20. 초 판 1쇄 발행

지은이 | 김일환, 이하림
펴낸이 | 이종춘
펴낸곳 | **BM** 주식회사 **성안당**

주소 | 04032 서울시 마포구 양화로 127 첨단빌딩 5층(출판기획 R&D 센터)
      10881 경기도 파주시 문발로 112 출판문화정보산업단지(제작 및 물류)

전화 | 02) 3142-0036
      031) 950-6300

팩스 | 031) 955-0510

등록 | 1973. 2. 1. 제406-2005-000046호

출판사 홈페이지 | **www.cyber.co.kr**

ISBN | 978-89-315-8163-8 (13690)

정가 | **15,000원**

이 책을 만든 사람들
책임 | 최옥현
기획 · 진행 | 이하림
교정 · 교열 | 명인닷컴
본문 · 표지 디자인 | 명인닷컴
홍보 | 박연주
국제부 | 이선민, 조혜란, 김해영
마케팅 | 구본철, 차정욱, 나진호, 이동후, 강호묵
제작 | 김유석

www.**cyber**.co.kr
성안당 Web 사이트

■ 도서 A/S 안내

성안당에서 발행하는 모든 도서는 저자와 출판사, 그리고 독자가 함께 만들어 나갑니다.
좋은 책을 펴내기 위해 많은 노력을 기울이고 있습니다. 혹시라도 내용상의 오류나 오탈자 등이
발견되면 **"좋은 책은 나라의 보배"**로서 우리 모두가 함께 만들어 간다는 마음으로 연락주시기
바랍니다. 수정 보완하여 더 나은 책이 되도록 최선을 다하겠습니다.
성안당은 늘 독자 여러분들의 소중한 의견을 기다리고 있습니다. 좋은 의견을 보내주시는 분께는
성안당 쇼핑몰의 포인트(3,000포인트)를 적립해 드립니다.

잘못 만들어진 책이나 부록 등이 파손된 경우에는 교환해 드립니다.